Jean Neubauer

Kochbuch aus dem Jahre 1779

Jean Neubauer

Kochbuch aus dem Jahre 1779

ISBN/EAN: 9783742895073

Hergestellt in Europa, USA, Kanada, Australien, Japan

Cover: Foto ©Lupo / pixelio.de

Manufactured and distributed by brebook publishing software
(www.brebook.com)

Jean Neubauer

Kochbuch aus dem Jahre 1779

Allerneuestes
Kochbuch,

welches lehret,

wie man auf die allergenaueste, delicateste und gesparsamste Art arbeiten, die Speisen machen, und heutiges Tags serviren soll:

Nicht minder, wie die sämmtlichen Speisen in französischer und deutscher Sprache zu benennen, auch wie die Kuchenzettel durch die beygesetzten vier Jahrszeiten in drey Manieren französisch, englisch und deutsch für 8 bis 60 und mehr Personen herauszunehmen sind.

Nicht nur
den jungen Köchen und Köchinnen,
sondern auch jenen sehr dienlich,

die bey einer Tafel, wegen Abgang eines Controleurs, Herrschaften bedienen müssen, aus welchem sie erlernen können, wie man die Speisen nennet, und wie selbe eine vor der andern einer herrschaftlichen Tafel sollen ausgesetzet werden.

Herausgegeben
von
Mr. JEAN NEUBAUER,
ersten Koch bey Sr. Excellenz des Herrn Grafen von der Wahl, Sr. Churfürstlichen Durchl. in Baiern Ministern, etc. etc.

München, 1779.
In Verlag bey Johann Nepomuk Fritz, bürgerlichen Buchhändler, nächst dem schönen Thurm.

Kochbuch.

Imprimatur.

Signatum München in dem Churfürstl. hochlöbl. Büchercensurcollegio den 1ten März. 1774.

Wilhelm Wodizka,
Secretarius.

Vorrede.

Es ist von Anfang der Welt noch kein Mensch gebohren worden, wird auch keiner gebohren werden, solange das große Weltgebäude stehen wird, der allen andern mit seinem Thun und unternommenen Arbeiten, so fleißig und mühsam er solche zu seyn erachtet, sich gefällig verhalten hätte, oder verhalten werde; also auch keiner ein Werk gethan hat, oder thun wird, daß selbiges nicht von ein und andern critischen Tadlern durch die Hechel gezogen, oder wohl gar vereitelt werden möchte. Einem solchem Falle wird auch mein gegenwärtiges so betitteltes Kochbuch ausgesetzt seyn, und wie leicht zu erachten, zu gewarten haben; jedoch aber nur von denjenigen, welche entweder an der Einbildungskraft eigener Mächtigkeit arbeiten, oder aber von ihnen selbst glauben und den Schluß fassen, sie seyen keiner andern Lehrart benöthiget, sondern ihre eigenen Wissenschaften und Erdichtungen haben den Vorgang in allen Sachen, welche zu ihrem metier nur immer einschlagen können oder mögen. Diese mögen tadeln wie sie wollen; ja ich gebe ihnen die völlige Freyheit, dieses mein Kochbuch zu spiesen, zu braten, und mit vielerley Tourmenten zu überhäufen, gönne ihnen auch gerne, wenn sie in ihrer Kunst und daraus geschöpften Wissenschaften, so hoch sich emporgeschwungen, daß sie keiner Erinnerung bedürfen: ich meines Orts habe mich jederzeit erfreuet, wenn ich von

andern

andern etwas Neues habe erlernen können, ja noch bis diese Stunde trage ich sehnlichstes Verlangen, noch mehr und mehr in der Kocherey geschärfet zu werden, weil die Zeit noch nicht kommen ist, wo einer den Zweck erreichet hat, daß er mit Wahrheitsgrund darthun kann, völlig ausgelernt zu haben.

Um aber auf den Grund zu kommen, und was mich meistentheils bewogen, gegenwärtiges Kochbuch von mir auszusenden; so merke soviel an, daß:

1. Der heutige Modus zu kochen weit anders beschaffen ist, als in vielen schon herausgegebenen Kochbüchern, (welche zu verachten ich keineswegs gesonnen bin) zu ersehen und zu probiren seyn wird, also zwar, daß wer den alten modum zu kochen, nach dem heutigen brauchen wollte, ehender zu einer Bauernhochzeit, als herrschaftlichen Tafel seinen Fleiß angewendet haben würde. Auch sind

2. Viele dergleichen herausgegebene Kochbücher so difficil und dunkel gefaßt, daß solche nur derjenige Koch zu brauchen weiß, welcher durch eine förmliche Uebung den Weg des Dunkeln sich selbst aufklären und erleichtern kann, auch schon das wahrhafte und geprobte Lob erworben, daß er, welches aber viel will gesagt haben, ein guter Koch sey. Hingegen dienet

3. Diese meine Herausgabe wegen ihrer guten Einrichtung, Ordnung und heutiger Manier zu kochen und zu serviren, in Entstehungsfällen nicht nur allein für die qualificirtesten, sondern auch für die neuangehenden Köche, ja sogar für die Köchinnen selbsten, sehr leicht, nützlich und lehrmäßig.

4. Werden viele Herrschaften gefunden, welche eine Freude haben, in der Kocherey erfahren zu seyn; damit nun weder dieselben viele Mühe anwenden müßen, Speisen nach ihrem Geschmacke

und

und Abänderung der Jahrszeiten anzugeben, noch auch die Köche nach derosel-ben Contentement schwer zu arbeiten haben; als habe ich nicht ermangelt, dieses Kochbuch solchergestalten einzurichten, daß man sowohl den Namen der Speisen, und was nach Proportion derselben hiezu äußerst benöthiget seyn wird, auf das genaueste ersehen kann, wozu sowohl die Menage, als auch die Jahrszeiten auf keine Weise vergessen worden. Ja man wird sich im Stande sehen, in Zeit von einer Stunde ein Menû, oder zu deutsch einen Kuchenzettel, oder nach Belieben ein alltägliches Ordinari heraussuchen zu können. Ferner und

5. Lehret die tägliche Erfahrung, daß oft junge Köche und Köchinnen in herrschaftliche Dienste kommen, welche wegen Abgang der nothwendigen Uebung, wenig Wissenschaften von Vielheit der Speisen, derselben eigentlichen Namen und Tractirung besitzen, welches eine nicht geringe Beschwerniß, und gleichsam heim-

liche Marter verursachet. Dieses Uebel kann durch gegenwärtige klare Verfassung gar leicht abgeschaffet werden, wenn man nur fleißig nach erhaltener Vorschrift arbeitet, und sich keine Mühe mag verdrießen lassen. Ja nicht nur allein solchen Anfängern, sondern auch

6. Den herrschaftlichen Controleurs, welche schuldig sind, das ganze Jahr hindurch die Kuchen- oder Speisenzettel zu verfertigen, wird mein Kochbuch zur geschwinden Dienstleistung die unvermutheten Hände biethen, also zwar, daß weder in Formirung und Einrichtung der gemeldeten Speisenzetteln, als auch in dem Serviren selbst, ein Fehler sich hervorgeben wird. Solches können nicht minder

7. Meine Herren Cameraden, welche nebst der Küche, auch die herrschaftliche Tafeln, bey Abgang der Controleurs, serviren müßen, zur Einsicht und Erleichterung ihrer Bedienstungen, aus

vielen

vielen Ursachen, so ich hier mit Fleiß stillschweigend übergehe, gar nützlich brauchen; wenn ihnen nur nicht zu schwer fallen will, dies mein Buch fleißig zu durchgehen, und dem Befinden nach zu studiren. Und fürwahr, sie dürfen gar keine Mühe und Fleiß deßwegen anwenden, maßen der Innbegriff desselben so gefasset ist, daß alle Speisen, welche mit französischen Benennungen angesetzt sind, wieder in das Deutsche gebracht werden, also zwar, daß man unmöglich hierinnen fehlen, oder einer Herrschaft zur Last fallen kann. Sodenn habe ich

8. Diesem Werk noch beyfügen wollen, wie die Speisen im Serviren gesetzt, ausgewechselt, und ohne Fehler angeordnet werden müßen, indem ich und mit mir viele ersehen haben, daß oftmals im Serviren keine Regel in Obacht genommen worden, so daß Horsd'œuvres mit Entrées, oder zu deutsch, Ragout mit Eingemachten vermischet worden, und

was zur ersten Tracht gehört hätte, in der zweyten servirt worden.

Endlich folget ein solch gut eingerichtetes Register, daß man ohne vieles Nachdenken, Herumblättern, oder Aufsuchen, einen ganzen Service nur in dem Gedächtniß behalten und dirigiren kann. Unterdessen aber bezeuge ich vor Jedermann, daß ich durch sothane meine Edition keiner Nation von diesem metier zu nahe tretten, noch selbige gering zu halten gemeynet seyn will. Nein, ich habe Leute sowohl in Deutschland, Frankreich und Italien, als andern Orten gefunden, welche nicht nur zu verehren, sondern auch höchstens zu bewundern waren.

Dieses aber wird mir niemand verargen, oder einem Hochmuthe zuschreiben, wenn ich sage, daß ich mittelst meines Fleißes, Mühe und selbstigen Nachstudirens, bey Höchst und hohen Herrschaften, ja bey meinen Herren Collegen

sowohl

sowohl wegen der Menage im Kochen, als dem Kochen selbst, ein nicht geringes Lob und Wohlsprechen verdienet habe. Und wird oft gehöret werden, daß mein Kochbuch zuweilen die stumme Wahrheit von selbsten spricht; massen das Werk den Verfasser, und nicht der Verfasser das Werk beloben wird.

Findet diese Herausgabe, daran ich gar keinen Zweifel trage, einen gütigen Beyfall und Abgang; so stehe ich schon *in* Bereitschaft, ein anderes Werk, wie dies von Fleisch handelt, auf französische Manier und auch von Italiänischen Fastenspeisen, welche hier noch nicht bekannt sind, zu verfertigen. Die geneigten Liebhaber belieben unterdessen aus dieser Verfassung dasjenige, was ihnen nach ihrem Stande, Oeconomie und derselben Menage und Einrichtung nützlich und dienlich ist, herauszunehmen.

Endlich aber ist dieses Werk überaus nützlich für die Herren Kammerdie-

ner,

ner, welche bey Herrschaften zur Tafel serviren müßen, wo keine Hofmeister und Controleurs sind, es wird sie mein Buch ganz deutlich belehren, daß sie in kurzer Zeit im Stande sind, eine Tafel zu serviren, ohne Fehler zu machen, indem selbes aufs beste eingerichtet ist, alle Speisen zu unterscheiden.

Will man einen schönen und guten Bau verfertigen, so muß hauptsächlich ein guter Grund geleget werden, alsdann kann man sich versprechen, daß der Bau wohl gerathe: und also will ich auch vornämlich am allerersten den jungen Herren Köchen, wie auch Köchinnen zum besten anempfehlen die Küche, wo sie wohl beobachten müßen:

Erstens, daß selbe allezeit sauber und rein gehalten werde, welches eine große Nothwendigkeit ist. Nicht weniger ist auch

Zweytens wohl darauf zu sehen, daß das Geschirr in der Küche immer rein und sauber abgewaschen werde, hauptsächlich aber die Castrolen oder dergleichen Geschirr, daß sie nicht kupfericht sind, wenn man darinnen kochen will; weil das Kupfer bekanntermassen giftig ist, und ihr leichtlich im Stande seyd, auf solche Art eurer Herrschaft am Leben zu schaden, oder doch zum wenigsten Krankheit zu verursachen. Daher kommt es mir sehr lächerlich und ungereimt vor, wenn die Jungfern Haushälterinnen in der schwachen Einbildung

 stehen,

stehen, auch sogar vorgeben, es wäre dem Geschirr ein Schade, wenn selbes nach dem Gebrauch allezeit sauber gefegt und geputzt werde; Faulheit der Weibsbilder ist es. Kupfer ist kein Silber, und wenn es wäre, so glaubte ich meines Erachtens besser zu seyn, in 10 oder 15 Jahren vor 300 fl. Küchenservice anzuschaffen, als einen immerwährenden Lecken an seiner Gesundheit zu haben, welchen man gar leicht durch unappetitliche Speisen, und unreines Arbeiten erhalten kann. Man sehe in Frankreich, Welschland und andern Ländern Herrschaftküchen an, wie schimmert und glänzt nicht alles darinnen, man kann sich in den Castrolen so gut wie im Spiegel sehen; was ist aber die Ursache? Weil die Herren Köche in diesen Ländern in den Küchen zu befehlen haben, und nicht Haushälterinnen (doch dem Ruhme derjenigen unbenommen, die auf Reinigkeit und Ordnung in der Küche gute Obsicht tragen). Was für eine Ehre ist es nicht, wenn Herrschaften oder andere Leute in die Küche kommen, und sehen, daß alles wie Gold glänzt? Es ist nur eine Lust, in solchen Küchen arbeiten sehen; noch so viel Appetit macht es den Herrschaften zu speisen; aber der Koch muß in seiner Arbeit auch sauber und nett seyn, und jederzeit von rechtswegen sein aufgebreites Tischtuch auf der halben Tafel haben, nachdem sein Service stark ist, damit er seine Speisen darauf rangiren kann. Das Geschirr, worinnen er arbeitet, muß er gleich zum Säubern abgeben, nicht aber leiden, das eines hier, und das andere an einem andern Orte stehen bleibt, weil es nur Confusion verursacht, vielmehr muß jedes wieder an seinen Platz gestellt werden, wo es hingehört. Es hat nichts zu bedeuten, wenn Untergebene den Koch gleich vor schlimm ausschreyen, darum daß er seine Sachen recht und sauber haben will. Ein schlimmer Koch nach Gestalt macht in der Küche gute Ordnung und richtige Service. Dann die Regel in der Küche muß eben so accurat gehalten werden, gleichwie bey denen Soldaten; eine Minute verderbt vieles.

Drittens müßen die, welche das Einkaufen haben, dahin trachten, daß sie jederzeit vor ihre Herrschaft das Beste kaufen, und nicht etwa, um einen Kreutzer zu ersparen, einen Gulden hinwegwerfen: das will so viel bedeuten; bringen sie etwas schlechtes in die Küche, der Koch richt es zu so gut er kann, die Sache aber ist schlecht, und der Koch kann keine Mirackel damit wirken, fett kann er es auch nicht machen, alsdenn kommt es auf die Tafel, die Herrschaft ist heickel, rührt nichts davon an, da ist ein Gulden weggeworfen, um einen Kreutzer zu ersparen, weil die Herrschaft nichts genießen kann. Diejenigen, die das Einkaufen haben, sind schuldig, in Zeiten auf den Markt zu gehen, und nicht bis um 8 Uhr im Bett zu liegen, oder sich mit Caffeetrinken und Plaudern aufhalten, sondern ihre Schuldigkeit thun, damit der Koch seine Provision zeitlich bekommt, und arbeiten kann, wie es sich gehört.

Viertens muß der Koch oder die Köchin besorgen, daß das Fleisch bey Zeiten zum Feuer kommt, und die Marmite allezeit vorher mit Wasser auswaschen, und hernach zusetzen, aber obacht geben, daß es wohl abgefaumet wird, und wenn es in

Sud kommt, ganz langsam sieden lassen, damit die Bouillon klar bleibt, und nicht glauben, wie es viele giebt, und mir selber schon gesagt worden, das Fleisch muß stark sieden, wenn es siedet, so wird es linder: das ist nicht an dem; denn nach diesem muß es mit Wasser aufgefüllt werden, das Fleisch verliert seinen Geschmack, und die Bouillon gleicht einer Kuttelsuppe. Wenn es eine Stunde gesotten hat, so thut man die Wurzeln hinein, nämlich: Petersillwurzel, Zelleri, Pastenad, gelbe Ruben, und Bori, hernach kann man einen Kalbsknochen dazu thun, so giebt es eine Bouillon, die eine Farbe wie Gold hat, und überaus gut ist, es darf aber kein Gewürz dazu gethan werden, wie es viele in Gebrauch haben, weil es der Gesundheit nicht zuträglich ist, sondern man bediene sich nur der Kräuter und Wurzeln, das ist das gesündeste und schmackhafteste Gewürz die Gesundheit zu erhalten, weil alle Kräuter erfrischen und anfeuchten.

Jetzt folget eine Bouillon zu machen, wie man sie bey den Höfen Mundsuppen nennt, oder auf französisch eine Bouillon, welche man auch bey einer Tafel machet:

I.

Man muß allezeit ein Stück Fleisch nehmen vom Schlegel, und absonderlich ist es gut von der untern Seite, dazu kommt Kalbsknochen, ein Stück magers Hammelfleisch, wenn man es haben kann, ein altes Huhn oder zwey, nachdem man viel vonnöthen hat, dieses setze zu, und thue es sauber versaumen, wenn es anfangt zu sieden, so thue es

zurück

zurück und laß es ganz langsam sieden, wie schon oben gemeldet worden, thue die oben ersagte Wurzeln dazu, so wird deine Bouillon klar und gut seyn.

Die *Bouillon* auf eine andere Manier, wie es viele französische Köche zu machen pflegen.

Man nimmt das Fleisch, wie vorher gemeldet, eine Bouillon zu machen, thue es in eine Marmite, thue dazu ein wenig Wasser, setz sie auf das Feuer, und laß langsam anziehen, als wie eine leichte Jus, hernach füll es an mit Wasser, und laß langsam sieden, thue die Wurzel darzu, so wird die Bouillon eine Farbe haben, gleich einer leichten Jus, es ist eine gute Bouillon. Aber heutiges Tags giebt es viele Herrschaften, die keine Sauce mehr lieben, wenn sie starke Farbe hat, sondern sie wollens naturel klar, und in der Farbe wie Gold haben, welches ich auch selbst vor gut und appetitlich halte.

Es giebt auch wiederum Köche, welche das Rindfleisch zusetzen, wie schon gemeldet, das Kalbfleisch und die Hennen braten sie am Spieß halb ab, und thuns hernach zur Bouillon, es ist auch gut. An den großen Höfen thut man auch ein paar alte Rebhühner zu der Bouillon, das giebt auch einen guten Geschmack.

Eine *Jus* zu machen.

Man nimmt mageres Rindfleisch, schneidet es zu Schnitzen, und belegt das Kastrol auf dem Boden damit, hernach schneidet man die Zwiebel scheibenweis, und legt sie auf das Fleisch, hernach thue man dazu von allerhand Wurzeln, wie in die Bouillon, man nimmt auch Kalbfleisch dazu, und ein klein wenig Kundelkraut, welches einen Geschmack giebt, thue ein wenig Wasser dazu, setz es auf das Feuer, wo es nicht zu stark ist, laß es anziehen, bis es unten braun wird, alsdenn füll es auf mit Bouillon und laß es langsam sieden, bis das Fleisch ausgesotten hat, alsdenn wird es durch ein feines Sieb, oder noch besser durch eine saubere Serviette passirt, die Serviette aber allezeit vorher in frisches Wasser eingedunkt, damit die Jus keinen Geschmack bekommt; so wird die Jus klar und gut seyn.

Auf eine andere Manier, wie es viele Franzosen machen.

Sie legen vorher Speck auf den Boden des Castrols, hernach die Zwiebel darauf, nach dem nehmen sie das Rindfleisch, auch dazu Schunken, Kalbfleisch und die Wurzeln, wie vorher gemeldet, und lassen es hernach anziehen, wie schon gesagt worden: sie ist gut und stark, aber den Herrschaften wegen der Schunken zu stark. Ueberdies giebt es viele Herrschaften, die keine Schunken essen und essen dürfen, weil sie ihnen in die Suppen und Sauces zu stark sind.

Ein *Consommé* zu machen, oder auf französisch *Resiruron.*

Man nimmt ein Stück mageres Rindfleisch, ein Stück mageres Kalbfleisch, auch ein Stück gutes Hammelfleisch vom Schlegel, eine alte Henne, ein

ein altes Rebhuhn, einen Fasan, thut alles blanchiren, aber nur ein wenig; wenn das Wasser siedet thut mans hinein; sobald es einen Sud gethan hat, thue es gleich wiederum heraus, hernach thue es in einen kleinen Marmite, thue dazu ein Stück Schunken, Wurzeln, wie schon gemeldet ist, füll es mit guter Bouillon auf, setz zum Feuer, laß langsam sieden, bis das Fleisch ausgesotten hat, hernach passirt durch eine Serviette. Damit bedienet man sich zu den Saucen; es giebt starke Saucen und guten Gusto. Man kann diesen Cosommé auch auf die Art machen, wie oben die Bouillons zu machen gemeldet worden, ohne blanchiren, sondern im Kessel anziehen lassen.

Eine gute *Coulis* auf die heutige *façon* zu machen.

Belege das Kastrol mit Kalbfleisch, nimm dazu von allerhand Wurzeln, und ein paar Zwiebeln, auch ein wenig Schunken, wenn du einen hast, Basilicum, Thymian, ein wenig Lorbeerblatt, thue dazu ein wenig frisches Wasser, setze es auf das Feuer, aber nicht zu stark, laß es anziehen gleichwie ein Glace, hernach thue das Fleisch heraus in ein saubers Geschirr, wo der Saft dabey bleibt, in das Kastrol thue Butter hinein, setz es auf ein langsames Feuer, bis du die Glace hast mit dem Butter abgelößt, hernach thue dazu Mehl, so viel du glaubst vonnöthen zu haben, laß es nach und nach schön gelb werden, alsdenn füll es auf mit Bouillon und Jus, wie die Farbe seyn muß gleichwie das schönste Gold, thue dazu das Fleisch, welches du hast heraus gethan, laß es langsam vornen weg sieden, und thue es allezeit absaumen, so kommt alle Fetten und Faum hinweg, und dein Coulis wird gut und klar werden, wie das schönste Gold, wenn das Fleisch ausgesotten hat, thue es in ein Haartuch sauber passiren, aber nicht mit einem Löffel, sondern das Haartuch darf nur geschüttelt werden, daß es klar durchlauft; das ist eine Coulis, wo man heutiges Tags keine bessere machen kann, und aus dieser Ursache habe ich keine andere hier einschreiben wollen, weil sie ohnedem schon bekannt sind. Doch will ich noch eine kleine Coulis angeben, welche für diejenigen dienet, die ein kleines ordinaires zu machen haben, und gerne eine gute Sauce haben möchten, aber es nicht recht anzustellen wissen. Weil sie nichts dazu haben, um eine rechte Coulis zu machen; so dienet diese bürgerliche Coulis, welche auch schön und gut ist, aber die Kräften nicht hat. Man schneidet einen Zwiebel von der Hand, thut ihn in einen Kastrol mit ein wenig Butter, und läßt es auf dem Feuer anziehen, aber nicht gelb, hernach thut man Mehl dazu, so viel man haben will, hernach laß es auf dem Feuer schön braun werden, füll es auf mit klarer Bouillon, thue dazu alle Sorten Wurzeln, ein wenig Basilicum und Thymian, ein wenig Lorbeerblatt, laß es langsam sieden, faume es wohl ab, daß die Fetten alle hinwegkommt, wenn sie wohl verkocht hat, alsdenn thue sie passiren, wie oben gemeldet, so wirst du eine recht schöne Sauce davon machen können, welche gut und klar ist, ohne Unkosten, und ist weit besser, als eine Einbrennsauce, die viele machen. Dieses ist nichts als wenig mehrere Mühe, aber weit besser.

Eine

Eine schöne und gute *Glace* zu machen.

Thue in einen Kastrol Kalbfleisch, auch ein wenig Schunken was du hast, etliche ganze Zwiebel von allerhand Wurzeln, Basilicum, Thymian, ein wenig Lorbeerblat, thue ein wenig frisch Wasser dazu, setz es auf das Feuer, laß es anziehen, aber nicht trücknen, thue dazu die Flügel, Hälse und Mägen, was vom Geflügel wegkommt, um zu sparen, hernach füll es auf mit guter Bouillon, laß langsam sieden, wenn das Fleisch gut ausgesotten hat, passire es durch eine Serviette, daß die Fetten bey einem Tropfen wegkommt, alsdenn setze es in einen Kastrol auf ein stätes Feuer, laß es einsieden, bis es kurz wird; wenn du siehest, daß du nicht Farb genug hast, daß sie aussiehet wie eine starke Goldfarbe, so thue ein wenig Jus dazu, so viel bis sie die Farbe recht bekommt, wenn die Glace kurz genug eingesotten hat, so thue es vom Feuer hinweg, und thue etliche Tropfen frisch Wasser dazu, dieses ist ein großer Vortheil, den hundert nicht wissen, und keine Bouillon, wie es viele im Gebrauch haben. Deine Glace wird hell und klar bleiben bis auf den letzten Tropfen, und wenn du sie brauchst, thue allezeit etliche Tropfen frisches Wasser daran: die Probe wird den Meister loben.

Eine weiße *Coulis* auf die heutige *Façon* zu machen, die zu gebrauchen und im Vorrath zu machen ist, wenn man große Tafel hat.

Thue ein Stück Butter in einen Kastrol, ein

feines Mehl nachdem du Coulis vonnöthen hast, auch etliche Eyerdotter, rühre es untereinander, thue dazu von allerhand Wurzeln, ganze Zwiebel, Basilicum, Thymian, ein wenig Lorbeerblatt und etliche Champignons, thue dazu gute Bouillon, setze es auf das Feuer, laß es wohl abrühren, bis es wohl kochet, hernach laß es stät fortsieden, bis das Mehl wohl verkocht ist, hernach nimm es vom Feuer hinweg, thue es durch ein Haartuch passiren, und bediene dich derselben zu den weißen Saucen, sie werden gut und schön seyn.

Eine *Bechemelle* zu machen.

Thue in einen Kastrol ein Stück Butter, thue dazu Zwiebel und allerhand Wurzeln, wie auch ein wenig Thymian und Basilicum, auch ein wenig Schunken, wenn du hast, auch etliche Champignons und Triffel, setz es auf das Feuer, laß es ein wenig passiren, hernach thue das Mehl dazu so viel du im Sinn hast zu machen, füll es auf mit guten süßen Rahm, setz es auf das Feuer, thue es wohl rühren, bis es anfängt zu kochen, hernach laß es stät fortkochen, bis das Mehl wohl verkocht ist, alsdenn passire durch ein Haartuch mit einem Löffel, weil es ein wenig dick seyn muß, gleichwie ein leichtes Kindskoch, hernach wenn du dich damit in den kleinen Pastetlein bedienen, oder sie zu der Filée brauchen willst, so thue dazu ein Löffel voll Consommé, so wird es gut seyn. Das andere, wo man es brauchen kann, wird hernach folgen, und mehr explicirt werden.

Eine

Eine feine *Olla* zu machen.

Nimm ein Stück Rindfleisch, ein Stück Hammelfleisch, ein Stück Kalbfleisch, eine alte Henne, einen Kapaunen, einen Fasanen, ein altes Rebhuhn, ein gesälchtes schweinernes Ribbenstück, eine Cervelatwurst, dieses alles muß blanchirt werden im Wasser, hernach nimm von allerhand Gemüß und Wurzel, die Wurzel schon geschnitten, von einer Façon wie du willst, dieses muß auch alles blanchirt werden, wie auch ganze Zwiebel, hernach thue dein Fleisch das grobe auf den Boden in einen Kessel, das Gemüß thue schön mit Bindfaden zusammen binden, ein jedes a parte, thue es auf das Fleisch legen, das Geflügel und Wurzel auf die Höhe, füll es an mit guter Bouillon, laß es stät sieden, bis alles wohl lind ist, einiges aber, so bald lind wird, must du herausnehmen, bis alles zusammen lind ist; wenn dann alles wohl gekocht hat, so thue die Bouillon davon durch eine Serviette passiren, daß die Fetten bey einem Tropfen wegkommt, alsdenn rangire dein Fleisch; als nämlich: das Hammelfleisch und das schweinerne nebst der Cervelatwurst und dem Geflügel, rangire es in einen Castrol, das Gemüß und die Wurzel dazu, thue die Fetten, welche dir übergeblieben, dazu von dieser Bouillon, nimm ein wenig andere Bouillon dazu, wenn diese nicht langet um warm zu halten, die passirte Bouillon aber setze auf das Feuer, laß sie langsam einsieden, damit sie klar bleibt, daß dir so viel Becherlein überbleiben, so viel Personen als bey der Tafel seyn, alsdann wenn zur Tafel servirt wird, so fülle deine Bouil-

Bouillon ein in die Chocoladebecher und servire es gleich, das Fleisch davon thue schön rangiren in diejenigen Schüssel, wo du zu serviren hast, das Gemüß und die Wurzeln müßen auch dazu rangirt werden, man kann auch Bratwürst dazu geben, halb gebraten und halb gesotten, und so wird dein Oille gut und stark seyn.

Un Oille a l'espangnole.

Eine ordinaire Ollia zu machen, wie man es in Welschland und Spanien macht.

Man nimmt nur ein Stück Rindfleisch, ein Stück Hammelfleisch, ein Stück Kalbfleisch, ein Stuck Schunken, oder ein schweinernes Ribbenstück, und eine Cervelatwurst, dieses alles setzt man zu, wie man eine Bouillon macht: wenn dieses alles lind ist, so nimmt man das Fleisch heraus, thut in die Bouillon einen gestoßenen Speck mit Basilicum hinein, ein Stücklein ganzen Parmesankäß, und läßt es nochmal sieden, alsdenn wird diese Bouillon in ein anderes Geschirr passirt, dann nimmt man von etlichen Gemüßen, als wie Würsing oder Kölch, weiß Kraut, Cardi, weiße Ruben, gelbe Ruben, Pastenad, Zelleri, ganzen Zwiebel, Kohlrabi, thue dieses sauber putzen und waschen, thue alles ein wenig blanchiren im Wasser, und drucke es sauber aus, wenn die Bouillon siedet, so wirf es ohne weiters hinein, es müßen auch gewiße Erbsen, die man hier zu Lande nicht hat, dazu hineinkommen, sie heißen auf Welsch und Spanisch Cicerri, welche vorher a parte müßen gesotten werden, man nimmt auch wenig ganzen Safran dazu, und salzet, wie es sich gehört, aber man muß wohl obacht geben, daß das Gemüß nicht gar zu lind, aber doch wohl gekocht wird, hernach wird das Gemüß oder Zuspeiß mit sammt dem Fleisch angericht, aber kein Rindfleisch und kein Kalbfleisch. Dieses ist die rechte Ollia, wie es die Spanier und die Wälschen alle Tage essen.

Einen Spinaddopfen zu machen, welcher zu vielen Speisen gebraucht wird, und sehr nothwendig zu machen zu wissen ist.

Nimm nach Proportion rohen Spinad, thue ihn in Mörser stoßen, und hernach durch eine Serviette pressen, nimm hernach den Saft davon, thue ihn in einen Castrol, und setz ihn auf eine Glut bis er zusammengeht als wie ein Dopfen, er muß aber nicht sieden, damit er grün bleibt, gieß ihn hernach stät auf ein Haarsieb, daß das Wasser davon geht, nimm hernach diesen Dopfen und gebrauche ihn in die Speisen, wozu er gehört.

Un Potage de santé.

Eine feine Kräutersuppe.

Nimm einen Würsing der weiß ist, thue die Dorsten davon, schneide ihn fein wie Nudel, nimm dazu grünen Salat, etwas gelbe Ruben, auch fein geschnitten in Filée, nimm etwas grüne Erbsen dazu, wenn du sie haben kannst, die Kräuter alle zusammen thue ein wenig in Wasser blanchiren nur einen

einen einzigen Sud, hernach thue sie in einen Suppenkessel, nimm dazu ein wenig Sauerampfer und Körbelkraut, füll es auf mit guter Bouillon, laß es stät sieden, bis die Kräuter wohl lind sind, nachdem schneide das Brod dazu, und thue es bähen auf dem Rost oder im Ofen, thue hernach in die Suppe, so viel es nöthig ist, alsdenn servire sie, so wird sie gut seyn.

Un potage clair aux choux.

Eine klare Würsing= oder Kölchsuppe.

Nimm den Würsing oder Kölch, thue ihn blanchiren ganzer, oder in der Mitte voneinander geschnitten nach dem die Würsingköpfe sind, hernachmals schneide die Dorsten davon, und drucke das Wasser aus, binde ein jedes Stück mit Bindfaden, thue ihn nachdem in einen Castrol, oder in ein anderes Geschirr, nimm dazu ein kleines Stücklein Schunken, oder auch ein Stücklein gereichert schweinen Fleisch, welches aber sauber muß geputzt seyn, daß es keinen Geschmack vom Rauch giebt, thue dazu einen großen Zwiebel mit 2 oder 3 Nägelein aufs höchste besteckt, nimm eine gelbe Rube, eine Petersillwurzel, ein Bori, ein Zelleri, auch ein Lorbeerblatt, ein wenig Basilicum, ein wenig Thymian, hernach bedecke den Würsing mit feinen Speckbarten, welche fein geschnitten werden müßen, fülle es auf mit guter fetter Bouillon, setze ihn auf das Feuer, laß ihn 2 bis 3 Stunden langsam sieden, hast du aber keinen Speck, so bedeck ihn mit Papier, wenn nun die Zeit kommt,

deine

deine Suppen zur Tafel zu serviren, so nimm den Würsing oder Kölch heraus auf ein sauberes Haarsieb, Tischtuch oder Serviette, damit die Fetten wohl davon kommt, nach diesen rangire den Würsing in die Suppenbodoli, paſſire die wenige Jus von dem Würsing ohne einen einzigen Tropfen Fetten dazu; nimm ein wenig gebähtes Brod, füll es mit einer recht guten Bouillon auf, und servire sie; sie wird vortreflich seyn. Wenn man aber keinen Würsing oder Kölch hat, so kann von weißem Kraut die nämliche Suppe gemacht werden.

Un Potage clair aux houblons.

Eine klare Hopfensuppe.

Thue den Hopfen sauber waschen und putzen, blanchire ihn, alsdann seige durch ein Haarsieb das Wasser davon, thue ihn hernach in einen Kastrol mit frischen Butter, und nimm ein Stücklein Schunken dazu wenn du einen hast, thue ihn passiren auf ein státes Feuer, füll ihn hernach auf mit guter Bouillon, und laß ihn stát sieden, bis der Hopfen lind ist, hernach nimm die Fetten wohl davon weg, wie auch den Schunken, thue das gebähte Brod dazu, und ein wenig fein geschnittenen Petersill; so servire sie, sie wird nach Gusto seyn.

Un potage clair au Céleri.

Eine klare Zelleri Suppe.

Man nimmt schönen Zelleri, schneidet daraus von allerhand Gattung, nämlich kleine Champignons, Sterne und dergleichen, hernach thut mans nur einen einzigen Sud blanchiren, thuts in einen Castrol, gießt gute Bouillon dazu, setzt es auf das Feuer, und läßt es ganz stät sieden, bis der Zelleri lind ist, alsdenn nimm gebähtes Brod dazu so viel nöthig ist, und ein wenig wohl blanchirten grünen Petersill thue auch dazu, alsdenn servire sie zur Tafel.

Un potage clair au Pourpier.

Eine klare Suppe von Portulak.

Thue den Portulak blättleinweiß pflücken und waschen, hernach thu ihn in einen Kastrol mit ein wenig frischen Butter und ein wenig Schunken, wenn du einen hast, thue ihn auf einen stäten Feuer passiren, hernach füll ihn auf mit guter Bouillon, und wenn die Bouillon keine Goldfarbe hat, so must du ein wenig Jus dazu nehmen, laß es stät sieden, etwa eine Stunde lang, thue das Brod bähen und mit Bouillon mitoniren, wenn es nun Zeit ist zu serviren, so thue das Brod in die Suppe und richte sie an, sie wird gut seyn.

Un potage clair aux Asperges.

Eine klare Spargelsuppe.

Thue den Spargel sauber putzen, schneide ihn klein wie du willst, er muß aber ein wenig blanchirt werden, thue eine gute Bouillon dazu, so viel du Suppen vonnöthen hast, thue es zum Feuer, laß es stät sieden, bis der Spargel lind ist, alsdenn bähe dein Brod dazu; ist es Zeit deine Suppe zu serviren, thue das Brod hinein so viel es vonnöthen hat mit ein wenig fein blanchirten

Pe-

Petersill, welcher Blätterweis muß gepflücket seyn, alsdenn ist die Suppe gut und fertig.

Un Potage chiffonné ou Chiffonnade.

Eine klare Suppe von Wurzeln.

Nimm gelbe Ruben, weiße Ruben, Pastenad, Petersillwurzeln, Zelleri, von diesen benannten Wurzeln schneidet man allerhand Façons im Kleinen: nämlich Champions, Würfel, Sterne, und dergleichen; hernach thue diese Wurzeln blanchiren und in eine gute weiße Preß einrichten, setze es auf das Feuer, laß es langsam gehen bis sie wohl lind sind, richte hernach eine gute starke Bouillon, soviel du Suppen vonnöthen hast, präparire auch dein gebähtes Brod auf unterschiedliche Manier geschnitten, kommt die Zeit die Suppen zu serviren, so nimm die Wurzeln heraus auf eine saubere Serviette oder Tischtuch, damit die Fetten davon geht, hernach thue die Wurzeln in die Suppenbodoli, gieß deine gute Bouillon darüber, wie auch das gebähte Brod dazu, alsdenn servire sie; deine Suppe wird gut seyn.

Une Julienne.

Eine feine Kräutersuppe.

Man nimmt nichts anders als ein wenig Körbelkraut und etwas Sauerampfer, thuts sauber waschen, und mit dem Messer durchschneiden, thut es in einen Kastrol mit ein wenig frischen Butter, thut es auf einem städen Feuer passiren, thue dazu eine gute Bouillon, soviel du Suppen vonnöthen hast, setz es zum Feuer, laß es städ sieden, thue das Brod dazu bähen, und wenn es Zeit ist zu serviren, so nimm die Fetten davon weg, und thue das Brod hinein, alsdenn servire sie, die Suppe wird vortreflich seyn. Man kann die nämliche Suppe auch auf die Nacht serviren, weil es eine leichte und gesunde Suppe ist.

Un Potage a la Bagnolet.

Eine Consommesuppe.

Nimm weiße Semmel, welche schön gelb gebachen sind, und keinen Geschmack vom Kümmel oder Anis haben, schneid die Rinden davon rund herum herab, thue diese Rinden in einen Kastrol, oder auch in eine Reihe, schütte eine recht gute und etwas fette Bouillon daran, soviel daß das Brod bedeckt ist, setz es auf ein gleiches Feuer, und laß es so lang kochen, bis daß es unten schöne gelbe starke Krusten bekommt, ist es Zeit zu serviren, so richte in deinen Suppentopf eine rechte gute Bouillon mit ein wenig fein geschnittenen Petersill, steche hernach die Krusten mit einem Löffel oder Nudelscharrer heraus, und thue es in kleinen Stücklein in die Bouillon, gleichwie ein Brod, servire es zur Tafel, es ist eine gute Mittag- und Nachtsuppe.

Un Potage aux fines herbes.

Eine fein geschnittene Kräutersuppe.

Nimm Sauerampfer, Körbelkraut, nachdem sie sauber geputzt und gewaschen sind, so thue sie fein schneiden mit dem Schneidmesser, hernach thue die Kräuter in einen Kastrol mit ein wenig frischen

Butter, setz es auf ein stätes Feuer, laß es passiren, hernach füll es an mit einer guten Bouillon, man kann auch ein wenig Jus dazu geben, daß es eine Farbe bekommt wie Gold, laß es stät sieden, bis daß die Kräuter wohl lind sind; wenn es Zeit ist zur Tafel zu serviren, so legire die Suppe mit etlichen Eyerdottern, thue das gebähte Brod in die Suppe soviel du nöthig hast, und servire es zur Tafel, sie wird gut seyn. Man kann auch diese Suppe ohne Legiren nach Belieben serviren.

Un Potage au Cerfeuil.

Eine Suppe von Körbelkraut.

Nimm Körbelkraut und auch etwas Sauerampfer, und eine Stauden Salat, wenn es sauber geputzt und gewaschen ist, so thue es mit dem Schneidmesser klein schneiden, hernach thue es in einen Kastrol mit frischem Butter, setz es auf ein stätes Feuer, laß es ein wenig passiren, hernach füll es an mit guter Bouillon, und laß es stät eine Stunde sieden, richte dazu nachdem du viel Suppe must haben 4 oder 5 frische Eyerdotter, das weiße muß davon, ist es Zeit zur Tafel zu serviren, legire die Suppe mit Eyerdotter, gieb wohl obacht, daß sie nicht zusammen lauft, auf die letzte thue ein wenig fein geschnittenen Petersill dazu, das Brod aber was dazu kommt, muß in frischen Butter gebachen werden, so wird die Suppe seyn, wie sie seyn soll.

Un Potage a la Plûche.

Eine grüne Kräutersuppe.

Thue Petersill und grünen Zelleri Blattweis pflücken, hernach im Wasser mit Salz wohl blanchiren lassen, daß die Kräuter fast lind sind, und schön grün bleiben, nachdem richte gute Bouillon, die aussieht wie Gold in der Farbe, das Brod zu der Suppe bähe auf dem Rost, ist es Zeit zu serviren, so thue die Kräuter in die Suppe, wie auch das Brod, richte die Suppe an, so wird sie gut seyn. Es ist auch eine Suppe, die man auf die Nacht serviren darf, weil sie leicht und gut ist.

Un Potage des Pois verds.

Eine Coulissuppe von grünen Erbsen.

Nimm grüne ausgelöste Erbsen, oder auch Zuckererbsen mit sammt denen Schaalen, thue sie in einen Kastrol, schneide allerhand Wurzeln dazu, auch ein wenig Thymian und Bonakraut, thue frische Butter dazu, setz es auf ein städes Feuer, laß es passiren, hernach füll es an mit guter Bouillon und laß stät sieden, thue dazu einen Kalbsknochen, daß die Suppe kräftig wird, bache auch etliche Schnitten Brod in frischem Butter oder frischem Schmalz aus und thue es dazu, laß es mit kochen, wenn dann alles lind ist, so stelle die Suppe vom Feuer, und nimm die Fetten wohl davon, hernach mache einen Spinaddopfen, wie schon gemeldet ist zu machen, ist die Suppe halb kalt, so thue den Spinaddopfen hinein, das geschieht deßwegen, daß sie schön grün wird, passire sie hernach durch ein sauberes Haartuch, und setz sie auf die Seiten, bis es Zeit ist zur Tafel zu serviren, mitonire dein gebähtes Brod, und thue hernach die Suppe auf das Feuer, rühre sie mit einem Schöpflöffel herum, und gieß auf, sieden darf sie nicht, alsdenn thue sie über dein Brod anrichten und zur Tafel serviren, es ist eine gute Suppe, die man auch im Sommer zum öftern macht.

Un Potage au ris a l'italienne.

Eine Reissuppe auf italiänische Manier.

Thue den Reis sauber klauben und ein wenig im Wasser blanchiren, hernach thue in einen *Kastrol soviel* du vonnöthen hast, schneide Zelleriwurzeln klein gewürfelt, wie auch Petersillwurzeln klein gewürfelt, eine gelbe Ruben, und einen oder zwey das Weiße von Bori auch so klein geschnitten, thue diese Wurzeln, wenn sie klein geschnitten sind, auch zum Reis, fülle es hernach mit guter Bouillon auf, setz es zum Feuer und laß stät sieden, bis der Reis und Wurzeln lind sind, thue Petersillkraut fein Blättleinweis pflücken, und thue ihn in Salzwasser blanchiren bis er lind wird, aber er muß grün bleiben; wenn es nun Zeit ist zur Tafel zu serviren, so thue das Petersillkraut in deine Reissuppe, die Suppe muß so klar wie Gold seyn und nicht zu dick von Reis, alsdenn ist sie recht.

Un Potage au ris de Navets.

Eine Reissuppe mit Rüben.

Nimm weiße Ruben und schneid sie fein gewürfelt, hernach blanchire sie ein wenig, nimm auch soviel Reis, thue ihn sauber putzen und blanchiren, mache eine gute Bouillon, nimm ein Stücklein Rindfleisch, ein Stücklein Schaffleisch und ein Stücklein Kalbfleisch oder Knochen, setz es zum Feuer, und laß es stät sieden, wenn es versäumt hat, so thue auch hinein ein Stücklein rohen Schunken, oder auch ein Stücklein Cervelatwurst, laß es mit sieden, stoße ein kleines Stücklein Speck mit ein wenig Basilicum in Mörser, thue es hernach auch in den Topf und laß mit sieden, thue auch ein Stücklein Parmesankäß hinein, und laß ihn auch mit sieden, wenn nun alles eind gesotten hat, so thue die Bouillon durch ein sauberes Haarsieb passiren in einen Kastrol, die Bouillon muß stark seyn, setz es zum Feuer, eine halbe Stunde vor dem Anrichten thue den Reis mit den Ruben hinein und laß stät sieden, der Reis muß aber nicht gar zu lind seyn, dann thue deine Suppe im Salz kosten ob sie gut ist, und servire sie zur Tafel, gieb auch einen Teller extra mit geriebenen Parmesankäß dazu, denn es sind oft Liebhaber, welche noch mehr Käß essen, und vorher auf die Suppe thun.

Un Potage au ris a la Reine.

Eine durchtriebene Suppe mit Reis.

Thue in einen Kastrol von allen Sorten Wurzeln von der Hand geschnitten, eine Zwiebel, ein

klein

klein wenig Thymian und ein Stücklein Butter, welcher recht frisch seyn muß, setz es auf ein stätes Feuer, laß es wohl passiren, aber nicht gelb werden, hernach füll es auf mit guter Bouillon, thue dazu ein Stücklein Kalbfleisch, welches geschieht das Geflügel zu ersparen, laß es sieden, thue auch dazu eine Schmollen von einer Mundsemmel, laß es auch mitkochen, und wenn alles gut verkocht hat, setz es vom Feuer hinweg, thue das Fleisch heraus, nimm die Fetten wohl ab, und laß es hernach nicht gar kalt werden, hernach siede 4 Eyer hart, nimm den Dotter davon, stoß es fein im Mörser mit ein wenig Mandeln, thue es hernach mit deiner Suppe abrühren, und streich es hernach durch ein Haartuch und setz es auf die Seiten bis es Zeit ist zu serviren, den Reis must du aber in guter Suppe sieden und ebenfalls zum Anrichten bereit halten, wenn nun die Zeit herbey kommt zu serviren, so setz die weiße Coulis auf das Feuer, rühre es mit dem Löffel auf, damit sie nicht zusammen gehet, sieden darf sie nicht, aber wenn sie wohl heiß ist, so thue den Reis hinein, soviel du glaubst daß seyn muß, koste sie hernach im Salz obs recht ist, alsdenn servire sie zur Tafel, sie wird gut seyn.

Un Potage a la Reine.

Eine weiße durchgetriebene Suppe mit Brod.

Diese wird gemacht gleichwie die vorhergehende, nicht anderst, als daß man anstatt Reis gebähtes Brod nimmt und es gut mitonniren läßt, hernach wenn es Zeit ist zu serviren, thue die Suppe, nämlich die weiße Coulis auf das Feuer, thue sie allezeit mit einem Schöpflöffel aufgießen, und mitonnire sie hernach mit dem Brod, alsdenn wird sie recht gut seyn.

Un Potage a la purée de pois.

Eine dürre Erbsensuppe.

Nimm gute Erbsen, setze sie zum Feuer mit guter Bouillon, und laß sie stät sieden, wenn sie halb gesotten sind, so thue dazu von allerhand Wurzeln, auch ein wenig Basilicum, und Thymian etwas mehrers, desgleichen ein wenig Bonakraut, hat man einen rohen Schunken, kann man auch ein gutes Schnitzlein dazu thun, es giebt einen guten Geschmack und macht die Suppen stark, (eine Nothwendigkeit aber ist es eben auch nicht) wenn dann diese Erbsen und Wurzeln alles lind gesotten hat, so thue es wohl durch das Haartuch passiren, hernach thue es in einen Kastrol oder in einen Suppenkessel, daß sie nicht zu dick und nicht zu dünn ist, setze es auf die Seiten bis es Zeit ist zu serviren, alsdenn bach das Brod in Butter aus, man kann es klein gewürfelt schneiden, oder auch auf eine andere Manier, ist es Zeit zur Tafel zu serviren, so mach die Suppe heiß, und thue das Brod, aber nicht zu viel, hinein, dann ist sie fertig.

Un Potage a la purée verd.

Eine grüne Coulissuppe.

Nimm etwas Kalbfleisch, thue es in einen Kastrol,

strol, nimm dazu von allerhand Wurzeln, ein wenig Zwiebel und ein wenig Thymian, thue dazu ein wenig frischen Butter, wenn der Butter aber nicht sollte frisch seyn, so nimm ein wenig fette Bouillon, setz es auf ein stätes Feuer, laß es nach und nach passiren, oder wie man pflegt deutsch zu sagen, dünsten, wenn es alsdann gedünstet hat, so füll es auf mit guter Bouillon, thue ein weißes Brod ausbachen in Butter oder Schmalz, thue es in die Suppe hinein, laß es mitkochen, wenn dann alles wohl lind gekocht hat, so setze es vom Feuer auf die Seite, thue die Fetten davon wohl abschöpfen, hernach nimm einen grünen Spinaddopfen, thue ihn in ein Geschirr, nimm dazu 3, 4 oder 5 hart gesottene Eyerdottern nach Proportion deiner Suppe, thue es hernach mit deiner Suppe, welche halben Theils kalt seyn muß, abrühren, und thue es hernach durch ein Haartuch passiren, alsdenn setze deine Suppe in einen Kastrol auf die Seite, bis es Zeit ist zur Tafel zu serviren, richte das gebähte Brod, soviel du vonnöthen hast zu deiner Suppe, wenn es Zeit ist zu serviren, setz es auf das Feuer, gieß sie mit dem Schöpflöffel auf, aber daß sie nicht zusammen lauft, auch nicht sieden lassen, damit sie ihre Farbe nicht verliert, wenn sie recht heiß ist, thue das gebähte Brod dazu und servire sie; sie wird schön grün und auch gut seyn. Das ist eine Suppe, die man im Winter macht.

Un Potage de pois a l'angloise.

Eine durchgetriebene Erbsensuppe auf englische Manier.

Nimm schöne und gute Erbsen, thue sie sauber ausklauben und waschen, thue sie in einen Suppenkessel oder in einen saubern Hafen, gieß darauf eine gute Bouillon, setz es zum Feuer, laß es stät sieden, wenn die Erbsen halb lind sind, so nimmt man ein schönes Stücklein frisch schweinernes Fleisch, welches ein Carminatstück seyn muß, thue es hernach in ein größeres Geschirr, nimm dazu von allerhand Wurzeln, eine Zwiebel, ein wenig Basilicum, Bonakraut, und viel Thymian, hernach füll es an mit Bouillon, so viel es vonnöthen hat, und laß es sieden bis das Fleisch lind ist, aber nicht gar zu lind, darnach thue die Suppe vom Feuer, nimm das Fleisch heraus, thue es mit dem Messer sauber abputzen, schöpfe nachdem die Fetten von der Suppe sauber herab, und passire es durch ein Haartuch, thue hernach deine Suppe mit sammt dem Fleisch in ein sauberes Geschirr, halte es warm bis es Zeit ist zur Tafel zu serviren, alsdenn richte sie sammt dem Fleisch an, thue etwas fein in Würfeln geschnittenes ausgebachenes Brod hinein, die Suppe muß aber nicht dick seyn, alsdenn wird sie gut seyn.

Un Potage des Jonquilles.

Eine gelbe Ruben-Suppe.

Wenn die gelben Ruben groß sind, so thue sie auf einem Riebeisen reiben, sind sie aber klein, so thue sie klein schneiden, thue sie in einen Kastrol mit

mit frischen Butter, nimm dazu Petersillwurzeln, Pastenad, Zelleri und Bori, auch ein wenig Thymian, setz es auf ein ståtes Feuer, laß es ein wenig passiren mit einem Stücklein guten Butter, hernach füll es auf mit guter Bouillon, thue dazu ein Stück Kalbfleisch, laß es mitsieden, bache 3 bis 4 Schnitten weißes Brod in Butter oder guten Schmalz aus, thue es dazu, laß es ståt mitkochen, wenn dann alles lind ist, so setze sie vom Feuer, thue das Fleisch heraus, welches vor Ehehalten sehr gut ist, schöpfe die Fetten sauber herab, passire es durch ein Haartuch, setz sie hernach auf die Seite, richte das gebåhte Brod dazu, pflück ein Petersillkraut fein Blåttleinweis, blanchire ihn im Wasser bis er lind ist und doch schön grün bleibt, thue ihn in ein frisch Wasser, nimm auch kleine Zwiebel, thue sie sauber und weiß blanchiren, hernach thue sie in ein kleines Geschirr mit einer weißen Pres, laß sie sieden bis sie lind sind und weiß bleiben, wenn es Zeit ist zur Tafel zu serviren, so setze die Suppe auf das Feuer, rühre sie herum, bis sie recht heiß ist, darnach thue den blanchirten Petersill hinein, richte sie an in den Topf, daß sie nicht zu dünn und nicht zu dick ist, nach diesem thu das Brod hinein und die kleinen Zwiebeln auch dazu ohne Fetten, sie müßen aber wohl lind seyn, schön ganz und auch schön weiß bleiben, alsdenn wird deine Suppe gut und schön, und eine Suppe seyn, welche gut und kräftig ist.

Un Potage aux groûtes gratinées.

Eine Benadelsuppe auf französisch.

Nimm ein oder zwey runde Semmeln, reib die erste Rinde ein wenig um und um ab, hernach schneide das obere Theil in der Runde ab, die Brosen davon thue in eine silberne Suppenschaale klein geschnitten, gieß eine fette Bouillon darauf, setz es auf ein städes Feuer, und laß nach und nach stät anziehen bis es eine Kruste wird, das obere Theil, welches wohl ausgehöhlert werden muß, bache in frischem Butter und setz es auf die Krusten darauf, wenn begehrt wird zur Tafel zu serviren, so gieß eine gute Bouillon darauf, aber sie muß schön klar seyn, diese ist eine gesunde und gute Suppe, hast du aber keine silberne Suppenschaalen, so thue die Krusten in einem Kastrol, oder auch in einer Rein anziehen lassen, hernach heraus stechen und in die Bodulli hinein, mit sammt den obern Krusten, wie gemeldt.

Un Potage aux profiteroles.

Eine Suppe mit klein faschirten Semmeln.

Man bestellt bey dem Becken kleine Semmeln, je kleiner, je schöner, und schön rund gebachen, hernach reibe sie um und um ganz leicht ab, hernach schneide ein rundes Blättlein heraus so groß wie ein 10. kr. Stück, nimm die Schmollen sauber heraus, hernach mache ein Ragout, welches man auf Kochmanier Salpico nennt, nimm ein blanchirtes Kalbsbrüs, wie auch ein gesottenes Kalbseuter, welches aber nicht gar zu lind seyn darf,

die-

dieses Brüs und Euter muß klein gewürfelt geschnitten werden, nimm etwas Maurachen, ein wenig Champignon, ein wenig Spargel und feine grüne Erbsen, wenn die Saison oder Zeit, da man dieses haben kann, da ist; dieses alles thu in einen Kastrol mit frischem Butter, ein wenig Pfeffer, Salz, ein wenig fein geschnittenen Petersill, dieses muß hernach auf dem Feuer passirt werden, und staubet ein wenig feines Mehl daran, hernach gieß ein wenig gute Bouillon darauf, laß es kochen bis alles lind ist, nachdem legire es mit 3 oder 4 Eyerdottern nach Proportion, setz es auf die Seite bis es kalt wird, hernach thue die ausgehöhlerte Semmeln damit faschiren oder auf deutsch zu sagen füllen, hernach thue sie mit dem ausgeschnittenen Blättlein wieder zumachen, und bestreiche sie mit einem linden Teig von einem Ey und ein wenig Mehl, aber nur so weit bestreiche sie, als sie ausgeschnitten sind, hernach thue die faschirten Semmeln in einem guten Schmalz, das keinen Geschmack hat, schön gelb ausbachen, will man aber dieses nicht thun, so muß man die Semmeln mit frischen Butter bestreichen, hernach auf eine Tortenpfanne legen und im Ofen schön gelb ausbachen, wenn es nun Zeit ist zu serviren, passiret man eine gute Bouillon in die Suppenbodoli, thut die gebachenen Semmeln hinein, setzt es auf eine wenige Glut eine halbe Viertelstunde vor der Tafel, laß sie mit mitonniren, daß sie schön, ganz, und doch durchaus heiß auf die Tafel kommen.

Un Potage clair au Jus de Veau.

Eine feine Jus-Suppe von Kalbfleisch.

Mache eine Jus von Kalbfleisch, thu in einen Kastrol auf den Boden etliche fein geschnittene Speckbarten, thu darauf Zwiebel in drey Theile geschnitten, hernach thue das Kalbfleisch darauf, thu viel Wurzeln hinein, nämlich: gelbe Ruben, Pastenad und Zelleri, ein klein wenig Thymian, Bori und Petersill, setz es hernach auf ein stätes Feuer und laß stät anziehen, aber nicht gar zu stark, hernach füll es auf mit guter Bouillon und laß stät sieden bis alles wohl lind ist, hernach thu die Jus sauber passiren in ein Geschirr, setz es zum Feuer, daß es warm bleibt, alsdann, wenn es Zeit ist zu serviren, so thue das gebähte Brod, so viel du nöthig hast, hinein, und servire es zur Tafel.

Un Potage a l' Arlequine.

Eine Suppe von mehreren Farben.

Man nimmt einen Turnesol, und thut ihn in Eyerklar einweichen, hernach nimmt man etwas Mehl und macht unterdessen den Teig von unterschiedlichen Farben.

Erstens kann man von einem Eyerklar ein wenig weißen Teig machen,

Zweytens von dem Eyergelb ein wenig gelben Teig, um aber noch höher einen gelben Teig zu machen, nimmt man ein wenig Saffran; und den grünen zu machen nimmt man die Hälfte Eyer-

klar

klar und die Hälfte Spinaddopfen; und um den rothen zu machen nimm das Eyerklar von oben gemeldten Turnesol, alle diese Teige werden ausgewalget wie der feinste Nudelteig, hernach kann man davon ausschneiden oder ausstechen eine Façon welche man will, als z. E. Pique, Karo, Herz, Treff, Stern und dergleichen, was man im Sinn hat zu schneiden oder zu stechen, nach diesem schneide ganz fein von Petersillwurzel, gelbe Ruben, Pastenad und Zelleri, auch allerhand Gattungen, thue diese Wurzeln vorher im Wasser blanchiren, nachdem thu sie in einen Suppenkessel oder Hafen, thu gute Bouillon hinein soviel du glaubst Suppen nöthig zu haben, thu die Wurzeln dazu, laß sie langsam sieden bis sie lind sind: eine Viertelstunde vor dem Anrichten müßen alle schon benannte Sorten Teig in einem siedenden Wasser blanchirt werden, alsdenn thut man sie zu dieser Bouillon, wo bereits die Wurzeln sind, und laß es noch einen einzigen Sud thun, damit der Teig seine Farbe nicht verliere, zu allerletzt thut man ein wenig wohl blanchirten fein gepflückten grünen Petersill dazu, alsdenn kann man diese Suppe serviren, welche auch eine Suppe ist vor ein Soupé zu geben.

Un Potage a la Flamande.

Eine Suppe auf Niederländische Manier.

Man nimmt von einem Würsing den Kopf in 4 Theile geschnitten, weiß Kraut eben so geschnitten, die Dorsten davon, etliche Häuptlein Salat, gelbe

gelbe Ruben geschnitten wie ein kleiner Finger, Zelleri und Bori, dieses alles, wenn es sauber gewaschen ist, thue zusammen in ein siedendes Wasser, laß es nur ein wenig blanchiren, hernach thue es in ein frisches Wasser, drücke es wohl aus, setze in einem Suppenkessel oder in einem saubern Hafen eine gute Bouillon zu, und wenn sie siedet, so thue alles dieses grünes mit den Wurzeln hinein, thue dazu ein Stück guten Schunken welcher keinen Geschmack hat, und laß es stät sieden, bis alle diese Gemüßer recht lind sind, hernach setze es vom Feuer, schöpfe die Fetten davon weg, und wenn es Zeit ist, so servire sie ohne Brod zur Tafel.

Un Potage aux Quenelles.

Eine Suppe mit französischen weißen Fasch.

Nimm eine gute alte Henne, oder auch einen Kapaunen, welcher stark von Brust ist, löse die Brust davon heraus, thue es auf ein sauberes Schneidbrett, und schabe die Brust mit dem Messer, damit alle kleine Häutlein davon kommen, hernach thue den Fasch fein schneiden mit dem Schneidmesser, nach diesem thue den Fasch in einen saubern Mörser und stoß ihn recht fein, hernach thue ihn wieder auf das Brett, durchsuche ihn nochmals mit dem Messer, ob kein Häutlein mehr darinnen ist, und um noch feiner zu machen wird er durch ein Haarsieb passiret, und hernach wieder in den Mörser gethan, wo man zwey gesottene kalte Kalbseuter dazu nimmt, ein wenig fein geschnitschnittenen Petersill, ein wenig Thymian, Zwiebel, Basilicum und ein wenig Charlotten, ein wenig Muscatnuß und Salz, hernach wenn dieses alles fein gestoßen ist, so thut man von einer Semmel die Schmollen in einen Rahm oder Milch einweichen, und thut es hernach ausgedrückter dazu zu diesem Fasch, wie auch soviel als ein kleines halb Pfund recht guten frischen Butter, dieses stoßet man alles recht fein zusammen, hernach schlage einen Schnee von 4 Eyerklar, thue es auch zu diesem Fasch, stoße alles untereinander, nach diesem bestreue ein Bachbrett mit ein wenig feinem Mehl, thue den Fasch hernach darauf, walge ihn sauber und rund mit der Hand aus, und schneide ihn hernach mit dem Messer in kleine runde Stücklein, oder nach Belieben lang, lege ihn auf eine Schüssel oder Tortenpfanne, setze ihn auf die Seite in ein kühles Ort, bis es Zeit ist zur Tafel zu serviren, hernach richte in einen Kastrol eine ordinäre Bouillon auf dem Windofen, daß es siedet, wenn es heißt anrichten, thue den Fasch hinein und decke es zu, er muß 4 Minuten sieden, hernach thust du die gute Bouillon in den Suppentopf, und nimmst hernach den Fasch mit einem löcherichten Löffel heraus, und thue ihn in die klare Bouillon hinein, damit sie schön klar bleibt, und thue sie alsdenn zur Tafel serviren, es ist eine Suppe die man des Nachts bey einem Soupé auch servirt.

Un Potage de Macaronis aux Navets a l'Italienne.

Eine Macaroni Suppe auf Italiänische Manier.

Nimm weiße Ruben, thue sie klein länglicht in filé schneiden, hernach setz eine gute Bouillon zum Feuer und thu die Ruben hinein, laß sie sieden bis sie halb lind sind, nach diesem nehme man große Margeroni, die so dick sind als wie ein Finger, thue sie in kleine Stücke brechen, und eine Viertelstunde vor dem Anrichten thut man diese Margerona in die Bouillon von den Ruben, wie auch etliche gute Bratwürste, und laß es hernach stät sieden, wenn die Mageronen und die Ruben lind sind, thut man diese Suppe zur Tafel serviren, und giebt einen geriebenen Parmesankäß extra auf eine Assiette dazu.

Une Purée aux Marrons.

Eine geriebene Kastaniensuppe.

Man nimmt die Kastanien, thut sie blanchiren, oder ein wenig rösten in der Pfanne, bis man die Haut und die Schaalen herunter bringt, alsdenn thue es in einen Kastrol, thue dazu frischen Butter, von allerhand Wurzeln, setz es auf ein stätes Feuer, laß es nach und nach passiren, hernach thue gute Bouillon dazu, bache etliche Schnitten Semmel in Butter heraus, thue es auch dazu, du kannst auch einen Kalbsknochen mitkochen lassen, um es kräftiger zu machen, wenn alles wohl verkocht ist, thue es vom Feuer, daß die Fetten in die

die Höhe gehet, alsdann nimm die Fetten recht sauber ab, und passire sie hernach durch das Haartuch, setz sie nachdem auf die Seite, bis es Zeit ist zu serviren, richte dein gebähtes Brod dazu, wenn es dann Zeit ist zu serviren, mache deine Suppe heiß auf dem Feuer, gieß es mit einem Löffel auf, und thue sie hernach serviren, alsdenn wird sie gut seyn.

Un Potage a la purée de Lentilles.

Eine Coulissuppe von Linsen.

Nimm die Linsen, thue sie sauber ausklauben, sauber waschen, thue sie hernach in einen Kessel oder Hafen, füll es mit guter Bouillon auf, setz es zum Feuer, und laß es stät sieden, wenn sie halb lind gesotten sind, so thue von allerhand Wurzeln hinein, thue auch dazu einen Thymian und Basilicum, bache etliche Schnitten Semmeln in Butter heraus, oder in guten Schmalz, thue sie auch dazu, kannst auch ein Stücklein Schunken mitkochen lassen, wenn alles wohl verkocht ist, setz sie auf die Seite, daß die Fetten in die Höhe gehet, thu sie wohl abschöpfen, hernach thue sie durch ein Haartuch passiren, nachdem thu sie in einen Kastrol, laß sie stehen bis Zeit ist zu serviren, thue das gebähte Brod mitonniren mit guter Bouillon, wenn es Zeit ist zu serviren setz die Linsencoulis auf das Feuer, wenn sie wohl heiß ist, gieß die Coulis auf das mitonnirte Brod und das nicht zu dick, auch nicht zu dünn ist, thue sie hernach serviren; denn auf diese Art wird sie köstlich seyn.

Un Potage de Lentilles entiéres.

Eine Coulissuppe mit ganzen Linsen.

Nimm die Linsen, thue sie sauber ausklauben und sauber waschen, thue sie in einen Kessel oder in einen Hafen, füll es mit guter Bouillon auf, laß es stät sieden, wenn sie halb lind sind so thue die Hälfte davon in ein anders Geschirr, laß sie sieden bis sie recht wohl lind sind, die andern Linsen aber thue hinein in ein anderes Geschirr, und alles das, was bey der obigen Linsensuppe schon gemeldet ist, die andern Linsen müßen fortsieden, alsdenn passire die Linsencoulis durch ein Haartuch, hernach thue die Coulis in ein Geschirr, thue die ganzen Linsen dazu wenn sie recht lind sind, und stelle sie warm, hernach thu etwas weniges gewürfeltes Brod in Butter oder Schmalz ausbachen, wenn es nun Zeit ist zu serviren, so richte deine Suppe an, thue das gebachene Brod hinein, nur daß die Suppe nicht gar zu dick ist, alsdenn wird sie gut seyn.

Un Potage au Coulis de Perdreaux.

Eine Coulissuppe von Rebhühnern.

Man muß ein altes Rebhuhn oder zwey, nachdem die Quantität von der Suppe zu machen ist, halb abbraten, hernach thue man sie fein stoßen im Mörser, thue sie in einen Kastrol, schneide dazu von allerhand Wurzeln, eine Zwiebel, ein wenig Thymian, und ein klein wenig Basilicum, mit ein wenig frischen Butter, setz es auf ein stätes Feuer, laß es passiren, füll es hernach mit guter Bouillon halb auf und halb mit Jus, laß es stät sieden, bach dazu etliche Schnittlein Semmel aus, thue sie auch hinein, und wenn alles wohl verkocht ist, passire sie durch ein Haartuch, setz sie zum Feuer aber nicht zu heiß, bis es Zeit ist zu serviren, alsdenn richte das mitonnirte Brod dazu, welches in frischen Butter muß ausgebachen und hernach gut mitonnirt werden, wenn es Zeit ist die Suppe zu serviren, gieß die Coulis auf das Brod, dann ist sie fertig und gut.

Un Potage au Coulis d' Ecrevisses.

Eine Coulissuppe von Krebsen.

Nimm Wurzeln, gelbe Ruben, Bori, Zelleri, Pastenad, Petersillwurzel, auch einen Zwiebel, schneide dieses alles von der Hand zusammen in einen Kastrol, thue dazu ein wenig frischen Butter, setz es auf ein stätes Feuer, laß es passiren, hernach füll es auf mit guter Bouillon, laß es stät sieden, thue auch dazu etliche Schnittlein Brod in frischem Butter oder in gutem Schmalz ausgebachen, wenn man aber will, so kann man die Suppe auch recht kräftig haben: eine alte Henne halb abbraten und dazu thun, und mitsieden lassen, oder auch anstatt einer Henne einen Kalbsknochen dazu, welchen man, nachdem er lind ist, dennoch wieder nutzen kann, hernach nimm die Quantität Krebse, nachdem du zu deiner Suppe nothwendig hast, und thue ihnen roher die Schweife abschneiden wie auch die Nase, damit das Bittere wegkommt, das andere muß also roher in einen Mörser fein gestoßen werden, aus Ursache, weil die

die Suppe kräftiger davon wird, schönere Farbe bekommt, und nicht zu fett wird, als wie mehrere pflegen mit Krebs-Butter zu machen, wo hernach der rothe Butter in der Höhe steht, alsdann wenn alles lind gesotten hat in der Suppe setze sie vom Feuer, thue die Henne oder den Kalbsknochen heraus und schöpfe die Fetten davon wohl ab, wenn sie halben Theil kalt ist, thue deine gestoßene Krebse roher hinein, und passire sie hernach durch ein sauberes Haartuch, alsdenn thue sie in ein sauberes Kastrol, laß sie stehen bis es Zeit ist zu serviren, die Krebsschweise thue absieden und auslösen, das schwarze schneide davon, die Zwiebeln schneide länglicht oder klein gewürfelt, thue sie darnach in die Suppe, das Brod dazu kannst du in frischen Butter ausbachen, oder auf dem Rost bähen, und hernach mit guter Bouillon mitonniren lassen, wenn es Zeit ist zur Tafel, setze deine Suppe auf das Feuer, thue sie mit einem Schöpflöffel herumrühren und aufgießen, bis die Suppe recht heiß ist, aber nicht sieden lassen, sonst lauft sie zusammen, thue sie hernach mit dem Brod anrichten, so wird sie gut seyn.

Un Potage au Ris au Coulis d'Ecrevisses.

Eine Reissuppe mit Krebscoulis.

Mache die Krebscoulis wie schon gemeldet worden ist, hernach nimm den Reis, wenn er sauber geputzt und blanchirt ist, setz ihn zum Feuer mit guter Bouillon, und laß ihn lind sieden, wenn es Zeit ist zur Tafel zu serviren, so setze die Coulissuppe auf das Feuer, und rühre sie, wie schon gemeldet,

meldet, und anstatt Brod thue den Reis hinein, nicht gar zu dick auch nicht zu dünn, es ist auch eine gute Suppe.

Un Potage au Coulis de Faisands.

Eine Coulissuppe von Fasanen.

Nimm einen alten Fasanen, und thu ihn halb braten, und mache deine Suppe als wie die Rebhühnersuppe mit Coulis, die wir schon gemeldet haben, es ist eine gute Suppe, man kann es auch auf eine andere Art machen. Man nimmt Würsing und blanchiret ihn im Wasser, hernach richte ihn ein in eine Brás, wie schon gemeldet worden ist, und laß ihn recht lind werden, dieser Würsing muß zum wenigsten 3 Stunden stät auf dem Feuer kochen, hernach thue in die Fasanen-Coulissuppe den Würsing anstatt Brod, aber ohne Fetten, die Fetten muß wohl davon; mit den Rebhühnersuppen kannst du die nämliche machen, es ist eine recht gute Suppe, welche man aber nur serviren darf, wenn man zwey Suppen auf einer Tafel servirt, als eine mit Brod, und die andere mit Würsing.

Un Potage aux Pistaches.

Eine Coulissuppe von Pistacien.

Schneide etwas gelbe Ruben, wie auch Petersillwurzeln in einen Kastrol, wie auch etwas Zwiebel, thue etwas frischen Butter dazu, setz es auf ein stätes Feuer, laß es passiren, hernach füll es an mit guter Bouillon, laß es stät sieden, thue auch hinein die Schmollen von einer Semmel,

 laß

laß sie auch mitkochen, wenn die Suppe nicht kräftig genug wäre, so thue auch ein Stück Kalbfleisch hinein, wie auch eine alte Henne, und laß es mitsieden, damit die Suppe kräftig wird, hernach thue 4 Eyer hart sieden, nimm das Gelbe nur davon, stoße auch einen Spinad, und mache einen grünen Dopfen davon, damit du nicht soviel Pistacien brauchest, hernach thue die Pistacien schälen, und was gut ist in einen Mörser, thue auch dazu das Gelbe von den 4 harten Eyern, wie auch den Spinaddopfen, stoße alles zusammen, setze deine Suppe vom Feuer, schöpfe sie wohl ab, die Fetten davon, wenn sie halb kalt worden ist, so thue das Gestoßene hinein und passire sie durch ein Haartuch, hernach bähe die Semmel und laß sie mitonniren, ist es Zeit zu serviren, setz die Suppe auf das Feuer, rühre sie mit dem Schöpflöffel wohl auf, daß sie nicht zusammen gehet, sieden darf sie auch nicht, hernach thue das mitonnirte Brod dazu und servire sie, so wird sie gut seyn.

Un Potage a l' Espagnole.

Eine Suppe von Reis auf spanisch.

Nimm gute weiße Ruben, schneide sie klein viereckicht, als wie ein Würfel, hernach thue sie in einen Kastrol mit frischen Butter und thu sie auf ein stätes Feuer, laß sie dünsten, thu ein Stück Hammelfleisch wie auch ein Stücklein guten Schunken, wenn man einen hat, dazu, füll es auf mit guter Bouillon, und laß es stät sieden, hernach präparire die Quantität Reis, sauber geputzt, so viel du zu deiner Suppe nöthig hast, man muß sich aber in obacht nehmen mit dem Salz, daß man nicht zu viel hinein thue, aus Ursache, weil ein Parmesankäß dazu kommt, wenn die Ruben halb lind gesotten sind, so thut man den Reis also roher eine halbe Stunde vor dem Anrichten in diese Suppe hinein, und läßt ihn stät sieden, dann er darf nicht gar zu lind seyn, hernach thut man die Suppe zur Tafel serviren, das Fleisch thut man heraus, und thut auf die Suppe einen geriebenen Parmesankäß, das ist eine Suppe, welche die Welschen sehr gerne essen; sie wird una Minestra genännt.

Un Potage a la Milanois.

Eine Suppe auf mayländische Manier.

Setze eine gute Bouillon in einen Kessel oder saubern Hafen zum Feuer, hernach nimm ein Stücklein guten Schunken, der keinen Geschmack hat, thue ihn in einen Mörser mit ein Stücklein guten Speck und ein wenig Basilicum, Thymian, auch ein wenig Knoblauch, stoße dieses alles zusammen, hernach thue es heraus und in deine zugesetzte Bouillon, laß dies alles eine halbe Stunde sieden, hernach passire diese Bouillon durch ein sauberes Sieb, und setz es wiederum zum Feuer und laß sieden, hernach nimm einen schönen weißen Würsing, schneid den Kopf in 4 Theile, nachdem er sauber gewaschen und das Wasser wohl davon ist, thue den Würsing in diese Bouillon und laß ihn halb sieden mit einem guten Stück Schunken, eine halbe Stunde vor dem Anrichten thue etwas Reis dazu nach Gutachten, und laß ihn stät sieden, daß er nicht zu lind wird, man kann auch etliche gute Bratwürste dazu thun, und wenn es Zeit ist zur Tafel zu serviren, so richte deine Suppe an, sie wird gut seyn; gieb aber extra dazu geriebenen Parmesankäß auf eine Assiette.

Un Potage aux petits Oignons.

Eine Suppe von kleinen Zwiebeln.

Nimm eine Handvoll kleine Zwiebeln, thue sie sauber putzen und blanchiren, damit sie schön weiß bleiben, hernach richte sie in eine Brás, setz sie auf ein stätes Feuer und laß sie recht lind werden, hernach bähe die Semmel zu deiner Suppe und laß sie mitonniren, alsdenn füll es auf mit guter Bouillon, thue die Zwiebeln von der Brás heraus auf ein sauberes Tischtuch oder Serviette, damit die Fetten davon geht, hernach thu sie in deine Suppe hinein, damit sie ganz bleiben, und servire sie zur Tafel, diese Suppe kann man auch mit schwarzem Hausbrod geben, das Brod muß klein geschnitten seyn, wie man es zu einer ordinären Suppe zu schneiden pflegt, man kann es in frischem Butter rösten, oder auch auf einer Tortenpfanne im Ofen trocken rösten lassen und auch serviren, wie oben gemeldet worden. Auf diese Manier ist die Suppe auch gut.

Un

Une Purée aux Navets de Baviere.

Eine Coulissuppe von bairischen Ruben.

Nimm gute bairische Ruben von guter Art, nachdem sie sauber geputzt und gewaschen sind schneide sie klein von der Hand weg in einen Kastrol, schneide auch alle Sorten Wurzeln dazu, nimm ein wenig frischen Butter, wie auch soviel Zucker als einer Haselnuß groß, welcher der Suppe einen angenehmen Gusto giebt, thue auch ein wenig Schunken dazu, wenn du einen hast, setz es auf ein ståtes Feuer, laß es passiren, bache etliche Schnittlein Brod in Butter oder gutem Schmalz heraus, thu es dazu, hernach fülle es mit guter Bouillon und auch etwas Jus auf, dann die Suppe muß eine schöne gelbe Farbe haben, alsdenn wenn alles lind gekocht ist, setz die Suppe vom Feuer, nimm die Fetten wohl davon hinweg, hernach passire sie durch ein sauberes Haartuch, thue es in ein Geschirr und halt es warm bis es Zeit ist zu serviren, bache das Brod zu dieser Suppe in gutem Butter heraus und mitonnire es mit guter Bouillon, und alsdenn, wenn es Zeit ist zu serviren, gieb das Brod in die Suppe, soviel es vonnöthen hat, daß sie nicht zu dünn und nicht zu dick ist.

Un Potage a l'essence de Navets.

Eine klare Suppe von bairischen Ruben.

Wenn die Ruben von guter Art und nicht bitter sind, so thue sie sauber putzen und waschen, hernach

nach thue sie in einen kleinen Kessel oder Hafen, thue dazu ein Stücklein Kalbfleisch oder einen Knochen, auch etwas andere Wurzeln und einen Zwiebel, wenn du auch ein kleines Stücklein rohen Schunken hast, so ist er sehr gut dazu, füll es hernach mit guter Bouillon auf, setz es zum Feuer und laß es stät sieden, bis alles lind ist, hernach thue die Fetten davon so gut du kannst bey einem Tropfen, alsdenn passire sie durch eine saubere Serviette, wenn es Zeit ist zu serviren, laß sie recht heiß werden, koste sie ob sie im Salz recht ist, thue dein gebähtes Brod dazu, soviel du brauchst, und servire sie, es wird gut seyn. Sollten aber die Ruben etwas bitter seyn, so must du sie vorher ein klein wenig blanchiren, und hernach machen, wie oben gemeldet worden.

PIECES POUR RELEVER DES POTAGES.

Große Stücke die Suppen auszuwechseln.

Un piece de Bœuf au naturel.

Ein Tafelstück gesotten.

Wenn man ein schönes und gutes Stück Rindfleisch serviren will, so muß es von einem Brustkern seyn: wie aber der Brustkern keine gute Bouillon siedet, so ist er doch nichtsdestoweniger zum Essen delicat; es ist auch zu bemerken, daß man es nicht sieden läßt, damit Wasser daran

muß

muß gegossen werden; sondern um recht gut und kräftig zu machen, so thut man es vom Herdfeuer hinweg auf einen Dreyfuß setzen, und giebt ein Feuer darunter, damit die Bouillon einsiedet: auf solche Art wird das Fleisch kräftig und gut. Ehe du es aber zur Tafel servirest must du es vorher auf eine andere Schüssel legen, um sauber abzuputzen, daß nichts schwarzes oder Wurzeln daran hänget. Alsdenn rangire es auf deine Schüssel, schneide in die Mitte von der Fetten, damit ein Theil auf die untere Seite fällt, so sihet es appetitlicher aus, garnire es mit Petersill, und servire es zur Tafel. Willst du eine Sauce dazu geben, so must du sie extra in einer Saucière geben, hast du eine Coulis, so nimm 2 Sardellen, thue sie sauber waschen und die Gräten davon hinweg, hernach thue sie fein hacken mit dem Rucken von dem Messer, wann sie fein sind, so menge ein wenig frischen Butter darunter, und thue hernach eine Coulis dazu, soviel du Sauce vonnöthen hast, ein wenig Bertram, Essig, oder auch nebst dem Essig den Saft von einer halben Lemoni und ein wenig Pfeffer, weil die Sauce zum Rindfleisch scharf seyn muß. Du kannst auch eine Sauce von Kappern und Charlotten geben, welche Sauce man eine Kappernsauce nennet: man nimmt etliche Charlotten, schneidet sie fein, hernach thut man sie in einen kleinen Kastrol mit ein wenig frischem Butter, thue es auf dem Feuer passiren, aber nicht gelb, hernach gieb eine Coulis daran, wenn du aber keine Coulis hast, so staube ein wenig schönes Mehl daran, füll es auf mit ein wenig Jus, soviel Sauge du vonnöthen hast,

hast, laß es kochen bis das Mehl verkocht ist, hernach thue die Kappern fein schneiden, thu sie in die Sauce, wie auch ein wenig fein geschnittenen Petersill, und ein wenig Bertram und Essig dazu, alsdenn wird die Sauce gut seyn.

Eine schöne und auch gute *Sauce* zu machen ohne *Coulis* und ohne *Jus*.

Nimm einen Zwiebel, thue ihn Blättleinweis in einen Kastrol schneiden, nimm ein wenig frischen Butter dazu, setz es auf ein státes Feuer, und laß es anziehen bis daß der Zwiebel schier gelb wird, hernach thue einen Kuchenlöffelvoll oder auch mehreres schönes Mehl dazu, soviel du Sauce vonnöthen hast, wie auch ein wenig Schunken, wenn du einen hast, thue es auf ein státes Feuer und laß es rösten bis das Mehl gelb ist, sind die Zwiebeln etwas bräuner als das Mehl, so füll es auf mit guter Bouillon, und laß es stát kochen von vornen weg, thu auch hinein ein wenig Thymian und Basilicum und ein halbes Blátlein Lorbeer, thue es sauber abfaumen, so oft es seyn muß, so wird es eine schöne Farbe bekommen wie die schönste Coulis, thue sie hernach passiren durch ein feines Haarsieb, mit dieser Sauce kannst du dich bedienen, gleichwie mit einer Coulis, welche sparsam gemacht ist, und doch besser als glatte Mehl einbrennen.

Eine kalte *Sauce* zu machen, welche man auch zum Rindfleisch serviret.

Nimm Charlotten, Petersill, Lemonischaalen ohne weiß, ein wenig Basilicum wenn er grün ist,

ist, auch einen oder einen halben Zwiebel, dieses alles must du fein schneiden, hernach thue dieses in eine Saucière, thue Pfeffer und Salz daran, gieß ein wenig Bertramessig oder einen andern daran, und servire diese Sauce zu dem Rindfleisch.

Eine kalte *Sauce* auf eine andere Manier.

Nimm junge Senfblätter, ein wenig frischen Bertram, 2 oder 3 Charlotten, schneide dieses alles fein zusammen, thu es in eine Saucière, thu auch ein wenig Zucker, Pfeffer und Salz, auch Essig daran, und servire es zum Rindfleisch.

Eine *Sauce* auf eine andere Manier.

Nimm einen Häring, welcher ein Milchner seyn muß, thu ihn sauber waschen und voneinander spalten, nimm die Milch davon, wie auch die Gräten von dem Häring, den Häring thu in einen Mörser, auch 3 hart gesottene Eyerdotter, einen abgeschälten Maschanzker oder Borstorfer, es kann auch ein anderer guter Apfel seyn, einen kleinen Zwiebel, zwey Charlotten, dieses alles thue fein stoßen, hernach thu es durch ein grobes Haarsieb passiren, nach diesem thu die Milch von dem Häring fein zerrühren, thu dieses durchgetriebene dazu, wie auch ein wenig Pfeffer und ein wenig Provanceröl, rühre es ab mit einem Bertramessig und servire es in einer Saucière.

Piece de Bœuf a l'ecarlate.

Ein Pöckelfleisch zu machen.

Man nimmt ein Stück Brustkern, wenn man

es warmer serviren will, kalter aber muß es ein Schweifstück seyn. Dieses Stück Fleisch thu in ein sauberes Schäfflein hinein, salz es ein mit 4 Loth Salitersalz, hernach thue dazu Basilicum, Thymian, Lorbeerblätter, ein wenig Kronwethbeer, Charlotten, Zwiebel, etwas weißen Pfeffer, Nägelein, etwas Muscatblüth, auch 2 oder 3 Spältlein Knoblauch, dieses muß halb gestoßen seyn, hernach laß es stehen in einem Keller, oder sonst an einem kühlen Ort, hernach thue 2 Pfund Salz in ein Geschirr und gieß 2 Maaß Wasser daran, laß es hernach mit dem Salz sieden, wann es gesotten hat, setz es vom Feuer bis es kalt wird, schütte es kalter an das Fleisch, und beschwere es mit einem Deckel und Steiner darauf, es muß in der Sur 3 Wochen lang liegen bleiben, bis es gut ist, man kanns hernach auch länger aufbehalten bis zu 2 und 3 Monath, und ist nichts weiter zu observiren, als das: wenn es 3 Wochen liegt, kann man in einem kleinen Geschirr das Stück Fleisch sieden lassen; ist es aber älter, so muß es in einem größern Geschirr gesotten werden, dann es darf nicht gewaschen seyn, damit es den Geschmack nicht verliert. Dieses Pöckelfleisch auf solche Art gemacht, ist so gut als nimmermehr das Hamburger, weil dieses das wahrhafte Recept davon ist. Das Bruststück gehört für die erste Tracht warmer zu serviren, und das Schweifstück thut man auf die zweyte Tracht für ein groß Stück serviren.

Piece

Piece de Bœuf a la mode.

Buflamode.

Erstens muß es von einem guten Ochsen ein Schweifstück seyn, welches fett ist, dieses muß mit einem großen Messer oder Nudelwalger geschlagen werden, damit es etwas mürber wird, hernach thue einen Finger dick und lang Speck und Schunken schneiden, welche beyde keinen übeln Geruch haben müßen, hernach schneide feine Kräuter, als nämlich: Petersill, Charlotten, Basilicum, Thymian, wenn sie recht fein sind, thue sie zu Speck und Schunken auf einen Teller, thue auch daran Pfeffer, ein wenig Muscatnuß und ein wenig Salz, mische es untereinander, hernach thue das Fleisch mit einer großen hölzernen Spicknadel durchspicken, hast du keine Spicknadel, so nimm das Messer, stich die Löcher hinein und steck den Speck und Schunken drein, einmal den Speck und das anderemal den Schunken, damit es nicht zusammenkommt, nach diesem nimm ein langes Kastrol oder auch ein rundes, wo sich der Deckel darauf schließet, thue Bartenspeck auf den Boden, thue dein Fleisch darauf, alsdenn bedecke es oben auch mit Speck, um die Seiten herum thue etwas Kalbfleisch dazu, ein paar ganze Zwiebel, gelbe Rüben, Zelleri, Pastenadwurzeln, ein wenig Basilicum, Thymian und ein Lorbeerblatt, ein wenig Muscatblüth und etliche Nägelein, gieß daran ein Stutzenglas rothen Wein, decke es knapp mit dem Deckel zu, und um den Deckel mache einen schlechten Teig von Wasser und Mehl, und thue ihn rings herum mit Teig und Papier zumachen, daß kein Dunst heraus kann, hernach setz es in einen Backofen, oder auch auf ein stätes Gluthfeuer oben und unten, und laß es 4 Stunden dünsten, nachdem setz es auf die Seite bis es kalt wird, damit es den Geruch nicht verliert, nach diesem mach es auf und nimm das Fleisch heraus, thue die Fetten sauber von der Sauce hinwegschöpfen, und passire die Sauce durch ein feines Haarsieb, willst du es warm serviren, und hast eine Coulis, so thue 2 Löffelvoll dazu, und thue es in ein Geschirr wo du das Fleisch mit sammt der Sauce hinein thun kannst, wo nicht, kannst du auch einen Löffelvoll Mehl gelb machen und in die Sauce thun, wenn du keine Coulis hast, setz es hernach auf eine stäte Glut und laß stät kochen, nur daß es nicht zu lind wird; ist es Zeit zu serviren, so thue den Saft von einer halben oder ganzen Lemoni hinein, nachdem deine Sauce ist, und eine Lemonischaale ohne weiß, daß die Sauce einen Geschmack bekommt; wenn du es anrichtest so nimm ein wenig Knoblauch und thue die Schüssel, wo du drein anrichtest, ein wenig damit bestreichen, thue die Lemonischaalen heraus, und servire dein Fleisch vor auszuwechseln warmer auf den ersten Gang, willst du es aber serviren vor die zweyte Tracht kalter, so must du es machen wie schon gemeldet worden, aber nachdem deine Sauce passirt ist, so laß sie auf dem Feuer kurz eingehen, auf die Letzte thue den Lemonisaft hinein, und thue es hernach in ein Geschirr, wo just das Fleisch passen thut, thue die Sauce hinein und lege das Fleisch dazu ohne Coulis und ohne Mehl, salze es, und willst du es serviren, so must du eine Serviette brechen auf die Schüssel, thue dein Fleisch umstürzen auf die Schüssel, so giebt es vor ein großes Stück auf den zweyten Gang, es ist recht gut, viele thun auch ein wenig Betramessig dazu, wenn es kalt servirt wird.

Un Rôt de Bœuf a l' Angloise.

Einen englischen Braten.

Erstens muß es seyn von einem recht guten und fetten Ochsen, welcher schon 8 Tage geschlachtet ist, ein Stück wo der Lendenbraten darinnen ist mit sammt der Fetten, dieses Stück nimm und thue es salzen und pfeffern, hernach steck es an einen Spieß, thu es mit vier Bögen Papier doppelt verbinden, daß es kein Loch bekommt, hernach thu es zum Feuer und begieße es mit Butter, aber der Butter muß klar und ohne Milch seyn, sonsten bekommt das Papier ein Loch, das Feuer muß aber nicht zu gäh seyn, alsdenn laß es 4 Stunden braten, eine halbe Stunde aber vor dem Anrichten thue das Papier davon nehmen und wohl obacht geben, daß die Jus in die Bratpfanne lauft, thue es wiederum zum Feuer, begieße es wohl und zwar zum öftern, so wird es eine Farbe bekommen, gleich dem schönsten Gold, wenn du es zur Tafel servirest, so lege es auf die Schüssel, und die Jus, die in der Bratpfanne ist, thue durch ein feines Sieb passiren, thue die Fetten wohl davon, und die Jus gieb unter deinen englischen Braten, und servire es zur Tafel für ein Auswechselstück; das ist recht auf englische Manier.

Ein anderes auf französische Manier.

Nimm das Stück, wie oben gemeldet worden, schneide einen kleinen Finger dick und lang Speck und Schunken, thue die feinen Kräuter und Gewürze daran, wie schon vorher bey dem bœuf a la mode ist gemeldet worden, thue nur das filé oder Lendenbraten genannt damit durchspicken, hernach thue das Stück Fleisch auf eine große Schüssel oder verzinnte Tortenpfanne, thue es salzen und auch ein wenig Pfeffer dazu, die nämlichen feinen Kräuter fein geschnitten, wie zum Speck und klein geschnittenen Schunken, auch etliche Zwiebel Blättleinweis geschnitten, und etliche Lorbeerblätter, das Mark von einer Lemoni Blättleinweis geschnitten, die Kerne müßen aber davon gethan werden, thu dieses alles an das Fleisch, gieß ein Provenceröl darüber, und laß es über Nacht stehen, den andern Tag thue es auf oben gemeldte Art zurichten, nicht mehr und nicht weniger, servire es alsdenn zur Tafel, es ist ebenfalls recht gut, und hat viel stärkern Geschmack.

Une Piece de Bœuf a la Moscovite.

Ein Stück Rindfleisch auf Moscowitisch.

Das Stück muß seyn von einem guten Ochsen ein Bruststück, dieses setze zum Feuer wie ordinari, aber den Kessel nimm so klein als es seyn kann, wo das Stück hinein geht, laß es sieden bis es anfängt lind zu werden, thue auch die Wurzeln dazu was darein gehöret, thue auch dazu 3 ganze Zwiebel, davon die eine mit 4 Nägelein muß

besteckt

besteckt werden, thue auch ein wenig Muscatblüth und ein Lorbeerblat dazu, hernach setz es auf einen Dreyfuß, thue Glut darunter, und schütte drey Maaß süßen Rahm daran, von der Bouillon darf nichts genommen und auch nichts daran geschüttet werden, laß es nach dem einsieden, bis das Fleisch lind ist, wie es die Herrschaften zu essen pflegen, es muß aber einsieden, daß von der Bouillon und Rahm nicht gar 3 Finger hoch auf dem Boden bleibt, wenn es Zeit ist dein Fleisch zur Tafel zu serviren, so thu es anrichten, wie schon gemeldet worden, wie ein anderes Stück Rindfleisch, garnire es mit Petersill und gieb es zur Tafel, alle Herrschaften werden es für gut befinden.

Un Potage de Bœuf au four.

Ein Stück Rindfleisch im Ofen.

Dieses muß ein Brustkern seyn, absonderlich fett, siede es wie ein anderes ordinari Rindfleisch, wenn es recht lind ist thue es heraus auf eine Tortenpfanne legen, putze und richte es sauber, schneide die Fette in der Mitte von einander, doch nicht gar entzwey, damit ein Theil auf die untere Seite fällt oder bedeckt ist, hernach thue es mit Pfeffer, Salz und feinen Kräutern bestreuen, das will sagen Petersill und Charlotten, begieß es mit Fetten oder frischem Butter, und bestreue es mit Semmelbröseln, hernach begieß es nochmal mit ein wenig Fetten oder frischem Butter, thue es in einen heißen Bachofen, und laß es schön gelb werden, wenn es Zeit ist zur Tafel zu serviren, so rangire es auf deine Schüssel, garnire es mit Petersill, und gieb es zur Tafel; du kannst extra eine Charlottensauce dazu geben: thue die Charlotten fein schneiden, thue sie in einen kleinen Kastrol mit ein wenig frischem Butter, laß es ein wenig auf dem Feuer passiren, und staube ein wenig schönes Mehl daran, füll es auf mit Jus, hast du aber eine Coulis, so thue sie daran, soviel du Sauce vonnöthen hast, so du aber keine Jus noch Coulis hast, so mache das Mehl wie bey der ersten Sauce gemeldet ist, laß es hernach ein wenig kochen, thu es sauber absaumen, hernach thu es vom Feuer, gieß ein wenig Bertramessig daran, koste es im Salz, und wenn du die Sauce servirest, so thue auch einen Lemonisaft daran, denn die Sauce muß wohl piquant seyn.

Piece de Bœuf a l'estoufade.

Rindfleisch auf Italiänische Manier.

Dieses muß von dem innern Schlegel, oder auch das Schweifstück seyn, man thut es auch mit Speck und Schunken spicken mit sammt den Kräutern, wie schon bey dem Bœuf a la mode ist gemeldet worden, hernach nimm ein gutes Stück Speck, thu ihn in den Mörser, wie auch ein wenig Knoblauch, Basilicum, Thymian, drey oder 4 Nägelein, etliche Körnlein weißen Pfeffer, stoße dieses alles zusammen, thue es hernach in ein Geschirr, wo das Stück Fleisch just knapp hinein gehet, thue ein wenig Salz darauf, ein paar ganze Zwiebeln, ein Lorbeerblatt, decke es hernach zu, setz es auf einen Dreyfuß, mache eine stäte Glut dar-

darunter, und laß es dünsten, wende das Fleisch zum öftern um, und gieb allezeit ein gleiches Feuer bis es 5 oder 6 Stunden auf solche Manier dünstet, wenn es aber anfängt gelblicht und kurz zu werden, so muß man allezeit ein wenig gute Bouillon daran gießen, damit es allezeit in seiner Jus bleibet, willst du es auf Italiänisch serviren, so richte das Fleisch an, und thue die Jus von dem Fleisch daran passiren, aber ohne Fetten und ohne anders, das ist das Stoufade, wie es die Italiäner gerne essen: auf französisch und deutsch aber thut man einen Löffelvoll schönes Mehl gelb machen, und thuts an das Fleisch, ehe es gar lind wird, man gießet daran ein Glas Wein und etwas Bouillon, läßt es stät kochen bis das Fleisch lind ist, hernach thue das Fleisch in ein sauberes Geschirr, und schöpfe die Fetten von der Sauce wohl davon ab, passire die Sauce hernach durch ein feines Sieb an das Fleisch, thue einen Lemonisaft darein drucken, und setz es warm bis es Zeit ist zur Tafel, auf die Letzte aber thue etwas Lemonischaalen recht fein geschnitten dazu.

Piece de Bœuf a la Grillade.

Ein Stück Rindfleisch auf dem Rost gebraten.

Dieses Stück muß von der innern Seite vom Schlegel seyn, thue es auf eine Schüssel oder Tortenpfanne, salze und pfeffere es, schneide daran gelbe Ruben Blättleinweis, Petersillwurzel, Pastenad, Zelleri, Bori, ein Lemoni Blättleinweis ohne Schaalen und Kern, 2 Spilkel Knoblauch, etliche

etliche Charlotten, ein paar Zwiebeln, 2 Lorbeerblätter, ein wenig ganzen Basilicum, Thymian, gieß Provenceröl darauf, laß es über Nacht stehen, den andern Tag leg das Fleisch auf den Rost, stelle es auf eine gähe Glut, thu es mit den Kräutern allezeit bedecken, und laß es auf allen Seiten recht stark grilliren, wenn du es umwendest must du die Kräuter davon thun, hernach wiederum auf die obere Seite legen, wenn es denn auf allen Seiten grillirt ist, so thue es in ein Geschirr, wo das Fleisch gerad hinein gehet, bestaube das Fleisch mit einem schönen Mehl, thue die Kräuter, Wurzeln, mit sammt dem Oel auch dazu, hernach gieß eine Bouillon daran, aber nicht zu viel, deck es zu und setz es hernach in einen heißen Bachofen oder auch auf einen Dreyfuß, gieb eine Glut oben und unten, und laß es dünsten bis das Fleisch lind ist, hernach nimm das Fleisch heraus, thu die Fetten von der Sauce wohl abschöpfen, und passire die Sauce durch ein feines Sieb an das Fleisch, und thue dazu ein wenig Saft von denen Trauben, die nicht gar zeitig sind, wenn man aber diesen Saft nicht haben kann, so muß man den Saft von einer bittern Pomeranze nehmen, oder auch ein wenig Bertramessig, es ist auch gut; setze es hernach warm, bis es Zeit ist zur Tafel zu serviren.

Piece de Bœuf a la Polonise.

Ein Stück Rindfleisch auf Polnische Manier.

Man kann ein Stück vom Ochsen nehmen nach Belieben, dieses Stück thue in ein Geschirr wo es just hinein gehet, thue daran ein paar ganze Zwiebeln, einen davon mit 4 Nägelein besteckt, eine Zelleriwurzel, ein Lorbeerblatt, ein wenig Muscatblüth, und bedecke das Fleisch mit Speck, wenn du aber keinen hast, thue ein wenig andere gute Fetten dazu, salze es und gieß daran zwey Schöpflöffelvoll Wasser, setz es auf das Feuer, und laß es stät sieden, hernach nimm einen weißen Würsing, wie die Köpfe sind ganzer, das äußere hinweg, nachdem sie sauber gewaschen sind, so thu sie ein wenig blanchiren und in ein sauberes Wasser das frisch ist, hernach binde einen nach dem andern mit Bindfäden, damit sie ganz bleiben, und wenn das Stück Fleisch halb lind ist, so thu den Würsing oder Kelch dazu legen, und laß es miteinander kochen, bis das Fleisch und alles wohl lind ist, es muß soviel einkochen, daß nicht mehr Jus übrig bleibt, als was eine kleine Sauce ausmacht, ist es Zeit zur Tafel zu serviren, so rangire das Fleisch auf die Schüsseln, und setze es auf eine kleine Glut, damit es warm bleibt, thue den Würsing heraus auf ein Sieb, damit die Fetten davon lauft, thue den Bindfaden davon, rangire den Würsing um das Fleisch herum, thue die Fetten von der Jus wohl abnehmen, thu hernach die wenige Jus durch ein feines Sieb an das Fleisch passiren, und servire es zur Tafel.

Piece de Bœuf aux fines herbes.

Ein Stück Rindfleisch mit feinen Kräutern.

Nimm Charlotten, Petersill, Zwiebel, Thymian,

mian, Basilicum, Bertram, Kapern, dieses alles thu fein schneiden, wenn dein Stück Rindfleisch halben Theil gesotten hat und lind ist, so nimm die Kräuter und thu sie in ein Geschirr, wo das Fleisch hinein gehet, thue sie mit einem frischen Butter passiren, hernach leg das Fleisch hinein, und laß es darinnen auf einem stäten Feuer so lang dünsten, bis es gar lind ist, du must auch das Fleisch salzen und pfeffern, und wenn es zu sehr kurz werden will, must du allezeit einen kleinen Löffelvoll Jus daran gießen, oder auch eine Bouillon wenn du keine Jus nicht hast, und wenn es Zeit ist zu serviren, so thust du 4 Eßlöffelvoll guten Senft dazu, und ein wenig Bertramessig, wenn du einen hast, oder auch einen Lemonisaft, und richte es zur Tafel an mit dieser Sauce; die Sauce muß ganz kurz seyn.

Piece de Bœuf a l'Allemande.

Ein Stück Rindfleisch auf deutsche Manier.

Nimm ein Stück Rindfleisch das Schweifstück, oder auch vom Schlegel, dieses thu in einen Kastrol oder anderes Geschirr, leg auf den Boden etliche Barten Speck, und wenn du willst, so kannst du auch einen groben Speck durchspicken, thu es salzen, thu auch dazu etliche Nägelein und ein wenig Muscatblüth, etwas weiße Pfefferkörner, ein wenig Basilicum und Thymian, ein paar Lorbeerblätter, etliche Zwiebel, und ein oder zwey Spickel Knoblauch, schütte ein Stutzenglas rothen Wein dazu, oder auch weißen, thu ein Stück schwar-

schwarze Brodrinden dazu, deck es zu, und setz es auf ein stätes Feuer mit einer Glut, und laß es stät kochen, wende es zu Zeiten um, und wenn es ein paar Stunden in seinem Saft gedünstet, und das Fleisch eine schöne gelbe Farbe hat, so gieß einen Schöpflöffelvoll Jus daran, wenn du eine hast, wo nicht, so gieß einen Löffelvoll Bouillon daran, thu ein wenig Mehl gelb machen in Butter, und thu es auch dazu und laß es kochen, bis das Fleisch lind wird, hernach thu das Fleisch heraus, schöpfe die Fetten davon ab, passire die Sauce durch ein sauberes Haarsieb, thu das Fleisch wiederum in die Sauce, setz es warm, wenn es Zeit ist zu serviren stoß ein wenig Cronawethbeer und schneid sie hernach recht fein, thu sie in die Sauce, schneide auch ein wenig Lemonischaalen fein länglicht, thu sie auch in die Sauce, drücke den Saft von einer Lemoni daran, oder auch ein wenig Weinessig, und servire es zur Tafel, das ist gut deutsch.

Une Longe de Veau a la broche.

Einen starken Nierenbraten auf englische Manier.

Nimm den Nierenbraten, thu ihn in ein langes Kastrol, schütte eine Milch darüber, daß es bedeckt wird, hernach thue ganzes Gewürz dazu, Nägelein, etliche weiße Pfefferkörnlein, Muscatenblüth, thue auch dazu ein wenig Thymian und Basilicum, ein paar Lorbeerblätter, etliche Zwiebel Blättleinweis geschnitten, etliche Charlotten, schneide auch von allerhand Wurzeln dazu, nämlich

lich gelbe Ruben, Petersill, Pastenad und Zelleri, laß es hernach über Nacht stehen, den andern Tag 2 Stunden vor dem Anrichten nimm es aus der Milch, steck es an den Bratspieß, thu es salzen und mit schönem Mehl besäen, thu es zum Feuer, und laß es ein wenig anziehen, hernach thu es zum öftern mit frischem Butter begießen, laß es schön braten, daß es eine schöne Farbe bekommt, ist es Zeit zum serviren zieh es vom Spieß, leg es auf die Schüssel und gieb ein wenig klare Jus darunter, das ist ein Stück vor auszuwechseln, es ist recht delicat.

Un quartier de Veau a la broche.

Ein Kalbsviertel natürlich an dem Spieß gebraten.

Nimm ein schönes weißes Kalbsviertel, thue es in frischem Wasser waschen, leg es hernach auf eine Schüssel, oder in eine große Tortenpfanne, salze es gut ein, steck es hernach an den Spieß, thu es zum Feuer, und laß es stät braten 2 Stunden, ist es Zeit zu serviren, thu es herunter auf die Schüssel, und gieb ein wenig Jus mit ein wenig fein geschnittenen Charlotten und den Saft von einer halben Lemoni darunter, und servire es zur Tafel.

Un quartier de Veau a la Kœnigseck.

Ein Kalbsviertel am Spieß gebraten auf eine andere Manier.

Man nimmt ein schön weißes fettes Kalbsviertel, und thut es in die Milch legen, es muß auch alles

alles dasjenige dazu genommen werden, was schon vorher bey dem Nierenbraten zu nehmen gesagt worden, dieses läst du auch über Nacht stehen, an dem Tag, wo es servirt werden muß, thu es zwey Stunden vor dem Anrichten an den Spieß stecken, und zum Feuer legen, thu es auch salzen und mit ein wenig Mehl einstauben, laß es am Feuer so lang stehen, bis es ein wenig angezogen hat, hernach thu es mit frischem Butter begießen, thue 2 Maaß süßen Rahm in die Bratpfanne schütten, und thue das Kalbsviertel zum öftern damit begießen bis auf die Letzte, da es den Rahm allen an sich gezogen hat, und das Kalbsviertel schon anfänget eine schöne Farbe zu bekommen, begieß es hernach mit frischem Butter, und bestreue es mit fein geriebenen Brod, und dieses 3mal, das macht, daß es eine schöne Krusten bekommt; wenn es Zeit ist zur Tafel zu serviren, richte es an auf die Schüssel, gieb ein wenig gute Kalbjus naturel darunter, und servire es zur Tafel.

Un quartier de Veau a la Bechamelle.

Ein Kalbsviertel mit einem *Bechamelle.*

Nimm ein schönes weißes Kalbsviertel, tractire es wie schon oben gemeldet worden, 2 Stunden vor dem Anrichten leg es zum Feuer und laß es braten, daß es eine schöne Farbe bekommt, mache eine Bechamelle, wie schon gemeldet ist, richte es in einen Kastrol, ist es Zeit zur Tafel zu serviren, so nimm den Braten von dem Spieß herunter, leg ihn auf die Schüssel, welche du zu serviren hast, damit die Jus darinnen bleibt, alsdenn

denn schneide oben in den Schlegel ein grosses rundes Loch hinein, so weit als es der Schlegel leidet, aber doch nicht gar durchaus, schneide hernach das Braune einen kleinen Finger dick schön ganzer von dem weißen Kalbfleisch ab, und lege es unter dieser Zeit auf den Braten in die Schüssel, setze das Bechamelle auf eine Glut, daß es unter dieser Zeit warm wird, von dem weißen Fleisch aber thue die Adern hinweg schneiden, und das gute schneide ganz dünn zu Filé, und thue es hernach in das Bechamelle, thu ein klein wenig Muscatnuß daran, ein wenig Pfeffer und Salz, und wenn du ein wenig Glace, oder auch ein wenig Consommé hast, so setz es auf einen gähen Windofen, rühre um, daß es geschwind heiß wird aber nicht kochet, thu es hernach in das aufgeschnittene Loch in dem Schlegel, und decke es hernach mit deinem braunen abgeschnittenen Fleisch zu, und thue es mit einer Glace glassiren, als wenn es ganz wäre, dieses aber muß alles in einer Geschwindigkeit geschehen, hernach thu es zur Tafel serviren. Dieses Stück ist noch jederzeit gelobt worden.

Un quartier de Veau a l' Angloise.

Ein Kalbsviertel auf englische Manier.

Nimm das Kalbsviertel, leg es auf eine grosse Schüssel oder Tortenpfanne, welche aber verzinnt seyn muß, thue es salzen und pfeffern, thue auch etwas Kräuter daran, als nämlich: Thymian, Basilicum, Lorbeerblätter, auch das Mark von einer

einer Lemoni Blättleinweiß daran geschnitten, wie auch ein paar Zwiebeln, etliche Charlotten, hernach thue es begießen mit ein wenig recht guten Weinessig, und laß es so stehen, bis den andern Tag, nur zu Zeiten thu es mit ein wenig frischem Essig frischiren, alsdann den Tag, wo du es servirest, thu es 2 Stunden vor dem Anrichten zum Feuer legen, thue die Kräuter mit sammt dem Essig in die Bratpfanne, auch ein Stücklein frischen Butter dazu, und thue es damit fleißig begießen, daß es eine schöne Farbe bekommt, und in seinem Saft bleibt, die Sauce dazu wird also gemacht, nämlich thue ein wenig frischen Butter in einen Kastrol, mache einen Löffelvoll Mehl gelb, wenn es gelb ist, thue etliche fein geschnittene Charlotten in das Mehl, gieß daran ein kleines Schöpflöffelein voll Jus, wie auch ein halbes Seidlein sauren Rahm, laß es hernach kochen wie es seyn muß, nicht gar zu dick oder zu dünn, hernach thu etwas kleine Kapern hinein, wie auch ein wenig fein geschnittene Lomonischaalen, auch den Saft von einer Lemoni, wenn es Zeit ist zu serviren, thue das Kalbsviertel auf die Schüssel, und schütte die Sauce darüber.

Un quartier de Veau a la braise.

Ein hinteres Kalbsviertel in der Bräs gemacht.

Nimm ein schönes Kalbsviertel, schneide Speck und Schunken einen kleinen Finger dick und lang, thue feine Kräuter dazu, wie ich bey den vorhergehenden Speisen schon gemeldet habe, thue den

Schle=

Schlegel damit durchspicken, thue auch etliche fein geschnittene Speckbarten in ein langes Bräswändlein oder Kastrol, thue das Kalbsviertel hinein, thue ein paar ganze Zwiebeln dazu, zwey Lorbeerblätter und etwas Wurzeln, deck es zu, setz es auf einen Dreyfuß, thu eine Glut darunter und laß es stät anziehen, oder auf gut deutsch dünsten, und laß es schön gelb werden, sollte aber zu wenig Saft daran seyn, so thu ein wenig Bouillon dazu, und wende es zum öftern um, dieses must du aber so lang thun, bis es eine recht schöne Farbe bekommt, hernach mache einen Löffelvoll schönes Mehl in ein wenig Butter schön gelb, und thu es auch dazu, wie auch ein Quart weißen Wein, und etwas Bouillon nach Gutdünken, laß es stät kochen so lang bis das Fleisch lind ist, willst du aber kein Mehl dazu thun, so kann man auch statt dem Mehl ein paar Löffelvoll Coulis dazu nehmen, hernach thu das Kalbsviertel auf der Sauce in ein sauberes Geschirr legen, thu die Sauce abschöpfen, daß keine Fetten dabey bleibt, und passire sie hernach fein schön durch ein feines Sieb, nach diesem thue wiederum das Fleisch in seine Sauce hineinlegen, thue dazu etwas Kapern aber feine, und setz es warm bis es Zeit ist zu serviren, thu etwas frischen Bertram Blättleinweis gepflückt in ein Wasser blanchiren, und nicht länger, als wenn das Wasser siedet, hinein thun, und gleich wiederum heraus in ein anderes frisches Wasser, nachmals drücke ihn aus bis es Zeit ist, daß du dein Fleisch zur Tafel servirest, thu den abblanchirten Bertram in die Sauce hinein, wie auch von einer halben Lemoni den Saft, und servire es zur Tafel, wenn aber die Zeit nicht ist, daß man einen frischen Bertram haben kann, so nimmt man etwas fein geschnittene Lemonischaalen, und thut es anstatt dem Bertram in die Sauce mit ein wenig Bertramessig, und servirt es hernach wie schon gemeldet worden.

Un quartier de Veau au Parmesan.

Ein Kalbsviertel mit Parmesankäß.

Thue das Kalbsviertel einrichten in ein langes Bräswändlein, thu etwas Speck auf den Boden, richte das Viertel hinein, thu dazu Wurzel, als nämlich: Petersillwurzeln, gelbe Ruben, Zelleri, Bori, Zwiebel, auch Thymian und ein wenig Basilicum, ein wenig Muscatblüth und das Mark von einer Lemoni Blättleinweis, die Kerne und das Weiße aber wohl davon, hernach thu es mit Speck bedecken, thu dazu ein Quärtlein weissen Wein, etwas Bouillon, decke es oben auf mit Papier zu, setz es auf eine stäte Glut und laß es stät sieden, bis es lind ist, nimm es hernach heraus auf eine Tortenpfanne, reibe einen Parmesankäß, wie auch von einer Semmel die Schmollen, mische es unter den geriebenen Käß mit ein wenig Pfeffer, nimm ein Stücklein frischen Butter in einen Kastrol, thu auch hinein 4 Eyerdotter, laß es auf dem Feuer nur ein wenig zergehen, und rühre es wohl ab, daß es dicklicht wird, hernach thue das Kalbsviertel damit begießen, und thue es schön mit dem Käß und Brod bestreichen, den Ueberrest von diesem Butter thue gleich noch oben drauf ganz stät gießen, damit der Käß nicht herab fällt, thue hernach unter das Fleisch ein wenig von der nämlichen Brás, und thu es in einen Bachofen, bis daß es eine schöne Farbe bekommt, hernach passire die Brás durch ein feines Haarsieb, wo das Fleisch gewesen ist, thue die Fetten wohl davon abschöpfen, hernach thue es in einen kleinen Kastrol, nimm ein wenig frischen Butter mit 2 fein gehackten Sardellen gemischt, und ein klein wenig Mehl, was man mit 3 Fingern nehmen kann, 3 Eyerdotter, den Saft von einer halben Lemoni, und wenn es Zeit ist zu serviren setze sie auf das Feuer, thue sie wohl abrühren, bis sie anfangen will zu sieden, darnach thue sie weg, daß es nicht zusammen lauft, richte die Sauce auf die Schüssel an, thue das Kalbsviertel aus dem Ofen, und thue es schön, ohne Fetten, auf die Sauce rangiren, und gieb es zur Tafel.

Un quartier de Veau a la Créme.

Ein Kalbsviertel mit saurem Rahm.

Nimm das Kalbsviertel nachdem es dressirt ist, thu es in ein langes Wändlein mit einem Stücklein Butter, thu es salzen und pfeffern, thu auch dazu ein paar Zwiebeln, ein Lorbeerblatt, gieß ein wenig Weinessig daran, deck es zu, und setze es auf einen Dreyfuß, thu Kohlfeuer darunter und laß es stät dünsten, wende es zum öftern um, und wenn es zu kurz werden will, so thu ein wenig Bouillon daran, und laß es so lang dünsten, bis es eine recht schöne gelbe Farbe hat, hernach thu ein wenig Mehl gelb machen mit Butter, und thu

es

es zu dem Fleisch, gieß daran eine Maaß sauren Rahm, alsdenn laß es ganz stät fortkochen, bis das Fleisch lind ist, thu hernach das Fleisch heraus, und thu die Sauce daran passiren, thu es wiederum in dein Geschirr, und ein wenig Kapern dazu, wenn du willst; stelle es warm bis es Zeit ist zur Tafel zu serviren, bekommt es in der Höhe eine Fetten, so thue sie abschöpfen, drucke den Saft von einer Lemoni daran, und gieb es zur Tafel.

Un quartier de Veau au four a l' italienne.

Ein Kalbsviertel im Ofen auf italiänisch.

Nimm das Kalbsviertel, dressire es, wie sichs gehört, hernach schneide Speck und Schunken kleinen Finger dick und lang, schneide auch feine Kräuter, als nämlich: Charlotten, Zwiebel, ein wenig Knoblauch, Basilicum, Thymian und Petersillkraut, aber es muß eine gute Portion seyn, schneide alles fein zusammen, thue hernach die Hälfte von den Kräutern zu diesen geschnittenen Speck und Schunken, wie auch Pfeffer und Salz, thue es untereinander mischen, und durchspicke den Schlegel damit, hernach thue dieses Viertel in ein Wändlein mit ein paar Speckbarten, pfeffere und salze es, und thu die andere Hälfte von den Kräutern an das Fleisch, thu auch dazu ein Lorbeerblatt, gutes Provenceröl etwas weniges, ein Glas voll weißen Wein, decke es hernach zu, setze es in den Bachofen, und laß es 3 Stunden dünsten, es muß aber zu Zeiten umgewendet werden,

 wenn

wenn du aber keinen Ofen hast, so thue es auf einen Dreyfuß, und laß es sehr stät gehen, bis es lind ist, aber es muß nicht gar zu lind seyn, und die Sauce daran muß wenig seyn, nur so viel als das Fleisch selbsten giebt, denn es darf von keiner Bouillon etwas daran gegossen werden; wenn es Zeit ist zu serviren, so nimm die Fetten gut davon hinweg, drücke den Saft von einer Lemoni hinein und servire es zur Tafel, und gieb die wenige Sauce darauf.

Un quartier de Veau a la Glace.

Ein Kalbsviertel glasirt.

Dressire das Kalbsviertel, wie schon gemeldet ist, durchspicke den Schlegel mit groben Speck und Schunken ohne Kräuter, nach diesem thue seine Speckbarten in das Wändlein auf den Boden legen, thue hernach das Kalbsviertel hinein, thue auch etliche Speckbarten darauf legen, gieß ein klein wenig frisches Wasser daran, thue es sehr wenig salzen, hernach thue auch dazu ein wenig Basilicum und Thymian, 2 oder 3 Zwiebel, Lorbeerblatt, eine gelbe Ruben, Pastenadwurzel, ein Zelleri, ein Bori, ein paar Petersillwurzeln, dieses alles thue nur in der Mitte voneinander schneiden, deck es zu, setz es auf ein stätes Feuer, und laß es bis 3 Stunden dünsten und zum öftern umwenden, wenn es aber zwey Stunden auf dem Feuer gewesen ist, so wird es mehrere Sauce haben, thue hernach das Fleisch heraus, und thue die Sauce durch ein feines Haarsieb passiren, hernach thu die passirte Sauce wiederum in das

näm=

nämliche Geschirr, lege das Viertel mit dem obern Theil auf den Boden hinein, und laß es auf dem Feuer kurz eingehen, bis daß es eine Glace wird, welche wie ein Gold aussehen muß, ist es Zeit zu serviren, thue das Fleisch in die Schüssel serviren, und thu die meiste Glace mit einem Löffel auf das Fleisch und setze es warm, zu dem Ueberrest von der Glace thue zwey Anrichtslöffel voll Coulis, wie auch den Saft von einer Lemoni in das Wändlein hinein, setz es aufs Feuer, thu es mit dem Löffel abrühren, nachdem die Sauce aufgesotten hat, und die Glace wohl abgelöst ist, so gieß diese Sauce unter das Viertel, gieb es zur Tafel, sollst du aber keine Coulis haben, so mach einen Löffelvoll Mehl gelb mit ein wenig Zwiebel, Basilicum und Thymian, und laß es hernach stät kochen, daß die Fetten in die Höhe gehet und nimm es sauber davon, thu dich damit bedienen anstatt einer Coulis.

Une Poitrine de Veau farcie.

Eine faschirte Kalbsbrust.

Diese Brust muß von einem starken Kalb seyn und groß abgehaut, wenn du es vor ein Auswechselstück serviren willst, nimm diese Brust, mache sie auf so weit als du sie faschiren willst, thu sie in einem läulichten Wasser gut aufwässern, damit sie schön weiß wird, hernach nimm ein Stück Kalbsleber, thu sie mit dem Messer abschaben auf einem Schneidbrett, daß die Haut und die Adern davon kommen, hernach thue auch etwas Speck dazu, ein gesottenes Kalbseuter, oder auch anstatt dem Kalbseuter ein wenig Nierenfetten, auch etliche Charlotten, ein wenig Thymian, Basilicum, Petersill, ein wenig Pfeffer und Muscatnuß und Salz, wie auch ein wenig Lemonischaalen, dieses thue alles zusammen fein schneiden, thu hernach die Schmollen von einer Semmel in Milch eingeweicht auch dazu, vier Eyerdotter, den Saft von einer Lemoni, thu hernach die Brust aus dem Wasser sauber abdrucken, und thue sie faschiren, oder auf deutsch damit füllen, wie auch hernach mit einem Bindfaden zunähen, und wohl verwahren, daß der Fasch nicht herauskommt, nach diesem thue sie blanchiren in dem Fleischkessel, oder auch in einem siedenden Wasser, nachdem thu sie wiederum in ein frisches Wasser zum abkühlen, aber nicht lang, hernach kannst du sie in der Mitte auf 3 Reihen sauber durchspicken, stecke es an Spieß, thu sie mit Butter begießen, salzen, und schön braten lassen, die Sauce dazu kannst du machen von Charlotten: nimm etliche Charlotten, thu sie fein schneiden, nimm ein wenig Butter in einen Kastrol, mach ein wenig Mehl gelb, thu hernach die Charlotten darein passiren, gieß ein wenig Jus daran, wie auch ein wenig Bouillon, damit die Sauce nicht zu braun wird, laß sie wohl verkochen, und thu sie sauber absaumen, wenn es Zeit ist zu serviren, thue den Saft von einer Lemoni in die Sauce, koste sie im Salz ob es recht ist, gieb die Sauce auf die Schüssel, und lege die Kalbsbrust darauf, und gieb sie zur Tafel. Diese Brust kannst du auch anstatt gebraten in einer Brds geben, hernach sauber glasiren, und mit der nämlichen Sauce serviren, du kannst aber

auch

auch eine andere piquante Sauce dazu machen, und auch anstatt dem Mehl eine Coulis nehmen, wenn du eine hast.

Un quartier de Mouton a la broche sauce aux Concombres.

Ein schäfernes Viertel mit einer Gurken oder Umurkensauce.

Nimm das Viertel, thu es recht bläuen mit einem Nudelwalger, das Viertel muß schon zum wenigsten 5 Tage alt seyn, hernach thu es salzen und ein wenig pfeffern, steck es an Spieß und thu es in seinem Saft schön braten, nimm Cucumern 8 oder 10 Stücke, thue sie schälen, und hernach in 4 Theile schneiden, thue die innern Kerne davon, und die andern Viertel klein schneiden in einer façon wie du willst, rund wie 10ner, dreyeckigt oder viereckigt, es gilt gleich, thue sie in ein Geschirr, nimm dazu Zwiebel, Petersillkraut, Basilicum, Thymian, und auch Bertram, thue sie salzen und pfeffern, schütte einen guten Weinessig darauf, laß sie ein paar Stunden darinn liegen, hernach nimm sie heraus auf das Tischtuch, thu die Kräuter davon, mache ein Schmalz heiß, wenn es heiß ist thue die Cucumern hinein, ohne anders, und laß sie schön gelb bachen, hernach thu sie heraus auf ein Papier, daß die Fetten davon kommt, thue sie nach dem in einen kleinen Kastrol, thu ein paar Löffel voll Coulis darauf, oder du kannst auch ein wenig Mehl daran stäuben und ein Schnißlein Schunken darzu thun, und mit Jus auffüllen, daß die Sauce eine schöne Farbe be-

 kommt,

kommt, und laß sie sieden bis sie lind sind, thue die Sauce sauber absaumen, damit sie schön klar bleibt; ist es Zeit zu serviren, nimm das Viertel vom Spieß, richte es an auf die Schüssel, nimm die Jus aus der Bratpfanne ohne Fetten, thu etwas an deine Sauce, wie auch ein wenig Bertramessig, und den Saft von einer halben Lemoni, thu hernach deine Sauce über das Viertel anrichten, und servire es zur Tafel.

Un quartier de Mouton a la braise a la Chicorée.

Ein schäfernes Viertel mit Endivien-Salat.

Nimm ein schäfernes Viertel, welches schon etliche Täge alt ist, thu es recht bläuen, wie schon gemeldet ist, hernach thu einen kleinen Finger dick Speck und Schunken schneiden, mische ihn mit feinen Kräutern auf schon bemeldte Weise, thue Pfeffer und Salz dazu, spicke das Viertel durch, nimm ein langes Wändlein, thu etliche Speckbarten auf den Boden, lege das Viertel darein, nimm ein paar ganze Zwiebeln dazu, ein Lorbeerblatt und Wurzeln, ein Quart weißen Wein, deck es zu, und stell es auf den Dreyfuß über eine stäte Glut, laß es 3 Stunden dünsten, wende es zum öftern um, nimm hernach den Endivien, thu das grüne davon, das weiße thu blanchiren in vielem siedenden Wasser, wenn er etliche Sud gethan hat gieß ihn ab, und thue ein frisches Wasser darauf, drücke ihn gut aus und durchschneide ihn mit dem Messer von der Hand, schneide hernach auch einen Zwiebel

bel ganz fein, thu ihn mit einem Brocken Butter in einen Kastrol, laß den Zwiebel auf dem Feuer anziehen, hernach thue den Salat hinein, thu ein wenig Pfeffer und Salz, wie auch ein klein wenig Muscatnuß daran, und laß es auf einem stäten Feuer dünsten, thu ein wenig feines Mehl daran stäuben, füll ihn mit Jus auf und laß es einkochen, bis er recht lind ist, thu drey Eyerdotter in ein kleines Geschirr ohne weiß, rühre es ab mit ein klein wenig kalter Bouillon oder Wasser, ist es Zeit zur Tafel, thue dein Viertel auf die Schüssel anrichten und warm stellen, hernach nimm die wenige Sauce davon ohne Fetten, und passire sie an den gekochten Endivi, setz es auf das Feuer und laß kochen, wenn es nun kocht, so thu es vom Feuer, und gieß die Eyerdotter daran, du must es aber allezeit schwingen, damit es nicht zusammenlauft, wenn es angezogen hat, thue es unter das Viertel anrichten, und giebs zur Tafel.

Un quartier de Mouton a l'angloise au Jus d'Echalottes.

Ein Schafviertel auf englisch mit *Jus* von Scharlotten.

Thue das Viertel richten zum braten, wie schon gemeldet ist, aber du must wohl obacht haben, daß es wohl im Saft bleibt, ehender weniger als zu viel gebraten, thue ein wenig Bouillon in die Bratpfanne, thu es zum öftern begießen, schneide etliche Scharlotten recht fein, thu sie in ein kleines Kastrol mit ein wenig frischen Butter, laß es auf dem Feuer ein wenig passiren, hernach wenn es

Zeit zur Tafel ist, thu das Viertel auf die Schüssel richten, setz es warm, passire die Jus durch ein Sieb, thue die Fetten alle davon, diese Jus gieß zu den Scharlotten in den Kastrol, ist sie nicht genug, so thu ein wenig andere dazu, laß sie auf den Windofen aufsieden, thue den Saft von einer Lemoni daran, und gieß ihn hernach über das Viertel und gieb es zur Tafel, das ist recht auf englisch und ist auch gut. Du kannst auch die Schafsviertel zurichten auf die nämliche Manier, als wie wir schon gemeldet haben von den Kalbsvierteln.

Une selle d'agneau a la broche sauce au Verjus.

Ein halbes hinteres Lamm mit einer Sauce von Weintrauben.

Thu das Lämmlein schön dressiren, wie sichs gehört, zum braten, thu es anderthalb Stunden vor dem Anrichten zum Feuer, und brate es schön, begieß es auch zum öftern mit frischen Butter, wenn es Zeit ist zu serviren, thu den Lämmleinshasen auf deine Schüssel und stell ihn warm, thu ein wenig Verjus und ein wenig Fleisch-Jus in einen Kastrol; Verjus ist der Saft von Trauben, welche noch nicht zeitig sind, da kannst du eines oder das andere nehmen; laß es aufsieden und gieß es heißer über das Lamm, und servire es zur Tafel. Du kannst es auf die Manier machen, gleichwie die Schafviertel, auch mit Petersill spicken, und eine Sauce hachée dazu geben, auch kannst du die Schlegel mit Speck spicken, aber fein und schön, du kannst auch eine andere piquante Sauce dazu geben, das kommt auf den Gusto an.

Un Jambon a la broche au Vin de Champagne.

Einen geräucherten Schunken am Spieß gebraten mit einem Champagnerwein.

Nimm einen fetten und schönen Schunken, welcher aber nicht zu alt ist, lege ihn auf den Rost, und stell ihn auf eine Glut, daß er ein wenig heiß wird, du must ihn auf die Hand legen, hernach kannst du die Hand davon abziehen und sauber putzen, daß nichts Schwarzes und Geräuchertes daran bleibt, thu den Schunken hernach in ein langes Geschirr, schneide Blättleinweis ein paar Zwiebel daran, etliche Scharlottenwurzeln, ein Lorbeerblatt, Basilicum, Thymian, auch ein wenig Knoblauch, ein paar Nägelein, ein wenig Muscatblüth, und gieß daran eine ganze Bouteille Champagnerwein, deck es knapp zu, daß es nicht ausriechen kann, und laß stehen bis den andern Tag; 3 Stunden vor dem Anrichten stecke ihn an Spieß, und lege ihn zum Feuer, thu den Wein dazu mit sammt den Kräutern in die Bratpfanne, thue auch ein Stück frischen Butter zu den Wein, begieße ihn damit, und das zum öftern, bis er den Wein allen geschlucket hat, ist es Zeit zu serviren, thu ein paar Löffelvoll Coulis in einen Kastrol, thue den Saft von einer Lemoni dazu, laß auskochen, gieß es über den Schunken und servire es zur Tafel, man kann auch eine Sauce von Hetschebetsch dazu geben.

Un Jambon salé a l'angloise bouilli au Raifort.

Einen frisch gesalzenen Schunken auf englisch mit Kreen.

Nimm einen grossen, fetten und schönen schweinernen Schlegel, thu ihn richten wie das Pöckelfleisch, wovon wir schon gemeldet haben, dieser Schlegel darf aber nicht länger als 14 Tage in der Säure liegen, hernach thu ihn heraus und setz ihn zum Feuer in einen Kessel, und laß ihn sieden, aber nicht gar zu lind, sondern daß er ein wenig körnig bleibt, laß einen Kreen schaben mit dem Messer, ist es Zeit zu serviren, thu diesen Schunken heraus auf die Schüssel, und garnire ihn mit diesem geschabenen Kreen, und gieb ihn zur Tafel, dieser ist auf englische Manier.

Un Jambon aux Choux frisés a l'angloise.

Einen Schunken auf englisch mit Kölch oder Würsing.

Du nimmst einen frischen Schlegel, und thust ihn machen, wie vorher schon gemeldet worden, aber anstatt den Kreen thu einen schönen Würsing nehmen, nur den schönsten, thu ihn ein klein wenig in ein siedendes Wasser, und hernach in das kalte, thu ihn heraus drucken, richte ihn ein in einen Kastrol, thue Pfeffer und Salz daran, gieß eine fette Bouillon darauf, und laß ihn sieden, aber nicht gar zu lind, dann er muß schön ganz bleiben, ist es Zeit zu serviren, thue den Schlegel heraus auf die Schüssel, thue den Würsing herum um garniren glatterding, mache eine Sauce dazu extra, nimm einen guten Brocken Butter in einen Kastrol, ein klein wenig Mehl, was du in zwey Finger halten kannst, thu etliche Tropfen frisches Wasser dazu, setz die Sauce auf dem Windofen, thu sie allezeit rühren, bis sie wohl heiß ist, aber nicht kochen, hernach wird sie ganz dicklicht seyn, thu sie in eine Saucière, und gieb sie zu diesen frischen Schunken mit Würsing, dieses ist auch eine Speise, welche die Engelländer gerne essen, mit Wurzeln kannst du auf die nämliche Manier geben, als nämlich gelbe Ruben, weiße Ruben, Pastenad und Kohlrabi, mit glatter Bouillon gesotten und mit dieser Sauce extra servirt, man thut auch nur von allen Sorten Gemüßer auf englisch im bloßen Wasser lind sieden, wie sichs gehört ohne Salz und ohne anders, und macht eine Sauce von einem Stück Butter, welchen du in einen Kastrol thun must mit etlichen frischen Eyerdottern und einem Eßlöffel frisches Wasser, diese Sauce muß auf dem Feuer gerühret werden, bis sie dicklicht wird, hernach thu sie in eine Saucière, und gieb sie extra zur Tafel, man giebt auch nur einen zergangenen frischen Butter in eine Saucière.

Un Cochon de lait au four.

Eine große Spansau im Ofen auf italiänisch.

Es muß ein gutes und großes Spanferkel seyn, diese thu auslösen, hernach thu sie salzen und pfeffern, koche einen Reis in einer guten und starken Bouil-

Bouillon mit einem guten Stück Schunken darein, der Reis muß aber nur halb gekocht und ganz trocken seyn, hernach setz ihn vom Feuer, bis er kalt wird, thu ein Stück Parmesankäß reiben, und thu es in den Reis, brate etliche Bratwürste in einer Pfanne, aber nicht gar trocken, schneide die Würste in kleine Stücke und thu die Haut davon, thu sie auch in den Reis mit sammt den Saft, den Schunken thu heraus, thu ihn fein schneiden, und thu ihn auch wiederum in den Reis, hernach rühre den Reis untereinander mit ein wenig Salz, nimm einen Kastrol nach Gutdünken der Größe von der Spansau, thu den Reis in die ausgelößte Spansau, thu die Haut in die Höhe, und wo es offen bleibt auf den Boden, thu auf den Boden ein wenig gute Suppenfetten, und die Spansau thu das erstemal mit ein wenig Provenceröl bestreichen, setz sie in den Bachofen, welcher heiß ist, doch nicht gar zu stark, zu Zeiten thu sie mit einem kleinen Stücklein Speck bestreichen, so wird sie eine Farbe bekommen, als wie am Spieß, und wird auch croquant werden, du must sie aber nicht eher in den Ofen thun, als eine Stunde vor dem Anrichten, nimm wohl in obacht, daß sie schöne Farbe bekommt; ist es Zeit zu serviren, gieß ein wenig Jus auf die Schüssel, lege das Spanferkel darauf, und giebs zur Tafel.

Un Jambon de Sanglier sauces aux Oignons.

Ein Schlegel von einem Wildschwein in einer Zwiebelsauce.

Nimm diesen Schlegel, thu ihn in ein Geschirr, welches nicht zu groß auch nicht zu klein ist, wenn es frisch oder eingesalzen ist, zu den frischen thust du eine gute Handvoll Salz, wo du es zu den eingesalzenen nicht brauchest, hernach gieß daran eine alte Bräs, Essig, auch Zwiebel, Basilicum und Thymian, etwas Wurzel, etliche Lorbeerblätter, ein wenig ganz Gewürz und etliche Cronawethbeer; gieß etwas Wein und Wasser dazu, decke es zu, und setz es auf das Feuer, laß stät sieden bis er lind ist, nach dem schneide Zwiebel viereckicht; klein oder filé eine gute Portion, setze ein Wasser auf das Feuer, thu sie, wenn das Wasser siedet, hin, laß sie einen Sud thun, hernach passire sie, schütte ein frisches Wasser darauf, daß das Wasser wohl davon ablauft, thu sie in einen Kastrol mit ein wenig frischen Butter, und laß die Zwiebel schön gelb werden, hernach thu einen Küchenlöffel voll Mehl daran, thu sie mit Jus anfüllen, gieb auch ein wenig rothen Wein dazu, und laß sie kochen, thu sie schön absaumen, damit die Sauce klar bleibt, wenn du aber keine Jus hast, kannst du auch eine Coulis nehmen, hast du aber keine Jus noch Coulis, und willst eine Sauce von Bouillon machen, so tractire deine Sauce von Mehl, wie schon gemeldet ist, wenn zur Tafel servirt wird, nimm den Schlegel aus dem Sud heraus, leg ihn auf ein sauberes Tischtuch, damit

der

der Sud wohl davon lauft, hernach thu ihn auf die Schüssel, thu in die Sauce ein wenig fein geschnittene Cronawethbeer, ein wenig Bertrameßig, wie auch den Saft von einer halben Lemoni, hernach richte die Sauce an über den Schlegel und servire ihn zur Tafel.

Un Marcassin a la broche aux grattes-cul.

Ein Wildschweins-Frischling am Spieß mit Hetschebetschsauce.

Nimm diesen Frischling, nachdem er sauber gesengt ist, thu ihn dressiren, als wie ein Spanferkel, stecke es an den Spieß, und thu es eine Stunde vor dem Anrichten zum Feuer, wenn es anfängt heiß zu werden, so thue von dem Zähmer wie auch von dem Schlegel die Haut herunter, hernach thu die Schlegel mit Zimmet und Nägelein spicken, thu es zum Feuer, und laß es schön braten; die Sauce dazu wird also gemacht: thu in einen Kastrol eine halbe Bouteille rothen Wein, mit einem Stücklein ganzen Zimmet, und setz ihn auf das Feuer, laß ihn kurz einsieden, thu dazu ein wenig braun-fein-geriebene Semmel, hernach wenn er kurz eingesotten hat, thu dazu eine Portion von eingemachtem Hetschebetschmarmolad, wie auch ein Stücklein Lemonischaalen, rühre es wohl untereinander, und stelle sie auf die Seiten, bis es Zeit ist zur Tafel zu serviren, alsdenn setz sie auf das Feuer, und laß sie aufkochen, thue den Zimmet und die Lemonischaalen davon, und thu sie extra in einer Saucière serviren. Wenn du diese Sauce aber nicht geben willst, so kannst du

auch

auch eine andere auf folgende Manier geben: schneide einen Zwiebel klein von der Hand, hernach thu ein wenig Butter in einen Kastrol und einen Löffelvoll Mehl, mach es schön braun mit ein wenig Zucker, so groß wie eine welsche Nuß, thue hernach die geschnittenen Zwiebel hinein, und laß es ein wenig darinn passiren, hernach füll es an mit ein wenig Jus oder Bouillon, es ist gleich, thu auch ein Glas rothen Wein dazu, und laß sie kochen, bis das Mehl wohl verkocht ist, hernach thu deine Sauce passiren, koste sie im Salz, ob es recht ist, thu ein wenig Essig dazu, wie auch den Saft von einer halben Lemoni, ein wenig fein geschnittene Cronawethbeer, ist es Zeit zu serviren, richte deine Sauce also warmer auf die Schüssel, und lege deinen gebratenen Frischling darauf, und thu es zur Tafel serviren; man kann auch die Sauce extra in einer Saucière geben.

Une selle de Chevreuil a la broche sauces aux Cornichons.

Ein Rehrucken gebraten vor auszuwechseln mit einer Gurkensauce.

Nimm einen schönen großen Rucken, thu ihn abhäuten, hernach sauber spicken, thu ihn in ein langes Wändlein, thu Essig in einen Kastrol, thu auch dazu Thymian und Basilicum, ein wenig Bertram, Zwiebel, Scharlotten, ein wenig gelbe Ruben, Petersillwurzeln, Zelleri, Bori, auch Salz und Pfeffer, laß es hernach aufsieden, und schütte diesen Essig also siedender über den Zähmer, und dieses muß geschehen drey- und viermal, allezeit wenn es wiederum kalt worden ist, thut man den Essig in einen Kastrol abgießen, läßt ihn aufsieden, und gießt ihn wiederum heißer über den Zähmer, dieses macht ihn recht mürb, dieser Zähmer muß eine Stunde vor dem Anrichten zum Feuer kommen, der Marinad davon kommt in die Bratpfanne, wie auch ein Stücklein frischen Butter dazu, damit must du den Zähmer zum öftern begießen, daß er im Saft bleibt. Die Sauce dazu kannst du also machen: Nimm ein halb Dutzend eingemachte Gurken oder Umurken genannt, welche aber im Essig seyn müßen; thu sie fein abschälen, schneide das innere davon, schneide daraus filé, oder auch eine andere Façon, thu sie hernach in einen Kastrol mit einem Schnitzlein Schunken, wenn du einen hast, gieß soviel Coulis daran, als du Sauce vonnöthen hast, wie auch ein wenig Bertramessig, und laß sie denn aufkochen, thu die Sauce verfaumen, und stelle sie hernach auf die Seiten, bis die Zeit kommt zu serviren, alsdenn laß sie wiederum aufkochen, thu den Schunken davon, und drücke den Saft von einer halben Lemoni dazu, und servire sie. Willst du aber diese Sauce nicht machen, so kannst du nach deinem Belieben folgende machen, welche auch gut ist: Nimm etliche Scharlotten, schneide sie länglicht in filé, hernach laß sie nur einen Sud blanchiren, gieß das Wasser davon, thu sie hernach in einen kleinen Kastrol, wie auch ein wenig feine Kapern, zwey Sardellen fein gehackt und mit ein wenig frischen Butter gemischt, ein wenig in filé fein geschnittene Lemonischaalen, thu auch den Saft dazu von einer Lemoni, nimm hernach zwey

Löffel

Löffelvoll Coulis dazu, setz es auf das Feuer, thu den Zähmer auf die Schüssel, und wenn die Sauce aufkocht, giess sie darüber, und servire sie zur Tafel; diese Sauce kannst du auch von Mehl machen.

Une selle de faon de biche a la broche, sauces aux echalottes.

Ein Hirschkalb gebraten vor auszuwechseln.

Das Hirschkalb muss beysammen bleiben, die zwey Schlegel mit sammt dem Zähmer, wenn es klein ist, aus der Ursache heissen es die Franzosen einen Saldt; dieses Hirschkalb, nachdem es schön dressirt und gespickt ist, tractire auf die nämliche Art, als wie den Rehzähmer, wie wir schon gemeldet haben, die Sauce aber kannst du machen, gleichwie die vom Rehzähmer, anstatt der Scharlotten und Kapern nimm eingemachte Cucumern, thu sie in feine filé schneiden, mache deine Sauce, gleichwie die andere mit Coulis oder Jus, auch glatt von Mehl, servire wie bey dem Rehzähmer, und gieb es zur Tafel.

Un faon de Chevreuil a la broche sauces aux Capres.

Ein Rehkütz gebraten vor auszuwechseln.

Dieses Rehkütz muss schön ganz dressirt werden, aber nicht gespickt, sondern nur mit Speck backtirt werden, man kann auch die Schlegel nur spicken, und der vorgemeldte Marinad muss nur einmal dar-

 über-

über gegossen werden, 3 Viertelstund vor dem Anrichten muß es zum Feuer kommen, die Sauce dazu: thue Kapern fein schneiden mit 2 Sardellen, wie vorher schon gemeldet worden ist, und mach die Sauce, alsdann gieb es zur Tafel.

Une Croupière de Cerf a la saxonne.

Einen fetten Hirschzähmer auf sächsisch.

Der Zähmer von dem Hirschen muß der hintere Theil seyn wo das Fette ist, diesen nimm und thu ihn in eine Serviette einbinden mit Spaget, hernach thu ihn in einen Kessel, thu daran alle Sorten Wurzeln, Zwiebel, Lorbeerblätter, Basilicum, Thymian, eine Handvoll ganze Cronawethbeer, ganzen Pfeffer, Nägelein, Muscatblüth, hast du eine alte Brüs, gieß sie auch dazu, füll es hernach halben Theil an mit Essig, und das übrige mit Wasser, thu eine Handvoll Salz dazu, und setz es zum Feuer, laß es stät sieden, so lang bis du verspürst, daß der Zähmer recht lind ist, hernach reib ein schönes Hausbrod, dieses muß aber viel seyn, unter dieses Brod must du nehmen ein wenig fein gestoßenen Zimmet, eine Handvoll fein gestoßenen Zucker, ein wenig fein geschnittene Cronawethbeer, dieses Brod must du hernach untereinander mischen, wenn der Zähmer lind ist, thu ihn aus dem Sud heraus, thu das Serviette davon, richte ihn auf eine Tortenpfanne, gieb wohl acht, daß du die Fetten nicht hinweg reissest, hernach laß auf dem Feuer einen frischen Butter zergehen, in diesen rühre hinein 3 rohe Eyerdotter, mit

mit diesem Butter begieß den Zähmer, und thu darauf das geriebene Brod, bedecke damit den ganzen Zähmer, und thu es mit der Hand gut beydrücken, auch schön gleich machen, das Brod darauf muß anderthalb Finger dick seyn, mit dem übrigen Butter oder mit einem andern must du den Zähmer nochmal begießen, aber ganz stät, damit das Brod nicht herunter fällt, auf den Boden thu ein wenig von dem nämlichen Sud, hernach setz ihn in einen heißen Bachofen, und laß ihn nach und nach eine schöne Farbe bekommen, die Saucen dazu müßen zweyerley seyn, eine süße und eine piquante, thu ein wenig Butter in einen Kastrol, schneid einen Zwiebel, aber nur von der Hand, setz ihn auf das Feuer, laß ihn ein wenig anziehen, hernach thu einen Löffelvoll schönes Mehl daran, und laß es gelb werden, thu an das Mehl einen Schöpflöffelvoll Jus oder Bouillon, es gilt gleich, auch ein wenig von dem nämlichen Sud, wo der Zähmer war, ein wenig Essig, laß sie hernach sieden, thu die Sauce wohl absaumen, hernach, wenn sie wohl verkocht hat, passire sie durch ein feines Sieb, thu sie hernach auf die Seite, bis es Zeit ist zu serviren, zu der andern Sauce thu auch einen frischen Butter in einen Kastrol, auch ein wenig Zucker, so groß als eine welsche Nuß, setz sie auf das Feuer, thu einen Löffelvoll Mehl hinein, und laß es wohl gelb werden, füll sie hernach auf mit Jus oder Bouillon, thue auch daran ein Quärtlein rothen Wein, ein Stück ganzen Zimmet, laß die Sauce hernach wohl verkochen, nach diesem passire sie, und thu von einer halben Lemoni den Saft dazu, ist es Zeit zur Ta-

 fel,

fel, richte deinen Zähmer auf die Schüssel, und die 2 Saucen gieb in die Saucière, und servire sie extra.

Une Croupiere de Cerf a l'Allemande.

Einen Hirschzähmer auf deutsch.

Schneide einen kleinen Finger dick Speck und Kräuter: nämlich Scharlotten, Petersillkraut, Thymian und Basilicum, schneide dieses alles fein zusammen, ein wenig Pfeffer, und mische es unter den Speck, durchspicke damit den Zähmer, thu ihn hernach in einen Kastrol mit etlichen Schnittlein Speck und eine halbe Maaß rothen Wein, ein Lorbeerblatt, etliche ganze Zwiebel, thu ihn auch salzen, gieb dazu gelbe Ruben, Zelleri, Petersillwurzel, Pastenad, Bori, hernach decke ihn zu, setz ihn auf ein stätes Feuer, und laß ihn dünsten bis er schön gelblicht wird, nachmals mache ein Mehl schön gelb, mit so viel Zucker als eine welsche Nuß groß, thu dieses Mehl an den Zähmer, füll es hernach auf mit Jus oder Bouillon, und laß es stät kochen, bis der Zähmer lind ist, nach diesem thu ihn heraus, thu die Fetten von der Sauce wohl abschöpfen, und passire sie durch ein feines Sieb vor den Zähmer, und setz ihn warm bis es Zeit ist zu serviren, hernach thu an die Sauce etliche ganze Cronawethbeer, wie auch ein wenig fein geschnittene Lemonischalen, den Saft von einer Lemoni, und richte ihn hernach zur Tafel mit sammt der Sauce.

Un Cuisse de Cerf a la braise.

Ein Schlegel vom Hirsch in der Bräs.

Diesen Schlegel kannst du richten auf die nämliche Manier, als wie den Zähmer, du kannst ihn auch sieden auf eben die Art, wie den vorhergehenden Zähmer, nicht anderst, als daß er nicht in den Ofen kommt, und die Sauce gieß darüber, man kann auch eine Sauce von Kapern und Sardellen dazu geben.

Un Dindon a la broche a la Sauce.

Einen Indian am Spieß gebraten mit einer Sauce.

Nimm den Indian, thu ihm die 2 Füße von einander schlagen, hernach thu die Füße zwischen eine Thür klemmen, und zieh ihn an, bis sie herunter gehen, so werden alle Flechsen von dem Schlegel herausgezogen, ohne das Stück zu lädiren, thu ihn hernach sauber flammiren, putzen und ausnehmen, nimm alsdenn die Leber davon auf ein Schneidbrett, thu dazu etwas Speck, Scharlotten, Petersill, Basilicum und Thymian, ein wenig Pfeffer und Salz, thu dieses fein schneiden, hernach thu dazu 3 Eyerdotter, eine eingeweichte Schmollen von einer Semmel, den Saft von einer Lemoni, mische dieses alles untereinander, und faschire den Kropf von dem Indian damit; wenn er alsdenn schön dressirt ist, binde auf die Brust eine Speckbarte, stecke ihn an den Spieß, und thu hernach ein Papier mit Butter streichen, thu es salzen, und verbinde den Indian damit, thu ihn her=

hernach zu dem Feuer, und laß ihn in seinem Saft schön braten und zum östern begießen, zu der Sauce nimm Castanien oder Marroni genannt, thu sie sieden aber in einer Pfanne schön gleich gebraten, thu sie hernach sauber abschälen und in einen Kastrol, nimm auch etliche Bratwürste, thu sie braten, hernach schneide sie in kleine Stücklein, in der Größe als wie die Kastanien, thu sie auch dazu, du kannst auch etwas kleine Zwiebeln dazu nehmen, welche aber vorher wohl blanchirt seyn müßen, thu eine Coulis daran oder auch eine Sauce von Mehl, wie schon gemeldet ist, soviel du Sauce vonnöthen hast, setz sie auf das Feuer, laß sie so lang stät kochen, bis die Kastanien lind sind; ist es hernach Zeit zu serviren, thue den Indian von dem Spieß nehmen, thu alles davon, richte ihn auf die Schüssel sauber an, thu den Saft von einer Lemoni in die Sauce, koste sie im Salz, gieb sie über den Indian, und servire ihn zur Tafel.

Un Dindon a la broche a l'Italienne farci de Macaroni.

Einen Indian faschirt auf italiänische Manier.

Nimm den Indian, thu ihn richten, wie vorher gemeldet worden, hernach thu ein halb Pfund von den großen Macaroni im Wasser sieden und salzen, wenn sie lind sind gieß sie ab, nimm ein Stück gekochten Schunken, schneide ihn fein, thu ihn in einen Kastrol mit einem Stück Butter, thu ihn ein wenig passiren auf dem Feuer, hernach thu die Macaroni hinein, rühre es untereinander, reib-

ein

ein halb Pfund Parmesankäß, thu ihn auch dazu, mische es zusammen mit ein wenig Pfeffer, und thu hernach den Indian damit faschiren im Kropf und in dem Leib, hernach thu ihn bardiren mit Speck und Papier, wie schon vorher gemeldet, zum braten, wenn du ihn zur Tafel servirest, so thu anstatt der Sauce eine gute Jus darunter, so ist er gut zur Tafel zu geben.

Un Dindon a l'Italienne d'une autre Maniere.

Einen Indian auf italiänisch auf eine andere Manier.

Nimm den Indian, richte ihn, wie schon vorher gemeldet worden, hernach nimm ein Pfund Maroni, thu sie sieden oder braten, putze sie sauber, thu sie hernach in einen Kastrol mit einem Stück frischen Butter, laß sie auf einem stäten Feuer dünsten, bis sie fast lind sind, ein halb Pfund Bratwürst, auch nicht gar zu sehr ausgebraten, schneide sie hernach in kleine Stücke, thu sie zu den Kastanien, salze und pfeffere sie, hernach faschire den Indian damit, thu ihn zum Braten richten, wie vorher gemeldet, ist es Zeit zu serviren, thu ihn auf die Schüssel, und, anstatt der Sauce nichts darunter, als eine gute Jus.

Un Dindon a la broche a l'Angloise.

Einen Indian auf Englisch.

Nimm den Indian und thu ihn zum Braten richten, wie schon gemeldet worden ist, aber ohne Fasch, oder deutsch zu sagen, Füll, und nichts an=

anders als Salz und Pfeffer außen und innen; die Sauce dazu: Nimm Scharlotten, schneide sie länglicht in filé, auch einen Zwiebel auf die nämliche Manier, thu diese beyde zusammen blanchiren im Wasser, hernach thu es in einen Kastrol, nimm auch etliche eingemachte Cucumern und schneide sie auf die nämliche Manier, auch ein wenig gekochten Schunken oder geräucherte Zungen, ein wenig kleine Kapern, siede 2 Eyer hart, nach diesem thu das Weiße davon, und schneide es auch auf die Manier fein, das gelbe auch dazu klein geschnitten, schneide auch ein wenig Petersill fein, thu dieses alles zusammen in einen Kastrol, thu eine Coulis daran, soviel du Sauce vonnöthen hast, und laß es auskochen; ist es Zeit zu serviren, thu deinen Indian auf die Schüssel, in die Sauce thu den Saft von einer Lemoni und gieß die Sauce darüber, servire ihn alsdenn zur Tafel.

Un Dindon a la broche sauce Capucine.

Ein Indian mit einer Kreensauce.

Nimm den Indian und richte ihn zum braten, wie vorher gemeldet worden, ohne faschirt zu werden; die Sauce dazu: nimm ein viertel Pfund Mandeln und thu sie abschälen, hernach thu sie in einen Mörser, thu dazu ein Stück Kreen, welcher sauber abgeputzt seyn muß, diesen schneide klein zu den Mandeln, thu sie fein stoßen alles zusammen, schütte ein wenig süßen Rahm daran, damit sie nicht ölicht werden, wenn es recht fein gestoßen ist, thu es in einen Kastrol mit einem Stücklein frischen Butter, thu ein wenig feines Mehl dazu, gieß

gieß ein halb Maaß süßen Rahm daran, rühre es auf dem Feuer ab, bis es anfängt zu kochen, hernach passire es durch ein Haartuch, thu es wieder in einen Kastrol, daß du es warm behältst, bis es Zeit ist zu serviren, thu ein wenig Pfeffer und Salz daran, thu die Sauce auf die Schüssel, und servire den Indian mit der Sauce zur Tafel.

Un Dindon a la braise sauce melée.

Einen Indian in der Brás mit einer gemischten Sauce.

Dressire den Indian, wie schon gemeldet worden, mache eine weiße Brás, als nämlich: nimm ein Geschirr, wo der Indian hineingeht, thu Speck auf den Boden, lege den Indian darauf, die Brust in die Höh, thu dazu einen ganzen Zwiebel, eine gelbe Ruben, einen Zelleri, etliche Petersillwurzel, eine Pastenadwurzel, ein Lorbeerblatt, ein wenig Basilicum und Thymian, von einer Lemoni das Mark Blättleinweis, die Kerne davon, und leg es auf die Brust, bedecke sie hernach mit Speck, thue dazu ein Seidlein weißen Wein, wie auch etwas Bouillon, bedeck ihn hernach mit Papier und einem Deckel, stell ihn auf ein stätes Feuer, und laß ihn stät kochen bis er lind wird. Die Sauce dazu: Nimm Kalbseuter, Bries, schneid es klein in schöne und gleiche Stücke, und thu es in einen Kastrol, wie auch etliche Bratwürste gebraten und kleine Stücklein geschnitten, nimm auch dazu etwas Maurachen, und Champignons, wenn du sie hast, auch etwas frische oder dürre Tartoffeln, wenn dieses alles beysammen ist, thu die Coulis

Coulis dazu, und laß es aufkochen, ist es Zeit zu serviren, thu den Indian auf die Schüssel ohne Fetten, thu den Saft von einer Lemoni an die Sauce und gieb sie hernach darüber, hernach servire zur Tafel.

Une bure de saumon sauces aux Capres bachées.

Ein Kopf von einem Rheinsalm mit einer Kapernsauce.

Nimm den Kopf, thu ihm die Floß heraus und sauber waschen, hernach binde ihn mit einem Bindfaden, damit er schön beysammen bleibt, nach dem thu ihn in ein Wändlein, thu dazu Zwiebel und Wurzeln, wie wir schon benennet haben, auch Lorbeerblätter, Basilicum und Thymian, etliche Nägelein und ganzen Pfeffer, und ein wenig Muscatblüth, thu ihn auch gut salzen, und laß ihn stehen bis eine Stunde vor dem Anrichten, hernach gieß daran Essig und Wasser, setz ihn zum Feuer und laß ihn stät sieden, bis er fertig ist. Die Sauce dazu: nimm etliche Scharlotten, thu sie fein schneiden, thu sie hernach in einen Kastrol, und thu sie mit ein wenig Butter passiren, hernach nimm 4 Sardellen, thu sie fein hacken ohne Gräten, und thu sie zu den Scharlotten, nimm etwas Kapern, thu sie auch fein schneiden und thu sie dazu, nimm eine Coulis dazu und laß die Sauce aufkochen, nimm den Kopf heraus auf ein sauberes Tischtuch, damit der Sud gut ablauft, richte ihn an auf die Schüssel, schneide den Bindfaden davon, thu ein wenig Bertramessig in die Sauce,

wie

wie auch den Saft von einer Lemoni, gieß die Sauce darüber, und servire es zur Tafel.

Un brochet au four.

Einen Hecht im Ofen.

Nachdem der Hecht sauber gepuzt und ausgenommen ist, thu ihn mit einem Tuch ausdrücken, hernach thu feine Kräuter schneiden, Basilicum, Scharlotten, Thymian und Petersill, thu den Hecht hernach salzen und ein wenig pfeffern, und ihn mit diesen feinen Kräutern von innen und aussen bestreichen, nach diesen nimm Sardellen, thu sie sauber waschen, thu sie in der Mitte voneinander die Gräten davon, thu mit diesen halben Sardellen den Hecht durchspicken, alsdenn thu den Hecht dressiren nach dem Form deiner Schüssel, lang oder rund, leg ihn hernach in eine verzinnte Tortenpfanne, nimm den Ueberrest von den Sardellen, thu sie klein hacken, und hernach in einen Kastrol, nimm ein Stücklein Butter dazu und einen guten Löffelvoll Mehl, mische es untereinander, schneide dazu zwey Zwiebel in runde Blättlein, thu auch ein wenig Bertrameßig dazu, oder einen andern, auch das Mark von einer Lemoni Blättleinweis geschnitten, die Kerne aber müßen davon, hernach gieb einen Löffelvoll Jus dazu, setz sie auf das Feuer und thu sie wohl abrühren, daß es eine dicke Sauce wird, welche nicht dünn seyn darf, setz sie auf die Seite bis sie kalt wird, hernach thu also kalter die Sauce über den Hecht, daß er überall damit bedeckt ist, drey viertel Stunden vor dem Anrichten thu ihn in den Bachofen und

und laß ihn braten, bis er eine recht schöne Farbe hat, wenn es Zeit ist zu serviren, thu den Hecht auf die Schüssel, und nimm die übrige Sauce was auf der Tortenpfanne bleibet, thu dazu ein wenig Coulis, ein wenig Jus oder Bouillon, thu sie durch ein Sieb passiren in einen Kastrol, laß sie aufkochen, thu dazu den Saft von einer Lemoni, und gieb die Sauce unter den Hecht, und thu ihn zur Tafel serviren.

Un Brochet a la broche.

Ein Hecht am Spieß gebraten.

Thu den Hecht präpariren, wie vorher schon gemeldet worden, spicke ihn mit Sardellen, hernach thu ihn auf einer Schüssel in eine verzinnte Tortenpfanne, schneide dazu Zwiebel, das Mark von einer Lemoni, etliche Lorbeerblätter, gieß daran Provenceröl, und ein wenig Bertramessig, laß ihn hernach in diesem Marinad stehen 2 oder 3 Stunden, bis es Zeit ist zum Anrichten, eine Stunde aber zuvor stecke ihn an einen kleinen Spieß, binde ihn auf einen großen Spieß, versieh ihn mit Spagat, daß er nicht vom Spieß fallen kann, lege ihn zum Feuer, und thu den Marinad mit einem Stücklein Butter in die Bratpfanne, begieß ihn damit, bis er eine schöne Farbe bekommt. Die Sauce dazu: Mache eine Sauce hachée von Sardellen und Kapern, wie schon gemeldet worden, wohl piquant, thu den Hecht auf die Schüssel dressiren, und gieb die Sauce darüber, servire ihn alsdenn zur Tafel.

Un

Un Brochet a la Polonise.

Einen Hecht auf polnisch.

Nimm den Hecht, dressire ihn nach dem Form deiner Schüssel, hernach thu ihn in ein Geschirr, thu viel Salz daran, auch Zwiebel, gelbe Ruben, Petersillwurzel, Pastenad, Zelleri, Bori, Lorbeerblätter, das Mark von einer Lemoni, Basilicum und Thymian, hernach laß ihn etliche Stunden stehen, wenn es Zeit ist zum serviren, eine Stunde vor der Tafel gieß Essig daran, und frisches Wasser thu auch dazu, ein Stücklein Butter, setz ihn aufs Feuer, und laß ihn stät sieden. Die Sauce dazu: Nimm viel Petersillwurzel, den Kern heraus, und thu hernach die Wurzel in kleine filé schneiden und ein wenig in Salzwasser blanchiren, hernach thu die Wurzeln in einen Kastrol mit ein Stücklein Butter, und laß sie auf dem stäten Feuer dünsten, bis die Wurzeln fast lind sind, hernach thu den Hecht aus dem Sud, laß den Sud gut davon ablaufen, leg ihn hernach zu dieser Wurzel hinein, und laß ihn ein wenig mitdünsten, ist es Zeit zur Tafel zu serviren, so nimm den Hecht heraus auf die Schüssel, und thu zu den Wurzeln ein wenig grün blanchirten Petersill, legire die Sauce mit 3 Eyerdotter, thu dazu den Saft von einer Lemoni und gieb sie über den Hecht, alsdenn servire ihn zur Tafel.

Un Brochet au Vin de Champagne.

Einen Hecht mit Champagner Wein.

Nimm den Hecht und thu ihn auf dem Rucken mit feinem Speck schön spicken, nach diesem richte ihn in ein langes Geschirr oder Kastrol, schneide daran zwey Zwiebel, etliche Scharlottenwurzeln, wie schon benennet ist, ein Lorbeerblat, ein wenig Basilicum und Thymian, thu ihn salzen, gieß daran eine halbe Bouteille Champagnerwein, bedecke ihn mit Speckbarten, und thu ihn hernach in den Bachofen, bis er gekocht ist, thu ihn nachmals aus dem Ofen, dressire ihn auf die Schüssel, und thu ihn mit einer Glace glasiren, die Sauce von dem Hecht thu passiren, und thu die Fetten wohl davon, hernach kannst du in einen Kastrol Tartoffeln oder auch Champignons nehmen klein geschnitten, und mit ein wenig Provenceröl auf dem Feuer passiren, thu dazu ein wenig feines Mehl, und gieß die passirte Sauce von Hecht dazu, laß es stät kochen, damit du die Sauce sauber abfaumest und das Oel davon nehmest, ist es Zeit zu serviren, legire die Sauce mit 3 Eyerdotter, drücke den Saft von einer Lemoni dazu, gieb die Sauce unter den Hecht, und servire ihn alsdenn zur Tafel.

Une grosse Carpe a la maitre d'hotel.

Einen Karpfen ganzer gebachen.

Nimm den Karpfen, nach dem er sauber geschuppt und ausgenommen ist, thu ihn richten und sieden, als wie den Hecht auf polnisch oder blau gesot-

gesotten, hernach thu ihn aus dem Sud und laß ihn kalt werden, nach diesem thu 2 ganze Eyer und auch 2 Dotter zusammen, thu sie untereinander abschlagen, hernach nimm fein geriebene Semmelbrösel, mische ein wenig fein Mehl darunter, thu den Karpfen mit den Eyern schön bestreichen, und mit diesen Semmelbröseln bestreuen, nimm ein Geschirr nach der Größe deines Karpfens, thu Schmalz hinein, laß es heiß werden, und thu ihn stät ausbachen, daß er eine schöne Farbe bekommt, bache einen grünen Petersill dazu aus, thu den Karpfen auf die Schüssel, garnire den Petersill herum und servire ihn zur Tafel; du kännst extra eine Sauce von Kapern in einer Saucière dazu geben.

Une Carpe a la matelotte.

Einen Karpfen schwarz gesotten.

Du must haben einen Karpfen, einen Hecht, eine Forelle, eine Schleyen, einen Aalfisch, etliche Perschling, wenn diese Fische alle sauber abgeschüppt und ausgenommen sind, schneide sie rund in kleine Stücke, setze viel Wasser stark gesalzen auf das Feuer und laß sieden, hernach thu alle diese Stücklein Fisch hinein, und laß einen Sud aufthun, nach dem thu sie wiederum heraus in ein frisches Wasser, und nimm alle diese Stücklein Fische, thu die Nebengraten sauber davon, richte sie hernach in einen Kastrol, thu auch dazu Zwiebel, von allen Sorten Wurzeln, wie schon gemeldet worden, Basilicum, Thymian, 1 Lorbeerblatt, thu ihn salzen, auch ein wenig pfeffern, gieß eine Bouteille Burgunder Wein daran, laß sie hernach stehen; die Sauce dazu thu in einen Kastrol mit frischen Butter, mache ein paar Löffelvoll Mehl schön braun mit so viel Zucker, als eine welsche Nuß groß, thu eine Jus darauf, wie auch ein wenig Essig, laß die Sauce aufkochen, hernach thu dazu ein Quärtlein schweinernes Blut, oder auch von einem Geflügel das Blut, und laß es hernach kochen, bis es dick wird, nach diesem passire die Sauce durch ein Haartuch, und thu sie kalter an den Fisch, hernach kannst du 6 oder 8 große Krebse absieden und nach dem auslösen, als wenn du sie wolltest im Rahm machen, diese Krebse thu wiederum in den Sud, damit du sie warm erhaltest, thu auch 24 kleine Zwiebeln sauber putzen, und in einer Bräs schön weiß und lind sieden lassen, 3 viertel Stund vor dem Anrichten setze den Fisch auf einen starken Windofen, und laß ihn kochen, bis du siehest, daß die Sauce eingekocht ist, wie sie seyn soll, hernach nimm den Fisch Stückleinweis heraus, thu ihn schön auf die Schüssel rangiren, drücke in die Sauce den Saft von einer Lemoni, und passire hernach die Sauce durch ein Sieb an den Fisch, hernach nimm die Krebs warmer aus dem Sud, und lege sie auf den Fisch herum, die kleine Zwiebel nimm trocken heraus aus der Bräs, garnire den Fisch damit, und servire ihn recht warmer zur Tafel.

Une Carpe a la Neubauer.

Einen Karpfen schwarz auf Neubauerisch.

Nimm den Karpfen, wenn er geschüppt und ausgenommen ist, thu ihn in Stücke zerschneiden, rangire ihn in einen Kastrol, thu Salz darauf, wie auch etliche Zwiebel und Scharlottenwurzeln, Thymian und Basilicum, schütte Essig darüber, und laß ihn stehen, bis es Zeit ist zu serviren. Die Sauce dazu: Thu Butter in einen Kastrol, wie auch 2 Löffelvoll Mehl mit soviel Zucker als eine kleine Nuß, mache das Mehl schön gelb, hernach passire einen geschnittenen Zwiebel darein, füll es auf mit Jus oder guter Bouillon, thu dazu ein wenig Basilicum und Thymian, auch ein Seidlein rothen Wein, laß die Sauce aufkochen, hernach thu ein Quart schweinernes Blut dazu, nach diesen thu die Sauce zu Zeiten rühren, und laß sie so lang kochen, bis die Sauce dicklicht wird, hernach thu sie durch ein Haartuch passiren, und laß sie stehen, nimm 30 kleine Zwiebeln, thu sie schön weiß putzen und blanchiren, und lind sieden in Bouillon und Essig, thu auch Petersill Blättleinweis pflücken, blanchire ihn im Wasser, hernach thu ihn trocken aufbehalten, schneide Lemonischaalen fein länglicht, und lege alles a parte, eine halbe Stunde vor dem Anrichten thu noch frisches Wasser an den Karpfen gießen, setz ihn auf das Feuer und laß gar sieden, hernach thu die Stücke heraus auf ein Tischtuch legen, damit sie trocken werden, thu sie hernach auf die Schüssel, rangiren, und setz die Schüssel warm, mache die

Sauce warm, thu daran ein wenig Bertramessig und den Saft von einer Lemoni, gieß die Sauce über den Karpfen, thu darauf die fein geschnittenen Lemonischalen, wie auch thue den blanchirten Petersill auf den Fisch Blättleinweis austheilen, hernach thu die kleinen Zwiebel auch trocken oben auf herum legen, und gieb ihn recht warmer zur Tafel. Wo ich ihn gemacht habe, ist er jederzeit für gut befunden worden.

Un d' Eturgeon aux Anchois.

Ein Stück Hausen mit Sardellen.

Nimm das Stück Fisch, durchspicke es mit Sardellen, hernach lege es in eine Schüssel, schneide daran Wurzeln, thu auch Kräuter dazu, wie auch eine Lemoni und ein paar Lorbeerblätter, Salz und Pfeffer, wie schon bey denen andern gebratenen Fischen ist gemeldet worden, gieß Provenceröl daran, und laß ihn stehen bis eine Stunde vor dem Anrichten, hernach steck das Stück an den Spieß, und laß es schön braten, mit dem Oel und Kräutern, was dabey ist, must du den Fisch begießen, zu der Sauce nimm die übrigen Sardellen, thu sie klein hacken, mische ein wenig frischen Butter darunter, thu es hernach in einen Kastrol und thu Coulis dazu, laß die Sauce auch kochen, drücke den Saft von einer Lemoni hinein, und gieß ein wenig Bertramessig darauf, lege das gebratene Stück Fisch in die Schüssel, und gieb die Sauce darüber; alsdenn servire zur Tafel.

Une

Une Truite saumonnée.

Eine Lachsforelle mit Sauce.

Nimm die Forelle, nachdem sie ausgenommen ist, thu sie einrichten in Corbuillon, als wie den Karpfen zum sieden, auf die nämliche Manier. Die Sauce dazu: Nimm frische Triffel, schneide sie fein rund in einen Kastrol, thu dazu ein wenig Provenceröl, und nur einen kleinen Geruch von Knoblauch, der muß nur mit dem Messer fein zerrieben werden, passire es auf dem Feuer, auch nur ein wenig, hernach thu Coulis dazu und ein wenig Wein, laß die Sauce sieden, thu auch dazu ein paar Kalbsbries in kleine runde Stücklein geschnitten, ein paar Kalbseuter, Hühnerlebern, wenn du einige hast, Krebsschweife, laß alles dieses kochen, wenn deine Forelle gesotten ist, thue sie herauslegen auf ein Tischtuch, daß der Sud davon gehet, lege sie hernach auf die Schüssel, thu von einer Lemoni den Saft in die Sauce drücken, und richte die Sauce über die Forellen, und servire sie zur Tafel. Wenn du diese Sauce nicht machen willst, kannst du auch Sauce hache dazu geben von Kapern, Sardellen, und Scharlotten, oder auch eine grüne Sauce von Senfblättern kalter, diese aber must du hernach extra geben; eine englische Sauce ist auch gut dazu, wie schon gemeldet worden.

Un Loutre.

Eine Fischotter zu richten.

Nimm die Fischotter, nachdem sie ausgezogen ist,

ist, und thu ihn schneiden in kleine Stücke wie du willst, hernach thu diese Stücke in ein Geschirr, thu daran Wurzeln und Kräuter, wie bey den Fischen schon gemeldet ist, wie auch Zwiebel und Scharlotten, Salz und Pfeffer, gieß Essig daran, und laß über Nacht liegen, wenn du sie zurecht machen willst, so nimm einen Kastrol, thu unten Speck auf den Boden, und thu die Otter hinein, wie auch alle Wurzeln und Kräuter, (den Essig aber nicht) auch ein Stücklein guten Schunken, wenn du einen hast, gieß daran eine halbe Bouteille Burgunder Wein, hernach deck sie zu und setz sie auf ein stätes Feuer, laß sie langsam dünsten, wenn schier keine Sauce mehr ist, mache einen Löffelvoll Mehl gelb und fülle es mit Jus an, laß es aufsieden und schütte sie an die Fischotter, laß sie kochen bis sie lind ist, hernach thu ihn Stückleinweis heraus in einen saubern Kastrol, thu die Fetten von der Sauce sauber herunternehmen, und passire die Sauce durch ein Haarsieb an die Otter, setz sie warm, bis es Zeit ist zu serviren, drücke den Saft von einer Lemoni in die Sauce, und richte an zur Tafel.

Un paté de Begasses.

Eine Pastete von Waldschnepfen.

Nimm die Schnepfen, nachdem sie sauber flammirt und gepuzt sind, thu sie ausnehmen, thu den Schnepfenkoth auf ein Schneidbrett, die Schnepfen thu dressiren, hernach schneide Schunken und Speck klein und länglicht, thu darunter feine Kräuter, wie wir schon gemeldet haben, Pfeffer und

Salz

Salz, thu die Schnepfen damit spicken, hernach lege ein paar Speckbarten auf den Boden in einen Kastrol, lege die Schnepfen hinein, thu sie salzen und pfeffern, thu ein Glas rothen Wein dazu, einen Zwiebel und ein Lorbeerblatt, deck sie zu und setz sie auf ein stätes Feuer, und laß sie halb dünsten, hernach thu sie vom Feuer, und laß sie kalt werden; zu dem Schnepfenkoth nimm Speck, Scharlotten, Thymian, frische Triffel, Champignons, Pfeffer und Salz, auch ein wenig Petersill und thu alles fein schneiden; den Teig zu machen nimm ein schönes Mehl auf ein Pfund, ein halb Pfund Butter, 5 Eyerdotter, einen sauren Rahm, mache den Teig mit an, willst du die Pasteten dressiren, so muß der Teig fest seyn, willst du aber eine Schösselpastete machen, so darf er nicht so fest seyn, thu ein Blatt auswalgen, und lege es auf die Tortenpfanne, hernach thu den Fasch darauf, nach diesem rangire die Schnepfen drauf, bedecke sie mit Speck, thu den Saft, der im Kastrol von den Schnepfen blieben ist, auch dazu, und decke es mit einem andern Blatt von Teig zu, mache hernach etwas Zierrathen darauf nach deinem Gutdünken, bestreiche sie mit Eyer, und laß sie anderthalbe Stunden im Ofen bachen, daß sie eine schöne Farbe bekommt. Die Sauce dazu: Nimm ein wenig gute Coulis, setz sie auf das Feuer, bis sie kocht, hernach thu den Saft von einer Lemoni hinein; ist es Zeit zu serviren, schneide den Deckel auf, thu den Speck davon, und auch den Teig herum, welcher naß ist, thu die Sauce darüber gießen, so wird ein wenig Fetten in die Höhe gehen, schöpfe sie mit einem kleinen Löffel

 ab,

ab, hernach thu sie ein wenig schütteln, und servire sie zur Tafel.

Un paté de Becassines.

Eine Pastete von Moosschnepfen.

Diese Pastete machst du auf die nämliche Art, wie schon gemeldet ist, nicht weniger und nicht mehrer, nur nicht solang darf sie im Ofen bachen.

Un paté de Faisand.

Eine Pastete von Fasanen.

Nachdem die Fasanen flammirt und geputzt, auch ausgenommen sind, so thu sie mit kleinen Schunken und Speck spicken, und auf die nämliche Manier einrichten, als wie die Schnepfen, zum Fasch aber nimmst du ein wenig Kalbfleisch in einen Kastrol, wie auch einen Speck, feine Kräuter, Salz und Pfeffer, thu es auf dem Feuer passiren, bis das Fleisch weiß wird, hernach thu es auf das Schneidbrett, thu die Leber von dem Fasanen roher dazu, schneide es fein, hernach mache die Pasteten, wie bey den Schnepfen, und laß sie auch solang im Ofen stehen und bachen, mache auch die nämliche Sauce dazu, aber nimm frische Tartoffeln oder Champignons zu der Sauce Blättleinweis geschnitten, und servire sie zur Tafel, sie wird gut seyn, sie ist auch überall probabel befunden worden.

Un paté de Perdrix.

Eine Pastete von Feldhühnern.

Diese Pastete wird auf die nämliche Art, wie die Fasanenpastete gemacht.

Un paté de Perdrix rouges.

Eine Pastete von rothen Feldhühnern.

Diese Pastete wird wie die vorhergehende gemacht.

Un paté de Gelinottes.

Eine Pastete von Haselhühnern.

Diese Pastete wird auch gemacht auf die façon wie die andern.

Un paté de Sarcelles.

Eine Pastete von kleinen Wildenten.

Diese wird gemacht, wie die schon oben gemeldete, nur im kochen muß sie etwas länger im Ofen stehen, weil die Enten etwas härter sind.

Un paté de Canards.

Eine Pastete von Wildenten.

Diese wird auch auf die Art gemacht, aber im Bachofen muß sie länger bachen, weil sie etwas stärker sind; du kannst allezeit die nämliche Sauce geben, wenn du die Tartoffeln hast, so nimm sie dazu.

Un paté de Vaneaux.

Eine Pastete von Geiwitzen.

Wird auch auf die nämliche Manier gemacht, als wie die Wildenten.

Un paté de Coq de bruyere.

Eine Pastete von Auerhahnen.

Un paté de poule de bruyere.

Eine Pastete von einer Auerhenne.

Diese Pasteten werden auf die nämliche Manier gemacht, nur müßen sie 4 Stunden im Ofen bachen, weil sie etwas hart und stark sind, die nämliche Sauce wird auch dazu gemacht.

Un paté d'oie sauvage.

Eine Pastete von einer Wildgans.

Nachdem sie sauber flammirt, geputzt und dressirt ist, must du den Speck und Schuiken etwas dicker schneiden und damit spicken, hernach thu sie einen Tag vorher in heissem Essig beitzen, mit Kräuter, Zwiebel und Lorbeerblätter, und diesen 3mal heiß darüber gießen, nach diesem mache sie zurecht in einer Pastete, als wie die andern vorhergemeldten, sie muß aber 5 Stunden im Ofen bachen, die Sauce wird auf die nämliche Manier gemacht, und zur Tafel servirt.

Un paté de Cailles.

Eine Pastete von Wachteln.

Diese Pastete wird gemacht auf die nämliche Manier, als wie die Rebhühnerpastete.

Un

Un paté de Francolins.

Eine Pastete von Haselhühnern.

Wird auch auf die nämliche Art gemacht.

Un paté de Macreuses.

Eine Pastete von halber Art von Wildenten.

Diese Pastete wird auf die nämliche Manier gemacht, als wie die mit Wildenten.

Un paté de poules d'eau.

Eine Pastete von Wasserhühnern.

Diese, nachdem sie sauber gepußt und ausgenommen sind, schneide in Viertel, und thu sie einen Tag vorher in Essig, Kräuter, Pfeffer und Salz einmarginiren, hernach mache sie zurecht in die Pasteten, wie auch den Fasch, auf die nämliche Manier, wie vorher schon gemeldet ist, der Essig aber bleibt davon weg, und die Pastete darf nicht solang im Ofen bleiben, es wird auch die nämliche Sauce dazu gemacht.

Un paté de Ramiers.

Eine Pastete von Wildtauben.

Diese muß gemacht werden, als wie die Pastete von der Wildgans, muß auch den Tag vorher in heissem Essig gebeißt, und alles dazu genommen und gemacht werden auf die nämliche Manier.

Un paté de Tourels.

Eine Pastete von kleinen Turteltauben.

Wird gleichermassen so gemacht, als wie oben schon gemeldet worden.

Un paté de Grives.

Eine Pastete von Drosseln.

Diese wird gemacht auf die nämliche Manier, gleichwie die andern, aber einmarginirt ist nicht nöthig, gleichwie die Wachtelpasteten, diese Pasteten aber darf im Bachofen nicht länger bachen, als eine Stunde.

Un paté de Paon.

Eine Pastete von Pfauen.

Wird auf die nämliche Manier gemacht, gleichwie die Pastete von Fasanen.

Un paté de Lapins.

Eine Pastete von Caninchen, oder wilden Künighasen.

Nachdem sie ausgezogen sind, schneide sie in schöne Stücke, und thu die Stücke mit Speck und Schunken und feinen Kräutern, wie man schon gemeldet hat, durchspicken, thu hernach in einen Kastrol ein paar Speckbarten, lege diese Stücke dazu, wie auch ein paar Zwiebel, ein Lorbeerblatt, ein Seidlein weißen Wein, thu es pfeffern und salzen, und setz es auf ein stätes Feuer, laß es einkochen, bis es schier keine Sauce mehr hat. Den

Fasch

Fasch mache von Kalbfleisch mit etlichen rohen Lebern von Geflügel, der Teig wird gemacht wie bey den andern Pasteten, die Sauce machst du auch auf die nämliche Manier, gleichwie bey den andern Pasteten.

Un paté de Levreauts.

Eine Pastete von jungen Hasen.

Wird auf die nämliche Manier gemacht, gleichwie die von Künighasen, aber im Kochen muß man sich in obacht nehmen, daß man sie nicht zu viel kochen, und auch, daß man sie nicht so lang im Ofen bachen läßt.

Un paté de Lievre.

Eine Pastete von alten Hasen.

Diese kannst du machen die filé auszulösen, oder auch in kleine Stücke schneiden, er muß aber einen Tag vorher gebeißt werden, und hernach wird er gespickt mit groben Speck, und auch vorher auf dem Feuer gedünstet, die Pastete wird gemacht auf die nämliche Manier, wie schon gemeldet worden die andern zu machen.

Un paté de Cerf.

Eine Pastete von einem Hirschen.

Nimm einen Schlegel von dem Hirsch, oder einen Zähmer, löse die filé aus, thu sie abhäuteln, thu die filé mit groben Speck, Schunken, und feinen Kräutern gemischt, durchspicken, hernach laß es einen Tag vorher in Marinad beißen, nach diesem thu die filé einrichten in einen Kastrol mit

Speck

Speck und ein Seidlein rothen Wein, Zwiebel, Lorbeerblatt, Salz und Pfeffer, setz es auf das Feuer und laß es dünsten, bis es schier halb gekocht ist, den Fasch dazu mache auf die nämliche Manier, als wie schon gemeldet worden bey den andern Pasteten, nichts anders, als daß du anstatt dem Kalbfleisch von dem Hirschfleisch nehmest, und thust unter den Fasch ein wenig Kapern und 3 Sardellen. Die Sauce dazu: Nimm einen Butter in einen Kastrol, thu einen Löffelvoll Mehl gelb machen, hernach thu ein wenig rothen Wein und Jus hinein, und laß die Sauce wohl verkochen, nachdem thu sie durch ein feines Sieb passiren, ist es Zeit zu serviren, thu ein wenig ganze Lemonischalen hinein, damit es einen Geschmack davon bekommt, drücke den Saft von einer Lemoni hinein, thu die Schalen davon, und gieb diese Sauce in deine Pasteten.

Un paté de Chevreuil.

Eine Pastete von einem Reh.

Diese Pastete wird auf die nämliche Manier gemacht, als wie diese von Hirschfleisch.

Un paté de Daim.

Eine Pastete von Gemsen.

Wird auch auf die nämliche Manier gemacht, als wie die vom Reh.

Un paté au fusée.

Ein *Gateau* von Hasen.

Nimm das Fleisch von 2 Hasen, diese wohl abgehäut, thu dieses auf ein Schneidbrett, nimm dazu Scharlotten, einen Zwiebel, Petersill, ein wenig Basilicum und Thymian, Pfeffer und Salz, schneide dieses alles zusammen recht fein, hernach schneide ein und ein halb Pfund Speck klein gewürfelt, thu ihn dazu, nimm eine halbe Bouteille rothen Wein, und thu ihn dazu, mische alles wohl zusammen, hernach mache dein Blatt zu der Pastete, oder auch thu sie dressiren, wie du willst, mache aus dem Fasch einen Balon, lang oder rund, wie du deiner Pastete den Form geben willst, thu diesen Balon in die Pastete, bedecke ihn oben mit Speck, und formire die Pastete, thu sie in den Ofen, und laß sie 4 Stunden bachen, die Sauce dazu mache, wie die schon gemeldet ist bey der Rehpastete; du kannst diesen Balon auch serviren ohne Teig: nimm einen Kastrol lang oder rund, wie deine Schüssel ist, bedecke das Kastrol rings herum mit Speck, thu hernach den Fasch oder Balon wohl zusammen gepreßt hinein, thu es 4 Stunden in den Ofen, wenn es Zeit ist zu serviren thu den Gateau (hernachmals genannt) auf die Schüssel stürzen, thu den Speck davon, und gieb die Sauce darüber, wie schon gemeldet ist bey den Pasteten.

Un paté de Cerf en fusée en casserole.

Einen *Gateau* von Hirschfleisch im Ofen.

Dieser wird auf die nämliche Manier gemacht, als wie dieser von Hasen, wie auch die Sauce.

Une Timballe de Macaroni au fromage parmesan.

Eine Pastete von Macaroni mit Parmesankäß.

Nimm ein Pfund große Macaronennudel wie einen Finger dick, und thu sie in vielem Wasser ein wenig Salz absieden, bis sie lind sind, hernach thu sie abgießen, daß das Wasser davon kommt, und nimm ein Stücklein gekochten Schunken, thu ihn recht fein schneiden, thu diesen geschnittenen Schunken hernach in einen Kastrol mit einem Stück frischen Butter, laß ihn auf dem Feuer ein wenig passiren, thu die Macaroni hinein und laß sie auch ein wenig anziehen auf dem Feuer, und rühre sie mit einem Löffel herum, gieß süßen oder sauren Rahm daran, und laß sie aufsieden, hernach thu sie vom Feuer, bis sie kalt werden; nimm einen Kastrol, thu ihn mit ein wenig frischen Butter bestreichen, den Teig machst du, wie bey den andern Pasteten, kannst ihn etwas mürber machen, nimm den Teig ganz wenig, thu ihn mit der Hand ganz fein auswirken, wie man pflegt die Regenwürmer auf bayrisch zu machen, hernach fange in der Mitte von dem Kastrol an zu belegen in der Runde, bis der ganze Kastrol innen bedeckt ist,

ist, hernach thu ein dünnes Blatt austreiben, thu das belegte ein wenig mit Eyern bestreichen, und thu das Blatt hinein, hernach thu ein halb Pfund geriebenen Parmesankäß in die Macroni, ein wenig Pfeffer, ein wenig Salz, rühre sie untereinander, thu sie hernach in den Kastrol, welchen du mit Teig beleget, bedecke es von dem Teig mit einem Deckel, thu es oben herum zwicken, mache in die Mitte ein kleines Löchlein, thu es auch oben bestreichen mit Eyern, und thu sie hernach anderthalb Stunden vor dem Anrichten in den Bachofen, und laß es schön stät ausbachen, damit sie eine recht schöne Farbe bekommt, ist es Zeit zu serviren, nimm es aus dem Ofen, thu sie auf die Schüssel stürzen, und servire sie zur Tafel.

Une Timballe idem aux Coulis.

Eine Kastrolpastete von Macroni.

Die Macroni werden auf die nämliche Manier gemacht, gleichwie die mit Rahm, nichts anders, als anstatt den Rahm nimmst du eine gute klare Coulis, und mache den Timball, gleichwie diesen, von Rahm, thu ihn auch auf die nämliche Manier bachen, und zur Tafel serviren.

Une Timballe idem a la Romaine.

Eine Kastrolpastete auf romanisch.

Die Macroni werden gemacht auf die nämliche Manier, als wie schon gemeldet worden, aber mit süssen Rahm, und auch dazu etliche in kleine Stücklein geschnittene Kalbsbrüs, wie auch Kalbseuter, kleine Lammsbrüslein, Hühnerlebern, Tartuffeln und Mauerachen, dieses muß alles mit der Macroni einpassirt werden, und hernach mit geriebenen Parmesankäß zurecht gemacht werden, als wie die andern, der Teig dazu ist der nämliche, nur daß ein Zucker darunter kommt, und wird gemacht auf einer Tortenpfanne, gleichwie eine Pastete, oben wird sie bestrichen mit Eyern, und mit Zucker bestreuet, im Bachen aber muß man beobachten, daß sie eine schöne Farbe bekommt.

Une Timballe idem a la Genoise.

Eine Kastrolpastete auf Genuesisch.

Anstatt der Macroni mache einen Nudelteig, aber nur von Eyerdottern, hernach schneide daraus lange Bändlein einen kleinen Finger breit, und thu es auf die nämliche Manier richten, gleichwie die Macroni zu der Pastete, als wie diese mit süssen Rahm, auch auf dem nämlichen Form bachen und serviren.

Une Timballe idem a l' Allemande.

Eine Kastrolpastete auf deutsch.

Du machest auch einen Nudelteig, und anstatt der Macron schneide kleine Flecklein, (welche klein viereckigt seyn müssen) daraus, und mache es auf die nämliche Manier, wie die vorher schon bemeldten Kastrolpasteten, du kannst auch statt dem Schunken einen geräucherten Fisch nehmen.

Flecks au fromage Parmesan.

Eine Fleckleinpastete in Raif.

Die Flecklein thu richten, als wie schon vorher gemel-

gemeldet ist, auf die Schüssel, aber wo du serviren willst, mache einen Raif herum von harten gebrühten Teig, damit er hält, dieser muß seyn 3 Finger hoch und schön gezwickt, und mit Eyern bestrichen, du must den Raif bey dem Feuer hart werden lassen, hernach thu die Flecklein hinein, das dem Raif gleich ist, streue oben darauf einen Parmesankäß, setze die Schüssel auf ein Blech in den Ofen, daß es eine schöne Farbe bekommt, und servire sie hernach zur Tafel.

Macaron a la même Maniere.

Macroni auf die nämliche Manier.

Die Macroni, die du machst zu der Kastrolpästete, kannst du auch auf die nämliche Art in die Schüssel machen mit dem Raif.

La Seigne a la même Maniere.

Große Fleck auf die nämliche Manier.

Man macht einen Nudelteig mit ganzen Eyern, nnd ein klein wenig süßen oder sauren Rahm dazu, hernach mache deine Nudelflecke daraus, so dünn ausgetrieben als es seyn kann, hernach schneide mit dem Bachrädlein halbe Hand groß Flecke daraus, setz auf das Feuer, nimm viel Wasser zum absieden, richte einen geriebenen Parmesankäß, wie auch einen fein geschnittenen Schunken, hernach thu die Flecken in der Breite in das siedende Wasser, daß sie nicht zusammenbachen, laß sie etliche Waal aufkochen, und thu sie wiederum heraus in das frische Wasser, alsdenn lege sie trocken auf ein Sieb, daß das Wasser wohl davon geht, und nimm die Schüssel wo der Raif darauf gemacht ist, streue ein wenig Parmesankäß, wie auch von dem fein geschnitzenen Schunken hinein auf den Boden, und gieß etliche Eßlöffelvoll sauren Rahm hinein, ein wenig Salz und Pfeffer, lege hernach eine Lege von den Fleck darein, und auf die Fleck mache das nämliche, als wie du angefangen hast, und dieses allezeit so fort, bis der Raif voll ist, oben darauf ist das letzte der Parmesankäß und ein wenig frischer Butter, setz sie hernach auf ein Blech in den Ofen, daß es eine schöne Farbe bekommt, hernach sind sie fertig zum serviren.

La Saigne a la Napolitaine.

Große Fleck auf Neapolitanisch.

Diese Flecke machst du auf die nämliche Manier, nicht anderst, als anstatt den sauren Rahm muß es eine gute und starke Jus von Rindfleisch seyn, und werden eingerichtet ohne Schunken, nichts anders als Käß und Jus, auch ein wenig frischer Butter, und richte es auf die nämliche Manier ein, und setz sie in den Ofen, aber nicht zu heiß, sondern sie müssen nur dünsten durchaus, so sind sie fertig zu serviren.

Raviolles a la Genoise.

Raviollen auf Genuesisch.

Mache einen Teig mit Mehl, ein ganzes Ey, ein klein wenig frischen Butter und ein wenig Salz, mache ihn an mit frischem Wasser, und arbeite ihn gut mit der Hand, der Teig muß ehender etwas lind als stark seyn, hernach wird er fein aus-

ausgetrieben, so fein, als es möglich seyn kann, man kann ihn auch mit der Hand recht fein ausziehen, zu der Füll nimm Spinad oder Mangoltkraut, es gilt gleich, dieses thu blanchiren und recht fein schneiden, hernach schneide einen Zwiebel auch recht fein, thu ihn in einen Kastrol mit ein wenig frischen Butter, laß die Zwiebel auf dem Feuer passiren, thu den Spinad oder das Mangoltkraut auch dazu hinein, ein wenig Pfeffer, Salz, und ein wenig Muscatnuß, laß es alles auf einem stäten Feuer zusammendünsten, hernach thu es vom Feuer, und laß es kalt werden, thu dazu soviel Milchdopfen, als das grüne ausmacht, wie auch eine Handvoll geriebenen Parmesankäß, etliche Eyerdotter, thu es gut untereinander rühren, und mache hernach kleine Schnitt Karpfel davon, und thu sie hernach im Wasser absieden, und richte sie ein auf die Schüssel in den Raif, gleichwie die auf Neapolitanisch, setz sie auf ein Blech, und laß sie im Ofen stät dünsten, gleichwie die vorhergemeldten, so sind sie hernach auch fertig zu serviren.

Une Tourte de Poulets fricassées.

Eine Pastete von Butterteig mit Hühnern.

Nimm die Hühner, thu sie zerschneiden Gliederweiß, wie sichs gehört, hernach blanchire sie im Wasser, thu sie heraus und sieh nach, ob sie recht sauber geputzt sind, thu sie in einen Kastrol mit frischem Butter, und einen ganzen Zwiebel, setz auf das Feuer, und laß sie passiren, staube ein we-

wenig feines Mehl daran, und fülle sie mit einem frischen Wasser auf, setze sie auf einen gähen Windofen, laß sie stark einkochen, hernach setz sie vom Feuer hinweg, thue die Hühner in einen andern saubern Kastrol und passire die Sauce durch ein Sieb daran, laß sie hernach stehen, bis es Zeit ist zu serviren, thu 3 oder 4 frische Eyerdotter mit ein wenig süßen Rahm in ein kleines Geschirr durch ein Haarsieb passiren, schneide auch etwas Petersill recht fein, ist es Zeit zu serviren, setze die Hühner auf das Feuer, laß sie aufkochen, hernach thu den Petersill hinein, wie auch das Gelbe von den Eyern, thu es beständig rühren auf dem Feuer, daß sie nicht zusammenlaufen, kochen dürfen sie nicht, sondern sie müßen nur legirt seyn, thu sie vom Feuer, drücke den Saft von einer Lemoni hinein und salze sie, hernach schneide den Deckel heraus von der Pastete, thu das Papier heraus und den innern nassen Teig, und richte hernach die Hühner hinein, decke sie wiederum zu, und servire sie zur Tafel.

Une Tourte de Poulets au roux aux Citrons.

Eine Pastete mit Hühnern braun gemacht.

Die Pastete wird gemacht von dem nämlichen Teig und auf die nämliche Manier, wie vorher schon gemeldet worden, die Hühner, nachdem sie sauber flammirt und geputzt sind, schneide auch in Viertel oder Gliederweis, wie die Hühner zum fricassiren, thu sie blanchiren, hernach thu sie in einen

nen Kastrol mit einem Stücklein frischen Butter, einen ganzen Zwiebel, ein wenig Salz dazu, thu sie auf dem Feuer passiren, staube auch ein wenig feines Mehl daran, thu sie auffüllen mit Jus und laß sie gäh einkochen, thu auch dazu Tartuffeln, und dürre oder frische Maurachen, laß sie mitkochen, bis die Sauce kurz ist, wie sie seyn soll, setz sie auf die Seiten, bis es Zeit ist zu serviren, hernach mache die Pastete auf, richte sie zurecht, wie schon gemeldet ist, laß die Hühner nochmal aufkochen, thu den Saft von einer Lemoni hinein, thu die Hühner in deine Pastete schön anrichten, und servire sie zur Tafel.

Un Tourte de Poulets melés.

Eine Pastete mit gemischten Hühnern.

Die Hühner werden Gliederweis geschnitten und blanchirt, wie schon gemeldet ist, thu sie auch in einen Kastrol mit frischen Butter und einen Zwiebel, thu auch dazu ein paar Kalbsbrüs in kleine Stücklein geschnitten, wie auch ein paar Kalbseuter, ein paar Ochsengaumen, ein wenig Tartuffeln, Maurachen, thu auch ein wenig Salz dazu, und thu sie auf dem Feuer passiren, staube ein wenig feines Mehl daran, oder auch eine Coulis, wenn du Coulis nimmst, so gieb eine Bouillon dazu, thust du sie aber mit Mehl einstauben, so müßen sie mit Jus aufgefüllt werden, drücke den Saft von einer Lemoni dazu, und thu sie serviren auf die nämliche Art, wie wir schon vorher explicirt haben, du kannst sie auch weiß einpassiren und mit Bouillon auffüllen, und auf die letzte mit Eyerdottern gleichwie eine Fricassée legiren.

Une Tourte de Poulets farcis.

Eine Pastete mit faschirten Hühnern.

Die Hühner müßen ganz leicht flammirt, und sauber geputzt werden, hernach werden sie ausgelöst, nachmals faschire sie mit einem weißen Fasch, thu sie mit einem weißen Faden zunähen bey dem Rucken hinauf, und richte sie hernach in eine weiße Bräs ein, und laß sie stät gehen, bis sie gar sind. Die Sauce dazu: Nimm ein wenig frischen Butter, einen ganzen Zwiebel, einen Löffelvoll weißes Mehl dazu, thu es passiren auf dem Feuer und thu es mit Bouillon auffüllen, laß die Sauce wohl verkochen, hernach thu in die Sauce einen klein geschnittenen abblanchirten Spargel, etwas Krebsschweife, auch ein Kalbsbrüs, laß es mit der Sauce kochen, wenn es Zeit ist zu serviren, thu die Hühner aus der Bräs heraus, daß die Fetten wohl davon kommt, hernach richte die Hühner in die Pastete hinein, und gieb die Sauce darüber, und servire sie zur Tafel.

Une Tourte de Godiveaux.

Eine Pastete von Kalbsfasch.

Der Kalbsfasch wird gemacht, wie schon gemeldet worden, aus dem Fasch kannst du runde oder lange Knödel machen, thu sie hernach in der Bouillon absieden, und thu sie trocken in einen Kastrol, gieb gute Coulis daran, laß sie aufkochen, und thu den Saft von einer Lemoni dazu, richte sie in die Pastete hinein, und servire es zur Tafel.

Une

Une Tourte aux quenelles a la Crême.

Eine Pastete mit weißen Fasch.

Der Fasch wird gemacht von Geflügel, wie ich ihn schon erkläret habe, hernach mache runde oder lange Knödel daraus, thu sie in der Bouillon absieden, thu sie trockner in einen Kastrol, thu ein wenig Bechamelle dazu, passire sie auf dem Feuer, daß sie recht heiß werden, und zugleich salze sie, thu sie hernach in die Pastete anrichten, und gieb sie zur Tafel.

Une Tourte de Langues de Veaux emincées.

Eine Butterpastete von Kalbszungen.

Nimm die Zungen, thu sie sauber putzen, nachdem richte sie in eine Bräs ein und laß sie lind werden, wenn sie lind sind, thu sie heraus, und schneide sie in feine filé, thu sie hernach in einen Kastrol, thu dazu ein wenig feine Kapern mit Coulis und Sardellen, laß sie aufkochen, thu auch den Saft von einer Lemoni dazu, und richte sie hernach in die Pastete hinein, und servire sie zur Tafel.

Une Tourte de ris de Veau.

Eine Pastete von Kalbsbrüs.

Thu die Kalbsbrüs blanchiren und putzen, hernach schneide sie in kleine Stücke, thu sie in einen Kastrol, nimm auch dazu einen linden Ochsengaumen, klein geschnitten, etwas Tartuffeln, Maurachen, thu dazu ein wenig frischen Butter, und

 einen

einen ganzen Zwiebel, Salz und ein wenig Pfeffer, laß es passiren auf dem Feuer, nimm dazu Coulis, oder staube auch ein Mehl daran, und fülle sie mit Jus auf, auch wenn du sie willst weiß machen thu sie mit guter Bouillon auffüllen, hernach legiren mit Eyerdotter, auf die letzt wenn du sie serviren willst mit ein wenig fein geschnittenen Petersill, darein drücke den Saft von einer Lemoni, und richte sie in deine Pastete hinein.

Une Tourte de Grasdouble.

Eine Pastete von Kuttelflecken.

Du must gute und schöne weiße Kuttelfleck nehmen, und diese sauber putzen und blanchiren im Wasser, hernach thu sie in eine gebrauchte Bräs, und laß sie kochen bis sie recht lind werden, nachdem thu sie heraus, und schneide sie fein länglicht, wie Nudel, doch aber nicht gar zu fein, mache eine Sauce, nimm frischen Butter in einen Kastrol, thu dazu einen Zwiebel fein geschnitten, laß den Zwiebel auf dem Feuer passiren, thu dazu einen Löffelvoll weißes Mehl, laß es auch ein wenig anziehen auf dem Feuer, füll es hernach mit guter Bouillon auf, laß die Sauce aufkochen, thu hernach die Kuttelfleck hinein, und laß sie kurz kochen, setz sie vom Feuer, bis es Zeit ist zur Tafel, so laß es aufkochen, thu daran fein geschnittenen Petersill, und thu sie mit 3 Eyerdottern legiren, drucke auch dazu den Saft von einer Lemoni, und richte sie in die Pastete hinein, und servire sie zur Tafel.

Une

Une Tourte a la Flamande.

Eine Pastete auf Flamändisch.

Nimm Lämmerbrüstlein, thu sie blanchiren, hernach thu sie in kleine und schöne Stücklein zerschneiden, thu sie in einen Kastrol mit frischen Butter, und einen ganzen Zwiebel, setz es auf das Feuer, laß es passiren, thu daran ein wenig feines Mehl, wie auch eine gute Bouillon, laß es aufkochen, nimm hernach Petersillwurzeln in kleine filé geschnitten, ein wenig in Wasser blanchirt, und thu sie hernach auch in das Fleisch, und laß miteinander gar kochen, thu dazu ein wenig Muscatnuß, koste, obs im Salz recht ist, die Sauce muß weiß seyn, wie auch das Fleisch, hernach richte es in die Pastete hinein und servire sie zur Tafel, du kannst auch dieses Ragout zu changiren, schön lichtgelb machen auf die nämliche Art mit Jus, und in einer Butterpastete serviren.

Une Tourte d'Ecrevisses.

Eine Pastete von Krebsen.

Nimm Krebse, thu sie auslösen, thu die Schweife davon a parte, mache einen Krebsbutter, nimm hernach diesen Butter, wenn er kalt ist, und thu einen Löffelvoll weißes Mehl daran rühren, thu eine gute Bouillon darein gießen, setz sie auf das Feuer, thu die Sauce rühren bis sie aufsiedet, nimm dazu etliche Kalbsbrüs und Kalbseuter, wie auch ein paar Ochsengaumen, Hühnerlebern und die Krebsschweife, laß es gar kochen, ist es Zeit zu serviren laß es aufkochen, drücke den Saft

Saft von einer Lemoni hinein, richte es in die Pastete hinein, und servire sie zur Tafel, du kannst es auch von jungen Hühnern auf die nämliche Art machen.

Une Tourte a l'Angloise.

Eine Pastete auf englisch.

Nimm Kalbscarmenat, thu sie schön gleich machen, thu sie hernach auf eine Schüssel, thu dazu Pfeffer und Salz, feine Kräuter fein geschnitten, nämlich Scharlotten, Petersill, Basilicum, Thymian, ein paar Lorbeerblätter, gieß daran Provenceröl und laß es etliche Stunden marginiren, hernach thu sie auf dem Rost abbraten aber nur in ihrem Saft, doch schön gelb auf gäher Glut, thu sie hernach in einen Kastrol, gieb daran einen Löffelvoll Coulis, soviel du Sauce vonnöthen hast, oder auch staube ein feines Mehl daran, nur ein wenig, und füll es mit Jus an, und laß es aufkochen, ist es Zeit zu serviren, thu den Saft von einer Lemoni dazu, wie auch ein wenig Bertramessig, aber sie därfen nicht lang kochen, sonsten werden sie sper, richte sie in die Pastete an, und gieb sie zur Tafel.

LES TERRINES.

In die Töpfe.

Dieses will sagen, wenn man große Tafel hat, und bey dem Silberservice, Terrines, oder auf deutsch, Töpfe, sind; was man darinnen serviren soll,

soll, wo jetzt bey einem Silberservice stark die Töpfe servirt werden, wenn aber keine Töpfe im Service sind, so können ein und andere von diesen Speisen in die Seitenschüsseln servirt werden.

Une d' Epinardes a l' Italienne.

Einen Spinad auf italiänisch.

Nimm den Spinad, nachdem er sauber geputzt und gewaschen ist, thu ihn in viel und siedenden Wasser mit Salz blanchiren, damit er grün bleibt, wenn er etliche Waal aufgethan hat, gieß ihn ab, und thu ein frisches Wasser darauf, drücke ihn wohl aus, durchschneide ihn mit dem Messer, schneide einen Zwiebel recht fein, thu ihn in einen Kastrol mit frischen Butter, laß ihn passiren auf dem Feuer, hernach thu den Spinad hinein und thu dazu Pfeffer und Salz, ein wenig Muscatnuß, ein wenig fein geschnittenen Basilicum, setz ihn auf ein státes Feuer und laß ihn dünsten, schwing ihn zu Zeiten herum, thu daran ein klein wenig Mehl stauben, und gieß dazu eine gute Bouillon, setz ihn auf ein starkes Feuer und laß ihn gäh einkochen, ist es Zeit zu serviren, richte ihn in den Topf oder Schüssel, garnire ihn mit was für Fleisch du willst, oder auch mit Bratwürsten, und servire ihn in den Topf zur Tafel.

Une d' une autre maniere a l' Allemande.

Einen Spinad auf deutsche Manier.

Blanchire den Spinad, wie schon gemeldet ist, thu ein wenig feines Mehl in einen Kastrol gelb machen mit frischen Butter, wenn es gelb ist thu einen

einen Zwiebel und Scharlotten fein geschnitten darein passiren, gieß eine Bouillon daran und laß es aufkochen, thu daran Pfeffer und Salz, ein wenig Muscatnuß, thu hernach den Spinad wohl ausgedruckt darein, und laß ihn auf einem ståten Feuer kochen, bis die Sauce kurz wird, ist es Zeit zu serviren richte den Spinad in den Topf oder Schůssel, garnire ihn mit was du willst, und dein Gusto ist, und servire ihn zur Tafel. Diesen Spinad auf die Manier gekocht, darf man auf die erste Tracht geben, und ist kein Entremets, weil der zum Entremets auf eine andere Manier gekocht wird, und nicht auf Gemůßart, gleichwie auch die Brockeln.

Une d'Asperges avec de ris de Veau.

Spargel mit Kalbsbrůs.

Nimm den Spargel, thu ihn sauber putzen, hernach schneide ihn Gliedlang so weit er gut, grůn und lind ist, thu ihn hernach blanchiren in vielen siedenden Wasser mit Salz, aber nicht zu viel, thu ihn frischiren mit frischem Wasser, gieß das Wasser davon, thu in einen Kastrol ein Stůck frischen Butter, fein geschnittenen Petersill, und einen ganzen Zwiebel, laß ihn zergehen auf dem Feuer, thu den Spargel hinein, wie auch Kalbsbrůs wohl blanchirt, und in kleine runde Stůcke geschnitten, auch etliche Kalbseuter dazu, passire es auf dem Feuer, staube ein wenig feines Mehl daran, und fůll es auf mit guter Bouillon, und laß es geschwind einkochen, damit der Spargel grůn bleibt, thu ein wenig Pfeffer und Salz dazu;

zu; ist es Zeit zu serviren, legire es mit etlichen Eyerdottern, und thu es in dem Topf zu Tafel serviren.

Une d' asperges d' une autre maniere.

Einen Spargel auf eine andere Manier.

Den Spargel thu schneiden und blanchiren, wie schon gemeldet worden, und auf die nämliche Manier richten, nur daß du mehr darunter mischest, als nämlich die Kalbsbrüs, Hühnerkämme und Krebsschweife, Maurachen und Champignons, richt es und koch es, wie vorher schon gemeldet worden, und servire es zur Tafel, du kannst auch den Spargel mischen mit gelben Ruben, wenn sie jung sind, es ist auch gut, die gelben Ruben müssen fein geschnitten und auch blanchirt werden, als wie der Spargel.

Une de Houblons avec de Cotelettes d'agneau.

Einen Hopfen mit Lammscarmenaten.

Thu den Hopfen sauber putzen in ein frisches Wasser mit Salz, damit er weiß bleibet, hernach thu ihn blanchiren in viel siedenden Wasser mit Salz, aber nicht zu lang sieden lassen, thu ihn abseigen, und thu ihn wiederum in ein wenig frisches Wasser mit Salz und Lemonisaft, oder auch anstatt der Lemoni ein wenig starken Weinessig, also bleibt er schön weiß, thu in einen Kastrol ein Stücklein frischen Butter, einen Löffelvoll feines Mehl,

Mehl, thus untereinander rühren, thu auch dazu einen ganzen Zwiebel, gieß daran soviel gute Bouillon, als du glaubst zur Sauce nöthig zu haben und zu dem Hopfen zu brauchen, thue hernach die Sauce auf das Feuer, und rühre sie ab, so lang bis sie gut verkocht ist, hernach thu den Hopfen abgießen, daß kein Wasser dabey bleibt, thu ihn hernach in die Sauce, und laß ihn einmal aufkochen, und setz ihn auf die Seite, bis es Zeit ist bald zu serviren, wo du hernach die Lammscarmenate einrichtest mit feinen Kräutern und Butter, und mit feinen Semmelbröseln baniren, oder auf gut deutsch besäen; thu sie auf eine gleiche Glut setzen, und schön gelb grilliren lassen, hernach laß den Hopfen aufkochen, und ist es Zeit zu serviren, so thu daran ein wenig fein geschnittenen Petersill, ein wenig Muscatnuß, wie auch ein wenig Pfeffer, thu ihn kochen, ob er recht von Salz ist, legire ihn hernach mit etlichen Eyerdottern, und thu hinein den Saft von einer halben Lemoni, richte ihn hernach an in den Topf, lege die Carmenate darauf, und servire zur Tafel.

Une des houblons d'une autre maniere.

Einen Hopfen auf eine andere Manier.

Den Hopfen machst du auf die nämliche Manier, wie schon gemeldet worden, wie auch die Sauce, nichts anders, als daß du unter den Hopfen einen kleinen grünen Spargel mischest, welcher Gliedlang muß geschnitten seyn, und blanchire ihn, thu auch darunter kleine Lammsbrüs, Hühnerkämme, wenn dus hast, thu Petersill Blättleinweis pflücken, und thu ihn wohl im Wasser blanchiren, nachdem thu ihn in ein frisches, drücke ihn wohl aus, bis es Zeit ist zu serviren, thu den blanchirten Petersill hinein anstatt den geschnittenen, und legire ihn, gleichwie den andern Hopfen, alsdenn servire zur Tafel ohne Lemonisaft; er wird recht seyn.

Une de pourpier avec de filé de veau glacé.

Portulak mit *filé* von Kalbfleisch glasirt.

Nachdem der Portulak sauber gepuzt und gewaschen ist, thu ihn in einen Kastrol mit frischem Butter, einen ganzen Zwiebel, ein wenig Pfeffer und Salz, sez es auf das Feuer und laß es passiren, staube ein wenig feines Mehl daran, und gieß eine gute Bouillon darauf, und wenn du ein wenig rohen Schunken hast, thu auch einen Schniz dazu, das giebt einen bessern Gusto, laß sie wohl kochen, bis die Sauce kurz wird, hernach sez ihn auf die Seite, bis es Zeit ist zu serviren. Die filé von Kalbfleisch: Nimm das innere Theil von einem Kalbsschlägel, welches man ein Fricandeau nennet, dieses thu zurecht machen, als wenn du ein Fricandeau machen wolltest, schneide es in der Breite in der Mitte voneinander, thu hernach diese zwey Stücke sauber spicken, gleichwie ein Fricandeau, leg es in ein frisches Wasser, sez ein Wasser auf das Feuer, und laß es sieden, wenn es siedet, so thu diese 2 Stücke hinein und laß etliche Waal aufsieden, thu es hernach wiederum in ein frisches Wasser, schneide die filé daraus nach deinem Gusto, so groß du sie haben willst, richte sie ein in eine Bräs, setz sie auf ein städes Feuer und laß sie ganz langsam lind werden, nachdem, wenn es Zeit ist zu serviren, thu die filé heraus auf eine saubere Serviette, damit die Fetten wohl davon kommt, setz die Glace auf eine kleine Glut und thu die filé hinein, laß sie schön glasiren und laß den Portulak aufkochen, legire ihn mit etlichen Eyerdottern, druck den Saft von einer Lemoni daran, richte es an in den Topf oder Schüssel, und lege die glasirten filé von Kalbfleisch darauf, und servire es zur Tafel, sie wird vortrefflich seyn.

Une de Pourpier d' une autre maniere.

Eine von Portulak auf eine andere Manier.

Den Portulak thu richten auf die nämliche Manier, wie schon gemeldet ist, nichts anders, als daß du ihn, wenn er passirt ist, anstatt dem Mehl mit Coulis auffüllest und braun machest, es ist auf die Art auch gut, dieser darf nicht legirt werden, du kannst auch etwas anders dazu geben, nämlich was von Kalbfleisch grillirt ist, oder dergleichen etwas in einer Bräs.

Une de fausser Cotelettes poitrine de Veau a l' oseille.

Carmenate von einer Kalbsbrust mit Sauerampfer.

Den Sauerampfer richte auf die nämliche Manier, wie den Portulak, hernach nimm eine Kalbsbrust,

brust, thu sie zerschneiden, zwey Ribbenweis zusammen, leg es hernach in ein frisches Wasser, und eines setz auf das Feuer und laß sieden, hernach thu dieses Kalbfleisch hinein, und laß es sieden so lang bis du glaubst, daß es nicht mehr blutig ist, thu es hernach in ein frisches Wasser, und schneide es sauber zu, laß eine Ribbe und die andere zieh heraus, richt es ein in eine andere Bräs, als wie die filé von Kalbfleisch, und setz es auf ein stätes Feuer, und laß es lind kochen ganz langsam, damit sie weiß bleiben, ist es Zeit zur Tafel zu serviren, thu sie heraus auf ein sauberes Serviette, daß die Fetten wohl davon kommt, und thu sie hernach glasiren, gleichwie die filé von Kalbfleisch, den Sauerampfer thu legiren mit Eyerdottern, aber keinen Lemonisaft dazu, weil der Sauerampfer ohnehin sauer ist, richt ihn an, und lege diese Cotelettes darauf, und servire es zur Tafel; es ist eine gute Speise. Du kannst den Sauerampfer auf eine andere Manier machen, gleichwie den Portulak, und mit etwas anders garniren.

Une de petits pois verds avec de l' agneau.

Grüne Erbsen mit Lämmerfleisch.

Nimm die ausgelößten Erbsen, laß sie in einem siedenden Wasser und Salz einen Sud aufthun; hernach thu sie in einen Kastrol mit einem Stücklein frischen Butter, schneide daran einen Petersill fein, mit ein wenig Basilicum und Bonakraut, ein wenig Pfeffer und Salz, thu auch gleich dazu Lammsbrüste, welche schon halb gekocht und in in kleine Stücklein geschnitten seyn müssen, thu hernach alles zusammen auf dem Windofen passiren, staube ein wenig feines Mehl daran, und füll es mit guter Bouillon auf, und laß es gäh einkochen, so wird es miteinander lind und gut seyn, ist es Zeit zu serviren, koste es im Salz und thu ein Messerspitzvoll Zucker daran, dieses giebt den Erbsen einen guten Gusto, und sind alsdenn gut zur Tafel.

Une de haricots verds avec du Mouton.

Grüne Fisolen mit Schaffleisch.

Nachdem die Fisolen, oder auch grüne Bohnen genannt, geputzt sind, thu sie in der Länge durchschneiden, und hernach in 4 Theile theilen, setze ein Wasser auf den Windofen mit einer Handvoll Salz, und laß sieden, hernach thu die Fisolen hinein und laß sie etliche Sud thun, thu sie hernach in ein frisches Wasser, gieß sie wiederum ab, schneide einen Zwiebel, Petersill, Basilicum und Thymian, Bonakraut, alles zusammen recht fein, thu es in einen Kastrol mit einem Stück Butter und einem Schnitzlein Schunken, laß es passiren auf dem Feuer, thu die Fisolen hinein, Salz und Pfeffer daran, setz es auf ein stätes Feuer und laß dünsten, schwinge sie zu Zeiten herum, staube hernach ein wenig feines Mehl daran, und gieß eine gute Bouillon darauf, und laß gäh einkochen, so bleiben sie grün und werden gut seyn, du kannst sie mit Schafcarmenad garniren, oder auch mit der Brust grillirt, oder gesotten, und in kleine

Stücke

Stück geschnitten und damit garnirt, und zur Tafel servirt.

Une poitrine de Mouton aux Concombres blanc.

Eine Schafsbrust mit frischen Cucumern weiß gemacht.

Nimm die Cucumern, thu sie schälen und schneide sie in 4 Viertel, thu das innere davon, hernach thu ein Stück Butter in einen Kastrol mit einem fein geschnittenen Zwiebel, laß es ein wenig auf dem Feuer passiren, hernach schneide die Cucumern klein wie Flecklein in den Kastrol, thu dazu Pfeffer und Salz, ein wenig Schunken, wenn du einen hast, setz es auf ein stätes Feuer und laß dünsten, staube ein wenig feines Mehl daran, und füll es auf mit ein wenig guter Bouillon, und laß kochen bis sie lind sind, die Brust aber zerschneide in kleine Stücke und thu sie einrichten in eine Bräs, wenn sie recht lind ist thu sie aus der Bräs, thu sie ein wenig pfeffern und salzen, und bestreue sie mit fein geriebenen Brod und lege sie auf den Rost, ist es Zeit zur Tafel zu serviren, setze den Rost auf das Feuer von einer gleichen Glut, und laß schön grilliren, die Cucumern laß aufkochen, thu daran ein wenig fein geschnittenen Petersill, und legire sie mit etlichen Eyerdottern, drücke den Saft von einer Lemoni hinein, und richte es an in den Topf oder Schüssel, und thu hernach das Grilliasch sauber darauf legen, und servire es zur Tafel.

Une de Concombres d'une autre maniere.

Cucumern auf eine andere Manier.

Nimm die Cucumern, thu sie schälen und ausschneiden, wie ich schon gemeldet habe, hernach schneide sie rund wie eine Zwiebel, oder auch auf eine andere Manier, wie du willst, thu sie in ein Geschirr, gieß daran Essig, thu dazu Salz und Pfeffer, Zwiebel, ein Lorbeerblatt, Basilicum, Thymian und ein paar Zweige Bertram, und laß sie stehen 2 oder 3 Stunden, hernach mache ein Schmalz heiß, und thu die Cucumern aus dem Essig in das Schmalz ohne Kräuter, ohne Mehl, und laß sie bachen, bis sie gelb werden, hernach thu sie heraus auf ein sauberes Tuch oder Servierte, daß die Fetten davon gehet, nachdem thu sie in einen Kastrol, und thu Coulis dazu soviel du Sauce vonnöthen hast, oder du kannst auch ein wenig Mehl dazu stäuben und mit Jus auffüllen, und laß sie kochen bis sie recht lind sind, und die Sauce kurz ist; ist es Zeit zu serviren, drücke den Saft von einer Lemoni hinein, und gieß ein wenig Bertramessig dazu, richte die Cucumern in den Topf, und mache das nämliche Grilliasch dazu, oder auch Schafcarmenad, auch etwas anders von Schaffleisch in einer Bräs, dieses ist das beste Fleisch mit Cucumern zu serviren.

Une de Laitue farcie.

Einen faschirten Laktuksalat.

Thu den Laktuk in vielem und siedenden Wasser blanchiren, aber nicht zu viel, drücke ihn aus und faschi=

faschire ihn mit ordinari Kalbsfasch, thu ihn binden, daß er schön beysammen bleibt, richte ihn in eine Bräs, und laß ihn stät kochen bis er lind ist, hernach thu ihn heraus auf eine Serviette, damit die Fetten wohl davon kommt, richte ihn in den Topf oder Schüssel, kannst ihn auch mit Lammsfleisch garniren und ein wenig gute Jus darüber gießen, oder auch die nämliche Sauce von der Bräs, wenn die Fetten alle sauber abgenommen ist, und thu es hernach zur Tafel serviren.

Une de Laitue d'une autre maniere.

Laktuk auf eine andere Manier.

Nimm den Laktuk, thu ihn blanchiren in vielem Wasser und Salz, thu ihn hernach in ein frisches Wasser, thu ihn gut ausdrücken und mit dem Messer ein wenig klein schneiden, die großen Torschen davon, nimm einen fein geschnittenen Zwiebel, thu ihn mit Butter passiren, hernach thu den Laktuk hinein, thu es salzen und pfeffern, auch schneide ein wenig Basilicum fein, und thu ihn auch dazu, laß auf einem stäten Feuer passiren und dünsten, thu es zu Zeiten umwenden, hernach thu ein wenig feines Mehl daran stauben, und gieß eine gute Bouillon darauf, und laß kochen bis er lind und kurz eingekocht hat, wenn es Zeit ist zu serviren, gieß etliche Eßlöffelvoll süßen Rahm daran, und legire ihn mit etlichen Eyerdottern und richte ihn an für ein Gemüß, du kannst Lämmerbrüste oder Carmenate darauf grilliren; es ist gut dazu.

Une

Une des Endives a la Chicorée.

Einen Endivisalat *a la Chicorée.*

Nimm den Endivi und richte ihn, gleichwie den Laktuk, aber etwas kleiner geschnitten und keinen Rahm dazu, sondern nur, wenn es Zeit ist zu serviren, legire die Eyerdotter allein, es ist gut dazu ein Schaffleisch im Kastrol gedämpfet, daß es wohl lind und mürb ist, weil es eine gute Speise ist.

Une de Carottes avec de Catelettes de Mouton.

Gelbe Ruben mit Schafscarmenaten.

Nachdem die gelbe Ruben sauber geputzt sind, schneide sie Gliedlang fein, als wie grobe Nudeln, thu sie im Wasser mit Salz ein wenig blanchiren, nach diesem nimm einen Zwiebel, Petersill, ein wenig Basilicum, und Thymian, schneide alles dieses fein zusammen, thu sie hernach in einen Kastrol mit einem Stück frischen Butter, setz sie auf das Feuer und laß ein wenig passiren, thu die gelbe Ruben auch dazu, wie auch ein wenig Pfeffer und Salz, setz auf eine kleine Glut und laß dünsten, wende sie zu Zeiten herum, staube ein wenig feines Mehl daran, und gieß eine gute Bouillon darauf, und laß sie kochen bis sie lind und kurz eingekocht sind, die Carmenate sind schon gemeldet wie mans grilliren muß, allezeit mit feinen Kräutern, und etliche Stunden darinnen liegen lassen, sie werden schmackhafter und mürber, ist es Zeit zur Tafel

zu

zu serviren, grillire die Carmenate, und richte die gelbe Ruben an, lege die Carmenate darauf, so sind sie gut.

Une de Carottes avec de piés de mouton.

Gelbe Ruben mit Schafsfüßen.

Nachdem die gelbe Ruben sauber gepuzt sind, thu sie Fingergliedlang, oder auf eine andere Manier schneiden, nur schön rund, damit eines wird wie das andere, hernach blanchire sie und richte sie ein wie schon gemeldet ist, die Schaffüße müßen sauber flammirt und voneinander getheilt werden, wie die Kalbsfüße, wenn sie hernach schier lind gesotten sind in einer leichten Bräs, damit sie weiß bleiben, und nachdem thu sie zu den gelben Ruben, und miteinander einpassirt und gekocht, wie die vorher gemeldeten, und wenn es Zeit ist zur Tafel, thu die Fetten davon, und servire sie zur Tafel.

Une de Carottes ciselées.

Gelbe Ruben mit Schweinsfüßen und Ohren.

Die gelbe Ruben thu schneiden, wie sie sind, in der Rundung, aber nicht gar zu dick, blanchire sie und richte sie ein, wie schon vorher gemeldet ist, die Schweinsohren und Füße auch auf die nämliche Manier, und auch so kochen lassen, und servirt, auf diese Art sind sie auch gut. Du kannst es auch auf eine andere Manier schneiden, und mit Schaffleisch geben, welches auch gut ist, gleichwie auch von Schaffüßen; du kannst auch anstatt dem

Mehl in die Ruben zu passiren, eine Coulis darauf geben, die Kräuter aber sind allezeit gut daben, wenn sie auf die Art einpassirt werden, und wenn du ein wenig Bohnenkraut nimmst, ist es auch gut.

Une de Cucuzzeli.

Welsche Kürbis.

Dieses ist ein welsches Gewächs, wo man aber heutigs Tags in ein und andern Gärten in Deutschland auch findet, als wie in Wien und Regensburg, welches ein gutes und sehr gesundes Gemüß ist, in Italien giebt man es den Kranken, um zu frischiren; dieses Gewächs sieht einer großen Cucumer gleich, aber es ist nicht so grün, und die Schaale ist etwas feiner, diese thut man mit dem Messer, gleichwie einen Rettich schaben, schneide sie in 4 Theile, und das Innere thu hinweg, gleichwie bey den Cucumern, hernach schneide sie in einen Kastrol in kleine Stücklein Gliedlang, thu dazu ein Stück Butter, Petersill Blättleinweiß, wie auch Basilicum, ein wenig Thymian, Pfeffer und Salz, setz es hernach auf ein stätes Feuer, und laß dünsten bis sie Wasser ziehen, hernach setz sie auf ein gähes Feuer und laß sie einkochen, wenn sie kurz ist gieß eine recht gute und starke Bouillon daran, und schlage etliche ganze Eyer in ein Geschirr ab, thu dazu etwas geriebenen Parmesankäß, schlag es untereinander, und gieß es an die Cucuzzeli oder Kürbisse, und thu es ein wenig schütteln und aufkochen lassen, ist es Zeit zu serviren, richte es an, aber zerrühre es nicht viel, und garnire es mit gekochten welschen Würsten oder Schunken, oder auch mit halb geräuchertem Schweinenfleisch, und servire es zur Tafel, es ist eine recht gute grüne Speise, es kann auch gegeben werden mit Lammsfleisch.

Une de Cucuzzeli a la Milanoise.

Cucuzzeli auf Mayländisch.

Thu die Cucuzzeli fein schaben und thu sie hernach in der Rundung schneiden, gleichwie man die frischen Cucumern zum Salat schneidet, hernach thu sie ein wenig einsalzen und pfeffern, nach diesem thu sie einmehlen, und im Schmalz schön gelb ausbachen, hernach thu den Parmesankäß reiben, nimm den Topf oder Schüssel, wo du es einrichten willst, thu eine Lege von den gebachenen Kürbissen oder Cucuzzeli genannt, auf den Boden, hernach streue einen geriebenen Käß darauf, alsdenn wiederum eine Lege Cucuzzeli und Käß, und das so lang gemacht, bis du genug in deiner Schüssel hast, hernach gieß eine gute Jus darüber und setz es auf die Glut und laß dünsten, in die Höhe kannst du mit guten Bratwürsten garniren, und zur Tafel serviren.

Un de Cucuzzo longo a l'Italienne.

Brügelkürbis auf Italiänisch.

Dieses ist ein Gewächs, welches den Cucuzzeli am Geschmack fast gleichet, aber sie sind viel länger, es giebt einige, die eine halbe Elle lang sind, und auch noch länger, diese werden nicht geschält, gleichwohl daß sie etwas härter sind, sondern man thut sie schaben als wie die gelben Ruben, schneidet

det sie aber in der Länge in 4 Theile, und das innere ausgeschnitten, gleichwie bey den Cucuzzeli, und hernach thut man sie kochen auf oben beschriebene 2 Manieren; aber noch auf eine andere Manier kann man es machen, nämlich: thu in einen Suppenkastrol ein Stück Rindfleisch, ein Stück Schaffleisch, einen Kalbsknochen, setz es zum Feuer, um eine gute Bouillon zu machen, thu auch hinein ein Stück Schunken, wie auch ein Stück welsche Wurst, laß alles zusammen sieden, thu in einen Mörser ein Stück Speck, thu dazu Basilicum und ein wenig Thymian und einen Scharlotten, stoß dieses alles fein zusammen, nachdem thu diesen Speck auch in die Bouillon hinein, und laß mitsieden, wenn alles wohl und lind gekocht ist, thu diese Bouillon durch ein Haarsieb passiren, und thu diese Bouillon wiederum in einen Kessel oder irrdenes Geschirr, laß wiederum sieden, den Brügelkürbis schneide in kleine Stücke, aber nicht so klein als wie Cucuzzeli, thu sie hernach also roher in diese Bouillon, wie auch ein Stücklein ganzen Parmesankäß, auch etwas Petersill klein gepflückt, ein wenig Pfeffer und Salz, laß sieden bis sie lind sind, ist es Zeit zur Tafel zu serviren, schneide die Würste in kleine Stücklein, thu sie mit dem Brügelkürbis anrichten, wie auch mit dem Schunken, der in der Bouillon gesotten hat.

Une de choux de raves a la bourgeoise.

Kohlrabi auf bürgerlich.

Nimm die Kohlrabi, nachdem sie geputzt sind, thu sie dünn in der Rundung schneiden, das grüne auch

auch dazu, setze ein Wasser auf das Feuer, laß es sieden mit Salz, thu die Kohlrabi hinein und laß nur 2 Waal aufkochen, hernach gieß sie ab, und gieß frisch Wasser daran, thu sie trocken abgießen, thu in einen Kastrol Butter oder gute Fetten, mache ein kleines Löffelein Mehl gelb, wenn es gelb ist thu einen fein geschnittenen Zwiebel hinein passiren, fülle sie an mit guter Bouillon, daß sie über die Kohlrabi gehet, thu dazu fein geschnittenen Basilicum, Pfeffer und Salz, setz es auf ein stätes Feuer, wenn du sie grün haben willst, und laß gäh einkochen, so sind die Kohlrabi lind und bleiben grün, willst du sie aber auf solche Art nicht haben, so setz sie auf ein stätes Feuer, und laß einkochen, vom Fleisch kannst du dazu geben nach deinem Belieben, das halbgeselchte Schweinfleisch ist aber allezeit das beste bey allen Gemüßern, weil es einen guten Gusto giebt, und weil die Gemüßer wässericht sind, so muß man trachten, etwas kräftiges und starkes dazu zu thun, so werden die Gemüßer allezeit gut seyn.

Une de Choux de raves a la bourgeoise d' une autre maniere.

Kohlrabi auf bürgerlich ohne Grünes.

Nimm die Kohlrabi, nachdem sie geputzt sind, und schneide sie in Viertel, thu sie im Wasser blanchiren, nachdem thu eine Fetten oder Butter in einen Kastrol, laß es heiß werden, thu die Kohlrabi hinein, thu einen ganzen Zwiebel dazu, Salz und Pfeffer, auch ein Stücklein halb geselchtes schweinernes Fleisch, setz es auf ein státes Feuer, und laß es dúnsten, wende zum óftern um, wenn sie sehr kurz werden, thu eine Bouillon daran giessen und laß sie nach und nach gelb werden, nach diesem thu ein wenig Mehl gelb machen, thu es dazu mit einer Bouillon und ein wenig Basilicum ganzer, laß sie lind kochen, thu hernach den Basilicum und Zwiebel davon, und servire sie zur Tafel.

Une d' une autre maniere.

Kohlrabi auf eine andere Manier.

Nimm die Kohlrabi, nachdem sie abgeschált sind, thu sie schón rund schneiden mit dem Messer, schneide oben den Deckel weg mit sammt dem Grúnen, das Herz was in der Mitte bleibt, daraus formire einen Deckel, den Apfel davon thu schón aushóhlern in der Runde, außen herum kannst du ihn mit einem kleinen Messer etwas ausschneiden nach deinem Belieben, hernach thu die Kohlrabi mit sammt den Deckeln in einem siedenden Wasser blanchiren, thu sie wiederum in ein frisches Wasser, thu die ausgeschnittenen Kohlrabi in eine weiße Brás, laß sie auf einem státen Feuer kochen, bis sie lind sind, wenn es bald Zeit ist zu serviren, thu die Deckel davon auch in die Brás, laß sie nur ein wenig kochen, damit sie schón grún bleiben, sie dárfen nicht gekocht oder lind seyn, weil sie nur dienen die Speisen schóner zu garniren, mache ein Salpicau von Brús und Kalbseutern, ein wenig Schunken, Champignon, passire alles dieses zusammen in einen Kastrol mit ein wenig frischen Butter,

Butter, feine Kräuter, streue ein wenig feines Mehl daran, gieb eine gute Bouillon darauf, so viel es vonnöthen hat, laß es wohl verkochen, hernach wenn es Zeit ist zu serviren, thu die Kohlrabi heraus auf eine Serviette oder Tischtuch, daß die Fetten davon kommt, legire das Salpicau mit Eyerdottern, drücke ein wenig Lemonisaft hinein und fülle die Kohlrabi damit an, decke die Deckeln von den Kohlrabi darauf, gieb darunter eine recht starke und gute Jus mit ein wenig abblanchirten grünen Petersill, dieses ist eine gute und schöne grüne Speise; du kannst auch eine Coulis Sauce darunter geben.

Une d' une autre maniere.

Kohlrabi auf eine andere Manier.

Nimm die Kohlrabi, nachdem sie geschält sind, thu sie schön rund schneiden ohne Deckel, schneide etwas daraus was dir gefällt, richte sie ein in eine Bräs, wie wir schon gemeldet haben, laß sie schön lind und weiß kochen, nimm darzu ein halb geselchtes schweinernes Fleisch; wenn alles lind, und auch Zeit zu serviren ist, thu die Kohlrabi heraus, daß die Fetten davon kommt, rangire sie in den Topf oder Schüssel, wie auch zerschneide das Schweinerne und garnire damit, thu die Bräs durch ein Haarsieb passiren, thu die Fetten wohl davon, die wenige Sauce, welche bleibt, thu in einen kleinen Kastrol, thu dazu ein wenig Jus, damit es eine gelbe Farbe bekommt, laß es kurz eingehen auf dem Feuer, und gieß es über die Kohlrabi, es ist auch eine gute und schöne Speise,

ser-

servire es zur Tafel recht warm, nach diesem, wie ichs hier explicire, kannst du dich richten, und noch in vielen Manieren machen, wie sichs auch thun läßt, es kommt auf einen guten Gedanken und wohl Obachtgeben an, daß es nicht zu viel und nicht zu wenig gekocht werde, nachdem man es serviren will.

Une de Broccolis romaines.

Romaner Brockeln.

Thu die Brockoli sauber putzen, gleichwie den Carviol, thu sie in vielem siedenden Wasser mit Salz blanchiren, aber nur ein paar Sud, thu sie gleich darnach frischiren mit frischem Wasser, thu in einen Kastrol ein Stück frischen Butter, laß ihn auf dem Feuer gelb werden, thu darein passiren fein geschnittenen Zwiebel, hernach thu die Brockoli hinein, Pfeffer und Salz, ein wenig fein geschnittenen Basilicum, setz sie auf ein stätes Feuer, und laß dünsten aber nicht zudecken, damit sie nicht gelb werden, auf solche Art werden sie lind werden, aber nicht zu stark, wenn es Zeit ist zu serviren drücke den Saft von 2 bittern Pomeranzen hinein, schwing sie herum und thu sie anrichten in den Topf oder Schüssel, Bratwürste kannst du dazu geben, und zur Tafel serviren.

Une d' une autre maniere.

Brockoli auf eine andere Manier.

Thu die Brockoli blanchiren, wie schon gemeldet ist, und thu sie richten auf die nämliche Manier, als wie den Spinad auf deutsche Manier,

wie

wie wir gemeldet haben, garnire sie mit was du willst, und servire sie zur Tafel.

Une de culs d' articbaute au blanc avec des ris d' agneau.

Artischockenböden weiß gemacht mit Lammsbrüs.

Thu in ein Geschirr frisches Wasser, thu auch Salz darein und auch ein Glaßvoll Essig, nimm die Artischocken, thu die Blätter davon in der Runde abschneiden, damit die Böden schön rund bleiben, thu den Boden mit einer halben Lemoni, wo der Saft dabey ist, gut damit reiben, damit er weiß bleibt, und thu ihn hernach in das Wasser mit Salz und Essig, hernach setze auf das Feuer in einem Geschirr viel Wasser, wenn es siedet thu die Artischockenböden hinein, und laß sie sieden, bis sie schier lind sind, hernach thu sie in ein frisches Wasser, und thu sie sauber putzen, damit das haarige und das gelbe, so in der Mitte ist, sauber hinweg kommt,, mache hernach aus jedem Boden vier Stücke in Viertel, thu sie hernach in einen Kastrol, thu dazu ein Stücklein frischen Butter, einen ganzen Zwiebel, die Lämmerbrüs, welche blanchirt seyn müssen, ein wenig fein geschnittenen Petersill, wie auch ein wenig Basilicum und Thymian, wie auch einen Scharlotten fein geschnitten, ein ganzes Lorbeerblatt, den Saft von einer halben Lemoni, ein wenig Pfeffer und Salz, wenn dieses alles beysammen ist, setze es auf das Feuer, und laß es passiren, hernach streue daran ein wenig feines Mehl, gieß darauf eine gute Bouillon, und laß kurz einkochen; ist es Zeit zur Tafel zu serviren, legire es mit etlichen Eyerdottern, und thu dazu noch ein wenig Lemonisaft, und richte es hernach in den Topf oder Schüssel, so werden sie weiß und gut seyn.

Une d'articbautes d'une autre maniere.

Artischocken auf eine andere Manier.

Richte die Artischockenböden auf die nämliche Manier, wie schon gemeldet ist, nicht anders, als daß du sie melirest mit Champignons und Ochsengaumen, auch Briesel, und die Sauce machest, wie schon gemeldet ist, wie auch legirest und zur Tafel servirest; du kannst sie auch anstatt weiß, braun machen, du must aber die Artischockenböden in eine Bräs einrichten, und ganz auf die Letzte in die Sauce thun, damit sie schön weiß bleiben, diese Sauce aber darf nicht legirt werden, so sind sie auch gut, es kommt nur auf den Gusto an, und um eine Veränderung zu machen.

Une de Féves a la Flamande.

Saubohnen auf Flamänder Art.

Diese müssen aus der Schaale gelößt werden, sind sie noch jung und klein, so richte sie auf die nämliche Manier, als wie die Fisolen, aber kein Mehl, nur die Bouillon allein und kurz einsieden lassen, das giebt man ein halb geselchtes schweinernes Fleisch dazu, und servirt es zur Tafel.

Une

Une de Féves a l' italienne.

Saubohnen auf Italiänisch.

Diese Bohnen werden auf die nämliche Art gemacht, wenn sie nur klein sind, als wie die grünen Erbsen mit halb geselchten schweinernen Fleisch.

Une de gros Oignons a l' italienne.

Große Zwiebel auf Italiänisch.

Nimm große und weiße Zwiebel, nachdem sie geschält sind, thu sie in 4 Viertel schneiden und in einem siedenden Wasser ein wenig blanchiren, hernach thu sie in einen Kastrol mit einem Stück frischen Butter, Pfeffer und Salz, setz sie auf eine stäte Glut und laß dünsten, wenn die Zwiebel wohl gedünstet haben thu dazu von Lammsfleisch, die Brüste in kleine Stücke, und ein wenig Bouillon, und laß alles kochen bis es lind ist, ist es Zeit zu serviren, thu etliche ganze Eyer ausschlagen, und nimm dazu einen geriebenen Parmesankäß, ein wenig Petersill und Basilicum klein geschnitten, und schlag es wohl untereinander mit ein wenig süßen Rahm, koste es im Salz, und gieß die Eyer darauf herum, und laß kochen bis es zusammen gelaufen ist, hernach richte es an in die Schüssel oder Topf, es darf aber nicht mehr gerührt werden, damit einige Stücklein ganz beysammen bleiben, dieses ist recht auf Italiänisch, ein geriebener Käß wird noch extra dazu gegeben.

Une de gros Oignons d' une autre maniere.

Zwiebel auf eine andere Manier auf Italiänisch.

Thu die Zwiebel schneiden und blanchiren, wie schon gemeldet worden, hernach thu ein Stück Speck in einen Mörser mit Basilicum und Thymian stossen, thu den Speck in einen Kastrol mit guter Bouillon und laß sieden, nachdem thu diese Bouillon passiren, und thu die Zwiebel hinein, und laß sie kochen bis sie lind werden mit sammt dem Fleisch, und richte sie hernach mit Käß, und Eyer, und Petersill, wie schon gemeldet worden.

Une de gros Oignons farcis.

Große Zwiebel faschirt.

Nachdem die Zwiebel geschält sind, thu sie etwa eine Viertelstunde im Wasser sieden, hernach thu sie in das frische Wasser, thu sie wiederum heraus, wenn sie abgekühlt sind, schneide den Stengel in der Breite weg, schneide ein kleines Creutz in der Mitte, so gehet das mittlere heraus, hernach thu sie faschiren mit einem guten Kalbsfasch, thu sie nachdem in ein Geschirr, wo sie Platz haben, gieß ein wenig Brås daran, und bedecke die Zwiebel mit dünnen Speckbarten oder auch Papier, welches mit Butter bestrichen wird, thu sie in den Bachofen, und laß sie schön gelb werden, wenn es Zeit ist zu serviren thu die Zwiebel auf ein Tischtuch oder Serviette, daß die Fetten davon kommt, richte sie hernach an, du kannst sie garniren mit geselchtem Fleisch oder Bratwürst, gieb eine Coulis mit ein wenig Bertramessig, oder sonst einen drüber, und thu sie zur Tafel serviren.

Une de petits Oignons au blanc avec du mouton.

Kleine Zwiebel weiß mit Schaffleisch.

Nachdem die Zwiebel geschält, und in ein frisches Wasser gethan sind, wobey aber zu beobachten ist, daß das untere Knöpflein nicht zu weit weggeschnitten wird, damit sie schön rund und ganz bleiben, so thu sie in vielem Wasser abblanchiren, laß etliche Sud aufthun; thu sie wiederum in ein frisches Wasser, nachdem thu sie einrichten in eine Bräs und laß sie stät kochen, daß sie schön weiß bleiben, nachdem nimm ein gutes Schaffleisch, schneide es ganz klein und appetitlich, mache eine weiße Sauce daran, wie wir schon gemeldet haben, wenn das Fleisch lind und kurz ist, thu die Zwiebel aus der Bräs, und thu sie an das Fleisch, ist es Zeit zu serviren setz es auf, und laß es aufkochen, und thu es mit Eyern legiren, thu den Saft von einer Lemoni dazu, und thu es anrichten, so wird es recht gut seyn.

Une de petits Oignons d'une autre maniere.

Kleine Zwiebeln auf eine andere Manier.

Die Zwiebel thu richten, wie schon gemeldet ist, in die Bräs, nicht anderst, als daß du die Sauce kannst changiren und schön gelb machen mit Coulis oder mit Mehl und Jus, und ganz auf die letzte thu die Zwiebel daran und nicht legiren, sondern ein

ein wenig blanchirten Petersill Blättleinweiß gepflückt dazu, und den Saft von einer Lemoni, und sauber anrichten in den Topf oder Schüssel, damit die Zwiebel schön ganz und weiß bleiben.

Une de Celeri avec de l' agneau.

Einen Zelleri mit Lammsfleisch.

Nachdem der Zelleri gepuzt ist, schneide ihn in kleine Viertel, und thu die Viertel schön zuschneiden, thu ihn ein wenig blanchiren im Wasser, und hernach in eine Bräs einrichten und stät sieden lassen bis er lind ist, doch nicht gar zu lind, das Lammfleisch nimm, welches Brüstlein oder Carmenate seyn müßen, dieses thu schön in kleine Stücklein schneiden und ein wenig im Wasser blanchiren, nachdem thu das Fleisch in einen Kastrol mit einem Stücklein frischen Butter und einem ganzen Zwiebel, ein wenig Pfeffer und Salz, und ein paar Blättlein Basilicum, thu es auf dem Feuer passiren, staube ein Mehl daran und füll es mit guter Bouillon auf, und laß gäh kochen bis das Fleisch lind und eingekocht ist, hernach thu das Fleisch sauber von der Sauce herausnehmen in einen andern saubern Kastrol, und thu hernach den Zelleri auch aus der Bräs heraus ohne Fetten, und lege ihn zu dem Fleisch, und passire deine Sauce ohne Fetten daran, thu dazu ein wenig blanchirten Blättleinweiß gepflückten Petersill; ist es Zeit zu serviren, setz das Fleisch auf und laß aufkochen, legire es mit etlichen Eyerdottern, drücke den Saft von einer Lemoni daran, richte es sauber an, und servire es zur Tafel.

Une

Une de Celeri en Crête.

Einen Zelleri auf Hühnerkamms Art.

Nimm den Zelleri, und schneide den Form von Hühnerkämmen daraus, und thu ihn einrichten in eine Bräs, wie schon gemeldet ist, hernach mache einen Ragout von Hühnerflügeln, Magen und Leber, etwas Brüs und Ochsengaum, dieses mache mit einer lichtgelben Sauce von Coulis, hernach wenn dieses alles lind ist, so thue den Zelleri auch dazu, welcher schön weiß ist, und der Speise ein gutes Ansehen macht und auch gut ist, ist es Zeit zur Tafel zu serviren, so laß aufkochen, und mache es mit Lemonisaft piquant, und servire zur Tafel.

Une de Celeri en Champignons.

Einen Zelleri auf Champignons Art.

Aus dem Zelleri thu Champignons schneiden, und in die Bräs einrichten, wie schon gemeldet ist, hernach nimm eine Kalbsbrust oder auch eine halbe, thu sie blanchiren, daß sie schön weiß bleibt, schneide nachdem kleine und appetitliche Stücklein daraus, mache eine weiße Sauce mit Butter, Mehl, und einen ganzen Zwiebel, und Bouillon, laß aufkochen, thu das Fleisch hinein und laß lind kochen und kurz, hernach thu den Zelleri auch dazu, ist es Zeit zu serviren thu ein wenig Lemonisaft daran geben und zur Tafel serviren.

Une de Celeri a la fricassée avec des Poulets.

Einen Zelleri fricassirt.

Diesen mache, wie schon gemeldet ist, auf die nämliche Art mit Hühnern, und auf die letzte legire mit Eyerdottern und Lemonisaft dazu.

Une de raves avec des piés de Cochons & d' oreilles en brun.

Weiße Ruben mit Schweinsfüßen und Ohren.

Wenn die Ruben geschält sind, thu sie schneiden auf was Art du willst, rund oder viereckicht, auch in Würfeln, hernach laß ein Wasser sieden, thu die Ruben hinein, und laß einen Sud aufthun, thu sie wiederum in ein frisches Wasser, nachdem thu Zucker in einen Kastrol mit frischen Butter, und laß auf dem Feuer zergehen, bis er braun wird, und thu die Ruben zugleich hinein, damit der Zucker nicht verbrennt, setz sie hernach auf eine stäte Glut, laß sie dünsten und thu sie zum öftern umwenden oder schwingen, nachdem die Schweinsohren sauber flammirt und blanchirt, auch halb gesotten sind, thu sie in kleine Stücke schneiden, und thu sie auch zu den Ruben, thu dazu Salz und ein wenig Pfeffer, wenn alles gut gedünstet hat und schön gelb ist, thu ein wenig Mehl daran streuen, und thu sie mit Bouillon, auch ein wenig Jus auffüllen und einkochen lassen, und auch daß alles lind ist, willst du kein Mehl dazu nehmen, thu eine Coulis darauf und laß kochen, sie werden

noch

noch kräftiger, du kannst auch anstatt Ohren und Füßen ein halb geselchtes Fleisch dazu nehmen, und auch mitkochen lassen, es ist recht gut; wenn es Zeit ist zur Tafel, gieß die Fetten davon, laß sie wohl aufkochen, richte sie hernach an in den Topf oder Schüssel, und gieb sie zur Tafel.

Une de raves a la milanoise.

Weiße Ruben auf Mayländer Art.

Die Ruben, nachdem sie geschält sind, schneide Gliedlang, aber etwas dünner, hernach thu sie nur einen Sud blanchiren, nachdem must du eine recht gute Bouillon haben, laß sie sieden, und thu in den Mörser ein Stück Speck, thu dazu Basilicum und ein wenig Thymian, stoß es fein, nachdem thu es in die siedende Suppe, und laß eine Viertelstunde sieden, thu sie hernach durch ein Haarsieb in einen Kastrol passiren, und thu die Ruben hinein, und laß sie stät sieden, nimm die Hälfte, was du etwann Ruben hast, Reis, thu ihn sauber klauben, und nur einen Sud blanchiren im Wasser, eine halbe Stunde vor dem Anrichten, thu den Reis in die Ruben, und laß ihn mitkochen, thu auch hinein ein kleines Stücklein Parmesankäß, und laß ihn auch mitkochen, ein wenig vor dem Anrichten thu den Käß heraus und thu rohe Bratwürste hinein, laß sie etliche Waal mit aufkochen, koste wie sie im Salz sind, thu ein wenig Pfeffer daran, und richte hernach an in den Topf oder Schüssel, und gieb es zur Tafel, einen geriebenen Parmesankäß giebst du extra auf einem Teller zur Tafel, weil es viele giebt, die Liebhaber davon sind, mit Käß zu essen.

Une de raves a la Polonise.

Weiße Ruben auf Polnisch.

Nachdem die Ruben geschält sind, thu sie schneiden gleichwie ein Basch oder Würfel genannt, hernach thu diese Ruben ausbachen in heißem Schmalz schön gelb ohne Mehl also roher, nach diesem thu sie in einen Kastrol, da kannst du darauf geben eine gute Coulis, hast du aber keine, so thu ein wenig Mehl daran stauben, und hernach mit Bouillon und Jus auffüllen und kochen lassen, da ist das beste von Fleisch, was du nehmen kannst, Carmenad von Schaffleisch, wiewohl du schweinernes auch dazu nehmen kannst, und thu es mitkochen lassen, wenn alles lind ist koste sie im Salz, und thu ein wenig Zucker dazu, und laß kurz einkochen, thu sie hernach zur Tafel serviren, sie werden gut seyn.

Une de Navets de Baviere avec de petits salés.

Bairische Ruben mit geselchten Fleisch.

Thue die Ruben sauber schaben und gleich schneiden, und thu sie ohne blanchiren richten, gleichwie die weißen Ruben mit gebrannten Zucker, das Fleisch muß auch mitkochen.

Une avec de Marrons & d' oreilles de Cochon.

Bairische Ruben mit Kastanien.

Thu die Ruben sauber putzen und in einem Form schön gleich schneiden, thu sie auch mit Zucker bren-

brennen, wie schon gemeldet ist, hernach thu Kastanien braten, und thu sie auch dazu, wie auch einen Schweinsfuß und ein Ohr, wenn dieses alles gut lind ist, so thu etliche Bratwürste braten, schneide sie hernach in kleine Stücklein, als wie ein Fingerglied, und thu sie auch dazu, thu die Fetten wohl davon, und richte sie hernach an in den Topf oder Schüssel.

Une de Perdrix aux choux frisés & de petits salés.

Einen Würsing oder Kölch mit geräuchertem Fleisch und Feldhühnern.

Dieser Würsing wird gemacht auf die nämliche Manier, als wie das rothe Kraut, die Feldhühner werden ganz servirt, und etwas weniges geselchtes Fleisch wird dazu gegeben, damit der Würsing bessere Kräfte bekommt, und von einem guten Gusto ist.

Une de Choux frisés garnie de petits salés & de Marrons.

Einen Würsing oder Kölch mit geräucherten Fleisch und Kastanien.

Dieser Würsing wird gemacht auf die nämliche Manier, als wie das rothe Kraut, nur daß kein Essig dazu kommt, sonsten aber alles, und auch auf die Art gekocht und servirt.

Une de Choux frisés garnies de piés & d'oreilles de Cochons.

Würsing mit Schweinsfüßen und Ohren.

Dieser Würsing wird auch gemacht, als wie wir schon gemeldet haben, gleichwie das rothe Kraut, nur daß kein Essig dazu kommt, das übrige wird alles auf die nämliche Manier tractirt und servirt; man kann auch den Würsing blanchiren, und hernach Viertelweiß in einen Kastrol einrichten, die Feldhühner und das Geselchte, hernach salze und pfeffere ihn, thu dazu einen ganzen Zwiebel mit ein paar Nägelein besteckt, ein kleines Lorbeerblatt, ein wenig Basilicum und Thymian, einige Zelleri, hernach setze ihn auf ein stätes Feuer, und gieß darauf ein wenig fette Bouillon und laß ihn düusten, mache eine Sauce dazu, nimm ein wenig frischen Butter in einen Kastrol mit einem Löffel Mehl, mach es gelb, passire ein wenig fein geschnittene Scharlotten darein, thu es mit guter Bouillon anfüllen, laß aufkochen, und gieß es an den Würsing, laß ihn kochen bis er kurz wird und eingekocht hat, und lind ist, du kannst auch eine Coulis daran geben, anstatt dem Mehl gelb machen: nachdem der Würsing blanchirt ist, kannst du Blättleinweiß zusammen thun auf einander, und hernach als wie Rolé zusammen rollen, alsdenn binden, und in den Kastrol richten, wenn du es servirest so thu die Fetten wohl davon, wie auch den Faden von dem Würsing, und thu ihn in den Topf sauber rangiren,

die

die wenige Sauce ohne Fetten, was bleibt, darüber gießen und zur Tafel serviren.

Une de Choux cabus de deux manieres farcis.

Weiß Kraut faschirt oder gefüllt.

Nimm ein schönes rundes Häuptlein weißes Kraut, thu es aushöhlern, so gut als es leidet, laß ein Wasser sieden mit Salz, thu es ein wenig blanchiren, wie auch einen andern halben Kopf Kraut, lege es hernach trocken, daß das Wasser davon lauft, das halbe thu gut ausdrücken, schneide die Dorschen davon, und thu es in einen Kastrol, wie auch etwas Kalbfleisch, ein Stücklein Speck oder auch Nierenfetten, eine Scharlotten klein geschnitten, wie auch ein wenig Zwiebel, Petersill, Basilicum und Thymian, Pfeffer und Salz, thu dieses alles auf dem Feuer passiren, und schneide es hernach fein zusammen, thu ein wenig eingeweichtes Brod darunter und 3 Eyerdotter, hernach thu das Kraut damit faschiren, thu eine Speckbarte oben und unten, thu es wohl verbinden mit Bindfaden, thu es in einen Kastrol, thu ein wenig Schunken dazu, wenn du einen hast, wie auch Kalbfleisch, eine fette Bouillon, etwas Jus, thu es bedecken, und thu oben und unten Feuer, laß es stät kochen, bis es lind ist, zu Zeiten thu es umwenden, auf die letzte thu ein wenig Coulis daran, oder auch ein wenig gelbes Mehl, laß es wohl verkochen, setz es hernach vom Feuer, thu das Kraut heraus, nimm die Fetten wohl davon, thu die Sauce passiren, und gieß

dazu

dazu ein halb Maaß sauren Rahm, lege das Kraut wiederum hinein, und laß es kurz kochen, bis es eine dicke Sauce wird; alsdenn ist es fertig und gut.

Une de Choux a la Crême.

Weiß Kraut mit Rahm.

Nimm das Kraut, thu alle Dorschen davon, und thu es hernach blanchiren, nachdem drücke es wohl aus, schneide einen Zwiebel recht fein, thu ihn in einen Kastrol mit einem Stück frischen Butter, laß ein wenig passiren, thu das Kraut mit dem Messer ein wenig durchschneiden, thu dazu Pfeffer und Salz, ein wenig Basilicum und Thymian fein geschnitten, wie auch ein Stücklein halb gekocht geselchtes Fleisch, das geräucherte aber muß wohl davon geschnitten werden, setz es auf das Feuer, und laß es stät dünsten, wende es zum öftern um, thu zu Zeiten einen kleinen Löffelvoll Jus daran, wenn das Kraut halb gekocht ist, so staube ein wenig feines Mehl daran, und gieß dazu ein halb Maaß sauren Rahm, laß es stät kochen, bis die Sauce kurz wird, wenn es Zeit ist zu serviren, richte das Kraut in den Topf, und schneide das Geselchte in kleine Stücke, leg es darauf, oder auch ganzer, wenn du willst, und servire es zur Tafel, das ist eine gute Speise.

Une de Choux a la braise au jambon.

Weiß Kraut in der Bräs mit Schunken.

Thu das Kraut in der Mitte voneinander schneiden,

den, und in einem siedenden Wasser mit Salz blanchiren, laß es nur 2 Sud aufkochen, hernach thu es abgießen, frisches Wasser daran, und gut ausdrücken, schneide die Dorschen davon, und binde ein jedes halbes zusammen mit Bindfaden, thu einen Kastrol auf dem Boden mit Speck belegen, thu ein gutes Stück Schunken in die Mitte legen, rangire das Kraut auch hinein, thu dazu einen ganzen Zwiebel, eine gelbe Ruben, einen Zelleri, einen Pastenad, ein paar Petersillwurzeln, einen Thymian und Basilicum, ein klein wenig Salz, und etliche ganze Pfefferkörner, bedecke es oben auf mit Speck, gieß Bouillon darauf, und setz es auf das Feuer, und laß 3 Stunden stät kochen, hernach wenn es Zeit ist zu serviren, nimm ein Haarsieb, setz es auf eine Schüssel, thu das Kraut heraus und leg es auf das Sieb, daß die Fetten davon lauft, richte den Schunken in den Topf oder Schüssel, das Kraut herum, nimm die Fetten von der Brás hinweg, und das wenige, was bleibt, gieß durch ein Haarsieb an das Kraut, und gieb es zur Tafel.

Une de Choux a la bourgeoise.

Weiß Kraut auf bürgerlich.

Nimm das Kraut, thu es im Wasser blanchiren, hernach thu es heraus und drück es sauber aus, schneide es Viertelweis und richte es in einen Kastrol, thu dazu geselchtes Fleisch oder auch Schaffleisch in kleine Stücke schneiden, einen Basilicum, Pfeffer und Salz, mache eine Sauce, wie schon gemeldet worden ist bey dem Würsing, laß

laß es ein paar Stunden stät kochen, bis es alles wohl lind und die Sauce kurz wird, hernach thu es zur Tafel serviren.

Une de Choux bleus garnies de petits salés.

Ein rothes Kraut mit Kastanien und geselchtem Fleisch.

Nimm das Kraut, nachdem es sauber geputzt und gewaschen ist, schneide es klein, wie es sich gehört, hernach schneide einen Zwiebel fein, setze ein wenig Schmalz oder Butter auf das Feuer in einen Kastrol, laß es heiß werden, thu hinein die fein geschnittene Zwiebel wie auch das Kraut, setz es auf ein stätes Feuer, thu daran Pfeffer und Salz, wie auch ein wenig Essig, und laß es stät dünsten, thu die Kastanien ein wenig braten, sauber putzen, und auch daran, behalt das Kraut, daß es allezeit kurz dünstet, thu zu Zeiten ein wenig fette Bouillon daran gießen, nimm ein Stück kein geselchtes Fleisch, welches halb gesotten, und das Schwarze alles weggeputzt ist, thu es auch hinein und laß mitdünsten, auf die letzte thu ein klein wenig feines Mehl daran stauben, und gieb ein wenig Bouillon dazu, und laß stät kochen, ist es Zeit zu serviren, thu die Fetten davon, richte das Kraut in den Topf, schneide das Geselchte in kleine Stücke, leg es darauf, und servire es zur Tafel.

Une de Perdrix aux Choux bleus.

Rothes Kraut mit Feldhühnern.

Mache das Kraut auf die nämliche Manier, wie schon gemeldet ist, thu anstatt den geselchten

alte

alte gebratene Feldhühner hinein, wo zu Zeiten von Braten übrig bleiben, wo aber nicht, und du must frische dazu nehmen, so thu sie halb braten und hinein, und laß mit dem Kraut gar kochen, und hernach ganzer mit dem Kraut serviren.

Une de Choux bleus garnie d'oreilles & de piés de Cochons.

Rothes Kraut mit Schweinsohren und Füßen.

Mache das Kraut, wie vorher schon gemeldet ist, nimm dazu schweinerne Ohren und Füße, wenn sie halb gesotten sind, schneide sie in kleine Stücke und thu sie in das Kraut anstatt dem Geselchten, und laß sie mitkochen, bis sie lind sind, wenn man nun serviren will, thu das Kraut in den Topf, und die Schweinsohren und Füße darauf garniren und servire es zur Tafel.

Une de Choux a la Polonise avec de queues de Bœufs.

Einen Würsing mit Ochsenschweif.

Nimm den Schweif, thu schöne Stücke daraus machen, hernach laß ihn eine Stunde in einer Bouillon sieden, thu ihn heraus, und richte ihn in einen Kastrol mit Speck und Wurzelwerk, wie wir schon gemeldet haben, wie auch ein paar Zwiebel, ein wenig Basilicum, Thymian und ein paar Schnitzlein guten Schunken, gieß Bouillon darauf, setz auf ein stätes Feuer und laß ihn kochen, den Würsing thu im Wasser blanchiren, die Köpfe

 halb

halb voneinander geschnitten, wenn sie einen Sud aufgethan haben, gieß frisches Wasser daran, und thu einen nach dem andern ausdrücken, schneide die Dorschen davon, und bind ihn halb und halb zusammen, leg ihn zu dem Ochsenschweif hinein, und laß ihn auch mitkochen, wenn alles schier anfängt lind zu werden, gieß eine Coulis daran, oder mache auch einen Löffelvoll gelbes Mehl daran, und laß es hernach kochen, bis alles recht lind ist, nachdem setz ihn vom Feuer, nimm der Würsing heraus in einen saubern Kastrol, wie auch den Schweif, nimm die Fetten von der Sauce wohl ab, hernach thu die Sauce an den Ochsenschweif und Würsing passiren durch ein Sieb, stell es auf einen Dreyfuß warm, bis es Zeit ist zu serviren, hernach richte ihn an in den Topf und gieb ihn zur Tafel.

Une de Choux frisés avec de Cotelettes de mouton.

Einen blauen Kohl mit Schafscarmenat.

Nimm den Kohl, nachdem er abgestrupft und sauber gewaschen ist, durchschneide ihn mit dem Messer, nimm einen Zwiebel, thu ihn fein schneiden, thu ihn in einen Kastrol mit einem Brocken Schmalz, welches gut ist, und mach es wohl heiß auf dem Feuer, hernach thu den Zwiebel in das heiße Schmalz, und thu zugleich den Kohl auch hinein also roher, thu dazu Salz und Pfeffer und ein Bröcklein Zucker, setz ihn auf das Feuer, und laß ihn stät dünsten, thu ihn zum öftern umwenden,

den, thu hernach Kastanien braten, so lang bis du sie schälen kannst, wenn sie sauber geschält sind, thu sie auch hinein, gieß zum öftern dazu eine gute Jus, oder auch Bouillon, wenn er halb lind ist, staube ein wenig Mehl daran, und laß ihn kochen, die Carmenate von Schaffleisch thu schön rund ausmachen und gut klopfen, damit sie mürb werden, hernach thu in einen Kastrol ein Stück Butter, feine Kräuter, laß zergehen auf dem Feuer, richte die Carmenate hinein, thu sie pfeffern und salzen, laß sie ein paar Stunden stehen, hernach thu sie wiederum ein wenig aufwärmen, und bestreue die Carmenate mit geriebenen Semmelbröseln, wenn es Zeit ist zur Tafel, setz sie auf eine schöne Glut, laß sie schön gelb grilliren, thu die Fetten von dem Kohl, richte ihn in den Topf, und die Carmenate thu darauf, servire es zur Tafel; diesen blauen Winterkohl kannst du allezeit auf diese Manier kochen, denn auf solche Art ist er zum besten, man kann auch Bratwürste dazu geben, wie auch Schweinsohren und Füße, welches ebenfalls recht gut ist, ein halb geselchtes schweinernes Ribbenstück ist auch recht gut dazu, es steht in deinem Belieben, was du geben willst.

Une de Cardouer au Parmesan avec de petits salés.

Cardi mit Parmesankäß gemacht und geselcht Fleisch.

Nimm den Cardi, thu ihn putzen, wie sichs gehört, die Stücke werden aber kleiner geschnitten, als wie es sich vor Entremets gehört, hernach thu

thu ihn absieden im Wasser und Salz, thu ihn hernach in ein frisches Wasser, thu ihn sauber abhäuteln und putzen, nachdem thu ihn in einen Kastrol, thu auch dazu das geselchte schweinerne Fleisch, ein Ribbenstück sauber abgeputzt und in kleine Stücke geschnitten, thu in einen Mörser ein Stücklein guten Speck mit Scharlotten, Basilicum, Thymian, thu dieses zusammen stoßen, nachdem thu es auch hinein zum Carti, gieß eine gute Bouillon daran, ein wenig Pfeffer und Salz, laß alles zusammen kochen bis es lind ist, nach diesem thu den Carti und Fleisch heraus, rangire es in den Topf oder Schüssel, streue ein wenig Parmesankäß darüber, und gieß ein wenig Coulis darauf, daß es bedeckt ist, setz es warm, bis es Zeit ist zur Tafel zu serviren. Diese Carti auf solche Manier ist gut und kräftig.

Une de Cardonettes a l' italienne.

Einen Cardi auf Italiänisch.

Diesen Cardi thu richten, wie schon gemeldet ist, nichts anders als mehrere Bouillon muß dabey seyn, und der Parmesankäß muß ganzer mit dem Cardi kochen, und nicht gar zu lind werden lassen, sondern um etwas früher herausnehmen, und die übrige Bouillon durch ein Sieb passiren, und hernach mache la Saigne von Nudelteig, weil wir hier zu Land auf diese Art nichts haben, so mache ein Blatt Nudelteig, diesen treibe fein aus, hernach schneide Finger breit lange Bänder daraus, thu sie im Wasser blanchiren, und thu diese Bänder in der Bouillon sieden, den Cardi mit dem

Fleisch

Fleisch thu auch wiederum dazu, und laß alles zusammen aufkochen, ist es Zeit zu serviren, richte es an in den Topf oder Schüssel, und giebs zur Tafel; das ist eine Speise, welche die Italiäner gerne essen, einen geriebenen Parmesankäß must du auch dazu geben.

Une de Choux cabus farci au four.

Weiß Kraut faschirt im Ofen.

Mache das Kraut auf die nämliche Manier, wie schon gemeldet ist, nichts anders als daß du das Kraut heraus lässest von der Sauce, und lässest die Sauce recht kurz eingehen, so dick als wie eine Glace, und diese Sauce muß auch kalt werden, hernach thu das Kraut auf eine Tortenpfanne, begieß es mit dieser Sauce, und bestreue es mit Parmesankäß und ein wenig geriebenen Brod, gieß ein wenig frischen Butter darüber, damit es eine schöne Farbe bekommt, wenn du es servirest, thu auf die Schüssel oder in den Topf ein wenig gute Coulis, oder eine recht starke gute Jus, und lege das Kraut darauf, servire es alsdenn zur Tafel.

Une de Choux crouttes au Faisan & au Coulis.

Sauerkraut mit Fasanen.

Erstens nimm einen Kastrol, thu etwas Butter oder gute Fetten hinein, thu einen Zwiebel fein schneiden, thu ihn auf dem Feuer passiren, hernach thu das Kraut hinein, gieb ein wenig Salz daran, und wenn das Kraut nicht sauer genug wäre, so thu ein wenig Essig daran, setz es auf ein stätes Feuer, gieß ein wenig Jus darauf, und laß es stät dünsten, wende es zum öftern um, und wenn es trocken wird, nur allezeit ein wenig Jus darauf gegossen, hast du einen alten überblieben gebratenen Fasanen, so thu ihn in das Kraut, wie auch ein Stück halb gekocht geselchtes Fleisch, laß das Kraut allezeit kurz dünsten, so bekommt es eine Farbe wie Gold; auf die letzte, wenn alles fast lind ist, thu ein paar Löffelvoll Coulis daran, oder auch ein wenig Mehl darauf stauben, ist es Zeit zu serviren, richte den Fasanen in die Mitte, du kannst auch das Fleisch in kleine Stücke schneiden, auf das Kraut legen, und zur Tafel geben.

Une de Choux crouttes a la Crême.

Sauerkraut mit saurem Rahm.

Das Sauerkraut wird auf die nämliche Manier gemacht, wie ich schon gemeldet habe, nur wenn es anfängt gelb zu werden, so thut man ein wenig Coulis dazu, und hernach anstatt der Jus nimmt man allezeit ein wenig sauern Rahm, und muß allezeit im Saft erhalten werden, bis es Zeit ist zu serviren, man thut gemeiniglich zu diesem Kraut ein Stück guten Schunken, oder auch etwas von einem gebratenen Hasen, es ist auch recht gut.

Une de Choux crouttes au Triffes & en filet de Faisans a la Crême.

Sauerkraut mit Tartuffeln und Fasanenbrust.

Das Sauerkraut wird gemacht auf die nämliche

Ma-

Manier mit Rahm, wie schon gemeldet ist, nur wenn es halb gekocht hat, so thue die Tartuffeln mit Butter passiren, und thu sie an das Kraut, laß sie mitdünsten, hernach schneide die Brust von einem Fasan, oder auch von Rebhühnern in kleine filé, wenn es bald Zeit ist zu serviren, thu die filé in das Kraut, laß wohl aufkochen, und richte es zur Tafel, es ist eine gute und kräftige Speise.

Une de Choux crouttes garnie de petits salés.

Sauerkraut mit halb geselcht-schweinernen Ribbenfleisch.

Dieses Kraut wird auch auf die nämliche Manier gemacht, nur das Geselchte wird blanchirt, und sauber gewaschen, ehender als man es in das Kraut thut.

Une de Choux crouttes avec de Perdrix au Coulis.

Sauerkraut mit Feldhühnern.

Dieses Sauerkraut wird auf die nämliche Manier gemacht, als wie jenes mit den Fasanen, ausgenommen, daß du statt dem Fasan ein paar Rebhühner nimmst.

Une de Choux crouttes garnies de l' Ecrevisses & de filets de Chapon.

Sauerkraut mit Krebsschweif und *filé* von Kapaunen.

Dieses Kraut wird eben so gemacht, als wie dieses mit Triffel und filé von Fasanen.

Une de Choux crouttes au four.

Sauerkraut im Ofen.

Dieses Kraut wird gemacht auf die nämliche Manier, nichts anders als daß du es garnirest mit filé von Fasan, von Kapaun, wie auch Triffel und Krebsschweif, wenn es keine filé sind, kann man auch mir etwas anders, was man hat, garniren, wenn das Kraut gut gekocht, und wohl kurz und kräftig ist, mache einen Raif um die Schüssel, laß ihn trocken werden, thu das Kraut hernach in die Schüssel, bedecke es in der Höhe mit saurem Rahm, bestreue es mit geriebenen Brod, und setz es in den Bachofen bis es schöne Farbe bekommt; mit purer Coulis kannst du es auf die nämliche Manier machen.

Une de Faseoles a la Florentine.

Weise Fisolen auf Florentiner Art.

Diese müßen weiße Fisolen seyn, setze sie zum Feuer mit laulichten Wasser, und auf die Art gekocht, als die Erbsen, das Geschirr muß halb mit Fisolen seyn, und allezeit geschwungen und mit Bouillon aufgefüllt, wenn sie lind sind so passire mit Butter und einem fein geschnittenen Zwiebel in einen Kasirol, und thu die Fisolen dazu hinein, einen Pfeffer und Salz, fein geschnittenen Petersill, wie auch Basilicum, laß aufkochen, ist es Zeit zu serviren, richte die Fisolen in den Topf oder Schüssel, garnire sie mit einem Stück Schunken oder geselchten Fleisch, welches du auch mitkochen lässest, nachdem es blanchirt und sauber geputzt

putzt ist; oder auch mit geselchten Würsten, es kommt auf den Liebhaber an, und servire sie zur Tafel mit sammt dem Fleisch, klein geschnitten oder ganzer.

Une de Faseoles licés.

Fisolen mit Schaffleisch legirt.

Koche die Fisolen, wie schon gemeldet ist, wenn du sie aber passirest mit dem fein geschnittenen Zwiebel, so nimm dazu ein wenig Coulis, oder staube ein wenig Mehl daran, gieß auch ein wenig Jus dazu, daß sie eine gelbe Sauce bekommen, zu diesen Fisolen ist ein gutes Stück Schaffleisch am Spieß gebraten, gut, oder auch in der Bräs braun gemacht, und wenn du die Fisolen serviren willst, must du einen fein geschnittenen Petersill hinein thun, und mit etlichen Eyerdottern legiren und anrichten, das Schaffleisch darauf legen, damit die Jus davon in die Fisolen kommt.

Une de pois au lard.

Erbsen mit Speck durchgetrieben.

Nimm die Erbsen, setz sie zum Feuer mit Wasser wie ordinär, wenn sie aber das Auffüllen brauchen, so nimmt man eine Bouillon, thut in die Erbsen allerhand Wurzeln, als wie zu einer Bouillon, aber etwas klein geschnitten, auch ein wenig Basilicum, etwas mehr Thymian und ein wenig Bonakraut, wenn die Erbsen wohl lind sind, so thu sie durch ein Haartuch treiben, und setz auch zum Feuer ein Stück geselchtes Fleisch, ist es Zeit zu serviren, mache die Erbsen warm, richte sie an,

 und

und nimm ein kleines Stücklein Speck, schneide ihn fein gewürfelt, laß ihn auf dem Feuer zergehen, bis er gelb wird, hernach gieß ihn über die Erbsen mit sammt den Speck, schneide das Geselchte in kleine Stücklein und leg es auf die Erbsen herum, streue ein wenig fein geschnittenen Petersill darauf, und servire sie zur Tafel.

Une de pois a la Bohemoise.

Erbsen auf Böhmisch.

Nimm einen Kessel oder Hafen, worinn du die Erbsen sieden willst, dieß aber must du wohl merken, daß dein Geschirr just halb voll mit den Erbsen seyn muß, hernach gieß ein laulichtes Wasser daran, und laß sie stät sieden, aber zugedeckt därfen sie nicht werden, wenn nun die Erbsen anfangen aufzuschwellen, so wird das Geschirr voll, hernach muß man nichts anders thun, als die Erbsen zu Zeiten schwingen, und mit Bouillon auffüllen, aber niemals zudecken, sondern beständig stät fortsieden lassen, bis sie lind werden, als wie Mark, und darf man auf solche Art keine Hülsen weg thun, indem sie mit sammt den Hülsen lind werden, nach dem schneide einen Zwiebel fein, und thu ihn in einen Kastrol, nimm ein Stücklein Speck und schneide ihn klein gewürfelt, laß ihn auf dem Feuer gelb werden, passire ihn an die Zwiebel, damit der gelbe Speck wegkommt, setz sie hernach auf das Feuer, und laß die Zwiebel ein wenig anziehen, hernach thu die Erbsen hinein, soviel du vonnöthen hast, und setze sie vom Feuer, thu ein wenig von diesen Erbsen in ein kleines Geschirr,

thu

thu dazu Wurzeln, ein wenig Basilicum, Thymian und ein wenig Bonakraut, laß sie wiederum sieden mit einem Stücklein geräucherten Fleisch, welches Kaiserfleisch, oder besser deutsch, Bauchfleisch genennet wird, hernach thu sie durch ein Sieb oder Haartuch passiren, und gieß sie an die ganzen Erbsen, thu auch hinein ein wenig fein geschnittenen Petersill, ein wenig Pfeffer und Salz, soviel es vonnöthen hat, ist es Zeit zu serviren, mache die Erbsen warm, und richte sie an, thu oben drauf kleine Stücklein von dem gesottenen Schweinenfleisch, welches von einer Brust seyn muß, so ein wenig fett ist, legen, und gieb sie zur Tafel.

Une de Nantilles aux petits salés.

Linsen mit geselchten Schweinfleisch.

Nachdem die Linsen sauber geklaubt sind, setze sie zum Feuer wie gewöhnlich, und laß sie sieden, nimm ein Stück geselchtes Bauchfleisch, thu es halb absieden und sauber putzen, thu es zu den Linsen, binde auch Wurzeln und Kräuter zusammen, die Kräuter in die Mitte von den Wurzeln, auch einen ganzen Zwiebel, wenn die Linsen lind sind, thu sie heraus in einen Kastrol, und thu die Kräuter, Wurzeln und Zwiebel davon, etwas aber von den Linsen thu durchpassiren, und dieses Passirte thu hernach an die ganzen Linsen, damit sie nicht zu dick sind, ist es Zeit zu serviren, laß sie aufkochen und richte sie an, schneide das Geselchte in kleine Stücke und leg es auf die Linsen, streue ein wenig fein geschnittenen Petersill darauf, und servire sie zur Tafel.

Une

Une de Nantilles avec de Perdraux aux Coulis.

Linsen mit Feldhühnern.

Die Linsen müßen gekocht seyn auf die nämliche Manier, wie schon gemeldet ist, nicht anderst, als daß du anstatt dem geselchten Fleisch, eines oder zwey halb gebratene Rebhühner hinein thust und mitkochen lässest, bis sie lind sind, nach diesem thu sie richten und serviren, wie schon gemeldet ist, willst du aber nicht sparen und noch kräftiger machen, so must du ein gebratenes Feldhuhn stoßen, und auf die letzte in die Linsen thun, welche du durchpassiren willst, und noch kochen lassen, thu auch ein paar Schnitten Semmel ausgebachener dazu, und hernach durch ein Haartuch passiren, und an die ganzen Linsen gethan, so sind sie um so viel kräftiger.

Une de Macaroni au Parmesan.

Macronen mit Parmesankäß.

Setze viel Wasser zum Feuer mit Salz, wenn das Wasser siedet, thu die Macroni hinein, und laß sie sieden bis sie lind sind, aber nicht gar zu stark, setz sie hernach vom Feuer, und gieß ein wenig frisches Wasser daran, und laß ein wenig stehen, nachdem gieß die Macroni ab, daß das Wasser wohl davon kommt, reibe ein Stück Parmesankäß wo du sie hinein richten willst, bestreue Anfangs den Käß, hernach thu die Macroni darauf und ein paar Löffelvoll recht starke gute Jus, und wiederum mit Käß bestreuet, und sofort, bis du so viel eingerichtet hast, als du vonnöthen hast, in deinem Topf, stelle hernach den Topf oder Schüssel auf eine Glut, und laß dünsten, daß sie recht heiß werden, alsdenn servire sie zur Tafel.

Une de Nudel a l'Allemande.

Geschnittene Nudel auf deutsch.

Mache deutsche Nudel mit einem ganzen Ey, und das andere nimm Dotter, damit sie etwas körnig sind, thu sie im Wasser sieden, aber nicht so lang, und richte sie auf die nämliche Manier, gleichwie die Macroni, sie sind auch recht gut.

Une de Fleckles a l'Allemande.

Flecklein auf deutsche Manier.

Mache einen Nudelteig, und anstatt daß du Nudel schneidest, mache Flecklein daraus und thu sie sieden und zurichten, gleichwie die Nudel, du kannst auch lange Bändlein daraus schneiden, und auch wiederum auf diese nämliche Manier richten, oder du kannst auch den Teig grün machen mit Spinadopfen, und auch daraus schneiden, was du willst, Nudel oder Flecklein, auch Bänder, und auf diese nämliche Manier richten, es ist nur, daß man changiret, wie es oft Herrschaften giebt, die eine Veränderung haben wollen, so muß sich der Koch oder Köchin darnach zu helfen und zu richten wissen.

Une

Une de ris a la Caniole avec un Chapon.

Einen Reis mit einem Kapaunen.

Dressire einen Kapaunen, als wenn er zum sieden gehörte, thu ihn in einen Kastrol, gieß daran eine gute Bouillon, nur nicht zu viel, und setz ihn auf ein stätes Feuer, daß er nur stät siedet, wenn der Reis sauber geklaubt ist also trockner, thu ihn hinein zu dem Kapaun, und thu ihn pfeffern und salzen, so wird endlich der Reis aufschwellen, und den Kapaun gleich werden, es muß wohl observirt werden, daß der Reis nicht umgewendet oder gerührt wird, der Reis muß trocken werden ohne Bouillon, wenn es aber nöthig hat, und der Reis noch nicht sollte gekocht werden, so darfst du ein wenig Bouillon daran gießen, der Reis darf auch nicht zu stark lind seyn, sondern die Körnlein müssen einzig weiß voneinander fallen, so ist er recht gemacht und gut, wenn du ihn zur Tafel servirest, so lege den Kopaunen in die Mitte, und den Reis darüber, gieb auch extra auf eine Assiette einen geriebenen Parmesankäß, dieser Reis wird in Italien gemacht, weil die Italiäner große Liebhaber davon sind.

Une de ris a la Moëlle a l' Italienne.

Einen Reis mit Mark auf Italiänisch.

Nimm Ochsenmark, thu es gewürfelt schneiden, thu es in einen Kastrol oder Tügel, laß es zergehen, nachdem thu den Reis hinein also trockner, thu auch Pfeffer und Salz dazu, und laß ihn dünsten, diesen darfst du zum öftern umwenden, wenn der

Reis

Reis anfängt gelblicht zu werden, gieß eine gute Bouillon daran, und laß ihn nur stät dünsten, bis der Reis gar wird, er darf auch nicht zu lind seyn, und muß trocken werden, ist es Zeit zu serviren, so richte etwas von dem Reis in den Topf oder Schüssel, hernach geriebenen Parmesankäß darauf, wiederum Reis und wiederum Käß darauf, und dieses bis die Schüssel voll ist, oder so viel du vonnöthen hast in deiner Schüssel, oben darauf belege ihn mit Bratwürsten in der Pfanne gebraten, damit die Sauce davon zum Reis gegossen wird, und servire zur Tafel.

Une de Ris d' une autre Maniere.

Einen Reis auf eine andere Manier.

Dieser Reis wird gemacht auf die nämliche Manier, gleichwie dieser mit Mark, nur daß die Bratwürste, welche gut und fett seyn müßen, anstatt dem Mark in den Kastrol kommen mit ein wenig Bouillon, und den Reis auch gleich dazu, und hernach servirt auf die nämliche Manier.

Une de Knefs au lard.

Knöttlein mit Speck.

Nimm die Semmel, halb thu sie schneiden, als wie zu einer Suppe in ein Geschirr, feuchte diese Semmel an mit Milch, die andere Hälfte thu klein gewürfelt schneiden, wie auch ein Stücklein Speck, laß ihn auf dem Feuer gelb werden, passire hernach den Speck in den klaren Speck, thu das gewürfelte Brod schön gelb rösten, wenn es gelb ist

thu

thu einen fein geschnittenen Zwiebel und Petersill hinein, und laß kalt werden, nachdem schlage Eyerdotter an das eingeweichte Brod, rühre es untereinander, wie auch ein wenig Mehl, dazu thu auch den gelben Speck und das geröste Brod dazu, und rühre alles untereinander, salze es ein wenig, siede hernach vorher die Knöttlein im Wasser, nach diesem thu das Wasser davon, und thu eine gute Bouillon daran, laß noch einen Sud aufthun, ist es Zeit zu serviren, thu ein wenig Blättleinweis blanchirten Petersill hinein, und richte sie an in den Topf oder Schüssel, und gieb es zur Tafel mit frischem Schweinfleisch oder auch mit geselchtem Fleisch.

Une de Knefs au Jambon.

Knötlein mit Schunken.

Diese Knötlein werden gemacht gleichwie die von Speck, nur die Hälfte Brod wird anstatt Speck, mit Butter geröst, und der Schunken wird lind gesotten, hernach klein gewürfelt geschnitten und in die Knötlein statt den Speck gethan, hernach gemacht und angericht, gleichwie die von Speck.

Une de Knefs au Jambon d' une autre maniere.

Knötlein von Schunken auf eine andere Manier.

Nimm ein Stück lind gesottenen Schunken, und schneide ihn mit dem Schneidmesser recht fein, hernach nimm ein Stück frischen Butter in einen Kastrol, und thu ihn abtreiben mit Eyern, näm-

lich

lich ein ganzes und etliche Dotter, nachdem du viel machen willst, wenn der Butter und die Eyer alles wohl abgetrieben sind, thu den Schunken hinein wie auch geriebene Semmel, einen fein geschnittenen Petersill, ein wenig Pfeffer und Salz, ein wenig weißes Mehl, und angefeucht mit ein wenig Milch, hernach siede sie als wie die andern Knötlein, und servire sie auch auf diese Art.

Une de Knefs de Chapon a la Bechamelle.

Weiße Knötlein von Kapaunen mit Rahm.

Nimm eine oder zwey Kapaunenbrüste, thu sie auf einem saubern Brett mit dem Messer recht fein schaben, hernach nimm ein wenig Petersill, Basilicum und Thymian, einen Scharlotten, alles fein geschnitten, dazu, und schneide mit dem Schneidmesser alles fein zusammen, thu es hernach in einem Mörser, und stoß es recht fein, nachdem thu es wiederum heraus, und thu es mit dem Messer durchschaben, um zu sehen, ob nicht noch kleine Häutlein darunter seyn, nach diesem thu es wiederum in den Mörser, thu dazu eine in Milch eingeweichte Semmel, ein wenig Pfeffer und Salz, ein Stück frischen Butter auch etwas Mark, und stoß alles zusammen recht fein, gleichwie ein Teig, schlage hernach etliche Eyerklar zu einem Schnee, und auf die letzte thu diesen Schnee auch hinein, thu es wiederum untereinander stoßen, thu es hernach heraus auf ein Bachbrett mit ein wenig feinem Mehl, thu es lang rollen, und mache hernach Knötlein daraus, wie du willst, lang oder rund, setz eine ordinäre Bouillon in einen Kastrol auf das Feuer, ist es Zeit zu serviren, thu die Knötlein in die Bouillon und laß sie sieden, sie dürfen nicht lang sieden, sie sind gleich gar, präparire in einen Kastrol eine Bechamelle, welches gemacht wird, wie schon gemeldet worden, gieß die Bouillon ab von den Knötlein und thu sie in das Bechamelle, koste sie im Salz und thu sie anrichten, und zur Tafel serviren.

Une de Knefs d' une autre Façon.

Knötlein auf eine andere Manier.

Schneide die Semmeln klein gewürfelt, und thu sie in ein Geschirr, nimm einen halb gebratenen Kapaun oder Bolart, die Brust davon, und thu sie fein schneiden mit dem Schneidmesser, thu es hernach zu dem Brod, wie auch ein wenig fein geschnittenen Petersill, ein wenig Pfeffer und Salz, schlage etliche Eyer daran, gieß auch ein wenig Bouillon dazu, und laß hernach ein wenig weich werden, mache ein Schmalz heiß, und mache runde Knötlein und thu sie schön gelb ausbachen, nach dem thu sie in einen Kastrol, gieß gute Bouillon darauf und laß sie sieden, so werden sie recht locker und gut, ist es Zeit zu serviren, thu ein wenig blanchirten Petersill hinein, und servire sie zur Tafel, du kannst auch diese Knötlein von andern gebratenen Fleisch machen, von Rebhühnern, Fasanen, wie auch von Kalbfleisch, wie den oft etwas gebratenes übrig bleibt, wovon du sie machen kannst, sie werden auch gesotten mit Wurzeln, welche fein dazu müßen geschnitten, und mit sammt den Wurzeln servirt werden.

Une

Une de Knefs melées.

Gemischte Knötlein.

Mache einen Fasch von Kalbfleisch, nimm ein mageres Kalbfleisch, schneide es fein mit dem Schneidmesser, thu eine Scharlotten dazu, Petersill, Basilicum, Thymian, Pfeffer und Salz, eine Nierenfetten, wo keine Haut dabey ist, schneide dieses alles fein zusammen, hernach thu es in den Mörser, und stoß es recht fein, thu es aus dem Mörser, und durchsuche den Fasch, daß kein Häutlein mehr darunter ist, thu dazu ein in Milch eingeweichte Semmel, ein paar Eyerdotter, stoß es untereinander, und mache hernach kleine runde oder lange Knötlein daraus, thu sie im Schmalz schön gelb ausbachen, thu sie hernach in einen Kastrol, wie auch etwas Maurachen und Triffel, gieß eine Coulis daran, oder du kannst auch die Sauce von Mehl machen, wie ich schon gemeldet habe, und laß sie aufkochen, ist es Zeit zu serviren, thu einen Lemonisaft daran drücken und zur Tafel serviren, ist es die Zeit mit dem Spargel oder kleinen feinen Erbsen, oder auch Hopfen, Carviol, kannst du sie auch machen, da kommt aber kein Lemonisaft dazu, kannst sie auch weiß machen, mit Eyer legiren; es ist auch gut.

Une de Cotés de Veau.

Knötlein von Kalbfleisch gesotten.

Nimm mageres Kalbfleisch, und thu es recht fein schneiden, nach diesem thu es mit dem Messer schaben, um die kleinen Häutlein davon zu thun, thu hernach ein Stück Nierenfetten allein schneiden recht fein, und auch durchsuchen, ob nicht kleine Häutlein darunter sind, nach diesem thu das Fleisch und die Fetten zusammen, schneide ein wenig feinen Zwiebel, wie auch einen Scharlotten, Basilicum und Thymian, Petersill, thu alles zusammen in einen Mörser und stoß es recht fein, thu dazu eine Semmel in Milch eingeweicht, Pfeffer und Salz, stoß es wiederum, wie auch ein wenig frischen Butter, und ein wenig frisches Wasser, hernach schlage einen Schnee von etlichen Eyern, und thu ihn unter den Fasch, stoß wiederum alles zusammen, thu es hernach auf ein Brett und mache Knötlein daraus, rund oder lang, richte eine Bouillon in einen Kastrol auf den Windofen, daß sie siedet, und ist es Zeit zu serviren, thu die Knötlein hinein, laß sie sieden, sie brauchen nicht so lang, und servire sie zur Tafel mit ein wenig Consommé, diesen Fasch thut man auch roher in die Pasteten, oder auch in die Butterpastete, und zu den kleinen Pasteten kann man auch diesen Fasch nehmen.

Une de Cervelle de Veau a la Hollandoise.

Kalbshirn auf Holländisch.

Thu die Kalbshirn in ein frisches Wasser, und thu sie abhäuteln, setz ein Wasser auf das Feuer mit Salz, thu das Hirn hinein, und laß es einen Sud aufthun, hernach thu sie in eine Bräs und laß sie einen Sud aufthun, hernach thu sie in eine Bräs, und laß sie auskochen, nachdem mach die Sauce, nimm ein Stück frischen Butter in

einen

einen kleinen Kastrol 3 Eyerdotter, ein klein wenig feines Mehl, rühre es untereinander, drücke den Saft von einer Lemoni darein, wie auch ein wenig frisches Wasser, Pfeffer und Salz, einen ganzen Zwiebel, ist es Zeit zu serviren, thu das Hirn schön ganzer aus der Bräs auf eine Serviette, rühre die Sauce schön fein ab auf dem Feuer, und richte die Hirn in den Topf oder Schüssel, thu in die Sauce ein wenig blanchirten Petersill, den Zwiebel davon, und gieß die Sauce darüber.

Une de Cervelles aux fines herbes.

Kalbshirn mit feinen Kräutern.

Das Hirn wird in die Bräs gerichtet, wie schon gemeldet ist; zu der Sauce nimm einen halben Zwiebel, ein paar Scharlotten, Petersill, Basilicum, Thymian, Kapern, schneide dieses alles fein zusammen, thu es hernach in einen Kastrol mit ein wenig Butter, laß es auf dem Feuer passiren, hernach thu Coulis daran, oder thu ein wenig Mehl daran passiren, und mit Jus auffüllen und kochen lassen, nachdem thu 2 Sardellen fein machen, und thu sie auch in die Sauce mit ein wenig Bertramessig, ist es Zeit zu serviren, thu die Hirn hernach auf eine Serviette herausnehmen, mache die Sauce heiß, richte die Hirn in den Topf, und drücke den Saft von einer Lemoni in die Sauce und richte sie über das Hirn an, alsdenn servire sie zur Tafel.

Une de piés de Veau en fricassée.

Kalbsfüße fricassirt.

Thu die Füße flammiren und sauber putzen, schneide sie voneinander, thu sie im Wasser blanchiren, hernach in eine Brás einrichten, damit sie weiß bleiben, laß sie lind kochen, mache die Sauce, thu ein wenig Butter in einen Kastrol mit einem ganzen Zwiebel, laß den Butter zergehen, passire einen Löffelvoll Mehl darein, und füll es mit guter Bouillon auf, laß die Sauce sieden, bis sie wohl verkocht ist, thu auch ein wenig Basilicum, Thymian, und ein klein wenig Lorbeerblatt in die Sauce, hernach wenn die Sauce verkocht ist, thu sie durch ein Haarsieb passiren in einen andern saubern Kastrol, thu Salz dazu, und thu die Füße aus der Brás, richte sie ein in die Sauce, mache einen Leson von etlichen Eyerdottern, ist es Zeit zu serviren, setz die Füße auf das Feuer, und laß sie aufkochen, legire sie mit Eyerdottern, thu auch ein wenig fein geschnittenen Petersill hinein, ein wenig Bertramessig, wie auch den Saft von einer Lemoni, und richte es hernach an zur Tafel.

Une de piés de Veau fricassée verd.

Kalbsfüß grün fricassirt.

Thu die Kalbsfüße auf die nämliche Art richten, wie schon gemeldet ist, wie auch die Sauce, nur dieses ist zu beobachten, daß man einen Spinaddopfen machen, und ihn hernach mit 3 Eyerdottern und ein klein wenig kalte Bouillon durch ein Haarsieb passiren, und damit auf die letzte legiren

giren, gleichwie die andere, so wird sie schön grün bleiben und gut seyn.

Une de piés de Veau au Vinaigre d' estragon.

Kalbsfüße mit einer *Sauce* von Bertram.

Thu die Kalbsfüße richten, wie schon gemeldet ist, wie auch in die Brás, hernach nimm eine Coulis, thu sie in einen Kastrol, hast du aber keine Coulis, so mache die Sauce mit Mehl, wie schon gemeldet ist, nachdem man die Sauce schön fein passiret, oder auch die Coulis (ist all eins) so thu die Kalbsfüße, wenn sie lind sind, aus der Brás ohne Fetten in die Sauce rangiren, gieb Salz dazu was sich gehört, wie auch ein wenig Pfeffer, ein wenig Bertramessig, thu einen Bertram Blättleinweis pflücken, und laß ihn nur im Wasser einen Sud aufthun, gieß ihn hernach in frischem Wasser ab, und thu ihn auch zu den Füßen, wie auch eine Lemonischalen ohne weiß, ist es Zeit zu serviren, laß die Füße aufkochen, thu den Saft von einer halben Lemoni dazu, und richte sie sauber an, die Lemonischalen aber thu davon.

Une fraise de Veau en blanc.

Ein Kalbsgekrös mit weißer *Sauce.*

Nimm das Gekrös, thu es mit Salz und Mehl durch 3 Wasser sauber waschen, daß es recht sauber wird, und keinen Geschmack hat oder kutteln thut, thu in einen Kessel oder Hafen ein wenig Nierenfetten schneiden, oder hast du sonsten eine alte Brás, so thu das Mark von einer Lemoni hinein schneiden ohne Kern und Blättleinweiß, thu allerhand Wurzeln und Kräuter dazu, wie auch einen Zwiebel, ein wenig frischen Butter und ein wenig schönes Mehl, gieß ein Wasser daran, und laß aufsieden; hernach thu das Gekröß hinein, und laß stät sieden, bis es lind wird, auf diese Art wird es schön weiß bleiben, zu der Sauce thu in einen Kastrol ein Stücklein Butter, ein wenig feines Mehl, 3 Eyerdotter, einen Zwiebel, ein kleines Lorbeerblatt, Basilicum, Thymian und etwas Wurzel, rühre es ab, und gieß eine gute Bouillon daran, rühre es auf dem Feuer ab, und laß die Sauce wohl verkochen, hernach thu die Sauce durch ein Haartuch passiren, thu sie in einen saubern Kastrol, und thu das Gekrös aus dem Sud, thu es sauber putzen und Stückleinweiß in die Sauce legen ohne Fetten; ist es Zeit zu serviren, setz es auf das Feuer und laß aufkochen, drücke den Saft von einer Lemoni dazu, und thu es zur Tafel serviren.

Une de fraise a la poulette.

Ein Gekrös mit Petersill.

Thu das Gekrös auf die nämliche Manier sieden, wie schon gemeldet worden, zu der Sauce nimm ein Stück frischen Butter in einen Kastrol mit einem ganzen Zwiebel, laß den Butter auf dem Feuer zergehen, thu ein Löffelein feines Mehl darein rühren, gieß gute Bouillon daran, setz es auf das Feuer, thu die Sauce gut abrühren und verkochen lassen, hernach thu das Gekrös aus dem Sud,

Sud, thu es Stückleinweiß sauber putzen, und thu es in die Sauce, salze es wie es sich gehört, und drücke den Saft von einer Lemoni darein, thu einen Petersill Blättleinweiß pflücken und in siedendem Wasser blanchiren, hernach thu ihn in das frische Wasser und sauber ausdrücken, ist es Zeit zu serviren, setze das Gekrös auf das Feuer und laß aufkochen, legire es mit 3 Eyerdottern, thu den blanchirten Petersill dazu, und servire es zur Tafel, auf diese Art ist es recht gut.

Une de fraise de Veau a la Vinaigrette.

Ein Kalbsgekrös mit einer piquanten Sauce.

Nimm das Gekrös, nachdem es sauber gewaschen ist, wie schon gemeldet worden, schneide die Rissen alle wohl daraus, gieb aber acht, daß keine bleibet, nachdem thu es schön in der Runde zusammen wickeln, und binde es mit Spagat, thu es lind sieden auf die nämliche Manier, wie schon gemeldet ist, die Sauce dazu mache mit Butter und Mehl, gleichwie die von Petersill, wenn sie wohl ausgekocht ist, schneide einen Bertram fein, thu ihn in die Sauce, wie auch ein wenig Bertramessig und ein wenig Zucker, ein wenig Pfeffer und Salz; ist es Zeit zu serviren, thu das Gekrös auf die Schüssel oder in den Topf sauber abgeputzt, daß nichts von denen Wurzeln daran hängen bleibt, die Sauce gieb aber extra in einer Saucière, und das Gekrös thu mit Petersill garniren, und zur Tafel serviren.

Une de Mou de Veau a la Liegeoise.

Eine Kalbslunge auf Lütticher Manier.

Thu die Kalbslunge absieden mit sammt dem Herz, aber nicht zu viel, hernach thu sie in ein frisches Wasser, thu sie heraus, und thu sie Blättleinweiß klein schneiden und schön dünn, hernach schneide Scharlotten, Zwiebel, Petersill und Basilicum wie auch Thymian, alles recht fein, nachdem thu diese Kräuter in einen Kastrol mit einem Stück frischen Butter, thu in die Lunge Pfeffer und Salz hinein, auch ein Lorbeerblatt, laß es dünsten, nachdem thu ein wenig Mehl daran streuen, und mit Bouillon aufgießen, und kochen lassen, wenn es eingekocht hat, und Zeit ist zu serviren, so thu es im Salz kosten, gieß ein wenig Bertrameßsig daran und den Saft von einer Lemoni, legire es mit 3 Eyerdottern, und servire es zur Tafel.

Une de Mou de Veau a l'Allemande.

Eine Kalbslunge auf deutsche Manier.

Nachdem die Lunge (nicht gar lind) gesotten hat, so thu sie wie die Nudel fein schneiden, das Herz schneide auch in kleine dünne Viertel, und laß ganz, nachdem thu in einen Kastrol ein wenig Butter mit einem Zwiebel Fileweiß geschnitten, und laß ihn auf dem Feuer anziehen, thu einen Löffelvoll Mehl dazu und laß es gelb werden, fülle sie an mit Jus oder Bouillon, und thu ein kleines

nes Lorbeerblatt hinein, ein wenig Basilicum und Thymian, laß die Sauce wohl auskochen, hernach thu sie durch ein Haarsieb an die Lunge passiren, pfeffere und salze sie, und laß sie wiederum aufkochen, nach dem, wenn es Zeit ist zu serviren, gieß ein wenig Bertramessig daran, und drücke den Saft von einer Lemoni hinein, und thu sie sauber anrichten, schneide ein wenig Lemonischalen ganz fein in filé, und streue es auf die Lunge.

Une de Foye de Veau au sang.

Eine Kalbsleber mit Blut.

Thu die Leber schön abhäuteln und in kleine und dünne Schnitze schneiden, die Nerven müßen aber sauber davon kommen, thu in einen Kastrol ein wenig Provenceröl, schneide Scharlotten, Petersill, Thymian, alles recht fein, und bestreue den Kastrolboden damit, in das Oel leg die Leber Blättleinweiß hinein, und thu hernach den Ueberrest von den feinen Kräutern auf die Leber streuen, thu auch hinein ein Lorbeerblatt, Pfeffer und Salz, und laß es ein paar Stunden stehen. Die Sauce: Nimm ein wenig Butter in einen Kastrol mit einem Zwiebel in filé geschnitten, und laß auf dem Feuer anziehen, thu einen Löffelvoll Mehl hinein, und laß braun werden, doch aber nicht gar zu stark, thu auch hernach dazu das übergebliebene von der Leber, fülle es auf mit Jus, und thu ein kleines Glas rothen Wein dazu, etwas Wurzeln und Kräuter, und laß kochen, wenn es anfängt und die Sauce will kurz werden, so thu ein kleines Glasvoll Schweinsblut oder auch Geflügelblut darein,

darein und laß mitkochen, nachdem thu die Sauce durch ein Haartuch passiren; ist es Zeit zu serviren, setze die Leber auf das Feuer und laß sie anziehen, aber nicht zu viel, thu sie umwenden und laß sie wiederum anziehen, daß die Leber in ihrem Saft bleibt, richte sie hernach an in den Topf oder Schüssel schön gleich, laß die Sauce aufkochen, thu ein wenig Bertramessig hinein und den Saft von einer halben Lemoni, richte sie über die Leber an, und servire sie zur Tafel, auf solche Art ist sie lind und gut.

Une de Foye de Veau a l'estragon.

Eine Kalbsleber mit Bertransauce.

Nachdem die Leber abgehäutelt ist, thu sie in kleine und dünne Schnitze schneiden, thu sie salzen und pfeffern, die Sauce kannst du braun machen mit Coulis oder mit Mehl, wie schon gemeldet ist, in die Sauce thu einen Bertram Blättleinweiß pflücken, und in einem siedenden Wasser nur einen Sud aufthun lassen, damit er seinen Gusto nicht verliert, hernach thu ihn ausdrücken und thu ihn in die Sauce, wie auch ein wenig Essig und den Saft von einer halben Lemoni, ist es Zeit zu serviren, setze ein Schmalz auf das Feuer, und thu die Leber mit Mehl einstauben, nachdem schön gelb ausbachen, die Sauce laß auskochen, und thu den halben Theil von der Leber hinein dazu und richte sie an, die andere Hälfte thu herum garniren truckner, und servire sie zur Tafel, hast du aber keinen frischen Bertram, so thu in die Sauce ein wenig Essig, und in filé fein geschnittene Lemonimonischalen, so ist sie auch gut, du kannst sie auch auf die nämliche Manier machen, als wie die Lungen auf Lütticher Art, aber nicht viel kochen, sonsten wird sie hart, sie ist auf diese Art auch recht gut.

Une de queues de Veau a la Holandoise.

Kalbsschweife auf holländische Manier.

Nachdem die Kalbeschweife sauber gebrüht, flammirt und geputzt sind, so thue sie einen Sud im Wasser blanchiren, hernach richte sie ein in einer Bräs, daß sie schön weiß bleiben. Die Sauce dazu: Thu ein Stück Butter in einen Kastrol, 3 oder 4 Eyerdotter, nachdem du Sauce zu machen hast, thu auch ein wenig feines Mehl dazu, rühre es untereinander, drücke den Saft von einer Lemoni hinein, einen ganzen Zwiebel, ein wenig Pfeffer und Salz, gieß eine kalte Bouillon daran, ist es Zeit zu serviren, thu die Schweife aus der Bräs, richte sie in den Topf oder Schüssel, rühre die Sauce auf dem Feuer wohl ab, gieb obacht, daß sie nicht zusammen lauft, nachdem gieß sie über die Schweife, und bestreue sie mit ein wenig gewürfelt geschnittener Semmel in Butter ausgebachen, alsdenn servire sie zur Tafel, mit der grünen Sauce kannst du sie auch machen, wie schon gemeldet ist, die grüne Sauce zu machen von Spinaddopfen, man kann auch ein wenig Bertramessig zu der Sauce nehmen.

Une de queues de Veaux a l' Allemande.

Kalbsschweife auf deutsche Manier.

Nachdem die Schweife in der Bräs lind gesotten sind, thu sie heraus, thu sie pfeffern und salzen und in Butter legen, mit fein geriebenen Brod paniren und schön grilliren auf dem Feuer, mache eine Sauce hachée dazu, wie schon gemeldet ist, die Sauce gieb unter die Schweife, und auf die Schweife drücke den Saft von einer Lemoni darein, und alsdenn servire sie zur Tafel.

Une de Langue de Veau a la Sauce hachée.

Kalbszungen in der *Sauce hachée.*

Nachdem die Zungen sauber gepußt und gewaschen sind, so richte sie in eine Bräs, und laß sie lind kochen, mache hernach deine Sauce hachée, wie schon gemeldet worden, nimm die Zunge aus der Bräs, thu sie sauber abdrücken, schneide sie in der Mitte voneinander, thu sie in die Sauce hinein, und laß sie etwas wenig in der Sauce kochen, thu ein wenig Bertrameſſig dazu, wie auch den Saft von einer halben Lemoni, richte sie sauber an, und servire sie zur Tafel.

Une de Langue de Veau a l' Allemande.

Kalbszungen auf deutsche Manier.

Nachdem die Kalbszungen in der Bräs lind gekocht sind, so thu sie heraus, und häute sie sauber ab, nachdem thu sie Blättleinweis in der Runde schneiden, wie die Zunge ist, thu sie in einen Kastrol

strol hinein, thu eine Coulis oder eine Sauce von Mehl gemacht daran, wie schon gemeldet ist, thu dazu ein wenig feine Kapern, wie auch 2 Sardellen fein gehackt und laß es nachdem aufkochen, ist es Zeit zu serviren, thu hinein ein wenig Bertramessig, den Saft von einer halben oder ganzen Lemoni, nachdem du Sauce hast, wie auch ein wenig fein geschnittene Lemonischalen, und thu sie hernach zur Tafel serviren.

Tendrons de Veau Sauce a l' orange.

Der Kern von der Kalbsbrust mit Pomeranzensauce.

Es muß eine schöne und große Kalbsbrust seyn, davon schneidest du nur so viel herunter, als der Kern ist, oder noch besser zu sagen die Kruspeln, dieses thu sauber auswässern und im Wasser blanchiren, nachdem lege sie in die Bouillon, und laß sie nicht gar zu lind sieden, hernach mache eine Sauce, nimm ein wenig Butter in einen Kastrol, mache ein wenig Mehl schön gelb, passire darein ein wenig Zwiebel, fülle es halb auf mit Jus und halb mit Bouillon, daß die Sauce eine leichte, schöne gelbe Farbe bekommt, thu auch ein Blättlein Basilicum darein, ein wenig Thymian, und ein wenig von einem Lorbeerblatt, laß es wohl verkochen, und saume es allezeit sauber ab, hernach wenn das Fleisch nicht gar lind gekocht ist, thu es heraus, und schneide in der Breite deine Schnitze, damit Knorspeln und Fleisch beysammen bleibt, thu es hernach in einen Kastrol, passire die Sauce durch ein Haarsieb darein, und laß miteinander kochen,

kochen, bis sie gar lind wird wie sie seyn soll, koste sie hernach im Gusto vom Salz, nimm eine bittere Pomeranzen, thu die Schalen davon fein abschnitzeln in ein wenig frisches Wasser, setze ein wenig Wasser auf das Feuer, und laß es sieden, hernach thu die Schalen hinein, und laß sie einen Sud aufthun, thu sie nach diesem wiederum abgiessen, und thu sie in ein frisches Wasser, ist es Zeit zu serviren, laß das Fleisch aufkochen, thu die Pomeranzenschalen hinein, und drücke den Saft von einer oder zwey Pomeranzen dazu, alsdenn thu sie zur Tafel serviren.

Tendrons de Veau en blanc.

Den Kern von der Kalbsbrust mit weißer Sauce.

Richte die Brust und schneide sie in kleine und frische Dransch, wie vorher schon gemeldet ist, zu der Sauce nimm ein wenig frischen Butter in einen Kastrol, laß ihn auf dem Feuer zergehen, passire ein wenig feines Mehl hinein, nachdem du Sauce vonnöthen hast, thu einen Zwiebel, ein Blättlein Basilicum, Thymian, und ein klein wenig von einem Lorbeerblatt dazu, laß die Sauce wohl verkochen, nachdem rühre 3 oder 4 Eyerdotter hinein und laß sie wiederum aufkochen, thu die Sauce hernach durch ein Haartuch passiren, und gieß sie an das Fleisch, laß wiederum aufkochen, ist es Zeit zu serviren, mache es wohl warm, drücke den Saft von einer Lemoni hinein, wie auch ein wenig fein geschnittene Lemonischalen, und thu es zur Tafel serviren; auf die nämliche Manier kann die

Brust

Brust auch weiß mit Pomeranzen gemacht werden.

Piés d' agneau a la Sauce verde.

Lammsfüße mit grüner *Sauce.*

Diese Füße werden gemacht auf die nämliche Manier, gleichwie die Kalbsfüße mit grüner Sauce.

Piés de Mouton a la même maniere.

Schaffüße auf die nämliche Manier.

Die Schaffüße können auf die nämliche Manier gemacht werden, als wie die Kalbsfüße gemacht werden, weiß und braun.

Une poitrine d' agneau en blanc avec du persil.

Lammsbrüste mit Petersill.

Nimm die Brüste, thu sie schön auswässern und im Wasser blanchiren, hernach thu sie in kleine und schöne Stücklein schneiden, thu sie in einen Kastrol mit ein wenig frischen Butter, einen ganzen Zwiebel, und ein wenig Salz, thu sie auf dem Feuer passiren, staube ein wenig feines Mehl daran, füll sie mit guter Bouillon auf, und laß sie lind kochen, nachdem thu das Fleisch heraus in einen saubern Kastrol, wo kein langes Bein dabey bleibt, passire die Sauce durch ein Haarsieb an das Fleisch, thu einen Petersill Blättleinweis pflücken, und in siedendem Wasser blanchiren, bis er schier gar lind ist, drücke den Petersill hernach

 aus,

aus, ist es Zeit zu serviren, setz das Fleisch auf das Feuer, und laß aufkochen, und thu den Petersill hinein, wie auch den Saft von einer Lemoni und servire es zur Tafel, mit Petersillwurzeln kann es auch gemacht werden, auch gelb auf die nämliche Manier.

Une a la peluche de Celeri.

Lammsbrüste mit Zelleri.

Diese Lammsbrüste werden gemacht auf die nämliche Manier, als wie diese mit Petersill, nur daß du den Zelleri anstatt den Petersill hinein thust, wie auch den Saft von der Lemoni, sie können auch mit Wurzeln gemacht werden.

Une de Langues d' agneau aux anchois.

Lämmerzungen mit Sardellen.

Nachdem die Zungen sauber gewaschen und blanchirt sind, thu sie in eine ordinäre Bräs und laß sie lind werden, nachdem thu sie aus der Bräs in einen Kastrol, und gieß Coulis oder eine Sauce von Mehl gemacht daran, thu 2 Sardellen fein hacken, und mit ein wenig Butter mischen, und thu sie zu der Sauce, willst du sie anrichten, so laß sie aufkochen, und thu auch hinein ein wenig Bertramessig und den Saft von einer Lemoni, und servire sie zur Tafel.

Une de Langues de Mouton a la meme Maniere.

Schafzungen auf die nämliche Manier.

Une de queues de Bœuf sauce aux Cornichons.

Einen Ochsenschweif mit eingemachten Cucumern.

Nimm den Schweif, thu ihn in Stücke hauen wie die Glieder sind, hernach thu ihn in einer Bouillon oder auch extra sieden etwa eine Stunde lang, nachdem thu ihn in einen Kastrol mit Speck und Nierenfetten, thu dazu ein paar ganze Zwiebel, etwas Wurzel und Kräuter, ein Lorbeerblatt, Pfeffer und Salz, ein Glas Wein und setz ihn auf ein stätes Feuer, und laß ihn kochen, thu zu Zeiten ein wenig Jus oder Bouillon daran giessen, mache einen Löffelvoll Mehl gelb, thu es auch dazu, und füll es hernach mit Jus an, laß kochen bis der Schweif recht lind wird, nachdem thu den Schweif in einen saubern Kastrol, und thu etliche eingemachte Cucumern außen abschälen und Blättleinweis oder auch Fileweis daran schneiden, thu die Fetten sauber von der Sauce abnehmen, und thu sie hernach durch ein Haarsieb daran passiren, und setz sie warm, ist es Zeit zu serviren, laß ihn aufkochen und thu ein wenig Bertramessig daran, drücke den Saft von einer Lemoni darein, und thu es zur Tafel serviren, du kannst ihn auch auf solche Art mit Kapern oder Sardellen geben.

Une des amourettes au Parmesan.

Ruckmark mit Parmesankäß.

Nimm das Ruckmark, thu es sauber abhäuteln, wie sichs gehört, hernach thu es im Wasser mit Salz blanchiren, schneide es halben Finger lang in kleine Stücke, thu es in einen Kastrol mit Butter, und ein wenig fein geschnittenen Petersill, Scharlotten, Pfeffer und Salz, und thu es auf dem Feuer passiren, thu es hernach in den Topf oder Schüssel einrichten, ein Leg Mark und mit Käß bestreuen, und so fort bis du es angerichtet, nachdem gieß eine gute und recht starke Jus darauf, setz es auf eine Glut bis es Zeit ist zur Tafel zu geben, so ist es gut.

Une Langue de Bœuf a l' Allemande.

Eine Ochsenzunge auf deutsche Manier.

Nimm eine Rindzunge, und thu sie sieden bis sie lind ist. Die Sauce dazu: Nimm ein wenig Butter in einen Kastrol, thu einen Löffelvoll Mehl gelb machen, und passire ein wenig fein geschnittene Scharlotten hinein, füll es mit Jus oder Bouillon auf und laß sieden, schneide 2 Sardellen mit ein wenig Kapern fein, thu es auch an die Sauce, salze und pfeffere, nachdem die Zunge lind ist, thu sie abhäuteln und in der Mitte voneinander schneiden, und lege sie in die Sauce, gieß auch ein wenig Bertramessig dazu; ist es Zeit zu serviren, drücke den Saft von einer Lemoni hinein, wie auch ein wenig fein geschnittene Lemonischalen, und thu sie zur Tafel serviren.

Une Langue de Bœuf a la Polonoise.

Eine Rindzunge auf Polnisch.

Die Sauce dazu: Thu ein wenig Butter in einen Kastrol, und mache einen Löffelvoll Mehl braun mit soviel Zucker als ein halbes Ey ausmachet, wenn es schön braun ist, fülle es auf mit Jus und fülle ein Glas rothen Wein dazu, und laß kochen, hernach thu kleine Cibeben, kleine Rosinen oder Weinbeere genannt, ein wenig im Wasser sieden, hernach sauber putzen, und aus den Rosinen mit der Messerspitze die Kerne herausnehmen, wenn die Sauce wohl verkocht hat, thu es hinein, wie auch etliche Mandelkerne, nachdem sie geschält und fein in filé geschnitten sind, von der Zunge, nachdem sie lind gesotten hat, thu die Haut abschälen, in der Mitte voneinander schneiden, und thu sie in die Sauce, gieß ein wenig Essig darein, ist es Zeit zu serviren, schneide etwas feine Lemonischalen darein, und thu sie zur Tafel serviren.

Une Abbattis d'oisón a l'Allemande.

Das Junge von der Gans auf deutsch.

Nimm das Junge von der Gans, thu es flammiren und Gliederweiß schneiden, hernach im Wasser blanchiren und sauber putzen, die Beiner thu etwas abhauen, und thu es in einen Kastrol oder Kessel, thu dazu Pfeffer und Salz, ein Lorbeerblatt, Basilicum und Thymian, einen Zwiebel, etwas Wurzeln, halb Wasser und Essig, setz sie zum Feuer, und laß sieden bis lind ist, thu einen

nen Butter in einen Kastrol, mache einen Löffelvoll Mehl gelb, und füll es mit dieser Bouillon auf, wo die junge Gans darinn gesotten hat, und laß sieden, stoße etwas Cronawethbeer, thu sie in die Sauce und laß nur ein wenig mitkochen, ist es Zeit zu serviren, drücke den Saft von einer Lemoni darein, und thu sie anrichten, streue 12 bis 18 ganze Cronawethbeer darauf und servire zur Tafel.

Une Abbattis d'oison au sang.

Das Junge von der Gans mit Blut.

Thu das Junge von der Gans zurichten, wie schon gemeldet ist, das Mehl aber thu braun machen mit einer welschen Nußgroß Zucker, thu das Mehl hernach zu der jungen Gans und laß miteinander kochen, wenn es lind ist thu das Junge von der Gans heraus in einen saubern Kastrol, in die Sauce thu das Blut von der Gans rühren, oder auch ein schweinernes Blut, und laß die Sauce aufkochen, nachdem thu sie durch ein Haartuch passiren, und gieß die Sauce zu dem Gänejung; wenn es Zeit ist zu serviren, laß sie aufkochen, drücke den Saft von einer Lemoni hinein, und thu sie zur Tafel serviren.

Une de Pigeons en Compôte.

Tauben in *Compôte.*

Thu die Tauben flammiren und sauber putzen, nachdem thu sie schön dressiren, thu eiuen frischen Butter in einen Kastrol, rangire die Tauben hinein mit einem ganzen Zwiebel und ein kleines Lorbeerblatt, Salz und Pfeffer, und wenn du einen

Schnitz

Schnitz rohen Schunken hast, setz sie auf eine Glut, und laß sie schön gelb anziehen; staube hernach ein wenig feines Mehl daran, und ein kleines Glas weißen Wein, füll sie mit Jus auf, und laß sie gar kochen, nachdem thu die Tauben heraus in einen saubern Kastrol, nimm die Fetten von der Sauce hinweg, und thu die Sauce durch ein Haarsieb an die Tauben passiren, thu dazu Maurachen und laß aufkochen, ist es Zeit zu serviren, thu den Saft von einer halben Lemoni hinein, und servire sie zur Tafel.

Une de Rabatti de Volaille.

Flügel und Leber von dem Geflügel.

Alles thut man sauber putzen, nachdem blanchiren, die Flügel thu an der Spitze abhauen in einen Kastrol, die Mägen thu Blättleinweiß schneiden und auch dazu, wie auch ein wenig Butter, Salz und Pfeffer, ein Lorbeerblatt, einen ganzen Zwiebel, etwas Maurachen und Triffel, frisch oder gedörrt, hernach thu dieses alles zusammen passiren auf dem Feuer, staube ein wenig feines Mehl daran, und füll es mit Jus auf, laß kochen bis alles lind ist, hernach thu die Leber dazu; ist es Zeit zu serviren, laß aufkochen, und drücke den Saft von einer Lemoni darein, und servire sie zur Tafel, du kannst auch etwas Triffel und Maurachen dazu nehmen.

Une de Tortue en gras.

Schildkröten mit *Bouillon* gemacht.

Der Schildkröte thu den Kopf, Schweif und die

die 4 Pratzen abhauen, nachdem thu sie im Wasser sieden und salzen, wenn sie gesotten haben, thu sie sauber auslösen, mache 4 Viertel draus, Leber und Eyer ist alles gut, zu der Sauce thu einen frischen Butter in einen Kastrol, laß ihn auf dem Feuer zergehen, thu ein Löffelein schönes Mehl darein, und laß ein wenig passiren mit ein wenig fein geschnittenen Scharlotten, fülle sie mit guter Bouillon an, thu auch einen ganzen Zwiebel dazu und laß aufkochen, nachdem thu einen fein geschnittenen Petersill, ein Lorbeerblatt, ein paar Blättlein Basilicum, Pfeffer und Salz dazu, thu hernach die Schildkröten hinein, und laß sie stehen, bis es Zeit ist zu serviren, setze sie hernach auf das Feuer und laß kochen, nachdem legire sie mit etlichen Eyerdottern und drücke den Saft von einer Lemoni hinein, thu den Zwiebel und das Blatt davon, und servire es zur Tafel, wenn du sie hast, so kannst du auch etliche Champion dazu nehmen, und mit einpassiren.

Hier will ich auf mancherley Manier den Butterteig zu machen expliciren, welcher kann gemacht werden zu den Butterpasteten, zu den kleinen Pastetlein, und auch zu den süßen Tourtelets, oder deutsch zu sagen, kleine Kräpflein, man kann sich von einem dieser Butterteigen nach Belieben bedienen welchen man will, und welcher am besten gefällt, es wird ein jeder, wie ich ihn erklären werde, schön und gut seyn.

Erstlich: Wenn eine warme Zeit ist, so thu den Butter Tags vorher wässern, und setz ihn in den Keller, absonderlich wenn du kein Eis haben kannst, des andern Tags frühe, wenn es noch kühl ist, mache den Teig in dem Keller, nimm ein Pfund Mehl auf ein Bachbrett, schlage ein ganzes Ey dazu, thu ihn ein wenig salzen, thu dazu ein Bröcklein Butter eines halben Eyes groß, nimm ein frisches Wasser und mache den Teig damit an, thu ihn recht gut arbeiten solang bis er sich gern vom Brett ablöset, nimm aber in Obacht, daß der Teig nicht zu stark und auch nicht zu lind angemacht wird, eher etwas linder als härter, wenn dann der erste Teig gut gearbeitet ist, so lege ihn auf die Seite, und thu dein Bachbrett sauber abputzen, nachdem treibe deinen Teig mit dem Nudelwalger aus, lege in die Mitte auf den Teig in der Breite 1 Pfund Butter, und bedecke hernach den Butter mit dem Teig in Vierecke, und laß ihn eine Viertelstunde ruhen, nach dem thu den Teig schön gleich auswalgen, und thu ihn auf beyden Seiten einschlagen, und die zwey doppelten Blätter Teig aufeinander, nach diesem laß ihn ruhen, so lang du willst, und dir nach deiner Arbeit gelegen ist, auf diese Manier must du ihn 3mal schlagen, wenn nun dieses geschehen ist, so mache aus deinem Butterteig, was du zu machen hast, Butterpasteten, oder auch kleine Pastetlein, hast du aber Gelegenheit ein Eis zu haben, so darfst du, wenn es dir nicht gelegen ist, den Teig im Keller zu machen, nur den Tag, wo du einen Butterteig nöthig hast, den Butter waschen, in das Eis thun und fest werden lassen, hernach den Teig machen, wie schon gemeldet ist, auf das Eis stellen, und auf die nämliche Manier trattiren,

ren, du kannst auch, nachdem du den ersten Teig hast fertig gemacht, in der Länge auswalgen, und hernach den Butter auf das Brett thun mit ein wenig Mehl, und den Butter mit der Hand auswürken, und hernach übereinander legen, alsdenn wieder mit ein wenig Mehl auswürken und dieses 3mal, nachdem thu ein Stücklein von dem Butter abbrechen, leg ihn auf den Teig, und thu ihn mit dem Teig einwikeln, und dieses mach so fort, bis du dein Pfund Butter hast hineingewickelt, nachdem laß den Teig ruhen, und thu ihn hernach 3mal schlagen, wie schon vorher gemeldet worden, auf diese Manier gemacht thut der Teig stärker auflaufen.

Auf eine andere Manier.

Man nimmt die Quantität Mehl und Butter, wie schon gemeldet ist, und machet den Teig auf die nämliche Manier, nur beobachte, daß du anstatt dem ganzen Ey, 3 Eyerdotter nehmest, und anstatt dem Wasser, nimmst du einen recht guten sauren Rahm, und machst den ersten Teig damit an, und thust ihn hernach machen, wie vorher gemeldt, und auch auf die nämliche Manier tractiren. Dieser Teig kostet etwas mehreres, er ist aber um desto besser und delicater, so daß er im Maul zergehet, und die Farbe, die er im Ofen bekommt, kann nicht schöner gemalen werden, wenn er aber zu kleinen Pastetlein gehört, so muß er recht dünn ausgetrieben, und die Pastetlein gut bestrichen und gut beygedrückt werden, sonst fallen sie alle um im Ofen, weil dieser Teig, auf diese Manier gemacht, allzustark aufgehet.

Auf eine andere Manier den Teig im Winter zu machen, welcher recht schön und gut ist, er kann auch auf diese Manier im Sommer gemacht werden, wenn man die Gelegenheit hat, ein Eis zu bekommen, dieser Teig, auf solche Manier zu machen, ist gut, wenn man kleine Bachereyen zu machen hat, weil er schön gleich bleibt, und nicht umfällt, und dennoch ist er recht gut, schön und mürb.

Nimm ein Pfund Mehl und ein Pfund Butter, thu den Butter große Brockenweiß in das Mehl, 3 Eyerdotter und ein wenig Salz, mache diesen Teig zusammen mit sauren Rahm, es darf aber der Butter nicht verarbeitet werden, sondern du must den Teig ganz leicht zusammen machen und hernach ruhen lassen, und das Bachbrett sauber abpußen; wenn der Teig eine Viertelstunde geruhet hat, so thu ihn hernach schlagen, gleichwie die andern Teige, und laß ihn allzeit wiederum ruhen, und dieses 3mal, so ist der Teig fertig; hast du ihn im Sommer zu machen, so thu den Butter vorher in das Eis legen, und laß ihn hart werden, hernach mache den Teig, wie schon gemeldt, lege den Teig auf das Eis in einer Tortenpfanne oder Schüssel, und laß ihn anziehen, bis du ihn arbeiten oder schlagen kannst, und dieses auch 3mal, und hernach allezeit wieder auf das Eis stellen, damit er hart bleibt, hast du aber keinen Rahm, so kannst du, den Teig auf diese Manier zu machen, 3 Eyerdotter in ein Geschirr schlagen, und halb weißen Wein und halb Wasser dazu gießen, thu es abschlagen, und mach hernach den Teig damit

mit anstatt den sauren Rahm, er wird auch gut und lauft auf, doch aber wird er nicht so gut und fein, als wie mit dem sauren Rahm, auf diese Manier den Teig gemacht, wird er allezeit schön gleich auflaufen.

TOUTES SORTES DE PETITS PATES POUR HORSD'OEUVRES.

Alle Sorten von kleinen Pastetlein für die *Horsd'œuvres.*

Des petits Patés a la Bechamelle.

Kleine Pastetlein mit süßen Rahm.

Man muß kleine kupferne Mödel haben, die façon kann seyn, wie sie will, wenn sie nur etwas tief sind, thu hernach den Teig schön gleich austreiben mit dem Walger, mach ein dünnes Blatt in den Model, und thu den Teig gleich und schön ausdrücken, hernach kann man einen übrigen Teig zusammenwürken, und etwas davon in den Model thun, damit der Deckel drauf liegen bleibt, von innen aber därfen sie mit dem Ey nicht bestrichen werden, sondern nur der Deckel oben, damit er schöne gelbe Farbe bekommt, nachdem sie im Ofen schön gebachen sind, muß man die Pastetlein gleich umstürzen auf einen Bogen saubers Papier, die Deckel herunter nehmen und innen recht sauber auspuzen, thu die Pasteten auf eine saubere Tor-

ten=

tenpfanne oder Schüssel, bis es Zeit ist zu serviren, damit du sie warm machen kannst, nimm hernach von einem Geflügel, welches schön gebraten ist, das weiße Fleisch ohne Haut, und thu es fein in filé schneiden, thu es in einen kleinen Kastrol, und thu eine Bechamelle dazu, welches von süßem Rahm gemacht ist, und schon gemeldet worden; ist es Zeit zu serviren, thu es warm machen, gieb ein wenig Salz dazu, so viel es leidet, hast du ein wenig Glace, ist es auch gut, wenn du etwas dazu nimmst, welches kräftiger macht, füll hernach die leeren Pastetlein damit sauber an, decke den Deckel darauf, und gieb sie warmer zur Tafel, auf diese Art kannst du von allen Sorten Geflügel Pasteten machen, zahmes und wildes, wie auch von Kalbsbrüs, und von fein gebratenen Kalbfleisch, welches in deinem Belieben stehet; das sind kleine Pastetlein mit Bechamelle, welche man auf deutsch nicht anderst expliciren kann, als etwa mit süßen Rahm, so aber die rechte Benennung nicht ist.

Des petits Patés a la Polonoise.

Kleine Pastetlein auf Polnisch.

Diese Pastetlein werden auch in die Form gemacht, wie oben gemeldt, und ausgebachen, hernach nimm ein gebratenes Geflügel, es mag seyn was für eins es will, oder auch ein fein gebratenes Kalbfleisch, nur aber das weiße Fleisch nimmt man und thut es fein schneiden, welches ein Fasch genennet wird, nachdem es geschnitten ist, thu in einen Kastrol ein wenig frischen Butter, laß ihn zergehen, thu ein kleines Löffelein voll Mehl [illegible]gelb

machen.

machen, und thu hernach ein wenig fein geschnittenen Zwiebel darein passiren, nachdem thu das geschnittene Fleisch hinein, gieß so viel Bouillon daran, als es vonnöthen hat, und laß ein wenig kochen bis das Mehl verkocht ist, thu hernach ein wenig kleine Rosinen blanchiren und sauber putzen, thu sie auch hinein, ist es Zeit zu serviren, gieb Salz dazu wie sichs gehört, wie auch ein wenig Lemonisaft, und fülle die Pastetlein damit an, decke die Deckel darauf, und gieb sie zur Tafel.

Des petits Bouches a la Reine.

Kleine Pastetlein von Fasch.

Nimm ein mageres Kalbfleisch, und schneide es recht fein, nimm auch eine gute Nierenfetten, thu sie schön aushäuteln und fein schneiden, es muß so viel Fetten als Fleisch seyn, wenn alle beyde fein geschnitten sind, so thu mit dem Messer durchsuchen, ob keine Haut mehr dabey ist, hernach thu das Fleisch und Fetten in einen Mörser, mit ein wenig fein geschnittenen Scharlotten, Basilicum und Thymian, thu alles fein zusammen stoßen, nachdem thu ein wenig eingeweichte Semmel dazu, ein wenig Pfeffer und Salz, ein wenig Muscatnuß, und auch wiederum stoßen, schlage hernach 3 oder 4 Eyerklar zu einem Schnee, und thu diesen Schnee auch dazu, thu es gut untereinander stoßen, alsdenn ist der Fasch gut, hernach treibe den Butterteig schön gleich und dünn aus, steche die kleinen Blättlein, welche nicht größer seyn dürfen, als wie ein Zwanziger, lege sie auf das Blech so viel du im Sinne hast zu machen, bestreiche

streiche sie mit Eyern, thu ein wenig Fasch darauf, und decke sie mit einem Deckel zu, thu sie wohl beydrücken, damit sie nicht krum laufen, und bache sie schön aus, sie müßen ein wenig gähe Hitze haben.

Petits Patés a l' Espagnole.

Kleine Pastetlein auf Spanisch.

Thu eine Handvoll feines Mehl auf ein Brett, schlage ein ganzes Ey darein, ein wenig Butter einer welschen Nuß groß, und ein wenig Salz, nimm ein laulichtes Wasser, und mache den Teig nicht zu fest an, thu den Teig recht abarbeiten, bis er recht schön glatt wird, und nicht mehr am Brett hängen bleibt, hernach thu ihn austreiben und mit der Hand anziehen, bis daß er so fein wird als das feinste Papier, hernach nimm halb frischen Butter und halb Provenceröl, bestreiche den ganzen Teig damit gut, hernach thu ihn zusammen wickeln, gleichwie eine dicke große Wurst, lege den Teig auf eine Tortenpfanne, und thu ihn in Keller stellen, bis den andern Tag, da du die Pasteten machen willst, mache hernach ein Messer warm, und schneide den Teig Blättleinweis in der Runde dick wie ein Thaler, bestreiche das Blech mit frischen Butter, und lege ihn Blättleinweis darauf, so viel du im Sinn hast Pastetlein zu machen, thu hernach einen Fasch darauf, und mit dem andern Blättlein bedecken, und ohne bestreichen im Ofen ausbachen, mit ein wenig gäher Hitze, damit sie eine Farbe bekommen.

Petits

Petits Patés aux Huitres.

Kleine Austernpastetlein.

Nimm kleine kupferne oder blecherne Pastetenschüsseln, so viel du Pastetlein vonnöthen hast, treibe den Teig schön gleich aus, und steche in der Grösse, wie die Schüsseln sind, ein rundes Blatt aus, und thu es schön gleich in das Schüsselein eindrücken und bestreichen, hernach mache die Austern auf in ein Geschirr, thu sie sauber putzen, wie sichs gehört, hernach thu in ein Schüsselein ein oder zwey Austern, nachdem nimm das Wasser von den Austern mit einem Stücklein frischen Butter, ein klein wenig fein geschnittenen Petersill, thu ein wenig Pfeffer und Lemonisaft dazu, gieß in ein jedes Schüsselein einen Eßlöffelvoll von der Sauce hinein, und bestreue sie mit ein wenig fein geriebenen Brod, thu sie in einen heißen Bachofen ausbachen, sie müssen aber gäh gebachen werden, hernach thu sie warm zur Tafel serviren.

Petits patés aux Huitres aux Coquilles.

Austernpasteten in der Schale.

Mach die Austern auf, thu sie in ein Geschirr, und behalte die schönern Schalen auf, hernach thu die Schalen sauber waschen, und bey dem Feuer trocknen, nachdem thu die Austern putzen wie sichs gehört, laß einen frischen Butter zergehen, thu die Austern hinein mit ein wenig Pfeffer und Lemonisaft, treibe hernach den Butterteig schön gleich aus, und steche runde Blättlein aus in der

Grösse von den Austernschalen, thu die Blättlein von Teig auf die Austernschalen legen und eindrücken, ringsherum mache ein kleines Raiflein von dem nämlichen Teig, bestreiche sie mit Eyern und lege in ein jedes einen oder zwey Austern, gieb einen Löffelvoll von dem Butter darauf, bestreue sie mit ein wenig fein geriebener Semmel, thu sie in einen gähen Bachofen ausbachen, und thu sie hernach mit sammt den Schalen zur Tafel serviren.

Petits patés a l' Allemande.

Kleine Hascheepastetlein auf deutsch.

Nimm ein mageres Kalbfleisch, schneide es viereckigt in einen Kastrol, thu dazu eine gute Nierenfetten so viel als Fleisch, ein paar Scharlotten, ein wenig Basilicum und Thymian, thu es auf dem Feuer passiren bis das Fleisch weiß wird, hernach thu es auf ein Schneidbrett, und thu ein wenig Kapern dazu, wie auch ein wenig Lemonischalen, Pfeffer und Salz, thu alles fein schneiden, auf die letzte drücke den Saft von einer Lemoni hinein und thu den Fasch mischen, so ist er gut, nachdem thu den Butterteig austreiben schön gleich, stich runde Blättlein, wie ein Thaler, heraus, lege so viel auf das Blech als du Pastetlein vonnöthen hast, bestreiche sie mit Eyern, thu hernach ein wenig Fasch darauf, und bedecke sie mit einem andern Blatt, drücke sie in der Runde mit dem Finger, damit sie gleich auflaufen und beysammen bleiben, hernach thu sie im Ofen ausbachen, aber nicht gar zu gäh, bis sie eine schöne Farbe haben, alsdenn thu sie warmer serviren.

Petits patés aux Ecrevisses.

Kleine Pasteten von Krebsen.

Nimm Krebse, soviel du glaubst vonnöthen zu haben, thu sie absieden und hernach die Schweife und Eyer davon nehmen, die Schalen a parte zum Stoßen, die Nase aber muß davon geschnitten werden, weil sie bitter ist, nachdem die Schalen recht fein gestoßen mit einem Stück frischen Butter, thu sie in einen Kastrol mit ein wenig frischen Wasser, und laß sie so lang kochen, bis der Butter recht schön roth ist, thu ihn hernach durch ein Haartuch pressen, und laß ihn kalt werden, schneide eine Schmollen von einer Semmel fein in einen Kastrol, gieß so viel Milch daran, daß die Semmeln bedeckt sind, wenn sie nun eine Stunde geweicht hat, so setz sie auf ein stätes Feuer, und laß wohl verkochen, daß es ganz dick wird, nachdem laß sie kalt werden, thu den kalten Krebsbutter in die gekochten Semmel, und thu ihn wohl zerrühren, hernach schlage etliche ganze Eyer daran, eins nach dem andern, und thu es allezeit wohl rühren, auch noch viel Eyerdotter, und allezeit muß gerührt werden bis es recht flammirt wird, nachdem schneide die Krebsschweife klein, und thu sie darein, thu sie salzen und auch ein wenig Zucker dazu, welches einen guten Gusto macht, ein wenig Muscatnuß, thu es wohl rühren, hernach thu ein Stück Butterteig gleich und dünn auswalgen, und mache in tiefe Mödel ein Blatt darein dem Model gleich, hernach thu von dem abgetriebenen Krebsteig etwas hinein, aber nicht gar voll, und schneide mit dem Bachrädlein

kleine

kleine Bändlein, und thu sie oben bedecken, kannst sie flechten nach deinem Belieben, hernach mit Eyern bestreichen, und in einem Ofen ausbachen, welcher nicht gar zu heiß ist, bis sie eine schöne Farbe haben, und hernach warmer serviren.

Petits patés aux farces d' Ecrevisses.

Kleine Pastetlein von Krebsfasch.

Nimm Krebse, so viel du meynest Fasch zu machen, thu die Krebse absieden mit Salz, hernach nimm die Schweife davon, aus der Schale mache einen Krebsbutter, nimm von dem Krebsbutter in einen kleinen Kastrol, thu dazu einen Scharlotten klein schneiden, wie auch ein wenig Petersill, ein klein wenig Thymian und Basilicum, ein wenig in Milch eingeweichte Semmel, ein wenig Muscatnuß, ein wenig Pfeffer und Salz, wie auch ein gesottenes Kalbseuter klein geschnitten, thu dieses alles auf dem Feuer ein wenig passiren, und thu es hernach auf ein Schneidbrett, thu die Krebsschweife dazu und schneide sie klein, nachdem mache die kleinen Pastetlein von Butterteig, soviel du vonnöthen hast, mit diesen Fasch, wenn du sie mit Eyern bestreichest, so thu die Eyer mit ein wenig Krebsbutter mischen, und bache sie schön auf dem Ofen, damit sie eine schöne Farbe bekommen, und servire sie warmer.

Petits patés aux Ecrevisses a l' Allemande.

Kleine Krebspastetlein auf deutsch.

Nimm Krebse, soviel du glaubst vonnöthen zu haben, thu sie absieden und die Schweife davon neh-

nehmen, und auch einen Krebsbutter machen, nachdem thu die Schweife klein gewürfelt schneiden, auch ein gesottenes Kalbseuter auf die nämliche Manier geschnitten, auch etliche Maurachen und ein wenig frische Triffel oder auch dürre, wenn du sie hast, nachdem nimm in einen Kastrol ein wenig Krebsbutter, thu einen Scharlotten fein geschnitten darinnen passiren, wie auch ein wenig feinen Petersill, nachdem thu alles Geschnittene hinein, und laß es ein wenig passiren, staube ein wenig feines Mehl daran, und gieb eine gute Bouillon darauf, und laß es aufkochen, setz es hernach vom Feuer, thu ein wenig Muscatnuß dazu, wie auch ein wenig Pfeffer und Salz, und laß es stehen, nachdem mache von Butterteig in kleine hohe Mödel die Pastetlein, thu in ein jedes hinein ein wenig Teig, oder auch ein wenig Fasch wenn du es hast, von innen aber därfen sie nicht bestrichen werden, mache die Deckelein daraus und thu sie aus dem Ofen bachen, wenn sie eine schöne Farbe haben, thu sie aus den Mödeln nehmen, und thu das innere heraus, halte sie warm bis es Zeit ist zu serviren, mache das Ragout von den Krebsschweifen warm, und fülle die Pastetlein damit an, decke sie wiederum zu, und thu sie warmer zur Tafel serviren.

Petits patés a la Francfort.

Frankfurter Pastetlein.

Nimm ein mageres Schaffleisch, thu es auf einem Schneidbrett klein schneiden, thu auch eine Nierenfetten dazu, so viel als Fleisch, ein paar Schar-

Scharlotten, ein wenig Petersill, Thymian und Basilicum, Pfeffer und Salz, thu alles zusammen recht fein schneiden, nachdem mache einen mürben Teig mit saurem Rahm und Butter auch Eyern, thu den Teig recht dünn auswalgen, und mache hernach über einen kleinen hölzernen Form die Pastetlein ein wenig hoch, thu von dem Fasch hinein, und decke sie zu, wenn es bald Zeit ist zu serviren, thu sie aus dem Ofen bachen, willst du sie serviren, mache ein wenig gute Coulis warm, drücke von einer halben Lemoni den Saft darein, mache die Pastetlein auf, und gieb ein wenig von dieser Sauce hinein, und thu sie serviren.

Petits patés au palais de Bœuf.

Kleine Pastetlein von Ochsengaum.

Nimm die Ochsengaumen, wenn sie recht lind sind, thu sie klein viereckigt schneiden, thu hernach einen fein geschnittenen Scharlotten passiren in ein wenig frischen Butter, thu die Ochsengaumen dazu, und laß noch ein wenig passiren, staube ein wenig feines Mehl daran, und gieb eine gute Bouillon darauf und laß aufkochen, thu dazu ein wenig Pfeffer und Salz, die Pastetlein werden von Butterteig gemacht, gleichwie die deutschen Krebspastetlein in kleine hohe Mödel, thu ein wenig Petersill Blättleinweiß pflücken und gut abblanchiren, und thu ihn hernach zu den Ochsengaumen, ist es Zeit zu serviren, laß aufkochen und mit Eyerdottern legiren, gieb einen Lemonisaft dazu, und thu es hernach in die kleine Pastetlein füllen, und warmer zur Tafel serviren.

Petits patés de fraise de Veau.

Kleine Gekrööspastetlein.

Werden gemacht auf die nämliche Manier gleichwie die von Ochsengaumen, nur daß das Gekrös nicht viereckigt geschnitten wird; sondern nur schöne kleine Stücklein, fein und recht warmer servirt.

Petits patés de Cervelle de Veau.

Kleine Pastetlein von Kalbshirn.

Diese werden gemacht auf die nämliche Manier, nur daß die Sauce vorher muß gemacht werden, damit daß das Hirn schön klein gewürfelt und ganz bleibt.

Petits patés de ris de Veau.

Kleine Brüspastetlein.

Werden auch auf die nämliche Manier weiß gemacht, man kann sie aber auch braun machen und mit Maurachen und Triffel mischen, aber nicht legiren, und wenn die Zeit ist, daß es Spargeln giebt, kann man sie auch weiß mit Spargel machen.

Petits patés d'amourettes.

Kleine Pastetlein von Ruckmark.

Diese werden auch auf die nämliche Manier gemacht, gleichwie die von Kalbshirn.

Petits patés de Grasdoubles.

Kleine Pastetlein von Kuttelflecken.

Diese Pastetlein werden auch auf eben solche Manier gemacht weiß, nur daß die Kuttelflecke recht fein, wie Nudel, müßen geschnitten werden.

Petits patés aux Salpicons.

Kleine Salpiconpastetlein.

Es werden die nämliche kleine Mödel mit Butterteig gemacht, nur was hinein kommt, nimmt man Kalbsbrüs, Kalbsenter, Ochsengaum, kleine Hühnerleber, wie auch ein wenig Schunken, dieses alles thut man recht klein gewürfelt schneiden, hernach thu ein wenig fein geschnittene Scharlotten passiren mit ein wenig frischen Butter, thu dieses Geschnittene auch dazu, ein wenig Schampignon und Maurachen, auch Triffel, wenn es passirt ist, thu ein wenig feines Mehl daran stauben, und gieb eine gute Jus darauf, laß dieses alles aufkochen, ist es Zeit zu serviren, machs wiederum recht warm, thu den Saft von einer Lemoni dazu, ein wenig Pfeffer und Salz, ein wenig fein geschnittenen Petersill, und füll es hernach in die Pastetlein hinein, alsdenn thu sie warmer zur Tafel serviren.

Petits patés hachés.

Kleine Hascheepastetlein.

Nimm ein mageres Kalbfleisch, schneide es in kleine Stücklein, nimm soviel gute Nierenfetten dazu, ein paar Schaarlotten, ein wenig Thymian und

und Basilicum, thu dieses auf dem Feuer passiren bis es weiß wird, hernach thu es auf ein Schneidbrett, thu dazu ein wenig Kapern und einen ausgehöhlten Sardellen, ein wenig Lemonischalen ohne weiß, Pfeffer und Salz, schneide dieses zusammen recht fein, auf die Letzte drücke den Saft von einer halben Lemoni in diesen Fasch, so ist er gut, hernach mache von Butterteig die kleinen Pastetlein davon.

Petits patés au Ris.

Kleine Reispastetlein.

Nimm etwas Reis, thu ihn in der Milch recht lind sieden, nachdem laß ihn kalt werden, thu ein wenig ungeschmolzenen Butter darein, und rühre den Reis wohl ab, thu auch dazu etliche Eyerdotter, es muß allezeit wohl gerührt werden, auf die letzte thu ein wenig Muscatnuß, ein wenig Pfeffer und Salz, nachdem thu in die kleine Pastetenschüsseln ein Blättlein Butterteig hinein, ein wenig Fasch oder feines Ragout, oder auch ein Salpicon, und thu es hernach mit dem abgetriebenen Reis bedecken, ein wenig hoch oben bestreichen mit ein wenig Butter und mit fein geriebenen weißen Brod bestreut, im Ofen laß sie recht schön ausbachen, bis sie schöne Farbe bekommen, und hernach servire sie warmer.

Petits patés de Cotellettes d'agneau a la Venitienne.

Carmenad von Lämmern auf Venetianisch.

Nimm die Carmenade von Lamm, und mache sie ohne Haut recht schön klein, hernach thu sie in ein wenig Provenceröl mit feinen Kräutern passiren, schlage sie in Butterteig ein, oben und unten mit ein wenig Fasch, das Bein aber muß heraus schauen, und den Teig darüber geschlagen neben beygedrückt, und hernach mit einem warmen Messer nach dem Form ein Carmenad geschnitten, ringsherum mit dem Messer beygedrückt, nachdem bestreiche sie mit Eyer, und thu sie aus dem Ofen gebachen schön warm serviren.

Petits patés de foye de poulets.

Kleine Pastetlein von Kalbsleber.

Nimm kleine hohe Mödel, und mache ein Blatt von Butter schön darein, hernach nimm etliche Hühnerleber, thu sie fein schneiden, nachdem thu sie in einen Kastrol, thu ein klein wenig feines Mehl dazu, rühre sie ab mit einem ganzen Ey und 4 Dottern, thu dazu ein wenig Muscatnuß, ein wenig Pfeffer und Salz, rühre es mit einem halben Schöpflöffelvoll Jus ab, passire es hernach durch ein Haartuch, ist es Zeit heraus zu bachen, fülle diese Sauce in die Mödel hinein nicht gar zu voll, laß sie schön aber nicht gar zu gäh ausbachen, thu sie warmer serviren, und nicht lang stehen lassen, damit sie kein Wasser ziehen.

Petits patés de Saumon.

Kleine Pastetlein von Rheinsalm.

Nimm ein Stück Rheinsalm, thu ihn salzen und auf den Rost legen, daß er etwas anziehet, hernach nimm kleine Pastetenschüssel, mache ein Blatt Butterteig darein, thu hernach den Salm zerpflücken in kleine filé, und leg ihn in das Schüsselein hinein auf den Teig, thu darauf feine Kräuter, ein wenig Provenceröl, Lemonisaft, und ein wenig fein geriebene Semmel, laß sie hernach im Ofen ein wenig gäh ausbachen, auf die lezte gieb ein wenig Jus darauf, und thu sie warmer serviren, wenn du es hast kannst du auch ein wenig Coulis anstatt der Jus nehmen.

Petits patés de filé de Mouton.

Kleine Pastetenfilee von Schaffleisch.

Mache einen Teig von Eyerdottern, gleichwie ein Nudelteig, hernach thu ihn fein auswirken, als wenn du Nudel machen wolltest, nimm einen Form von Holz, wie die kleinen Pastetlein seyn müßen, thu ein Stücklein von diesem Teig darüber drücken, fest zusammen und schön rund machen, diese müßen aber einen Tag vorher gemacht werden, damit sie trocken werden, mache auch die Deckelein dazu, die werden nur darauf gelegt ohne fest zu machen, den andern Tag nimm ein Fricandeau vom Schafschlegel, thu es gut abhäuteln, und schneide kleine filé daraus, thu sie roher in ein Geschirr, thu daran ein wenig Pfeffer und Salz, fein geschnittene Scharlotten, Petersill,

Thy-

Thymian und Basilicum, etwas gutes Provencer-öl und den Saft von einer Lemoni, thu es hernach wohl zusammenmischen, wenn der Bachofen gerichtet ist zum ausbachen, thu diese filé in die Pastetlein füllen also roher, decke die Deckelein darauf und thu sie ausbachen, wenn sie fertig sind und du zur Tafel serviren willst, thu die Fetten davon, welche ein wenig in der Höhe seyn wird, thu über alle einen Eßlöffelvoll gute Coulis daran, decke sie wiederum zú, und servire sie warmer zur Tafel.

Petits patés a l' Italienne.

Kleine Pastetlein auf Italiänische Manier.

Nimm ein mageres Kalbfleisch, thu dieses halb braten, hernach fein schneiden, und nachdem in ein Geschirr, thu daran kleine Rosinen, ein wenig fein geschnittenen Petersill, ein wenig Muscatnuß und Salz, wie auch ein wenig Pfeffer und klein geschnittenes Mark, einen Löffelvoll Coulis, daß es ein wenig Saft hat, der Teig dazu muß gezogen werden, nimm ein schönes Mehl, dazu schlage ein ganzes Ey, ein wenig Salz, nimm ein laulichtes Wasser mit ein klein wenig Butter, mache den Teig damit an, und thu ihn wohl arbeiten, bis der Teig recht schön glatt wird, und sich vom Tisch selbsten ablöset, hernach mache kleine Stücklein daraus, und thu ihn etwas auswürken, nimm hernach die kleinen Pastetenschüsseln zusammen, thu sie mit Butter bestreichen und zieh hernach den Teig darüber, bestreiche ihn hernach wieder mit

Butter

Butter, und dieses 3mal, hernach thu den Fasch hinein, und thu die andern 7 Blätter darüber ziehen, und allezeit mit Butter bestreichen, nachdem mache ein Messer warm, und thu sie, wie die Form sind, abschneiden, bestreiche sie oben auch mit Butter, und thu sie hernach im Ofen schön ausbachen, und warmer zur Tafel serviren.

Petits patés a la Genoise.

Kleine Pastetlein auf Genuesisch.

Der Fasch wird gemacht auf die nämliche Manier, wie vorher gemeldt, zu den Teig aber nimm ein schönes Mehl, die Hälfte Zucker, ein wenig Zimmet, 2 Eyerdotter und soviel frischen Butter, daß du den Teig damit anmachen kannst, es darf sonsten nichts dazu kommen, hernach nimm kleine Pastetenform, und mache das Blatt von diesem Teig hinein, thu hernach den Fasch hinein und thu sie bedecken, nachdem thu sie mit Eyern bestreichen, und streue ein wenig feinen Zucker darauf, thue sie schön ausbachen aber nicht zu heiß, im Herausnehmen der Mödel must du Obacht haben, daß du nichts zerbrechest, weil sie sehr mürb sind, diese Pastetlein werden nicht gar zu heiß servirt.

Petits patés de Laitance de Carpes.

Kleine Pastetlein von Karpfenmilch.

Nimm die Milch von einem oder zwey Karpfen, thu sie ein wenig im Salzwasser abblanchiren, hernach thu sie in kleine Stücklein schneiden, so groß wie eine Auster, thu es in einen Kastrol mit fein geschnittenen Scharlotten und Petersill, wie auch ein

ein paar fein gehackte Sardellen, ein wenig Pfeffer und Salz, ein Stücklein frischen Butter, etliche Tropfen Provenceröl, den Saft von einer Lemoni, thu es hernach ein wenig auf dem Feuer passiren, nachdem mache in die kleinen Pastetenschüsseln von Butterteig Blättlein hinein, und thu hernach in ein jedes Schüsselein ein Stücklein von der Karpfenmilch, und gieb die Sauce davon überall darauf, streue ein wenig fein geriebenes Brod darauf, und thu sie im Ofen schön ausbachen, sie dürfen schon ein wenig gäh heraus gebachen und warmer servirt werden, sie haben fast den Geschmack von Austern, wenn man Austernschalen hat, so können diese Pastetlein darinnen gemacht werden, viele essen es vor Austern.

Petits patés d' Epinards.

Kleine Spinadpastetlein.

Nimm abblanchirte Kalbsbrüs, thu sie abhäuteln, in kleine Stücklein schneiden und in einen Kastrol, thu dazu ein wenig fein geschnittene Scharlotten, ein wenig Petersill, Thymian und Basilicum, thu es auf dem Feuer ein wenig mit Butter passiren, hernach thu sie in einen Mörser fein stoßen, nachdem thu sie heraus in ein Geschirr mit einem Stücklein frischen Butter, rühre es mit einem ganzen Ey und 4 Eyerdottern wohl ab, thu ein wenig eine in Milch eingeweichte Semmel hinein, wie auch einen Spinaddopfen, so viel bis es recht grün wird, ein wenig Muscatnuß, ein wenig Pfeffer und Salz, stoß es recht untereinander, mache von Butterteig in kleine Form ein

ein dünnes Blatt hinein, füll es mit diesem Fasch an, zieh kleine Bändlein von Teig darüber, thu sie mit Eyern bestreichen und schön ausbachen, hernach warmer serviren.

Petits patés de Cerfeuille.

Kleine Pastetlein von Körbelkraut.

Diese Pastetlein werden auf die nämliche Manier gemacht, nur daß das Körbelkraut muß fein geschnitten und hernach mit Butter passirt werden, und den Fasch gemacht, wie vorher gemeldt, von den Spinadpastetlein, wird auch auf diese Manier servirt.

Petits patés d' Asperges.

Kleine Pastetlein mit Spargel.

Nimm den Fasch, wie schon vorher gemeldet worden, den Spargel, nachdem er gesotten, thu klein schneiden und ein wenig passiren, und in Fasch hinein, alsdenn mache diese Pastetlein, wie die von Körbelkraut.

TOUTES SORTES DE BOUDINS POUR HORS D'OEUVRES.

Trockenes Voressen von allerhand Sorten Würst.

Des Boudins aux Ecrevisses.

Krebswürste.

Man nimmt nur kleine ordinäre Krebse und thut sie absieden, hernach nimm die Schweife davon, von den Schalen thust du einen Krebsbutter machen, schneide eine halbe Semmel ohne Rinden klein, und gieß einen süßen Rahm daran, laß sie eine Stunde lang weich werden, nimm nachdem die Krebsschweife, ein Kalbsbrüs und 2 Kalbseuter, blanchirter zusammen alles fein geschnitten, und thu es zu der eingeweichten Semmel, wie auch ein wenig Basilicum und Thymian, ein klein wenig Majoran und Petersill, wie auch ein wenig fein geschnittenen Zwiebel im Krebsbutter passirt, und dieses alles muß sehr fein seyn, thu hernach den Krebsbutter dazu also kalter, etliche Eyerdotter, rühre dieses alles untereinander, thu ein wenig Pfeffer und Salz dazu, nachdem thu diesen Fasch in eine Wurst spritzen, und fülle die Därme damit an, mache die Würste so groß, als du sie haben willst, thu sie mit einem feinen Faden unterbinden, stelle in einen Kastrol eine Milch auf das Feuer, wenn sie heiß ist, thu die Würste hinein, laß sie stät aufkochen, hernach

thu

thu sie heraus, laß sie kalt werden, wenn du sie serviren willst, must du eine halbe Stunde vorher einen Bogen mit Krebsbutter bestreichen, dasselbe auf den Rost legen, und hernach die Würste darauf, mit einer sehr gelinden Glut schön gelb werden lassen, hernach sauber anrichten, die Schüssel aber vorhero wohl heiß machen, damit die Würste recht warm bleiben, und zur Tafel serviren.

Des Boudins verds.

Grüne Würste.

Diese Würste werden auf die nämliche Manier gemacht, gleichwie die vorbemeldte, nur daß kein Krebs und auch kein Krebsbutter dazu kommt, sondern nur etwas weißer frischer Butter, und um grün zu machen, must du einen Spinaddopfen machen, welche ich schon gemeldet habe, wie er zu verfertigen ist, diesen thust du hinein, so viel bis dein Fasch recht schön grün ist, und machst hernach die Würste gleichwie die andern, und auch in der Milch abgesotten auf die nämliche Manier, wie auf dem Rost das nämliche, nur nicht zu stark grilliren lassen, und warmer servirt.

Des Boudins de fraise de Veau.

Weisse große Würste.

Diese Würste werden auf die nämliche Manier gemacht, wie die erstbemeldten, nur ist der Unterschied, daß du, anstatt dem Brüs und Euter, ein schönes weißes und recht lind gesottenes Gekrös nehmest und keinen Butter dazu, wenn das

Ge-

Gekrös gesotten ist, sondern nur mit wenigen Butter, wo du den Zwiebel damit passirest, und hernach mache die Würste nicht anderst und minder, gleichwie die vorhergemeldte, nur ein wenig fein geschnittenen Majoran nimmst du dazu, und servire sie auch recht warm.

Des Boudins de Cervelle de Veau.

Würste von Kalbshirn.

Diese Würste werden auch auf vorbemeldte Art gemacht, nur anstatt dem Gekrös nimmst du Kalbshirn, und das übrige machst du alles, wie bey den andern Würsten auch, alsdenn servire sie warmer zur Tafel.

Des Boudins a l' Italienne.

Würste auf Italiänische Manier.

Diese Würste werden auch von Hirn gemacht, es gilt gleich schweinernes oder Kalbshirn, thu etliche Kalbseuter dazu, wie auch etwas Butter, nur der Unterschied ist, daß kein Brod dazu kommt, sondern das bloße Hirn und etliche Dottern auch ein wenig Safran, das übrige wird tractirt, gleichwie bey den andern Würsten, nur daß sie recht warm servirt werden.

Des Boudins a la Bechamelle.

Würste von weißem Geflügel mit Rahm.

Man nimmt ein gebratenes Geflügel, wenn an aber dieses nicht hat, und eines extra braten

 muß,

muß, es mag ein Kapaun oder Polard seyn, es gilt gleich, so wird dieses nur halb abgebraten, hernach thu die Haut davon, löse alles weiße Fleisch ab, thu es recht fein und klein schneiden in filé, aber nur mit dem Messer und nicht mit dem Schneidmesser, hernach thu dieses Fleisch in einen Kastrol, thu dazu eine Bechamelle, wie ich schon gemeldet habe zu machen, ein wenig viel, rühre etliche Eyerdotter darunter, ein wenig Pfeffer und Salz, thu es hernach in die Därme füllen, und formire die Würste nach deinem Gutachten in der Größe, laß sie hernach in der Milch einen Sud aufthun, thu sie wiederum aus der Milch, und laß sie kalt werden, nachdem, wenn es Zeit ist, thu ein Papier mit Butter bestreichen, lege die Würste darauf, und setz sie auf ein stätes Feuer, welches sehr gleich seyn muß, laß sie schön gelb werden, nachdem thu sie sauber zur Tafel serviren, auch müssen sie recht warm seyn; du kannst diese Sorten Würste von Wildgeflügel auf die nämliche Manier machen, sie sind auch recht gut.

Des Boudins au sang a l' Allemande.

Blutwürste auf deutsche Manier.

Nimm ein Pfund frischen Speck, laß ihn halb sieden, nach diesem, wenn er ein wenig kalt ist, thu ihn klein gewürfelt schneiden, hernach thu die Kräuter fein schneiden, als nämlich etwas Basilicum, Thymian, etwas Maroni, hernach schneide einen großen Zwiebel fein, thu ihn in einen Kastrol, passire ihn mit einem Stücklein frischen Butter, gieß darein ein halb Maaß schweinernes Blut,

Blut, und ein halb Maaß süßen Rahm, thu den geschnittenen Speck auch dazu, wie auch die Kräuter, Salz und Pfeffer, wie sichs gehört, setze dieses hernach auf das Feuer, und rühre es allezeit bis es heiß wird und anfängt ein wenig dicklicht zu werden, nachdem setz ihn vom Feuer, und thu die Därme einfüllen, man nimmt, wie gebräuchlich, große und fette Därme zu diesen Würsten, nach diesem setz ein Wasser auf das Feuer, und laß es sieden, thu die Würste hinein, und laß sie nur ein paar Sud aufthun aber ganz stät, thu die Würste hernach aus dem Wasser, und laß sie kalt werden, ist es Zeit zu serviren, thu die Würste in ein heisses Wasser oder schlechte Bouillon, laß sie warm werden, nachdem thu sie in eine Pfanne oder Kastrol mit Butter oder guter Fetten, und laß sie auf einem stäten Feuer gelb werden auf beyden Seiten, thu sie hernach recht warm serviren, diese Würste sind auf deutsche Manier, doch nicht ordinär gemacht, wie die Blutwürste von den Metzgern gemacht werden.

Des Boudins noirs.

Schwarze Würste.

Nimm ein Pfund Schweinfetten von der Lenden, thu sie sauber abhäuteln, hernach schneide die Fetten klein gewürfelt, nachdem thu 8 große Zwiebel recht fein schneiden, und thu sie in einen Kastrol mit ein halb Pfund Butter, laß sie auf einem stäten Feuer passiren, wenn die Zwiebel lind sind, so gieß dazu ein halb Maaß Blut und ein Quart süssen Rahm, thu die Fetten, die feinen Kräuter

Basilicum, Thymian, Maroni, Pfeffer, etliche feine gestoßene Nägelein, ein wenig Muscatblüth oder Nuß auch dazu hinein, salze wie sichs gehört, und setz sie hernach auf das Feuer, thu mit einem Küchenlöffel allezeit rühren, bis es anfängt ein wenig dick zu werden, hernach füll es also warmer in die Därme hinein, thu die Würste nach diesem unterbinden, setz ein Wasser auf das Feuer, laß es sieden, thu hernach die Würste hinein, laß sie ein paarmal aufsieden, thu auch ein paar Lorbeerblätter in das Wasser und Salz, hernach thu sie heraus, und laß sie kalt werden, ist es Zeit zu serviren, bestreiche die Würste mit Butter, lege sie auf den Rost, setz sie auf eine leichte Glut und laß sie grilliren, bis sie durchaus heiß werden, nachdem thu sie warmer und sauber serviren, und mit weißer Semmel oder Petersill garniren.

Des Boudins de Veau.

Würste von Kalbfleisch.

Nimm von einem Kalbsschlägel das magere Fleisch, thu es aber wohl abhäuteln, hernach schneide es recht fein, thu es mit dem Messer durchstreichen und alle kleine Häutlein davon nehmen, nimm hernach Schweinfetten, oder wenn du keine hast, Nierenfetten von Ochsen, thu sie fein a parte schneiden, hernach thu die Fetten unter das geschnittene Fleisch, nimm ein Holz oder auch einen Nudelwalger, und thu das Fleisch mit der Fetten auf einen saubern Stock oder Tisch, und schlage es hernach so lang, bis das Fleisch einem Teig gleich wird, zu Zeiten aber gieß einen Löffelvoll frisches

Was-

Wasser daran, nachdem, wenn es recht fein ist, schneide ein wenig Basilicum und Thymian recht fein, thu es daran, wie auch Pfeffer und Salz, thu es gut mischen und fülle die Därme damit ein, man kann etwas weitere Därme nehmen, als zu den Boudins, oder schwarze Würste genannt, wenn sie eingefüllt sind, setze ein Wasser mit Salz auf das Feuer und laß sieden, thu hernach die Würste hinein, und laß sie nur ein paar Sud aufthun, nimm sie hernach heraus und laß sie kalt werden, willst du sie serviren, bestreiche sie mit frischen Butter, leg sie auf den Rost und laß sie grilliren, bis sie durchaus warm werden, thu sie hernach zur Tafel serviren, du kannst auch Bratwürste davon machen in kleine Därme und braten, wie Bratwürste in der Pfanne oder auf dem Rost, aber nicht sieden lassen.

Des Boudins de Mouton.

Würste von schäfernen Fleisch.

Diese Würste werden auf die nämliche Manier gemacht, gleichwie diese von Kalbfleisch, nur daß ein Petersill dazu kommt und ein wenig Majoran, auch daß diese Würste in kleine Därme eingefüllt werden und nicht grillirt, sondern nur gesotten doch nicht zu viel, und recht warmer zur Tafel servirt.

Des Boudins aux lievres.

Würste von Hasen.

Nimm das Fleisch von einem Hasen, thu es recht schön abhäuteln, hernach nimm frischen Speck ein Pfund dazu, etliche Scharlotten, Basilisilicum und Thymian, ein wenig Lemonischalen, schneide alles recht fein, gieß hernach ein Stutzgläßleinvoll rothen Wein daran, Pfeffer und Salz, thu es gut mischen, und füll es hernach ein in Bratwürstdärme, und wenn du sie serviren willst, thu sie braten gleichwie die Bratwürste, aber nur nicht zu trocken, sonst werden sie spröd.

De Boudins de Sanglier.

Würste von Wildschwein.

Diese Würste werden auf die nämliche Manier gemacht, gleichwie diese von Hasen, nur um etwas fetter, weil das Fleisch etwas trockener ist.

Des Cervelats a la Milanoise.

Bratwürste auf Mayländisch.

Nimm ein zahmes schweinernes Fleisch, welches halb fett und mager ist, dieses thu recht fein schneiden, daß es einem Teig gleich siehet, thu hernach ein wenig Basilicum und Thymian recht fein schneiden, thu ihn auch dazu, ein wenig Rockenbol, recht fein Pfeffer, und ein wenig gestoßene Nägelein, Salz soviel es nöthig ist, gieß ein kleines Glas Wasser daran, thu diesen Fasch recht gut mischen, und füll ihn in die Bratwürstdärme, und mache Bratwürste daraus, diese Würste sind gut grillirt und auch gut in Reis gesotten, wie es die Italiäner gerne essen, und auch in allen andern Gemüßern gesotten.

Des

Des Boudins a l' Italienne de Cotigni.

Würste, oder Cotigin auf Italiänisch genannt.

Nimm 4 Schweinsohren, diese müßen sauber geputzt, und von keinem alten Schwein seyn, wie auch 4 Pfund schweinerne Schwarten, wo nur ein wenig Fetten daran seyn muß, dieses zusammen thu recht fein hacken auf einem saubern Schneidbrett oder Stock, hernach gieß ein Stutzglas Muscatenwein daran, thu auch ein wenig fein geschnittenen Basilicum, Thymian, Lemonischalen, Pfeffer und Nägelein (muß recht grob gestoßen werden) daran, thu es gut salzen, und füll es hernach in große Därme recht fest, auf die Art wie Salanuwürste, thu sie recht fest unterbinden und henke sie hernach in ein trockenes Ort, wo die Luft durchstreicht, bis daß sie recht fest werden, wenn du sie hernach serviren willst, thu die Würste in ein Geschirr, wo das Wasser darüber gehet, mit 2 Lorbeerblätter und laß sie sieden bis sie lind sind, man kann diese Würste geben zu einem grünen Gemüß, oder auch alleine serviren, sie lassen sich auch lange Zeit aufbehalten, weil sie aus Italien zum öftern hier zu Lande überschickt werden.

Des Andouilles a l' Italienne.

Große Würste auf Italiänisch.

Man nimmt alle Därme von einem fetten Schwein, nachdem sie recht sauber geputzt sind, den großen und fetten Darm thut man a parte, die andern schneidet man in kleine Stücke, salzet sie gut ein, und läßt sie über Nacht im Salz, hernach thu sie aus dem Salzwasser herausnehmen, welches sie selbst geben, thut daran Pfeffer und Nä elein nur halb gestoßen, wie auch ein wenig Mu catblüth und ein wenig süßen Kümmel, thu nach em diese Därme in die fetten Därme füllen, aber recht fest, thu sie unterbinden und wiederum salzen, nach diesem in ein trockenes Ort aufhenken, wo die Luft durchstreichet, bis sie recht trocken werden, hernach kannst du solche Würste mit einem grünen Gemüß sieden lassen und serviren, oder auch allein, die Italiäner aber essen es gern mit dem Gemüß, man kann sie lind sieden lassen, und auch hernach auf dem Rost grilliren, es kommt auf den Gusto an.

Des Andouilles de fraise de Veau.

Andouilles von Kalbsgekrös.

Nimm ein frisches fettes Kalbsgekrös, nachdem es mit Salz und ein wenig Mehl sauber gewaschen ist, thu es halb sieden, hernach nimm die Drüsen davon und schneide das Gekrös in kleine Stücke, thu es in ein Geschirr, dazu ein wenig Basilicum und Thymian, ein wenig Majoran, Pfeffer und ein wenig halb gestoßene Nägelein, wie auch ein wenig Muscatblüth und Salz, wie sichs gehört, füll hernach dieses Gekrös in einen großen fetten schweinernen Darm nicht gar zu fest, hernach thu diese Würste in ein Geschirr, thu daran eine alte Bräs wenn du eine hast, mit etwas Wurzeln, ein Lorbeerblatt und Bouillon, setz es auf ein stätes Feuer, und laß sie sieden bis sie

lind

lind werden, setz sie hernach vom Feuer und laß kalt werden, sie dörfen auch etliche Tage stehen, wenn du diese Würste serviren willst, nimm sie heraus, und thu sie auf dem Rost grilliren, servire sie alsdenn warmer zur Tafel.

Des Andouilles d'une autre maniere.

Andouille auf eine andere Manier.

Mache einen guten Kalbsfasch mit Nierenfetten, Kräutern und Gewürz, wie sichs gehört, hernach nimm ein Kalbsnetz, thu diesen Fasch hinein, und mache einen Form, als wie große Würste, thu sie in eine Brás, wie schon vorher gemeldt, und laß sie kochen bis du glaubst daß der Fasch gar ist, hernach nimm sie heraus in ein Geschirr, gieß einen guten sauren Rahm darüber und laß sie kalt werden, nachdem nimm ein Stücklein frischen Butter, laß ihn zerschleichen mit ein paar Eyerdotter darunter gerührt, thu diese Würste darinnen umkehren, mit fein geriebenen Brod bestreuen, auf den Rost legen, auf allen Seiten schön grilliren lassen, und warmer serviren.

Des Boudins a la bourgeoise.

Würste auf bürgerlich.

Man nimmt die Därme von 2 fetten Schweinen, aber nur die guten großen fetten Därme, nachdem sie sauber geputzt sind, thut man sie auch mit Salz sauber waschen, hernach schneide die 2 fetteren von einem Darm herunter, aber in einer Gleichheit, was die dünnern sind, müßen auch die nämliche Länge haben, nimm hernach 4 Ohren und 2 schweinerne Zungen, welche abgehäutelt werden müßen, schneide sie lang und dick, wie ein kleiner Finger, thu die Därme, Ohren und Zungen auf ein sauberes Schneidbrett, thu es salzen und groben Pfeffer dazu, wie auch Nägelein und ein wenig süßen Kümmel, nachdem thu soviel zusammen, als in den großen Darm hinein gehen möchte, und thu die Würste mit Bindfaden schön binden, damit sie schön beysammen bleiben, thu sie hernach in eine Bräs, thu dazu etliche Füße, füll sie an mit Bouillon, und laß sie auf einem stäten Feuer kochen bis sie recht lind sind, setz sie nachdem vom Feuer, und laß sie kalt werden, man kann sie in einen Keller 14 Täge aufbehalten und noch länger, wenn du sie serviren willst, nimm sie kalter aus der Bräs, thu das Gesulzte davon weg, bestreue ein Papier mit Butter, und wickle die Wurst hinein, eine jede a parte, lege sie auf den Rost und laß sie grilliren, bis das Papier alles schön gelb wird, hernach richte sie mit sammt dem Papier an zur Tafel.

Des Andouilles a la Veronese.

Veroneser *Andouille.*

Nimm Schweinsohren, nachdem sie sauber geputzt und flammirt sind, thu sie sieden mit Wasser, Salz, Zwiebel und ein Lorbeerblatt, ganz Gewürz und ein Glasvoll weißen Wein, hernach thu die Ohren kalt werden lassen, und schneide sie hernach fein wie grobe Nudel, thu sie in ein Geschirr, thu dazu Basilicum, Thymian, und ein wenig fein

fein geschnittenen Majoran, wie auch etwas fette frische Schweinschwarten, gieß daran ein wenig Schweinsblut nur soviel, daß es netzen thut, thu es salzen und ein wenig groben Pfeffer dazu, füll es hernach ein in weite Därme, thu die Würste unterbinden, und laß sie sieden, wo vorher die Ohren gesotten haben, etliche Sud, und laß hernach über Nacht stehen, wenn du sie hernach serviren willst, thu sie aus dem Sud nehmen, lege sie auf den Rost und laß sie grilliren, man kann sie auch gesottener geben.

Des Boudins de foye.

Leberwürste.

Nimm das Gelüng von einem guten Schwein, wie auch etwas von der innern Fetten, und laß im Wasser lind sieden und salze sie, hernach thu das Gelüng auf ein Schneidbrett, wie auch die Fetten und die rohe Schweinsleber, schneide sie recht fein, hernach thu sie in einen Kastrol, schneide einen Zwiebel, etliche Scharlotten, Basilicum, Thymian und Petersill, thu sie pfeffern und salzen, gieß einen Schöpflöffelvoll gute Fleischsuppen daran, rühre sie wohl, nachdem nimm fette Mastdarm von Schwein, und thu sie einfüllen, die Größe kannst du machen wie du willst, die Würste thu in den Sud, wo vorher das Gelüng gesotten hat, und laß etliche Sud aufthun, hernach nimm die Würste heraus, lege sie auf ein sauberes Tischtuch oder Serviette und laß sie kalt werden, willst du sie serviren, laß einen Butter in einen Kastrol zergehen, thu die Würste hinein, und setz sie auf ein stätes Feuer, laß sie schön gelb werden auf beyden Seiten, und thu sie recht warmer serviren; auf diese Art gemacht sind sie recht gut.

Des Boudins de foye a l' Espagnole.

Leberwürste auf spanische Manier.

Nimm ein schweinernes Gelüng mit sammt der Leber, und thu dieses roher recht klein gewürfelt schneiden, hernach thu es in ein Geschirr, nimm ein wenig rothen spanischen Pfeffer, thu ihn auch recht fein schneiden und dazu, wenn du aber keinen hast, so nimm groben gestoßenen Pfeffer dazu, nimm ein halb Pfund Zibeben, diese laß einen Sud im Wasser aufthun, nimm hernach die Kern heraus und thu sie auch dazu, ein viertel Pfund Biniolen, ein wenig Basilicum und Thymian thu auch dazu, salze sie wie sichs gehört, mische sie wohl, und füll sie hernach in die Därme, sie därfen nicht gar weit seyn, und mache die Würste hernach so lang oder groß, als du willst, thu sie unterbinden, und leg sie in ein Geschirr mit Lorbeerblättern, laß sie über Nacht stehen, hernach thu sie in Rauch hängen, bis sie anfangen vom Rauch gelb zu werden; nachdem thu sie sieden, so ist die Manier, wie sie die Spanier essen.

Des Boudins aux Chapon.

Kapaunenwürste zu machen.

Nimm einen Kapaunen, und thu ihn halb im Saft braten, hernach laß ihn kalt werden, thu nach diesem die Haut davon, nimm das Fleisch alles auf ein sauberes Schneidbrett, thu es recht

fein

fein schneiden, alsdenn nimm eine Schmollen von einer Semmel, thu sie fein schneiden in einen Kastrol, gieß süßen Rahm daran, und setz sie auf das Feuer, thu sie mit dem Kochlöffel zerrühren und laß die Semmel wohl verkochen, hernach thu das geschnittene Fleisch dazu, wie auch ein wenig Basilicum und Thymian fein geschnitten, ein wenig Petersill, Pfeffer und Salz, 4 Eyerdotter, ein Stücklein fein gewürfelt geschnittenes Mark, auch einen halben oder ganzen Zwiebel fein geschnitten und in frischen Butter passirt, und ein wenig Muscatnuß, rühre es untereinander, thu es auch salzen und hernach in die Därme einfüllen mit einer Spritzen, wie die Botindärme seyn müßen, thu die Würste unterbinden, setz eine Milch auf das Feuer, laß sie sieden, und thu hernach die Würste hinein, laß sie ein paar Sud aufthun, hernach thu sie heraus und laß sie kalt werden, willst du sie serviren, bestreiche ein Papier mit frischen Butter auf den Rost und lege die Würste darauf, laß sie stät gehen, bis sie schön gelb werden, hernach servire sie zur Tafel.

Des Boudins aux Perdraux.

Würste von Rebhühnern.

Werden auf die nämliche Manier gemacht.

Des Boudins aux Faisands.

Würste von Fasanen.

Werden auch auf die nämliche Manier gemacht, und können von allem Geflügel auf diese Manier gemacht

gemacht werden, sie mögen hernach von zahmen oder wilden Geflügel seyn, das gilt gleichviel.

DES FRITURES POUR HORS-D'OEUVRES.

Ausgebachenes zum Voressen.

Une Bechamelle frite.

Ausgebachenes.

Schneide etliche Schambinion und Maurachen in feine filé ohne façon, ein wenig Spargel, wenn die Zeit dazu ist, oder feine kleine grüne Erbsen, ein wenig gekochten Schunken oder geselchte Zungen, dieses thu in einen Kastrol mit ein wenig frischen Butter, laß es ein wenig auf dem Feuer passiren, hernach bleibt oft etwas über von Brüs, Ochsengaum, auch etwas gebratenes vom Geflügel, da thu die Brüs und Ochsengaum auch in fein filé schneiden, wie auch etwas filé von gebratenen Geflügel von der Brust, und etwas Geflügel Leber, es muß aber alles gekocht seyn, dieses thu zusammen zu den Schambinion und Maurachen, hernach thu etwas Beschamelle dazu, just so viel, daß es zusammen hält, thu es salzen wie sichs gehört, und mache einen Form daraus länglicht oder rund, so groß wie du willst, nimm so viel als ein kleines Hühnerey seyn kann, thu das Brett oder den Bachtisch mit einem Mehl bestreuen und thu es darauf, streue wiederum ein wenig

wenig Mehl darauf und gieb den Form, hernach schlage 2 ganze Eyer und 2 Dotter dazu, thu es gut abschlagen, kehre sie hernach in Eyern gut herum, und bestreue sie mit fein geriebenen Brod, kehre sie um, und lege sie auf eine Schüssel, bis es Zeit ist zu serviren, alsdenn thu sie schön stät im Schmalz ausbachen, daß sie eine Farbe wie Gold haben, thu sie hernach mit gebachenen Petersill garniren und zur Tafel serviren, es ist ein delicat Gebachenes.

Une Friture des Oreilles de Veau.

In Schmalz gebachene Kalbsohren.

Nachdem die Ohren flammirt und sauber geputzt sind, thu sie zum Feuer in einer Bräs, oder in Geschirr mit Wasser, Essig, Salz und Pfeffer, Wurzel, Kräuter und etwas Fetten oder Speck, laß sie lind sieden, hernach thu sie heraus und halbire sie oder laß sie ganz, und wo das dünne ist schneide sie fein, doch aber daß das Ohr ganz bleibet, nur bey den dicken angefangen zu schneiden durchaus fein wie Nudel, hernach thun sie sich frisiren, thu sie nach diesem ein wenig mit Mehl bestreuen und auf eine Schüssel legen, bis es Zeit ist zu serviren, nachdem thu sie schön gelb ausbachen, sauber anrichten, und mit ausgebachenem Petersill garniren, alsdenn zur Tafel serviren.

Une Friture de fraise de Veau.

Ein gebachenes Kalbsgekrös.

Das Gekrös muß mit Mehl und Salz sauber gewaschen, hernach in einem Blanquet gekocht werden,

den, damit es schön weiß bleibet, merke aber wohl wie das Blanquet gemacht wird, welches zum öftern muß gebraucht werden.

Man thut in einen Kastrol oder Kessel, oder in sonst ein Geschirr, wenn es nur verzinnt oder Erden ist, von allerhand Wurzeln, Zwiebel und Kräutern, wie schon benennet ist, von einer Lemoni das Mark Blättleinweis geschnitten die Kern davon, ein Stücklein Butter, etwas weniges Speck oder Nierenfetten, ein wenig feines Mehl, hernach ein Wasser darauf und aufkochen lassen, nachdem das Gekrös hinein thun und sieden lassen, daß es lind wird, nach diesem thu es heraus und putze es sauber, die Drüsen thu davon nehmen und in kleine Stücke zerschneiden und zusammen wickeln, daß eine jede Portion die Größe eines Thalers ausmacht, thu es pfeffern und salzen, kehr es in Eyern um, und bestreue es mit fein geriebener Semmel, die Semmel aber mit ein wenig Mehl gemischt, und thu sie ausbachen wenn es Zeit ist zu serviren, auch mit Petersill garniren, und zur Tafel bedienen.

Une Friture de Cervelle de Veau.

Ein gebachenes Kalbshirn.

Dieses muß vorher abgehäutelt werden, nachdem es im Wasser und Salz blanchirt worden ist, so thu es in kleine Stücke schneiden, pfeffern und salzen, man kann es auch in einen Marginat thun, da nimmt man einen Essig in einen Kastrol mit Zwiebel, ein Lorbeerblatt, etwas Kräuter, Pfeffer ser und Salz, und läßt alles zusammen aufsieden, nachdem thu das Hirn hinein, und laß es etliche Stunden darinnen stehen, thu es hernach heraus, und in die Eyer umkehren, auch mit Semmel banniren, wie schon gemeldet ist, du kannst auch einen Teig dazu machen, thu ein feines Mehl in ein Geschirr, mache ein wenig weißen Wein ein klein wenig warm, mache den Teig damit an, thu ein wenig Provenceröl und Salz dazu, dieser Teig muß gut abgerührt werden, er muß so seyn, wie man ihn zu den Aepfeln zum ausbachen braucht, thu das Hirn hernach im Teig herum kehren und schön ausbachen, mit gebachenen Petersill garniren, und also zur Tafel serviren.

Une Friture de Foye de Veau.

Eine gebachene Kalbsleber.

Nachdem die Kalbsleber sauber abgehäutelt ist, schneide sie in schöne Stücklein, nicht zu dick und auch nicht zu dünn, thu die Leber hernach in eine Milch legen, und laß sie ein paar Stunden darinnen liegen, ist es Zeit zu serviren, thu die Leber aus der Milch auf ein sauberes Tuch, thu sie sauber abdrücken, hernach ein wenig salzen und pfeffern, und im Mehl umkehren, schnell ausbachen, mit Petersill garniren und zur Tafel bedienen. Auf Italiänisch aber must du die Leber in fein geriebener Semmel umkehren, in einen Kastrol einen Butter zergehen lessen und die Leber hinein legen, auf einem starken Windofen anziehen lassen, bis sie auf einer Seite schön gelb wird, nachdem umkehren, und auch wiederum gelb werden lassen, hernach ohne Fetten sauber anrichten, auf diese Manier essen es die Italiäner gern.

Une Friture a la Genoise.

Eine gebachene Leber auf genuesisch.

Die Leber muß auch in Milch eingeweicht, und hernach abgedrückt, nachdem eingemehlt, in Eyern umgekehrt, mit fein geriebenen Brod bannirt und gäh ausgebachen, mit Petersill garnirt und zur Tafel servirt werden.

Une Friture de piés de Veau.

Kalbsfüße gebachen.

Wenn die Kalbsfüße flammirt, sauber geputzt, ausgelößt und gewaschen sind, so thu sie absieden in einem Blanquet mit Salz, wenn sie lind sind thu sie in ein Geschirr, gieß Essig darauf, Salz und Pfeffer, wie auch einen Zwiebel Blättleinweis geschnitten, ein wenig Basilicum, Thymian, laß sie ein paar Stunden stehen in Marinad, hernach thu sie mit Brod und Eyern banniren, wie schon gemeldet ist, oder auch im Teig umkehren, gleichwie das Kalbshirn, wie schon gemeldet ist, auf die nämliche Art wird der Teig gemacht und ausgebachen, mit Petersill garnirt, und zur Tafel servirt.

Une Friture de piés d' agneau.

Gebachene Lammsfüße.

Diese werden auf die nämliche Manier gemacht, als wie die Kalbsfüße.

Une Friture de croquettes de palais de Bœuf.

Ein Gebachenes von Ochsengaum.

Die Ochsengaumen, nachdem sie lind gekocht sind in einer Bráe, thu hernach in feine filé schneiden, du kannst auch etwas anders darunter mischen; als námlich: etwas Schambinion und Triffeln, auch Hühnerlebern, nachdem thu eine Beschamelle darunter, ein wenig Pfeffer und Salz, ein wenig fein geschnittenen Petersill, misch es untereinander, streue ein Mehl auf ein Nudelbrett und thu es darauf, mache sie rund, kehre sie in Eyern um, und thu sie in fein geriebenem Brod banniren, und hernach schön ausbachen, mit Petersill garniren, und zur Tafel serviren.

Une Friture de croquettes melées.

Ein Gebachenes Geschnitz von allerhand.

Man nimmt von allerhand fein gebratenem Fleisch, als námlich was man hat: gebratenes Kalbfleisch, Geflügel, es mag seyn was für eins es will, dieses thut man in kleine und feine filés schneiden, wie auch Triffel und Maurachen, wenn man sie hat, auch klein geschnitten, thu dazu eine Beschamelle, wie ich schon explicirt habe, ein wenig Pfeffer und Salz, thu es untereinander mischen, mache hernach einen kleinen Form daraus, rund oder lang, bestreue sie mit ein wenig feinem Mehl, kehre sie in Eyern herum, bannire sie mit

Semmel und hernach bache sie aus, nachdem mit Petersill garnirt und also zur Tafel servirt.

Une Friture de croquettes de laitance de Carpe.

Ein Gebachenes von Karpfenmilch.

Thu die Karpfenmilch in Essig, Salz, Wasser und Kräutern absieden, wie sichs gehört einen Fisch abzusieden, hernach laß die Milch kalt werden, schneide kleine filé von Maurachen und Schambinion, thu sie in einen Kastrol mit ein wenig frischen Butter passiren, nachdem schneide die Milch auch klein in filé und thu sie hinein, wie auch das Beschamelle, wie schon bey den andern gemeldet worden, mache sie hernach aus, gleichwie die vorhergehende, so ich schon expliciret habe, wenn du eines hast, so kannst du ein Kalbseuter dazu nehmen, auf solche Art kannst du die Croquettes machen, von was du willst, wenn es nur nichts grobes ist, sondern es gehören feine Sachen dazu, weil es etwas delicates ist, und fein gebachen werden muß, du kannst es auch in Oblaten hinein schlagen, hernach im Teig umkehren und ausbachen, der Teig muß gemacht werden gleichwie bey dem ausgebachenen Hirn, sie sind auf diese Manier auch gut und croquant.

Une Friture de profiteroles.

Kleine ausgebachene Semmel.

Laß kleine Semmel machen, in der Größe eines halben Gulden, thu sie hernach ein klein wenig abreiben, schneide ein kleines Blättlein heraus, thu

die

die Schmollen mit einem kleinen Messer wohl heraus, nachdem bestreiche sie innen herum ganz fein mit einem ordinari Kalbsfasch, und fülle sie hernach an mit einem Salpico, so wird er genennet auf Kochsmanier, auf gut deutsch aber will es heissen ein feines Ragout von Brüs, welches folgendermassen gemacht wird: Man nimmt die Brüs und Kalbseuter, nachdem sie schön blanchirt sind, und thut sie klein gewürfelt schneiden, wie auch Triffel und Maurachen frisch oder gedörrt, nach diesem thu ein wenig frischen Butter in einen Kastrol, ein wenig fein geschnittene Scharlotten und Petersill, läßt es ein wenig passiren, nachdem thut man die geschnittenen Brüs und Euter hinein, und thut sie auch ein wenig passiren, staube ein wenig Mehl daran und gieb eine Jus darauf, und laß kochen bis sie dicklicht wird, thu sie hernach vom Feuer, gieb Salz und ein wenig Pfeffer daran, wie auch ein wenig Lemonisaft und laß kalt werden; dieses ist womit du die kleinen Semmel anfüllest. Nachdem mache einen linden Teig mit Mehl und einem ganzen Ey, bestreiche die Blättlein von der Semmel, welche du herausgeschnitten hast, innen mit diesem Teig, und decke es wiederum auf die Semmeln, bestreiche sie auch oben herum, so weit du sie ausgeschnitten hast, mit diesem Teig und laß sie trocken werden, hernach thu sie in ein Geschirr, aber nicht aufeinander, gieß Milch daran und laß sie ein wenig weich werden, nimm fein geriebene Semmel und etwas feines Mehl unter die Semmeln gemischt, thu sie aus der Milch heraus, und bestreue die Semmeln damit etwas gut, thu sie auf eine Schüssel legen, bis es Zeit ist zu serviren, hernach thu sie langsam im Schmalz ausbachen, damit sie durchaus heiß werden, thu sie mit ausgebachenem Petersill garniren und zur Tafel serviren.

Une Friture de profitroles aux Ecrevisses.

Kleine Semmeln von Krebs gebachen.

Diese Semmeln werden auf die nämliche Manier gemacht, gleichwie die schon vorhergemeldten, nur daß du must einen Krebsbutter machen, und anstatt Brüs und Kalbseuter, Krebsschweife nehmen, und mit Krebsbutter einpassiren, und wenn du Schambinion hast, so nimm etliche dazu, das andere wird alles gleich gemacht, wie schon gemeldet ist.

Une Friture d' Amourettes.

Ein Gebachenes von Ruckmark.

Thu das Ruckmark wohl abhäuteln, und hernach im Wasser und Salz blanchiren, nachdem in kleine Stücke schneiden, und nach diesem in ein Geschirr, thu es salzen und pfeffern, schneide einen Zwiebel daran, thu auch ein Lorbeerblatt dazu, gieß einen Essig darüber, und laß ein paar Stunden stehen in diesem Marinad, hernach thu es heraus, bestreue es mit ein wenig Mehl, und kehre es nachdem in Eyern um, und bannire es mit fein geriebenen Semmeln, wenn es nun Zeit ist zu serviren, im Schmalz ausbachen und mit Petersill garniren, du kannst es auch mit Teig bachen,

chen, gleichwie das Kalbshirn, ein solcher Teig muß es seyn, es ist auch recht gut.

Une Friture de Veau a la Flamande.

Ein Gebachenes auf Flamändisch.

Nimm eine Fricandau von Kalbfleisch, welches die innere Seite vom Schlegel ist, dieses thu schön abhäuteln und Blättleinweiß recht dünn schneiden, hernach recht dünn klopfen mit dem Messer, thu es nachdem in einen Form zuschneiden, salzen und pfeffern, laß es stehen bis es Zeit ist zu serviren, nachdem thu es ein wenig mit schönem Mehl bestreuen, tunke es in Eyern ein, und bannire es mit geriebenem Brod, und hernach im Schmalz ausgebachen, sauber angericht, mit Petersill garnirt, und alsdenn zur Tafel servirt.

Une Friture a l' Andouille.

Ein Gebachenes von Fasch.

Nimm einen ordinari Fasch von Kalbfleisch, mache kleine Portiones daraus, soviel du willst, hernach thu das Brett mit Mehl bestreuen, thu den Fasch darauf, und thu jede Portion breit machen, etwas dünn, doch nicht zu viel, thu hernach einen Eßlöffelvoll Beschamell von Geflügel darauf, thu sie schön zuwickeln, kehre sie in Eyern herum, bestreue sie nachdem mit geriebener Semmel, und wenn es Zeit ist zu serviren, thu sie schön Goldgelb ausbachen und mit Petersill garniren, alsdenn zur Tafel serviren, dieses Gebachene nennet man Andouille, sie sind recht gut und fein.

Une Friture a l' Histoire.

Ein Gebachenes melirtes.

Thu Kalbsbrüs, Kalbseuter, Ochsengaum, Triffel und Maurachen, alles gleich, in einen Kastrol schneiden, mit ein wenig frischen Butter, fein geschnittene Scharlotten, Petersill, Salz und Pfeffer, thu es auf dem Feuer passiren, hernach laß es kalt werden, nach diesem nimm ein wenig Kalbsfasch, neben dem Fasch ein wenig Brüs, wiederum Fasch, hernach Triffel, und allezeit wiederum ein wenig Fasch daneben, dieses mache solang als eine Wurst Finger lang, thu es hernach mit Mehl ein wenig bestreuen, in Eyern umkehren, mit Brod banniren und ausbachen, wie schon gemeldet worden bey den andern, oder auch im Teig umkehren.

Une Friture a l' Italienne.

Gebachenes auf Italiänisch.

Nimm kleine Lammsbrüs oder auch Kalbsbrüs, thu sie wohl im Wasser blanchiren, solang daß sie durchaus weiß sind, hernach thu sie sauber putzen und abhäuteln, die kleine bleiben ganz, die Kalbsbrüs werden aber zerschnitten in kleine viereckichte Stücklein, hernach thu sie salzen und pfeffern, wie auch etwas von einer Kalbsleber fein geschnitten dazu, wenn du sie ausbachen willst, thu die Brüs und Leber im Mehl umkehren und ausbachen, gleichwie eingemehlte Fisch, mische sie mit der Leber, garnire sie mit ausgebachenen Petersill, und servire es zur Tafel.

Une Friture aux Knefs.

Ein Gebachenes von feinen Fasch.

Nimm von dem Fasch, welcher Kneffasch genennet wird, dieser ist gemacht von Geflügel, wie ich ihn schon benennet habe, mache einen Form daraus lang oder rund, wie es dir gefällt, hernach thu ihn absieden im Wasser und ein wenig Salz oder Bouillon, nächdem thu ihn heraus und laß ihn kalt werden, bestreue ihn hernach mit ein wenig Mehl, kehre ihn in Eyern herum, und thu ihn mit fein geriebenem Brod banniren, hernach schön gelb ausbachen und zur Tafel serviren.

Une Friture a la Duchesse.

Junge Nesttauben gebachen.

Die kleinen Täublein müßen noch keine Federn haben, aus der Ursache nennet sie der Franzos innocens, oder auf deutsch unschuldig, man nimmt diese Tauben, thut sie sauber putzen, nachdem thu sie ausnehmen bey dem Kropf, und hernach mit einem feinen Fasch faschiren, nachdem thu sie in einen Kastrol mit ein wenig Pfeffer und Salz, einem Zwiebel, ein Lorbeerblatt, Basilicum, ein wenig Thymian und etliche Blättlein Lemoni, das Weiße aber wohl davon, und laß sie auf dem Feuer ein wenig passiren, nachdem laß sie kalt werden, thu sie ein wenig einmehlen und in Eyern umkehren, mit fein geriebener Semmel bestreuen, wenn es Zeit ist zu serviren, thu sie schön ausbachen, und mit Petersill garniren.

Une Friture au Miroir.

Gebachene Hühnlein.

Die Hühnlein, nachdem sie sauber flammirt und geputzt sind, müßen ausgelöst, und mit feinen Fasch faschirt werden, es muß von dem Geflügelfasch seyn, wie schon gemeldet ist, hernach thu sie in eine Bräs, und laß sie etwas anziehen auf dem Feuer, bis sie durchaus warm werden, hernach thu sie aus der Bräs und laß sie kalt werden, alsdenn thu sie auch mit feinem Mehl einstauben, in Eyern umkehren, schön ausbachen und mit Petersill garniren, man kann sie auch in den französischen Teig, welchen man zu den Aepfeln macht, umkehren und ausbachen ohne Brod und Eyer.

Une Friture de poulets marinées.

Marginirte Hühnlein.

Nachdem die Hühnlein flammirt, und auch sauber geputzt sind, thu sie schön zergliedern, wie sichs gehört, aus einem Hühnlein 5 Stücke, nämlich 2 Schenkel, 2 Flügel und der Rucken, aus den Schenkeln müßen die Beine ausgelöst werden bis an den Fuß, die 2 Flügel müßen schön rund zusammen dressirt werden, thu hernach in einen Kastrol etliche Blättlein Zwiebel, etwas Wurzel, Kräuter, ein Lorbeerblatt, etliche Blättlein Lemoni ohne weiß und Kern, etwas ganzen Pfeffer und Salz, gieß Essig daran und laß sie auf sieden, hernach thu die Hühnlein hinein, und laß etliche Stunden stehen, damit sie gut maroniren, thu sie nachdem aus dem Marinad, und thu sie mit einer

Serviette abdrücken, hernach einmehlen, und in Eyern umkehren, mit Semmel bestreuen, und auch schön ausbachen mit Petersill garnirt, man kann sie auch aus dem Teig bachen, wie die andern Hühnlein, sie sind auf diese Art auch recht gut und croquant.

Une Friture au ris aux pains enchantés.

Ein Gebachenes in Oblaten.

Man macht ein Salpico, oder auf deutsch zu sagen ein feines Ragout von Brüs und Euter, nachdem die Brüs und Euter blanchirt sind, thu sie klein gewürfelt schneiden, wie auch Schambinion und Triffel, auch etwas Maurachen, hernach thu ein wenig frischen Butter in einen Kastrol mit ein wenig fein geschnittenen Petersill und Scharlotten, thu es auf dem Feuer ein klein wenig passiren, nachdem thu dieses geschnittene auch hinein, auch ein wenig Pfeffer und Salz, laß alles zusammen auf dem Feuer passiren, thu einen kleinen Löffelvoll Jus oder Bouillon daran, laß sie aufkochen, nachdem thu sie mit ein paar Eyerdottern legiren, gieb ein wenig Lemonisaft dazu, und laß es kalt werden, nimm nachdem Oblaten von den langen, welche extra vor Küchen und Canditoren gemacht werden, schneide sie in der Mitte voneinander, bestreiche sie ein wenig mit Eyern, thu hernach einen Eßlöffelvoll Salpico auf die Platten, wickle es zusammen, daß es einen Form bekommt, wie eine kleine Wurst, kehre sie hernach in Eyern um, und thu sie mit fein geriebenem Brod bestreuen, worunter aber ein wenig feines

Mehl kommen muß, ist es Zeit zu serviren, thu sie schön gelb ausbachen, und zur Tafel serviren.

Une Friture de Crepinettes.

Ein Gebachenes im Netz.

Man nimmt ein Kalbsnetz, thut es gleich machen auf die nämliche Manier, als wie mit den Oblaten, du kannst auch einen Fasch einschlagen, oben und unten binden, gleichwie eine kleine Wurst, hernach thu es in eine kleine Brás, und laß es eine Viertelstunde stát kochen, nachdem thu es heraus und laß es kalt werden, thu es hernach mit ein wenig Mehl bestauben und in Eyern umkehren, mit fein geriebenen Brod banniren, und schön gelb ausbachen, man kann es auch im Teig eintunken, wie schon gemeldet ist bey den andern Gebachenen, es kommt nur auf den Gusto an, thu es auch mit ausgebachenem Petersill garniren und zur Tafel serviren.

Une Friture de Cotelettes d'agneau.

Lammscarmenade gebachen.

Die Lammscarmenade müßen schön rund gemacht und wohl geklopft werden, lege sie auf eine Schüssel, thu sie ein wenig pfeffern und salzen, hernach ein wenig mit Mehl einstauben und in Eyern umkehren, alsdenn, wenn es Zeit ist zu serviren, schön ausbachen, und auch mit Petersill garniren, und zur Tafel bedienen.

Une

Une Friture d' Omelettes farcies.

Faschirte Omelette.

Mache etliche Omelette, so viel du glaubst vonnöthen zu haben, diese Omelette thu nur auf einer Seite gelb machen, und so dünn, als es seyn kann, hernach thu auf der gelben Seite die Omelette mit ordinari Kalbsfasch bestreichen, auch nicht gar zu dick, thu sie hernach zusammenwickeln, und schneide nachdem kleine Stücklein daraus, ein wenig grösser als ein Gliedlang, ist es Zeit zu serviren, so tunke diese kleine Stücke Omelette in den Teig ein, wie ich schon explicirt habe zu machen, und thu sie hernach ganz stät ausbachen, nur nicht geschwind, sonsten werden sie nicht durchaus heiß, nachdem thu sie auch mit ausgebachenem Petersill garniren, und zur Tafel serviren.

Une Friture d' Animelles.

Kleine Lammsbrüs gebachen.

Diese Lammbrüs, wenn sie wohl blanchirt sind, thu richten, gleichwie die Lammscarmenade, auf die nämliche Manier, du kannst sie auch, wenn du willst, mit Essig marginiren, und mit dem Teig ausbachen, oder auch mit Brod, es ist gleich.

Une Friture de Risolles.

Kleine Risollen gebachen.

Nimm ein Mehl nach Gedunken, etwas frischen Butter, ein ganzes Ey und 2 Eyerdotter, ein wenig Salz, thu diesen Teig mit sauren Rahm an-

anmachen, hernach thu den Teig recht dünn auswalgen, und mache mit einem ordinari Kalbsfasch oder auch feinem Fasch kleine Risollen mit dem Bachrädlein geschnitten, und schön gleich, der Teig muß mit Eyern bestrichen und gut zugedrückt werden, damit sie nicht auslaufen, und schön bleiben, auch muß man nicht zu viel Fasch hinein thun, damit sie nicht aufspringen im Bachen, und alsdenn must du sie auch schön warmer zur Tafel serviren.

HORS D' OEUVRES AUX SAUCES.

Auf deutsch Voressen mit *Sauce.*

De Grenatins de Veau piqué a la Sauce claire de la même glace.

Grenatins von Kalbfleisch mit klarer *Sauce.*

Nimm ein Fricandeau von Kalbsschlegel, thu es wohl abhäuteln, hernach schneide es in der Mitte voneinander, thu es gut klopfen, damit es breit und auch mürb wird, nachdem thu es mit feinem Speck schön spicken, gleichwie ein Fricandeau, alle beyde Stücke, nach diesem thu es wohl auswässern, daß sie schön weiß werden, setz ein Wasser auf das Feuer, laß sieden, thu hernach die 2 Stücke hinein und laß etliche Sud aufthun, bis es verfaumet, nachdem thu sie in ein frisches Wasser

ser legen, hernach nimm sie heraus auf eine saubere Serviette oder Tischtuch, nimm einen Ausstecher der rund ist oder ein Herz hat, und steche sie heraus, mit dem Messer must du helfen, daß die Form schön gleich werden, nachdem nimm einen Kastrol der just recht ist, belege den Boden mit Speck, und leg hernach die Grenatin darauf, bedecke sie oben mit Speck, auf den Speck thu von einer Lemoni, Blättleinweis ohne Weiß und ohne Kern, etwas darauf legen, wie auch einen ganzen Zwiebel, ein wenig Thymian und Basilicum, ein Stücklein gelbe Ruben und Zelleri, eine Petersillwurzel, ein kleines Lorbeerblatt, gieß darnach eine fette Bouillon daran, bedeck es mit weißen Papier und einem Deckel, setz sie auf ein stätes Feuer, und laß recht stät gehen, bis sie recht lind sind, ist es Zeit zu serviren, nimm eine Glace, wie Anfangs schon gemeldet worden zu machen, in einen Kastrol, löß die Glace auf mit ein wenig frischen Wasser, und thu die Grenatin heraus auf eine Serviette, daß die Fetten davon gehet, thu sie hernach in die Glace legen, setz sie auf einen warmen Aschen und laß anziehen, thu nach diesem schön serviren, zu der Glace, was überbleibt, thu ein wenig gute Jus und den Saft von einer halben Lemoni, setz sie auf das Feuer, laß sie wohl zergehen, und passire die Sauce hernach durch ein Haarsieb an die Grenatin, und thu sie warmer serviren, du kannst auch eine andere Sauce darunter geben, welche piquant seyn muß, oder auch einen Spinad, auch eine Sauerampfersauce legirt.

De petits Grenatins au gros lard & au jambon.

Grenatin mit groben Speck und Schunken gespickt.

Nimm das Fricandeau von einem Kalbsschlegel heraus, thu es klopfen und in der Mitte voneinander schneiden, hernach schneide kurz groben Speck und Schunken, mische diesen Speck und Schunken mit feinen Kräutern, Pfeffer und Salz, und spicke die zwey Stücke damit, hernach thu in einen Kastrol ein wenig frischen Butter und die Hälfte Provenceröl, auch den Saft von einer Lemoni, setz sie auf das Feuer, und laß den Butter zergehen, thu hernach die zwey gespickten Stücke hinein, und laß auf beyden Seiten anziehen, bis sie lind werden, thu sie nachdem heraus auf ein sauberes Schneidbrett, nimm einen runden Ausstecher, nach der Größe wie du sie haben willst, und thu sie schön rund ausstechen, nachmals nimm die Sauce wo sie vorher waren, passire sie in einen Kastrol, lege die Grenatin hinein, thu dazu feine Kräuter, bedecke sie mit Speck, und laß sie auf einem stäten Feuer stät gehen, thu sie zum öftern umwenden, bis sie recht lind werden, nachdem thu sie auf einen Teller heraus, schöpfe die Fetten gut davon, gieb ein wenig gute Coulis an die Sauce, lege die Grenatin wiederum hinein, ist es Zeit zu serviren, drücke den Saft von einer halben Lemoni daran, und thu sie warmer zur Tafel serviren.

Des Grenatins a la Chicorée.

Grenatin mit Antivi.

Die Grenatin kannst du machen glasirt, oder auch ohne Glace, wie schon vorher gemeldet worden, den Antivi thu sauber putzen, waschen, und hernach in vielem Wasser blanchiren, nachdem thu ihn aus dem Wasser sauber heraus drücken und klein schneiden, aber nicht gar zu fein, thu hernach in einen Kastrol fein geschnittenen Zwiebel mit einem Stücklein frischen Butter, laß die Zwiebel ein wenig passiren, nachdem thu den Antivi hinein, gieb daran ein wenig Pfeffer und Salz, setz sie auf ein stätes Feuer und laß stät passiren, staube ein wenig feines Mehl daran, und füll es mit guter Bouillon auf, laß sie hernach kochen, bis sie kurz wird, mache eine Leson von 3 Eyerdottern, ist es Zeit zu serviren, setz die Sauce auf, und laß kochen, hernach legire sie, sie muß nicht dünn seyn, eher dicklicht, richte sie an auf eine Schüssel und lege die Grenatin darauf glasirter oder auch ohne Glace, und thu sie recht warm serviren.

Des Grenatins aux Epinards.

Grenatin mit Spinad.

Die Grenatin werden auf die nämliche Manier gemacht, wie schon vorher gemeldet ist, den Spinad kann man grüner fein geschnitten machen, oder man kann ihn auch mit Eyerdottern legiren, und auch ganzer passiren auf Italiänisch mit geriebenen Speck und ein wenig Scharlotten, oder auch mit fein geschnittenen Zwiebel, und die Grenatin darauf servirt.

Des Grenatins aux petits Oignons.

Grenatin mit kleinen Zwiebeln.

Nimm kleine Saucezwiebeln, thu sie schön rund putzen, nachdem thu sie im Wasser blanchiren, thu sie wiederum in ein frisches Wasser, thu die ersten Schalen davon, thu sie hernach in eine weise Brás, setz sie auf ein státes Feuer, und laß sie sieden, bis sie schön lind sind, nachdem nimm eine gute Coulis und mache die Sauce davon, thu hernach die Zwiebel von der Brás heraus auf ein Tischtuch oder Serviette, daß die Fetten davon geht, thu sie hernach in die Sauce legen, daß sie aber schön weiß und ganz bleiben, ist es Zeit zu serviren, laß die Sauce aufkochen, gieb den Saft von einer halben Lemoni daran, richte die Sauce auf die Schüssel und gieb die Grenatin darauf, man kann auch die Sauce weiß machen mit den Zwiebeln und auf die letzte legiren, wie auch mit Lemonisaft, sie ist ebenfalls recht gut, und dient zu einer Abwechslung.

Une de Cotelettes dé Veau piqué a la même maniere.

Gespickte Kalbscarmenade.

Es müssen schöne Carmenade seyn, wenn man sie auf die Manier macht, sie müssen schön rund dressirt werden, und kurz von Bein seyn, hernach gespickt, gleichwie Grenatin, nachdem kann man sie auf die nämliche Manier, gleichwie die Grenatin anrichten, und auch die nämliche Sauce dazu

geben,

geben, oder eine andere Sauce, und auf die nämliche Manier anrichten.

Une de Cotelettes de Veau en papillotes.

Kalbscarmenade in Papier.

Man nimmt die Carmenade, thut sie schön abhäuteln, daß kein Bissen Haut daran bleibt, hernach thut man sie recht gut klopfen, und schön rund zusammen machen, thu in einen Kastrol fein geschnittene Kräuter mit frischen Butter, und laß den Butter damit zergehen, hernach thu die Carmenade hinein mit ein wenig Salz und Pfeffer, und laß sie auf dem Feuer auf beyden Seiten anziehen, drücke nachdem den Saft von einer halben Lemoni hinein, und laß sie kalt werden, nachmals nimm schönes Papier, mache aus einem Bogen 3 Stücke doppelt, lege jedes Stück doppelt zusammen, mache in der Mitte ein kleines Loch mit dem Messer, nimm einen feinen Fasch, thu ein wenig auf das Papier, in der Mitte stecke das Bein von Carmenad dadurch, thu auch wenig Fasch darauf, und wickele es hernach rund herum zusammen, den Form von einem Carmenad, lege sie in eine Schüssel, gieß Provenceröl darüber, ist es Zeit zu serviren, lege sie auf den Rost und thu sie grilliren, bis das Papier gelb wird, richte sie hernach in die Schüssel, gieß ein wenig gute Jus darüber, und thu sie warmer serviren.

Une de Cotelettes de Veau a la Madelaine.

Kalbscarmenad mit Zwiebel garnirt.

Mache die Kalbscarmenade klein und schön rund ohne Haut, welche wohl abgehäutelt werden muß, nachdem thu sie ein klein wenig auf dem Feuer passiren mit feinen Kräutern und frischen Butter, hernach laß sie kalt werden, nimm einen Zwiebel, thu ihn in der Runde schön dünn und gleich schneiden, thu diesen Zwiebel hernach in einem siedenden Wasser blanchiren, aber nicht zu viel, daß die Kränzlein bleiben, wie sie sind, und nicht voneinander brechen, nachmals thu die Carmenade auf einer Seite mit ein wenig geschlagenem Eyerklar bestreichen, und nachdem mit ein wenig feinem Fasch recht dünn, und auf dem Fasch wiederum ein wenig mit Eyerklar bestreichen, nachdem lege ein kleines Kränzlein von dem Zwiebel in die Mitte darauf, nach diesen wiederum eines, ein jedes aber muß 2 Messerrucken dick voneinander stehen, hernach thu sie schattiren, in der Mitte roth mit geschnittenen Schunken oder Zungen, hernach mit Spinaddopfen, nach diesem mit Triffel, und um das Carmenad herum von Spargel oder Maurachen, richte die Carmenade auf eine Tortenpfanne mit ein wenig Provenceröl und Lemonisaft, bedecke sie oben mit feinen Speckbarten, und auf den Speck ein Papier mit Butter bestrichen, ist es bald Zeit zu serviren, thu sie in einen Bachöfen, welcher nicht gar heiß ist, oder auch ein wenig Feuer oben und unten, willst du sie serviren, thu das Papier und Speck davon, und thu sie auf ein sauderes Serviette legen, daß die Fetten wohl davon gehet, gieb eine klare piquante Sauce unten auf die Schüssel und thu hernach die Carmenade schön darauf rangiren, alsdenn warmer serviren.

Une de Cotelettes aux fines herbes.

Kalbscarmenade mit feinen Kräutern.

Nachdem du die Carmenade schön rund ausgemacht hast, schneide feine Scharlotten, ein wenig Zwiebel, Petersill, Basilicum und Thymian, thu diese Kräuter in einen Kastrol mit frischen Butter und ein wenig Provenceröl, den Saft von einer Lemoni, Pfeffer und Salz, lege die Carmenade darein und setz sie auf ein stätes Feuer, laß sie dünsten, thu sie zum öftern umwenden, solang bis sie lind sind, nachdem thu die Fetten wohl davon abschöpfen, gieb einen Löffelvoll gute Coulis daran, ist es Zeit zu serviren, laß sie aufkochen, gieb den Saft von einer halben Lemoni daran, und thu sie warmer serviren.

De Cotelettes de Veau a la Neubauer.

Kalbscarmenade auf Neubauerische Manier.

Nachdem die Carmenade schön ausgemacht sind, thu sie auf eine Schüssel rangiren, thu daran Salz und Pfeffer, ein paar Lorbeerblätter, Basilicum und Thymian, Petersill, Zelleri, gelbe Ruben und Pastenad Blättleinweiß geschnitten, gieß ein Provenceröl darüber, schneide das Mark von einer Lemoni Blättleinweiß, und thu es auch daran, laß sie etliche Stunden in diesem Margonad liegen, ist es nun bald Zeit zu serviren, lege die Carmenade auf den Rost und laß sie schön im Saft grilliren, thu in einen Kastrol ein paar Sardellen fein geschnitten mit frischen Butter begossen, und ein wenig feines Mehl, ein wenig feine Kapern, ein Stängelglaß voll Champagner Wein und ein wenig gute Jus, thu die Carmenade darein und setz sie auf den Windofen, man muß aber allzeit rütteln, als wie bey einer Fricassée, wenn es ein paarmal aufkochet, drücke den Saft von einer halben Lemoni daran, und thu sie recht warmer serviren.

De Cotelettes de Veau a la Grillade a l' allemande sauce au Citron.

Kalbscarmenade grillirt auf deutsch.

Nachdem die Carmenade schön ausgemacht sind, thu feine Kräuter in einen Kastrol mit einem Stück frischen Butter, und thu die Kräuter ein wenig passiren, nachdem thu die Carmenade hinein, thu sie pfeffern und salzen und auch umwenden, laß sie ein paar Stunden stehen, nachdem mache sie ein wenig warm, und thu sie mit fein geriebener Semmel banniren und auf den Rost legen, ist es Zeit zu serviren, setz sie auf eine Glut, und laß sie schön grilliren. Die Sauce dazu: Nimm einen Löffel voll gute Coulis, schneide das Mark von einer Lemoni Blättleinweiß darein, laß die Sauce aufkochen, gieß sie auf die Schüssel, lege die Carmenade darauf, mache ein wenig frischen Butter gelb, drücke den Saft von einer halben Lemoni

dar-

darein, und gieß es hernach über die Carmenade, und thu sie warmer serviren.

Une de Cotelettes de Veau sauce aux morilles.

Kalbscarmenade mit Maurachen.

Man machet die Carmenade schön rund aber nicht viel klopfen, hernach thu sie im Wasser ein wenig blanchiren, und richte sie ein in eine Bräs daß sie schön weiß bleiben, nimm frische Maurachen, thu sie putzen und sauber waschen, nachher thu sie in einen Kastrol mit frischen Butter und Salz, thu sie passiren auf dem Feuer und laß sie wohl kochen, nachdem passire die Sauce davon in ein Geschirr, nimm ein wenig frischen Butter in einen Kastrol mit einem Zwiebel und etwas Wurzeln, ein wenig Basilicum und Thymian, passire es auf dem Feuer, thu dazu einen Löffelvoll schönes Mehl, thu es auch ein wenig passiren, gieß die Sauce von den Maurachen daran und eine gute Bouillon, laß aufkochen solang bis die Sauce kurz wird und wohl verkocht ist, thu hernach die Carmenade aus der Bräs auf eine Serviette, rangire sie hernach in einen Kastrol, passire die Sauce daran, ist es Zeit zu serviren, laß die Carmenade aufkochen, drücke den Saft von einer halben Lemoni daran, thu sie warmer serviren, und die Maurachen dazu thu schön garniren.

Une de Cotelettes de Veau a la Provençale.

Kalbscarmenad auf Brabander Art.

Nachdem die Carmenade schön rangirt sind, thu einen frischen Butter in einen Kastrol und laß ihn gelb werden, thu die Carmenade in einem feinen Mehl eintunken auf beyden Seiten, und thu sie in den Butter legen, thu daran Salz und Pfeffer, einen Zwiebel, ein Lorbeerblatt und ein wenig Thymian, setz auf das Feuer und laß sie auf beyden Seiten schön gelb werden, hernach gieß daran ein Gläßlein weißen guten Wein und etwas Jus, laß sie kochen bis sie lind werden, nachdem thu sie heraus in einen saubern Kastrol, und thu die Sauce sauber abschöpfen, und nachmal an die Carmenade passiren, ist es Zeit zu serviren, laß sie aufkochen, drücke den Saft von einer halben Lemoni daran, und thu sie sauber serviren.

Une de Filets de Veau a la Dangers en forme des pommes.

Filee von Kalbfleisch dressirt.

Nimm das Fricandeau von Kalbsschlegel, thu es sauber abhäuteln, als wenn es zum Fricandeau gehörte, nachdem schneide es in der Breite ganz dünn und hernach in lange Filee schön gleich, thu diese Filee auf einen Teller, thu daran feine Kräuter, ein wenig Salz und Pfeffer, hernach nimm eine Semmel, schneide sie dünn wie sie ist, und nimm einen runden Ausstecher, den Form so groß, als wie kleine Pastetlein, schlage ein Ey klar ab, hernach tunke das Blättlein Semmel auf

einer

einer Seite in das Eyerklar, nachdem nimm einen feinen Fasch soviel als ein kleiner Apfel, thu es auf das Brod, dressire ihn schön rund, in der Mitte aber laß ein Loch, damit du kannst ein wenig fein Ragout oder Salpico hinein thun, mache das Loch hernach schön zu, bestreiche es mit Eyerklar, und nimm die Filee, fang unten an zu wickeln bis oben, drücke es schön bey, damit sie halten, bestreiche eine Tortenpfanne mit Butter, und setze sie nachmals drauf, nachhero bedecke sie mit feinen Speckbarten, und auf den Speck Papier, setz sie in einen Bachofen, welcher nicht gar heiß ist, wenn sie servirt werden, thu sie auf eine saubere Serviette setzen, daß die Fetten davon geht, gieb eine klare Sauce auf die Schüssel, alsdenn rangire sie her auf die Schüssel, und servire sie zur Tafel.

Une de filets de Veau a la Neubauer en forme de Gril.

Filee von Kalbfleisch auf Neubauerisch.

Schneide die Filee aus dem Fricandeau 2 starke Messerrucken dick, und hernach 3 zusammen, thu sie flechten gleichwie ein Zopf, bind oben und unten leicht zusammen, thu sie hernach in eine Schüssel mit Salz und ein wenig Pfeffer, feine Kräuter und ein paar Lorbeerblätter, auch das Mark von einer Lemoni Blättleinweiß geschnitten, hernach gieß Provenceröl darüber, und laß sie etliche Stunden marginiren, ist es Zeit zu serviren, lege sie auf den Rost und thu sie auf einer schnellen

Glut grilliren, daß sie aber im Saft bleiben, richte sie in die warme Schüssel an, gieß ein klein wenig gute Jus darunter, drücke den Saft von einer Lemoni darüber, und thu sie recht warmer zur Tafel serviren.

Une de filet de Veau a la Madelaine.

Filee von Kalbfleisch mit Fasch.

Schneide die Filee von Fricandeau einen starken Messerrucken dick, thu ihn in eine Schüssel mit feinen Kräutern und das Mark von einer Lemoni, gieß ein wenig Provenceröl darüber, und laß sie eine Stunde marginiren, hernach nimm ein wenig rohen Fasch von Kalbfleisch, thu daraus ein kleines Herz formiren, oder auch einen andern Form, der Fasch aber muß nicht hoch seyn, thu es nachdem oben mit Eyerklar bestreichen, und mit diesem Filee hernach schön in einer Ordnung bedecken, wo ein Ende aufhört mit dem andern wiederum angefangen, thu hernach ein Papier bestreichen mit Butter, lege ganz feine Speckbarten darauf, und lege die Herz von den Filee hinauf, oben bedecke sie auch wieder mit feinen Speckbarten, die Lemoni, und das übrige wo die Filee waren, darauf, und mache es oben auch mit Papier zu, thu es hernach mit Bindfaden binden, und eine halbe Stunde vor dem Serviren leg es auf den Rost, thu warme Aschen darunter und laß stät grilliren, ist es Zeit zu serviren, thu eine klare Sauce von Bertram darunter, thu die Herz aus dem Papier, wo nichts daran bleibt, schön darauf rangiren, und so zur Tafel serviren.

Une

Une de filet de Veau a la Catinette.

Filee von Kalbfleisch geschlungen.

Schneide die Filee 2 starke Messerrucken dick, und thu sie marginiren, wie vorher gemeldt, hernach nimm die Schüssel, wo du sie darinnen zu serviren hast, bestreiche die Schüssel auf dem Boden mit feinem Fasch und nachdem mit Eyerklar, nachher nimm die Filee und thu sie darauf schlingen, gleichwie eine Ketten, soviel es die Schüssel leidet, darnach thu den andern Fasch, wo keine Filee darauf liegen, wiederum hinweg, bedecke sie mit feinen Speckbarten und Papier, setz in einen Ofen, welcher nicht gar heiß ist, und laß gar werden, ist es Zeit zu serviren, thu den Speck und die Fetten davon, so gut es möglich ist, gieb eine feine Coulis Sauce mit Lemoni darüber, und thu sie zur Tafel serviren.

Une de Veau a l' Espagnole.

Eins von Kalbfleisch auf Spanisch.

Nimm ein Fricandeau von Kalb, schneide es in dünne Dransch, oder zu deutsch Schnitz, überzwerg, thu es gut auskolben, daß es 3 Finger breit wird, hernach nimm einen weißen Fasch von Kalbfleisch, thu darunter etliche Zibeben und kleine Weinbeere, auch etwas Mandeln in kleine Filee geschnitten, und ein wenig geriebenen Parmesankäß, hernach bestreiche mit dem Messer von diesem Fasch das geklopfte Kalbfleisch, thu es hernach zusammen wickeln, und mache eines wie das andere gleich, stoß ein wenig Speck und Basilicum, thu ihn

ihn in einen Kastrol, lege die Rollée dazu, thu sie salzen und ein wenig pfeffern, laß sie schön gelb werden, die Sauce muß wie Gold aussehen, wenn sie lind sind und die Sauce ganz kurz ist, thu sie heraus in einen saubern Kastrol, passire die Sauce durch ein Haarsieb, ist es Zeit zu serviren, laß aufkochen, und drücke den Saft von einer halben bittern Pomeranzen daran, und thu sie warmer serviren.

Une de Veau a la Damienne.

Kalbfleisch mit Champagner Wein.

Nimm ein Fricandeau, thu es wieder den Faden in kleine Schnitze, kolbe sie hernach recht fein aus, und schneide sie ein wenig klein, lege sie in eine Schüssel, thu daran Pfeffer und Salz, und ein wenig Provenceröl, und ein kleines Gläslein Champagnerwein, und laß sie etliche Stunden marginiren, nimm einen Kastrol, thu ein kleines Stücklein frischen Butter darein, mit einer fein gehackten Sardellen und ein wenig fein geschnittenen Petersill, ein paar Scharlotten, ein kleines Gläslein Champagner Wein, und ein wenig gute Bouillon, ist es Zeit zu serviren, setz den Rost auf eine starke Glut, daß er heiß wird, lege die Schnitze von Kalbfleisch darauf, und laß sie auf beyden Seiten gäh anziehen, hernach thu sie in den Kastrol, wo du die Sauce präparirt hast, thu sie auf einen gähen Windofen, und laß aufkochen, aber es muß allezeit geschüttelt werden, legire sie mit 3 Eyerdottern, drücke den Saft von einer halben Lemoni daran, und servire sie warmer zur Tafel.

Une

Une de petits Roulades de Veau a la Sauce d' estragon.

Kleine Roladen von Kalbfleisch mit Bertram.

Mache dünne Schnitze aus einem Fricandeau, wie schon vorher gemeldet ist, bestreiche sie naturel mit einem Fasch, wickele sie zusammen, und mache schöne Roladen daraus, hernach thu einen Bertram Blättleinweis im Wasser blanchiren, nachdem suche die schönsten Blättlein heraus, tunke sie auf einer Seite ein in das Eyerklar, und belege die Roladen damit, binde sie nachmals in Speck ein und an einen kleinen Spieß, thu sie braten aber nicht zu stark, daß sie weiß bleiben, ist es Zeit zu serviren, thu den Speck davon, thu sie ein wenig glasiren, und rangire sie in die Schüssel, gieb eine Sauce darunter mit ein wenig guter Coulis, Bertramessig und den Saft von einer halben Lemoni, alsdenn servire sie zu Tafel.

Une de petits Roulades masquées.

Kleine Kalbsroladen masquirt.

Mache die Roladen, wie schon vorher gemeldet worden, nachdem thu sie mit Krebsschweif und geselchten Zungen garniren, wie auch mit Filee von Bolarden, und auch grüner mit Spargel oder Maurachen, schneide mit dem Messer ein wenig hinein, wo du im Sinn hast die Schattirung zu machen, mit dem du sie garniren willst, tunke sie vorher in Eyerklar ein, und thu sie hernach hinein stecken, nach diesem bestreiche ein Papier mit Butter,

ter, und lege feine Speckbarten darauf, leg hernach die Rolade darauf, thu dazu Blättleinweis geschnittene Kräuter, wie auch das Mark von einer Lemoni Blättleinweis, bedecke sie mit feinen Speckbarten, und binde sie in Papier wohl ein, setz sie nachmals in einen Bachofen, welcher nicht gar heiß ist, auf einer Tortenpfanne hinein, oder auch auf den Rost gar werden lassen, da müssen sie aber zum öftern umgewendet werden, ist es Zeit zu serviren, gieb eine klare Sauce von Pimpernel auf die Schüssel, thu das Papier, Fetten und Kräuter wohl davon, thu sie schön in die Schüssel rangiren, und zur Tafel serviren.

Une de Veau en forme de Gobelets.

Goblet von Kalbfleisch.

Nimm ein Fricandeau von Kalbfleisch, thu wieder den Faden feine Schnitze schneiden, hernach klopfen, daß sie schön dünn und breit werden, nachdem thu sie marginiren mit feinen Kräutern, wie wir zum öftern gemeldet haben, mache hernach ein feines Ragout von Brüs und Euter, Champignon und Triffel, wenn es fertig ist, laß es kalt werden, nachdem nimm Krebsbecher von Blech, sonsten aber sind die Form extra dazu gemacht, diese Form thu mit Butter bestreichen, und hernach unten und neben herum mit feinen Speckbarten belegen, und gleich auf eine Tortenpfanne setzen, nachdem nimm die Schnitze von Kalbfleisch, und thu die Form damit belegen, unten und neben herum, gleichwie mit dem Speck, hernach bestreiche es mit feinen Fasch, und in

die

die Mitte thu das Ragout hinein, bedecke es mit Kalbfleisch, thu es herum mit der Messerspitz hinein, daß es einen schönen Form bekommt, oben, wenn du willst, kannst du eine kleine Garnirung darauf machen, hernach mit Speck und Papier bedecken und in einen Ofen thun, welcher nicht gar heiß ist, ist es Zeit zu serviren, nimm die Becher unten mit einem Messer, und setz sie auf eine Serviette oder sauberes Tischtuch, daß die Fetten davon gehet, hernach ziehe die Becher davon, thu den Speck auch davon, setz sie nachdem auf die Schüssel und gieb eine klare Sauce darunter von Triffeln, oder auch eine feine Coulis Sauce, wenn du willst.

Une de Veau en Crêpenes.

Kalbsfleisch in Netz.

Mache einen rohen Kalbsfasch etwas stark von Kräutern, nachdem nimm ein schweinernes Netz, thu etwas davon so groß als ein kleines Ey auf ein Stücklein Netz, mache es zu, und mache einen Form daraus, rund oder ein Herz, wie du willst, leg es nachher auf eine Schüssel, thu feine Kräuter darauf, wie auch das Mark von einer Lemoni, ist es Zeit zu serviren, lege es auf den Rost, und laß es schön grilliren, gieb eine Sauce hachée von Kapern darunter, man kann auch das Kalbfleisch in ganz kleine Filce schneiden Glied lang, und etwas guten rohen Schunken, auch etwas guten Speck dazu thun, welcher aber vorher ein wenig gesotten haben muß, dieses schneidet man auch recht fein, hernach thu dazu Pfeffer

und

und Salz, feine Kräuter, nachdem schlag es in das Netz hinein, wie schon vorher gemeldet worden, und mache es auf die nämliche Manier, die Sauce ist auch gleich.

Une de Veau a l' escaloppe.

Ein geklopftes Kalbfleisch.

Nimm ein Fricandeau, und schneide es in feine Schnitze wider den Faden, thu es recht fein klopfen, und mit dem Rucken von Messer auch klopfen, hernach schneide es in kleine Stücklein groß wie ein Gulden, bestreiche einen großen Kastrol mit Butter, und belege den ganzen Kastrol damit, so viel du vonnöthen hast, setz es hernach aufs Feuer und laß sie anziehen, aber nicht viel, nachdem thu sie in einen kleinen Kastrol, wenn du sie alle beysammen hast, thu feine Kräuter daran, und eine gute Coulis. ist es Zeit zu serviren setz sie auf das Feuer, und laß sie aufkochen, aber sie därfen nicht viel kochen, sonst werden sie hart, drücke den Saft von einer Lemoni daran, und servire sie warmer zur Tafel. Du kannst sie auch weiß machen, die Sauce muß aber schon vorher gemacht seyn, nachdem thut man nichts anders als ein wenig fein geschnittenen Petersill dazu, und legirt sie mit Eyerdotter und Lemonisaft.

Une de filets de Veau sautés sur le gril.

Ein Kalbfleisch mit Scharlotten.

Schneide von einem Fricandeau Schnitze, wie schon vorher gemeldet worden, auch recht fein geklopft, gieß in einen Kastrol ein wenig Provenceröl, cerdl, und fein geschnittene Scharlotten, laß sie auf dem Feuer ein wenig anziehen, und thu hernach das geklopfte Kalbfleisch in kleine Stücklein, so groß als ein Zwiebel ist, hinein, thu dazu ein Lorbeerblatt, Pfeffer und Salz, ist es Zeit zu serviren, setz sie auf einen schnellen Windofen und thu sie gut, doch nicht zu stark, passiren, nachmals thu ein wenig fein geschnittenen Petersill dazu und den Saft von einer halben Lemoni, thu sie warmer serviren, es ist ein recht gutes Ragout.

Une de Veau a la Napolitaine.

Kalbfleisch auf Neapolitanische Manier.

Nimm das Fleisch von einem Fricandeau, und thu es fein schneiden, hernach thu in einen Mörser ein gutes Stücklein Speck mit ein wenig fein geschnittenen Basilicum und Thymian und ein wenig Zwiebel, stoße dieses recht fein, hernach thu das Fleisch auch hinein, wie auch einen abgeschälten Apfel, stoße alles dieses zusammen recht fein, nachdem thu eine eingeweichte Semmel hinein, etliche Eyerdotter, eine Handvoll geriebenen Parmesankäß, Salz und Pfeffer, thu es wohl stoßen, nach diesem thu dazu große und kleine Weinbeere, mische es zusammen, nimm einen Kastrol, lege ein Stücklein frischen Butter hinein, und laß ihn gelb werden, mache hernach aus diesem Fasch Knötlein wie ein kleines Ey, und lege sie in den Butter, thu dazu etliche Schnitze guten Schunken, setz ihn auf ein stätes Feuer, und laß sie schön gelb werden, nachdem gieß ein wenig gute Jus oder Bouillon darauf, und laß sie kochen so lang, bis eine kurze Sauce bleibt, ist es Zeit zu serviren, nimm die Knödtlein auf die Schüssel heraus, und schöpfe die Fetten von der Sauce wohl ab, passire hernach die Sauce durch ein Haarsieb an die Knödtlein, und thu sie warmer zur Tafel serviren.

Une d'batelettes de farce de Veau garnis.

Spiesel von Kalbfleisch.

Nimm einen rohen Kalbsfasch, mache eine kleine Stange daraus, aber eckicht, in der Breite wie ein Daumen, schneide hernach so viel du glaubst vonnöthen zu haben, schneide nachmals mit dem Messer gleiche Stücklein, thu Maurachen, Trifsel und Krebsschweife, Schambinion und Kalbseuter, von der Größe wie der Fasch, feine Kräuter und ein Stücklein frischen Butter, Salz und Pfeffer in einen Kastrol, laß dieses alles auf dem Feuer passiren, staube ein wenig feines Mehl daran, gieß eine gute Bouillon darauf, und laß kochen bis sie recht dick wird, nachdem laß sie kalt werden, hernach nimm die kleinen silbernen Spiesel, und stecke von dem Fasch von einer jeden Sorte dazwischen, sofort bis das Spiesel voll ist, wie sichs gehört, bestreiche es recht mit dieser Sauce, daß es schön gleich aussieht, thu ein geriebenes Brod hinein, thu sie wohl banniren und auf den Rost legen, ist es Zeit zu serviren, setz es auf eine stäte Glut, und laß schön gelb grilliren auf allen Seiten, nach diesem rangire sie schön in eine Schüssel, gieb ein wenig gute Jus darunter, drücke

drücke den Saft von einer Lemoni darüber, und thu sie warmer zur Tafel serviren.

Une de Ris de Veau a la broche sauce sans Echalottes.

Kalbsbrüs ohne Spieß mit Sauce.

Nachdem die Brüs blanchirt sind, thu alles fein abhäuteln und hernach einmarginiren mit Essig und feinen Kräutern und auch das Mark von einer Lemoni, Salz und Pfeffer, 3 Viertelstunden vor dem Anrichten stecke sie an ein kleines Spießlein, allezeit ein wenig Speck mit Schunken dazwischen, binde sie nachmals auf einen großen Spieß, und thu sie zum Feuer, laß sie schön gelb braten, begieße sie mit frischen Butter, welcher aber gemischt seyn muß mit ein paar fein gehackten Sardellen, wickele nach diesen ein kleines Stücklein Speck in ein weißes Papier, halt es zum Feuer, daß es ein wenig trocken wird, nachdem thu es anzünden, und laß den Speck auf die Brüs tropfen, wenn sie eine gelbe Farbe haben, gieb eine feine Scharlottensauce unten auf die Schüssel, thu die Brüs auf der Schüssel sauber rangiren, und warmer zur Tafel serviren.

Une de ris de Veau a l' Italienne.

Kalbsbrüs auf Italiänisch.

Thu die Brüs sauber putzen und blanchiren, wie schon vorher gemeldet, hernach thu sie schön mit feinem Schunken spicken, nachmals in eine Bräs einrichten, daß sie schön weiß bleiben, setz sie auf ein stätes Feuer, und laß sie stät gar werden,

den, aber nicht zu lind, ist es Zeit zu serviren, thu die Bräs aus der Bräs auf eine Serviette, daß die Fetten davon geht, hernach thu sie in eine Glas und thu schön glasiren, gieb eine feine Sauce von einer guten Coulis mit Lemoni darunter, und rangire die Brüs schön darauf, alsdenn servire sie zur Tafel, man kann auch eine Triffelsauce dazu geben, die Sauce darf aber nicht dick seyn.

Une des Ris de Veau a la Paradise au Citron.

Kalbsbrüs in Papier.

Die Brüs, nachdem sie sauber blanchirt sind, wie schon gemeldet, mache eine Kapsel von Papier, gieß Provenceröl hinein, daß es den Boden bedeckt, hernach lege eine feine Speckbarten hinein, leg die Brüs darauf, thu darauf allerhand Kräuter und Wurzeln, Zwiebel, Scharlotten und das Mark von einer Lemoni, bedecke es oben auch mit Speck, und wenn du es hast, so thu etliche gute Schnitze Schunken dazu, mache oben ein Blättlein Papier darauf, bestreiche es auch mit Oel und thu es auf einen Rost, eine Stunde vor dem Anrichten setz es auf einen glühenden Aschen, und laß sie stät kochen, zu Zeiten thu sie umwenden, wenn du sie servirest thu eine weiße oder braune Sauce von Schambinion auf die Schüssel, und rangire die Brüs sauber darauf, sie werden weiß wie Schnee seyn, man kann auch eine klare Sauce darunter geben.

Une

Une de ris de Veau piqué & glacé avec sauce aux Champignons.

Gespickte Kalbsbrüs.

Nachdem die Brüs sauber gepußt und blanchirt sind, thu sie recht fein spicken, hernach richte sie ein in eine weiße Bräz, und laß sie auf einem stäten Feuer gar werden, nachdem nimm sie heraus auf eine Serviette, thu sie gut abdrücken und schön glasiren, mache eine weiße Sauce von Schambinion, legire sie mit Eyerdottern, richte sie auf die Schüssel, und rangire die Brüs darauf, alsdenn thu sie zur Tafel serviren.

Une de ris de Veau en petites caisses.

Kalbsbrüs in kleinen Kästlein von Papier.

Nimm die Brüs, nachdem sie blanchirt sind, thu sie in kleine runde Stücklein schneiden, und hernach in einen Kastrol mit feinen Kräutern, Schambinion, Maurachen und Triffel, Salz und Pfeffer, und ein Stücklein Butter, thu alles zusammen auf dem Feuer passiren, nach diesem mache von Papier kleine Kastrol, mache ein Schmalz heiß, und thu die Kästlein hinein, so werden sie ein klein wenig gelb, hernach thu sie heraus, und richte die Brüs hinein, allezeit von den Schambinion und Maurachen dazwischen und die Sauce davon, thu auf die Letzte überall ein wenig darauf austheilen, bestreue sie mit ein wenig fein geriebener Semmel, thu sie auf eine Tortenpfanne, und eine Viertelstunde vor dem Anrichten in einen

Bachofen, welcher nicht gar heiß ist, oder auch auf den Rost, wenn du sie servirest, so richte sie auf die Schüssel, drücke den Saft von einer Lemoni darauf, und thu sie warmer zur Tafel serviren.

Une de ris de Veau aux Ecrevisses.

Kalbsbrüs mit Krebsen.

Nachdem die Brüs blanchirt sind, mache einen Krebsbutter, nimm hernach den Krebsbutter in einen Kastrol, thu dazu ein wenig feines Mehl, rühre es untereinander, thu einen ganzen Zwiebel dazu, einen Löffelvoll gute Bouillon, und rühre die Sauce auf dem Feuer ab, hernach thu die Brüs in kleine Stücklein hinein, und laß sie gäh kochen, bis sie gar sind, nachdem thu die Krebsschweife auch hinein, ist es Zeit zu serviren, laß sie aufkochen, drücke den Saft von einer halben Lemoni dazu, und thu sie zur Tafel serviren.

Une de ris de Veau a la jardiniere.

Kalbsbrüs mit Petersill gespickt.

Nachdem die Brüs ein wenig blanchirt sind, thu sie mit jungen Petersill schön spicken, nachmal in Essig einmarginiren, wie schon vorher gemeldt, eine halbe Stunde vor dem Serviren lege sie zum Feuer, an einen kleinen Spieß gesteckt, und braten lassen, daß der Petersill schön grün bleibt, gieb eine piquante Sauce darunter, und thu sie zur Tafel serviren.

Une

Une de ris de Veau sauté.

Kalbsbrüs auf dem Rost.

Nachdem die Brüs blanchirt sind, schneide sie in der Länge halben Finger dick, und lege sie in eine Schüssel, thu daran Pfeffer und Salz, feine Kräuter, ein Lorbeerblatt, und das Mark von einer Lemoni, wie auch Provenceröl, laß sie etliche Stunden marginiren, ist es Zeit zu serviren, lege sie auf den Rost, setz sie auf ein schnelles Feuer, und laß sie schön grilliren, richte sie hernachmals auf die Schüssel, gieß ein wenig Jus daran, drücke den Saft von einer Lemoni darüber, und servire sie warmer.

De ris de Veau grillé.

Kalbsbrüs grillirt.

Die Brüs müßen geschnitten werden, wie vorher gemeldt, thu in einen Kastrol ein Stücklein frischen Butter mit feinen Kräutern, die Brüs auch dazu, Pfeffer und Salz, laß sie auf dem Feuer passiren, hernach nimm sie heraus, thu sie mit fein geriebener Semmel banniren und auf den Rost legen, ist es Zeit zu serviren, setz sie auf ein stätes Feuer, und laß sie schön grilliren, rangire sie hübsch auf eine Schüssel, und gieb ein wenig gute Jus mit Lemonisaft darunter, alsdenn servire sie zur Tafel, du kannst auch zu der Jus etwas in feine Filce geschnittene Scharlotten nehmen.

De ris de Veau emincé.

Kalbsbrüs mit Lemonisauce.

Nachdem die Brüs blanchirt sind, schneide sie fein rund, thu ein wenig frischen Butter in einen Kastrol, ein wenig feines Mehl und einen ganzen Zwiebel, gieß eine gute Bouillon daran, setz sie auf das Feuer und thu die Sauce abrühren, drücke hernach den Saft von einer Lemoni hinein, und thu die Brüs auch dazu, laß sie schnell kochen, ist es Zeit zu serviren, laß sie wiederum aufkochen, legire sie mit 3 Eyerdotter, und thu sie zur Tafel serviren.

De ris de Veau a l' Italienne.

Kalbsbrüs auf Italiänisch.

Nachdem die Brüs blanchirt sind, thu ein jedes anderst spicken, eines mit Triffel, eines mit gelben Ruben, eines mit Schunken, eines mit Spargel, eines mit Krebsschweif, eines mit Speck, nachdem du Brüs vonnöthen hast, hernach richte sie ein in eine weiße Bräs, und laß sie stät gar werden, ist es Zeit zu serviren, thu sie auf eine Serviette heraus, thu sie abdrücken und hernach schön glasiren, gieb auf die Schüssel eine klare Sauce mit grünen Petersill, thu die Brüs darauf rangiren, und zur Tafel serviren.

Une d' batelettes de ris de Veau.

Kleine Spießel mit Kalbsbrüs.

Nachdem die Brüs blanchirt sind, schneide sie rund in kleine Stücke, wie auch etliche Kalbseuter,

ter, thu sie in einen Kastrol mit einem Stücklein frischen Butter, wie auch Maurachen und Schambinion, Triffel, feine Kräuter, Salz und Pfeffer, thu sie auf dem Feuer passiren, streue ein wenig feines Mehl daran, und gieß ein wenig gute Bouillon darauf, laß sie einkochen, hernach kalt werden, nachdem stecke es an die silberne kleine Spieß, thu sie mit der Sauce eben machen, und mit einer geriebenen Semmel banniren und auf den Rost legen, ist es Zeit zu serviren, setz sie auf eine stäte Glut, und laß sie schön grilliren, rangire sie schön auf die Schüssel, und gieb ein wenig gute Jus mit Lemonisaft darunter.

Une de foye de Veau aux fines herbes.

Kalbsleber mit feinen Kräutern.

Nimm die Kalbsleber, thu sie schön abhäuteln, nachdem thu sie fein schneiden in dünne Schnitze, thu in einen Kastrol ein Provenceröl und hernach feine Kräuter, thu sie ein klein wenig passiren, hernach lege die Leber hinein, thu sie salzen und pfeffern, und bestreue sie oben auf mit Kräutern, thu ein Lorbeerblatt dazu, ist es Zeit zu serviren, setz sie auf das Feuer und laß sie anziehen, aber nicht zu stark, damit die Leber mild bleibt, thu sie nach diesem umwenden und wiederum anziehen lassen, nachmals rangire sie auf die Schüssel, drücke den Saft von einer Lemoni darüber, und thu sie warmer zur Tafel serviren.

Une de foye de Veau a la Genoise.

Kalbsleber auf Genuesische Manier.

Die Kalbsleber, nachdem sie abgehäutelt ist, thu in schöne Schnitze schneiden, nicht zu dünn und auch nicht zu dick, rangire sie in eine Schüssel und gieß eine süße Milch darüber, laß ein paar Stunden stehen, hernach thu sie aus der Milch auf ein sauberes Tuch oder Serviette, drücke sie ein wenig ab, thu hernach ein Stück frischen Butter in einen Kastrol und laß ihn zergehen, bis er anfangen will, gelblicht zu werden, nimm nach diesem ein Stücklein nach dem andern, thu es in fein geriebenem Brod umkehren, und leg es in den Kastrol, thu sie ein wenig salzen und pfeffern, laß stehen bis es Zeit ist zu serviren, setz sie sodenn auf das Feuer und laß sie bachen, bis sie schön gelb sind, hernach thu sie umwenden und auf der andern Seite auch schön gelb werden lassen, das Feuer muß aber schnell seyn, damit sie nicht zu trocken wird, alsdenn thu sie auf die warme Schüssel anrichten ohne Butter, und zur Tafel serviren, sie ist auf diese Manier mild und gut.

Une de foye de Veau aux Crepines.

Kalbsleber im Netz.

Thu die Leber abhäuteln, und hernach mit dem Messer rabiren auf ein Schneidbrett, damit alle Haut davon kommt, thu dazu etwas Nierenfetten oder Speck, ein paar Scharlotten, ein wenig Petersill, Thymian und Basilicum, thu alles zusammen fein schneiden, thu hernach ein wenig gerieben

ben Brod dazu und ein paar Eyerdotter, Pfeffer und Salz, hernach theile das Kalbs- oder schweinerne Netz in kleine Stücke, thu etwas von diesem Fasch hinein, thu es zusammen wickeln, bestreiche eine Tortenpfanne mit Butter, und leg es darauf, bestreiche ein Papier mit Butter, und decke es oben drauf, ist es bald Zeit zu serviren, setze es in den Ofen, oder gieb auch Feuer oben und unten und laß bachen, gieb eine Sauce von fein geschnittenen Zwiebeln dazu, und servire es zur Tafel.

De foye de Veau a l' Allemande.

Kalbsleber auf deutsche Manier.

Nachdem die Leber abgehäutelt ist, thu sie in dünne Schnitze schneiden, und in süßer Milch einweichen, ein paar Stunden hernach thu sie heraus auf ein sauberes Tuch oder Serviette, und ein wenig abdrücken, thu sie hernach salzen und ein wenig pfeffern, und einmehlen wie ein Fisch, thu hernach ein Stück Butter in einen Kastrol, und laß gelb werden, nach diesem leg die Leber hinein, ist es nun Zeit zu serviren, setz sie auf einen gähen Windofen, und laß sie auf beyden Seiten gelb werden, thu sie nach dem auf die Schüssel schön rangiren, und gieb eine piquante Sauce von Bertramessig darüber, so thu sie zur Tafel serviren.

Auf eine andere Manier.

Thu die Leber einmehlen, wie schon gemeldt, und hernach im Schmalz ausbachen, die Hälfte in die Sauce legen und aufkochen lassen, wenn diese Leber angericht ist, thu die andere Hälfte ausgebachene

chene Leber darum garniren, und zur Tafel serviren.

Une foye de Veau au sang.

Kalbsleber mit Blut.

Thu die Leber schneiden, wie vorher gemeldt, hernach thu in einen Kastrol ein wenig Provenceröl mit fein geschnittenen Scharlotten, thu sie ein klein wenig auf dem Feuer passiren, die Leber thu ein wenig salzen und pfeffern, und lege sie hernach in den Kastrol, und laß stehen, bis es Zeit ist zu serviren, nachdem mach die Sauce, thu einen Zwiebel in einen Kastrol mit ein wenig frischen Butter, laß auf dem Feuer zergehen, thu dazu einen Löffelvoll Mehl, und laß sie schön braun werden, thu nachmals das Uebergebliebene von der Leber dazu, thu es noch ein wenig passiren mit ein wenig Basilicum und Thymian, ein kleines Lorbeerblatt, und füll es mit Jus oder Bouillon auf, thu ein kleines Gläslein voll rothen Wein dazu, und laß wohl verkochen, auf die Letzte thu ein schweinernes Blut mit ein wenig Bertramessig hinein rühren, oder auch ein Blut von Geflügel, laß es nachmal aufkochen, und thu es hernach durch ein Haartuch oder Sieb passiren, ist es Zeit zu serviren, setz die Leber auf, und laß auf beyden Seiten anziehen, rangire sie hernach in die Schüssel, laß die Sauce aufkochen, drücke den Saft von einer halben Lemoni darein, gieß sie nachmals über die Leber, und thu sie warmer serviren.

De

De Foye de Veau a la Flamands.

Kalbsleber auf Niederländer Manier.

Nachdem die Leber abgehäutelt ist, thu sie recht fein in kleine Stücke schneiden, nicht größer als ein Gulden dick, thu in einen Kastrol feine Kräuter mit frischen Butter, und laß sie passiren, Scharlotten müssen auch dabey seyn, wie auch ein Lorbeerblatt, thu die Leber hernach hinein, thu sie salzen und pfeffern, und laß sie stehen bis es Zeit ist zu serviren, nach diesem setz sie auf das Feuer, und thu sie schnell passiren, drücke den Saft von einer Lemoni daran, und thu sie warmer zur Tafel serviren.

De foye de Veau a la Liégeoise.

Kalbsleber auf Lütticher Manier.

Schneide die Leber, wie vorher gemeldet, schneide ein paar große Zwiebel fein viereckicht, thu sie in einen Kastrol mit frischen Butter, und laß die Zwiebel schön gelb werden, hernach thu die Leber hinein, thu sie salzen und pfeffern, auch ein Lorbeerblatt dazu, und laß stehen bis es Zeit ist zu serviren, nachmals setz sie auf das Feuer, und thu sie passiren, bis die Leber recht heiß wird, staube ein klein wenig Mehl daran, gieß ein klein wenig Bertrameßig und so viel gute Bouillon daran, daß es eine Sauce giebt, hernach thu sie mit 3 Eyerdottern legiren, drücke den Saft von einer Lemoni daran, und thu sie warmer zur Tafel serviren.

Une. de fraise de Veau sance au marjolaine.

Kalbsgekrös auf deutsche Manier.

Thu das Gekrös mit Salz und Mehl sauber waschen, hernach richte eine schlechte Bräs ein, die Franzosen nennen es ein Blanget, schneide ein paar Speckbarten und auch etwas Nierenfetten in ein Geschirr, auch etwas Wurzel, ein Lorbeerblatt und Zwiebel, das Mark von einer Lemoni, ein wenig frischen Butter mit ein wenig schönen Mehl vermischt, füll es nach diesem auf mit schlechter Bouillon oder Wasser, laß auf dem Feuer aufkochen, thu das Gekrös hinein und laß stät kochen bis es lind ist, nachmals mache die Sauce: thu in einen Kastrol ein Stücklein frischen Butter, ein Löffelein voll Mehl, rühre sie wohl herum, fülle sie hernach mit guter Bouillon auf, thu einen Zwiebel dazu, thu die Sauce auf dem Feuer abrühren, und laß sie wohl kochen, daß sie schön weiß bleibt, drücke den Saft von einer Lemoni hinein, putze das Gekrös sauber ab, und schneide es in kleine Stücke, alsdenn lege sie in die Sauce, thu ein wenig Majoran dazu, laß sie aufkochen, und thu sie warmer zur Tafel serviren, man kann sie auch ohne Majoran geben mit Petersill, und mit Eyern legiren, sie ist auch recht gut.

Une fraise de Veau a la poulette.

Ein Gekrös mit Petersill.

Das Gekrös muß gesotten werden, wie schon vorher gemeldet, hernach mache eine weiße Sauce, wie

wie auch schon gemeldet worden ist, thu das Gekrös sauber putzen, und in kleine Stücklein schneiden, thu es in die Sauce, thu einen Petersill Blättleinweis pflücken und im Wasser blanchiren, daß er schier lind ist, hernach thu ihn in ein frisches Wasser, und thu ihn ausdrücken, ist es Zeit zu serviren, setz das Gekrös auf das Feuer, und laß aufkochen, thu hernach den Petersill hinein, und thu es mit 4 Eyerdottern legiren, drücke den Saft von einer Lemoni hinein, und thu es zur Tafel serviren.

Une d' yeux de Veau aux Triffes.

Kalbsaugen mit Triffel.

Thu die Kalbsaugen, wie das Gekrös, absieden, aber nicht gar zu lind, hernach thu sie heraus, und thu das schwarze davon, thu hernach ein klein wenig feinen Fasch hinein, und ein wenig Triffel, thu die Augen in eine kurze Bräs mit ein wenig Wein, und laß sie auf einem stäten Feuer noch ein wenig kochen, ist es Zeit zu serviren, nimm die Augen heraus auf eine Serviette, daß die Fetten gut davon geht, gieb nach diesem eine klare Sauce auf die Schüssel, thu die Augen ein wenig glasiren, schön in die Sauce rangiren, und zur Tafel serviren.

Une d' yeux de Veau en robe de chambre.

Kalbsaugen im Schlafrok.

Siede die Augen, wie schon vorher gemeldet, hernach nimm sie heraus und thu das schwarze davon nehmen, anstatt dem Schwarzen thu ein Salpico

pico hinein, und das Aug bestreiche herum mit Eyerklar und feinem Fasch, nachdem nimm kleine Mödel die just die Größe haben, mache ein Blättlein Butterteig hinein, und setz das Aug darein, nach diesem begieß es mit ein wenig frischen Butter, und bestreue sie mit Parmesankäß, mit ein wenig geriebenen Brod vermischt, thu sie im Ofen schön ausbachen, und hernach warmer zur Tafel serviren.

Une d' yeux de Veau masqué.

Kalbsaugen masquirt.

Richte die Augen, wie schon vorher gemeldet, nachdem das Schwarze heraus genommen ist, thu in ein jedes auch eine andere Farbe, als in eines einen Triffel, in ein anderes von Spinaddopfen grün, in eines das Weiße von Eyern, oder Filee von weißem Geflügel, eines gelb von einer gelben Rube, in eines roth von Schunken oder Zungen, nachdem bestreiche das Aug mit Eyerklar, und um das Aug herum Fasch, nachdem es sauber rangirt ist, thu es wiederum mit Eyerklar bestreichen, und mit Filee von allerhand Sorten garniren, nachdem nimm eine kleine Tortenpfanne, thu feine Speckbarten auf den Boden, leg die Augen schön darauf, thu etwas Wurzeln und Kräuter dazu, wie auch das Mark von einer Lemoni, bedecke es oben auch mit Speck und Papier, setz es in einen släten Ofen, und laß gar werden, ist es Zeit zu serviren, thu die Augen auf eine Serviette, daß die Fetten davon geht, gieb eine klare Sauce mit Bertram oder auch Pimpernel auf die Schüssel,

ran=

rangire die Augen schön darauf, und thu sie serviren.

Une de queues de Veau a l' oseille.

Kalbsschweife mit Sauerampfer.

Die Schweife müssen sauber gepußt und flammirt seyn, darnach thu sie in eine Bräs legen, daß sie schön weiß bleiben und darinn lind werden, nachdem nimm sie heraus, thu sie mit einer Serviette abdrücken, mit ein wenig Mehl einstauben, in Eyern umkehren und mit geriebenen Brod banniren. Die Sauce dazu: nimm eine starke Handvoll Sauerampfer in einen Kastrol mit einem ganzen Zwiebel und ein Stücklein frischen Butter, laß ihn auf dem Feuer passiren, staube hernach ein wenig feines Mehl daran, füll es mit guter Bouillon auf, und laß die Sauce einkochen bis sie kurz wird, ist es Zeit zu serviren, thu die Schweife im Schmalz schön gelb ausbachen, legire die Sauce mit 3 Eyerdotter, richte sie an auf die Schüssel, rangire die Kalbsschweife darauf, und thu sie zur Tafel serviren. Die Schweife können auch einmarginirt und hernach ausgebachen werden.

Une de queues de Veau a la Hollandoise.

Kalbsschweife auf Holländisch.

Richte die Schweife, wie schon vorher gemeldet, hernach mache eine Sauce, thu ein gutes Stücklein frischen Butter in einen Kastrol mit ein wenig feinem Mehl, 3 Eyerdotter und einen ganzen Zwiebel, thu es rühren, thu dazu eine gute Bouillon, so viel du Sauce vonnöthen hast, auch ein wenig Bertramessig, Salz und Pfeffer, ist es Zeit zu serviren, thu die Sauce auf dem Feuer abrühren, gieb einen gepflückten blanchirten Petersill in die Sauce, rangire die Schweife auf die Schüssel, drücke den Saft von einer halben Lemoni in die Sauce, gieß sie über die Schweife, und thu sie warmer zur Tafel serviren.

Une d' amourettes a la poulette.

Ruckmark mit Petersill.

Das Ruckmark muß vorher abgehäutelt werden, nachdem setz ein Wasser auf das Feuer mit Salz, wenn es siedet thu das Mark hinein, und laß etliche Sud aufthun, gieß es hernach ab, thu frisch Wasser daran, mache eine weiße Sauce, wie wir schon gemeldet haben, schneide das Mark in kleine Stücke eines starken Gliedes lang, thu es in die Sauce, nachdem thu Petersill Blättleinweis pflücken und im Wasser blanchiren, daß er fast lind wird, thu ihn nachdem in frischem Wasser ausdrücken, ist es Zeit zu serviren, setz das Mark auf das Feuer, und laß aufkochen, thu den blanchirten Petersill hinein, und legire es mit 3 Eyerdottern, drücke den Saft von einer Lemoni hinein, und thu es zur Tafel serviren.

Une d' amourettes aux Ecrevisses.

Ruckmark mit Krebsen.

Das Mark wird blanchirt, wie schon vorher gemeldet, hernach mache einen Krebsbutter, thu ihn in einen Kastrol mit ein wenig feinem Mehl,

und

und mache eine kurze Sauce mit guter Bouillon, thu hernach das Mark in kleine Stücklein hinein, wie auch die Krebsschweife, ist es Zeit zu serviren, laß es aufkochen, legire es mit 3 Eyerdottern, drücke den Saft von einer halben Lemoni daran, und thu es warmer zur Tafel serviren.

Une d' Amourettes au Gratin.

Ruckmark mit Rahm.

Das Mark wird geputzt und blanchirt, wie schon vorher gemeldet worden, nachdem mache eine Beschamelle, nimm davon so viel als es Ruckmark ist, thu es in einen Kastrol mit etwas Glas oder Consommé, laß es aufkochen, thu es hernach salzen und nur ein wenig pfeffern, nachdem thu es auf die silberne Schüssel, allwo du es zu serviren hast, oben bestreue es mit fein geriebenen Brod, und setz es in Bachofen, laß es oben und unten schön gelb werden, damit es unten eine Krusten bekommt, nachmals thu es serviren.

Une de ris d' agneau au melange.

Lammsbrüs melirt.

Nachdem die Brüs schön weiß blanchirt und sauber abgehäutelt sind, thu sie in einen Kastrol mit einem Stücklein frischen Butter und einem ganzen Zwiebel, thu dazu Triffel und Maurachen, thu sie auf dem Feuer passiren, staube hernach ein wenig schönes Mehl daran, füll es mit Jus an, und laß nach diesem kurz einkochen, man kann auch die Leber von Geflügel dazu thun, und die Magen, wenn sie recht lind sind, dünn in der

Breite hinein geschnitten, ist es Zeit zu serviren, laß aufkochen, drücke den Saft von einer Lemoni daran, und thu es warmer zur Tafel serviren. Man kann es auch weiß anstatt braun geben, das kommt bloß auf den Gusto an.

Une de Cotelettes d' agneau a la Sauce blanche.

Lammscarmenad in weißer Sauce.

Nachdem die Carmenade schön ausgemacht sind, setze ein Wasser auf das Feuer und laß sieden, thu sie hernach hinein, und laß sie einen Sud aufthun, hernach thu sie in ein frisches Wasser, mache eine weiße Sauce, thu die Carmenade hinein, und laß sie schnell einkochen, doch daß sie nicht lind werden, nachdem thu die Carmenade in einen andern saubern Kastrol, passire die Sauce daran, thu auch einen blanchirten Petersill dazu, ist es Zeit zu serviren, lege die Sauce mit 3 Eyerdotter, drücke den Saft von einer Lemoni daran, und thu sie warmer zur Tafel serviren.

Une de Cotelettes d' agneau a la Genoise.

Lammscarmenade auf genuesische Manier.

Nachdem die Carmenade gemacht und schön dressirt sind, thu in einen Kastrol einen frischen Butter, laß sie gelb werden, nach diesem thu die Carmenade hinein, thu sie salzen und pfeffern, laß sie auf dem Feuer anziehen, bis sie gelb werden, nachdem thu ein wenig geriebene Semmel darauf, und einen Löffelvoll Jus, auch ein wenig weißen Wein,

Wein, laß sie einkochen, ist es Zeit zu serviren, drücke den Saft von einer bittern Pomeranzen daran, und thu sie warmer zur Tafel serviren.

Une de Cotelettes grillées.

Lammscarmenad grillirt.

Nachdem die Carmenade schön ausgemacht sind, thu in einen Kastrol ein Stücklein Butter mit feinen Kräutern, thu sie auf dem Feuer ein wenig passiren, thu hernach die Carmenade hinein, thu sie pfeffern und salzen, laß sie ein paar Stunden stehen, hernach mache sie wieder ein wenig warm, und thu sie mit fein geriebener Semmel banniren, lege sie auf den Rost, ist es nun Zeit zu serviren, setz sie auf eine Glut und laß sie schön grilliren, daß sie aber in ihrem Saft bleiben, rangire sie schön in die Schüssel, drücke den Saft von einer Lemoni darauf, und thu sie warmer zur Tafel serviren.

De Cotelettes d'une autre maniere.

Carmenade auf eine andere Manier.

Wenn die Carmenade schön ausgemacht und wohl abgehäutelt sind, lege sie in ein Geschirr, thu sie pfeffern und salzen, thu ein Stück Butter in einen Kastrol mit ein paar Schnitz Schunken, Scharlotten und Petersill, setz den Butter auf das Feuer, und laß ihn kochen bis er anfängt gelb zu werden, hernach passire den Butter an die Carmenade, und laß sie eine Stunde stehen, nach diesem thu sie ein wenig warm machen, und thu die Carmenade mit fein geriebener Semmel banniren, oder auf deutsch zu sagen bestreuen, bestreiche nachmals eine Tortenpfanne mit frischen Butter, lege die Carmenade darauf, und gieß den wenigen Butter von den Carmenaden oben drauf, ist es Zeit zu serviren, setz die Carmenade mit sammt der Tortenpfanne in einen Bachofen, oder auch auf einen gähen Windofen, und laß sie schön gelb werden, gieb eine Jus mit Scharlotten, und ein wenig Lemonisaft auf die Schüssel, richte die Carmenade darauf, drücke den Saft von einer halben Lemoni darüber, und thu sie hernach warmer zur Tafel serviren, du must aber wohl beobachten, daß die Carmenade nicht zu trocken werden, die Kalbscarmenade können auf die nämliche Manier gemacht werden.

Une de Cotelettes d'agneau masqué.

Lammscarmenad masquirt.

Thu die Carmenade nachdem sie schön ausgemacht sind, in einen Kastrol mit Butter und feinen Kräutern, thu sie ein wenig passiren, hernach, wenn sie kalt sind, thu eins nach dem andern oben mit Eyerklar bestreichen, hernach mit Fasch, und schön rund machen, nach diesem wiederum mit Eyerklar bestreichen, rings herum mit Krebsschweif belegen, oben aber mit Triffel und Maurachen, mache oben eine façon, wie es dir gefällt, auch etwas grünes kannst du nehmen und schön ausmachen, hernach belege eine Tortenpfanne mit feinen Speckbarten, lege die Carmenade darauf, thu sie hernach auch mit Speckbarten bedecken, auch mit Papier, setz sie in einen leichten Bachofen

ofen und laß sie gar werden, wenn es Zeit ist zu serviren, thu sie auf eine Serviette legen, daß die Fetten davon geht, gieb eine kleine Sauce auf die Schüssel, oder auch eine leichte Sauce von Coulis, und rangire die Carmenade darauf, sodann aber thu sie zur Tafel serviren.

Une de Cotelettes d'agneau piqué au lard & glacé.

Lammscarmenad glasirt.

Die Carmenade must du nicht zu dünn machen, sondern ein Bein weg thun, das Fleisch von zweyen bleibt, thu sie schön rund rangiren, hernach fein spicken, nach diesem im Wasser ein wenig blanchiren, nachher thu sie in eine Bräs einrichten, daß sie schön weiß bleiben, ist es Zeit zu serviren, thu sie heraus auf eine Serviette, drücke sie ab, lege sie in eine Glas, und glasire sie schön, gieb eine Sauce von Zelleri darunter, und servire sie warmer zur Tafel.

Une de Cotelettes d'agneau en robe de Chambre.

Lammscarmenad im Schlafrock.

Mache die Carmenade recht schön dünn aus, und thu sie recht dünn klopfen, hernach thu sie mit Butter und feinen Kräutern ein wenig passiren, nachdem sie kalt sind, thu sie in Eyer eintunken und mit Fasch überziehen, hernach wieder in Eyern umkehren und mit fein geriebenen Brod bestreuen, ist es Zeit zu serviren, thu sie schön ausbachen, gieb eine legirte Sauerampfersauce darunter,

ter, die wir schon gemeldet haben zu machen, und thu sie warmer zur Tafel serviren.

Une de Cotelettes d'agneau piqué au persil.

Gespickte Lammscarmenade mit Petersill.

Mache die Carmenade, wie schon vorher gemeldt, hernach thu sie mit grünen Petersill spicken, mache nachdem einen Margenad mit Essig, lege die Carmenade hinein, und laß sie ein paar Stunden stehen, drey viertel Stunden vor dem Anrichten stecke sie an einen kleinen Spieß, und thu sie zum Feuer legen, sie müßen ein wenig grilliren, doch daß der Petersill schön grün bleibt, gieb nachmals nach deinem Gusto eine piquante Sauce darunter, und servire sie zur Tafel.

Une de Cotelettes d'agneau frite aux sauces angloises.

Lammscarmenade mit Englischer *Sauce.*

Nachdem die Carmenade schön ausgemacht sind, thu in einen Kastrol Butter und feine Kräuter, und laß ein wenig passiren, hernach thu die Carmenade hinein, thu sie salzen und pfeffern, und laß sie stehen, siede ein Ey hart, sobald es hart ist, thu es fein schneiden, wie auch ein wenig gekochten Schunken, Scharlotten, Petersill und ein wenig Lemonischalen, wenn dieses zusammen fein ist, so thu alles in einen Kastrol mit guter Coulis, ein wenig Bertramessig und den Saft von einer halben Lemoni, ist es Zeit zu serviren, lege die Carmenade auf den Rost und laß sie ohne Brod grilliren, laß die Sauce aufkochen, gieb sie unter die Carmenade, und thu sie warmer zur Tafel serviren.

Une de Cotelettes d'agnean piqué aux racines.

Lammscarmenade gespickt mit Wurzeln.

Nachdem die Carmenade schön ausgemacht sind, thu gelbe Ruben schneiden, wie auch Petersill und Triffel, gleichwie einen feinen Speck zum spicken, laß ein Wasser sieden, thu diese Wurzeln hinein, und laß sie nur einen Sud aufthun, hernach in ein frisches Wasser, thu ein jedes Carmenad mit einer Sorten spicken, oder auch auf 3 Reihen, und eine jede Reihe von einem andern, nachmals thu die Carmenade auch blanchiren, in eine Bräs einrichten, und gar werden lassen, sodenn thu sie glasiren, und gieb anstatt der Sauce einen Spinad darunter, man kann sie auch mit einer Sauce geben.

Une de Cotelettes d'agneau aux fines herbes.

Lammscarmenade mit feinen Kräutern.

Nachdem die Carmenade schön ausgemacht sind, thu sie in eine Schüssel, thu sie pfeffern und salzen, schneide daran feine Kräuter, wie auch etliche Lorbeerblätter und das Mark von einer Lemoni, gieß ein Provencerdl darüber, und laß sie hernach

 stehen,

stehen, bis es Zeit ist zu serviren, lege sie nachmals auf den Rost, und thu sie im Saft grilliren, rangire sie auf die Schüssel, gieb ein wenig gute Jus daran, drücke den Saft von einer Lemoni darüber, und thu sie warmer zur Tafel serviren.

Une de Cotelettes d'agneau au four.

Lammscarmenade im Ofen.

Nachdem die Carmenade schön ausgemacht sind, thu sie in Butter und Kräutern passiren, hernach nimm etwas von Geflügel, thu es stoßen, nach diesem in einen Kastrol, thu dazu gebachenes Brod, etwas Wurzeln und Kräuter, ein Gläslein Wein, und gieb eine Jus darauf, und laß kochen bis es dicklicht wird, gleichwie ein Salmi, hernach passire es durch ein Haartuch, mache kleine viereckichte Kästlein von Papier, thu sie ein wenig in heißem Schmalz ausbachen, thu von dieser Coulis ein wenig in das Kästlein, und lege das Carmenad darauf, füll es hernach voll mit dieser Coulis, setz sie auf ein Blech, eine halbe Stunde vor dem Serviren thu sie in den Ofen und laß sie bachen, bis sie eine Haut bekommen und doch etwas saftig bleiben, hernach thu sie auf die Schüssel rangiren, und warmer zur Tafel serviren.

Une de Cotelettes de Cabri a la meme maniere.

Carmenade von Kützlein auf die nämliche Manier.

Die Carmenade von Kützlein können auf die näm-

nämliche Manier gemacht werden, gleichwie die Laminscarmenade.

Une de Langue de Cabri au Ragout.

Ein Ragout von Kützleinzungen.

Thu die Zungen blanchiren und sauber putzen, hernach lege sie in eine Bräs und laß sie lind kochen, nachdem thu sie in einen Kastrol mit etwas Brüs und Maurachen, thu Coulis daran und laß aufkochen, drücke den Saft von einer halben Lemoni daran, und thu sie zur Tafel serviren.

Une de Langues aux petits Oignons.

Zungen mit kleinen Zwiebeln.

Die Zungen kann man von Lamm oder von Kütz nehmen, nachdem sie blanchirt und geputzt sind, thu sie in eine ordinari Bräs und laß sie lind kochen, nimm kleine Zwiebel, thu sie putzen und blanchiren, hernach lind sieden, nach diesem thu sie in einen Kastrol mit ein wenig Coulis und Bertramessig, thu die Zungen in der Mitte voneinander schneiden und thu sie glasiren, richte die Sauce auf die Schüssel und lege die Zungen darauf, alsdenn thu sie zur Tafel serviren.

Une de Cotelettes de porc sauté.

Schweinerne Carmenade auf dem Rost.

Nachdem die Carmenade schön ausgemacht sind, thu sie in eine Schüssel, und thu sie pfeffern und salzen, thu feine Kräuter dazu, wie auch Scharlotten und etliche Lorbeerblätter, auch Provenceröl, öl, ist es Zeit zu serviren, lege sie auf den Rost und thu sie schön grilliren, richte sie auf die warme Schüssel, und drücke den Saft von einer Lemoni darüber, alsdenn thu sie zur Tafel serviren.

Une de Cotelettes de porc a la poêle a l'estragon.

Schweinerne Carmenade in der Pfanne gemacht.

Nachdem die Carmenade ausgemacht sind, thu sie salzen und pfeffern, und etliche Lorbeerblätter dazu legen, ist es Zeit zu serviren, thu ein wenig frischen Butter in eine Omoletpfanne, laß ihn gelb werden, hernach thu die Carmenade hinein, und laß sie auf beyden Seiten schön braten, auf die letzte thu etliche fein geschnittene Scharlotten dazu, ein halbes Gläslein Bertrameßig, laß aufkochen, und thu sie warmer zur Tafel serviren.

Une de Cotelettes de porc sauce au pauvre homme.

Schweinerne Carmenad mit einer Zwiebelsauce.

Die Carmenade werden gericht, wie schon vorher gemeldt, hernach schneide große Zwiebel in Filee und viel, setze ein Wasser auf das Feuer und laß sieden, thu die Zwiebel hinein, und laß sie einen Sud aufthun, gieß sie nachmals ab, und thu sie in einen Kastrol mit Butter, und laß sie schön gelb werden, gieß hernach den Butter davon, gieb eine Coulis darauf, oder staube auch ein wenig feines Mehl daran und füll es mit Jus auf, laß

die

die Sauce einkochen, auf die letzte thu ein wenig guten Essig dazu, thu die Carmenade auf dem Rost grilliren, gieb die Sauce darunter, und thu sie warmer zur Tafel serviren.

Une de Cotelettes sauce a la moutarde.

Schweinerne Carmenade mit einer Senftsauce.

Die Carmenade werden gericht, wie schon vorher gemeldet ist, hernach nimm ein paar große Zwiebel, thu sie fein voneinander schneiden, thu sie nachdem in einen Kastrol mit einem Stücklein frischen Butter, und thu sie schön gelb rösten, staube hernach ein Mehl daran, und füll es mit Jus auf, und laß sie einkochen, auf die letzte thu 4 Eßlöffelvoll guten Senft dazu, thu die Carmenade grilliren und gieb die Sauce darunter, und thu sie warmer zur Tafel serviren.

Une de foye de porc a la Wabl.

Schweinerne Leber im Netz.

Es muß eine gute und frische Leber seyn, diese thu fein Blättleinweis schneiden, dick wie ein Messerrucken, thu sie auf eine Schüssel, thu daran Pfeffer und Salz, fein geschnittene Scharlotten, Petersill, Basilicum und Thymian, und dieses viel, hernach nimm das Netz und thu ein Stücklein nach dem andern schön einwickeln, ein jedes a parte, es muß aber ein schweinernes Netz seyn, richte es wiederum in eine Schüssel, wenn alles beysammen ist, thu etliche Lorbeerblätter dazu, und gieß ein Provenceröl darauf, ist es Zeit zu serviren,

ren, lege die Leber auf den Rost, und laß sie auf beyden Seiten grilliren, richte sie nach diesem auf eine warme Schüssel, drücke den Saft von einer Lemoni darauf, und servire sie.

Une de foye de porc a la Napolitaine a la broche aux Crepines.

Schweinerne Leber auf Neapolitanisch.

Die Leber muß gut und auch frisch seyn, hernach thu sie in kleine viereckichte Stücklein schneiden, groß wie ein kleines Ey, thu sie in eine Schüssel, und präparire sie wie die vorherbemeldte, hernach thu ein Stücklein nach dem andern in ein schweinernes Netz umwickeln, nachdem stecke sie an einen kleinen Spieß, allezeit ein Lorbeerblatt dazwischen, thu sie eine halbe Stunde vor dem Serviren zum Feuer legen, und laß sie schön in ihrem Saft braten, wenn du sie servirest, muß der Saft von einer Lemoni darüber gedrückt werden und zur Tafel servirt.

De piés de Cochon a la St. Meneboult.

Schweinerne Füße grillirt.

Es müssen schöne und große Füße seyn, diese sauber flammirt und geputzt, hernach voneinander geschnitten, und wiederum zusamm gebunden, diese thu in eine schon gebrauchte Bräs, welche gemacht ist von Speck, Wurzeln und Kräutern, wie auch Zwiebel, gieß eine gute Portion Weinessig daran, setz sie zum Feuer, und laß sie sieden so lang bis die Füße recht lind sind, hernach thu

sie

sie vom Feuer, und laß sie kalt werden, nimm sie nachmals aus der Bräs heraus, und thu sie auflösen und thu sie voneinander, laß einen Butter zergehen, und rühre einen Eyerdotter darein, thu die Füße darinnen wohl umkehren, und mit fein geriebenen Brod recht stark banniren, wenn du sie serviren willst, must du sie schön grilliren, und zur Tafel serviren.

Une de palais de Bœuf en risolles glacés.

Ochsengaum mit Fasch.

Nachdem die Ochsengaum schön weiß und lind gesotten sind in einer Bräs, thu sie heraus auf eine Serviette, thu in die Mitte ein wenig Fasch, thu sie überschlagen, und steche sie mit einem runden Ausstecher aus dem Form wie ein Schnittkräpflein, thu sie nachmals in eine Tortenpfanne, gieß eine Glas darüber, und setz sie in einen stäten Ofen, laß sie anziehen so lang, bis der wenige Fasch darinnen gekocht ist, hernach thu sie rangiren auf die Schüssel, in das was in der Tortenpfanne bleibt thu ein wenig Coulis und den Saft von einer Lemoni, laß aufkochen und passire diese Sauce durch ein Haarsieb darüber, und thu sie warmer zur Tafel serviren.

Une de palais de Bœuf a la Neubauer.

Ochsengaum auf eine andere Manier.

Nachdem die Ochsengaum in einer Bräs wohl lind gekocht sind, thu sie heraus und laß sie halb kalt werden, nachdem nimm kleine runde hohe Mödel, thu diese mit recht feinem Speck belegen, nach-

nachdem nimm einen grossen Triffel, schneide ihn Blättleinweis, und steche ein jedes Blättlein rund aus in der Grösse wie der Model auf dem Boden ist, lege in ein jedes eines hinein, hernach schneide den Ochsengaum in der Breite recht fein, gleichwie eine Speckbarten, belege den Model ringsherum, hernach bestreiche sie mit Eyerklar, und füll sie mit feinem Fasch an, oben bedecke sie mit einem Blättlein Ochsengaum, und setz sie nachmals auf eine Tortenpfanne zusammen, und bedecke sie alle mit Speckbarten und Papier, sodenn setze sie eine halbe Stunde vor dem Anrichten in den Bachofen, welcher nicht gar heiß ist, und laß sie stät gehen, bis es Zeit ist zum serviren, nachdem thu sie heraus und thu sie auf eine Serviette stürzen, daß die Fetten davon kommt, thu auch den Speck davon und thu sie schön glasiren und auf die Schüssel rangiren, daß der Triffel in die Höhe stehet, gieb eine klare Sauce von Bertram darunter, und thu sie zur Tafel serviren.

De palais de Bœuf a la poulette.

Ochsengaum weiß mit Petersill.

Die Ochsengaum werden lind gekocht in einer Bräs, wie schon gemeldet, hernach thu sie aus der Bräs auf eine Serviette, thu sie sauber putzen, und schneide sie in kleine viereckichte Stücklein, mache eine weiße Sauce, und thu sie hinein, hernach thu grün Petersill Blättleinweis pflücken und im Wasser blanchiren, daß er schier lind ist, ist es Zeit zu serviren, laß die Gaumen aufkochen, und thu den Petersill hinein, thu sie mit 3 Eyerdottern bottern legiren, drücke den Saft von einer Lemoni hinein, und thu sie zur Tafel serviren. Mit frischen Bertram können sie auch auf die nämliche Manier gemacht werden.

Une de palais de Bœuf a l' Italienne.

Ochsengaum auf Italiänisch.

Nachdem die Ochsengaum lind sind, thu sie aus der Bräs, und thu sie fein schneiden, gleichwie Kuttelfleck, hernach thu sie in einen Kastrol mit ein wenig Butter und fein geschnittenen Petersill, ein wenig Pfeffer und Salz, thu sie auf dem Feuer passiren, hernach gieß ein wenig gute Coulis daran, und laß aufkochen, drücke den Saft von einer halben Lemoni daran, und thu sie in die Schüssel richten, wo du zu serviren hast, nach diesem bestreue sie oben mit Parmesankäß, setz sie in Bachofen, und laß sie eine gelbe Farbe bekommen, nachdem sind sie fertig und können zur Tafel servirt werden, daß sie aber nicht zu trocken werden.

Une de palais de Bœuf en Roulades.

Roulade von Ochsengaum.

Nachdem die Ochsengaum lind sind, nimm sie aus der Bräs, und laß sie halb kalt werden, nachdem bestreiche sie mit feinen Fasch, thu sie zusammen wickeln, schneide sie oben und unten gleich, belege einen Kastrol mit Speck, und lege sie darein, oben bedecke sie desgleichen mit Speck und Papier, gieß ein klein wenig Bouillon daran, und setz sie auf eine kleine Glut, decke sie zu, gieb auch ein wenig Glut oben drauf, und laß sie stät gehen, ist es Zeit zu serviren, thu sie heraus auf eine Serviette, und thu sie hernach in die Schüssel rangiren, man kann sie weiß serviren oder auch glasiren, gieb eine Sauce hachée von Lebern darunter, und thu sie warmer zur Tafel serviren.

Une de palais de Bœuf en Croustades.

Ochsengaum mit Orusten.

Nachdem die Ochsengaum lind sind, thu sie aus der Brás, und schneide große Hühnerkämme daraus, hernach schneide von einer Semmel auch soviel, als von Ochsengaum sind, thu diese von Brod schön gelb ausbachen, nachdem thu auf die Schüssel, worinnen du sie zu serviren hast, ein wenig Fasch, bestreiche den Boden damit, nachdem thu ringsherum um die Schüssel diese Kämme stecken, allezeit eines von Brod und Gaum dazwischen, stell es auf eine Glut und laß anziehen, damit sie halten, nach diesem schneide die Gaumen, welche überbleiben, in kleine Stücklein, nimm ein Brús dazu, wie auch Triffel und Maurachen, mache ein Ragout daraus, mache es mit Lemonisaft piquant, und thu es hernach, wenn es kalt ist, in die Mitte hinein, und wenn es Zeit ist, setze sie in einen Bachofen, daß sie durchaus warm werden, bedecke sie oben mit Papier, willst du sie serviren, so thu oben die Fetten davon, und gieb sie zur Tafel.

Une de palais de Bœuf au Gratin.

Ochsengaum mit Rahm.

Nachdem die Gaumen lind sind, thu sie aus der Brás

Brás und schneide sie fein wie Nudel, thu sie in einen Kastrol mit einer Beschamell und auch etwas Glace dazu, ein wenig Pfeffer und Salz, und thu sie auf die silberne Schüssel in der Höhe ein wenig fein geriebene Semmel, und setze sie in Bachofen, laß sie schön anziehen, daß sie unten eine Kruste bekommen und oben eine schöne Farbe, hernach thu sie zur Tafel serviren.

De palais de Bœuf aux fines herbes au gril.

Ochsengaum grillirt.

Nachdem die Ochsengaum lind sind, thu sie aus der Brás, und schneide sie in schöne Stücke eines wie das andere, thu sie in einen Kastrol mit Butter, feine Kräuter, Pfeffer und Salz, thu sie auf dem Feuer ein wenig passiren, und hernach mit fein geriebener Semmel schön banniren, und auf den Rost legen, ist es Zeit zu serviren, setz sie auf eine Glut und laß sie schön grilliren, rangire sie nach diesem auf die Schüssel, drücke darüber den Saft von einer Lemoni, und unten gieb ein wenig gute Jus, alsdenn servire sie zur Tafel.

De palais de Bœuf en petits doigts.

Ochsengaum mit *Coulis* klein geschnitten.

Schneide die Ochsengaum klein und Gliedlang, thu sie in einen Kastrol mit Coulis, thu auch dazu etwas kleine feine Kapern und laß aufkochen, drücke den Saft von einer halben Lemoni dazu, und thu sie warmer zur Tafel serviren.

De palais de Bœuf a la Jardiniere.

Ochsengaum mit grünem Fasch.

Nachdem die Ochsengaum lind sind, thu sie aus der Brás, und mache einen feinen Fasch grün mit Spinaddopfen, hernach bestreiche den Gaumen damit, und wickle ihn zusammen, gleichwie ein Rolad, thu sie schön gleich schneiden, belege einen Kastrol mit Speck und thu sie hinein, bedecke sie oben auch mit Fasch und Papier, gieb ein wenig Glut oben und unten und laß sie gar werden, hernach thu sie heraus auf eine Serviette, schneide sie in der Mitte voneinander und setze sie in die Schüssel, gieb eine klare Sauce von Petersill darunter, und thu sie zur Tafel serviren.

Une de palais de Bœuf en Crete de coq.

Ochsengaum auf Hühnerkämmart.

Nachdem die Ochsengaum lind sind, thu sie aus der Brás, und thu sie mit einem kleinen runden Ausstecher ausstechen und in der Mitte voneinander schneiden, nach diesem wie ein Hühnerkamm ausschneiden, hernach nimm etliche Schambinion und thu sie in einen Kastrol mit ein wenig frischen Butter schneiden, thu sie passiren und thu die Gaumen auch dazu, staube ein wenig Mehl daran, und fülle sie mit guter Bouillon auf, und laß einkochen, wenn es Zeit ist zu serviren, thu sie mit Eyerdottern legiren, drücke den Saft von einer Lemoni daran, wie auch thu dazu ein klein wenig fein geschnittenen Petersill, und thu sie alsdenn warmer zur Tafel serviren.

Une

Une d' estomacs de poulets a la Jardiniere.

Hühnerbrust mit Wurzeln gespickt.

Man thut die Brust von Hühnern schön ganz auslösen, und thut die Haut davon, dressirt sie auch schön, und thut in einen Kastrol ein Stücklein frischen Butter mit dem Saft von einer Lemoni, und laß auf dem Feuer zergehen, lege hernach die Brust hinein und laß sie anziehen, nachdem laß sie kalt werden, schneide Petersillwurzeln und gelbe Ruben, wie auch Triffel, und wenn es Spargel giebt, fein wie feiner Speck zum Spicken muß der Spargel geschnitten werden, setz ein Wasser auf das Feuer und laß es sieden, thu diese Wurzeln nachdem hinein, und laß sie nur einen Sud aufthun, und wiederum in ein frisches Wasser, thu nachdem diese Brüste schön damit spicken, eine jede Brust von einer Sorten, nachmals richte sie schön ein in einer weißen Bräs und laß sie stät gar werden, ist es Zeit zu serviren, thu sie heraus auf eine Serviette, rangire sie schön auf die Schüssel, und gieb eine klare Sauce von Petersill darunter, alsdenn servire sie zur Tafel.

Une de cuisses de poulets piquées & glacées.

Hühnerbügel glasirt.

Man nimmt diese Hühnerbügel, und macht ein anderes Hors d'œuvre daraus, nämlich: thu die Haut herab, und thu das eine Bein davon und schön dressiren, hernach thu sie wie die Brust passiren, wie auch schon gemeldet ist, nachdem thu sie mit feinem Speck schön spicken, richte sie nachdem in eine weiße Bräs, und laß sie stät gar werden, ist es Zeit zu serviren, thu sie aus der Bräs auf eine Serviette, drücke sie schön ab, thu sie nachdem hübsch glasiren, rangire sie sauber in die Schüssel, und gieb eine klare Sauce von Bertram darunter, alsdenn thu sie zur Tafel serviren.

Une de petits Roulades de poulets.

Kleine Rolad von Hühnerbrust.

Man nimmt die Brust von Hühnern, und thut sie in feine Filee schneiden, hernach mit dem Messer in der Breite schön ausklopfen, nimm nach diesem einen feinen Fasch, thu sie bestreichen, wickle sie zusammen, und mache Rolade daraus, nachdem bestreiche ein Papier mit frischen Butter, lege daraüf feine Speckbarten und nach dem die Rolad, thu das Mark von einer Lemoni darauf, und Kräuter die schon bemeldet sind, wie auch ein paar Blättlein Zwiebel, gieß ein wenig Provenceröl daran, und thu sie mit feinen Speckbarten bedecken und hernach mit Papier, und einwickeln, daß nichts heraus fließen kann, bestreiche nachdem das Papier mit Oel, und eine Stunde vor dem Anrichten lege es auf den Rost, thu einen glüenden Aschen darunter, wende zum öftern um, so werden sie schön weiß bleiben, und auch mürb werden, thu sie nachmals aus dem Papier, rangire sie auf die Schüssel, und gieb eine klare Sauce von Triffel darunter, alsdenn thu sie zur Tafel serviren.

Une de Cotelettes de poulets sautés.

Carmenade von Hühnern im Kastrol.

Schneide die Brust von Hühnern eine jede a parte, thu die Beine davon sauber putzen, und ein wenig abhauen, klopfe sie hernach breit und fein, schneide sie in der Runden, daß sie den Form bekommen von einem Carmenad, nach diesem thu feine Kräuter in einen Kastrol mit Provenceröl, und thu es ein wenig auf dem Feuer passiren, nachmals lege die Carmenade hinein, schneide das Mark von einer Lemoni Blättleinweiß darauf und laß stehen, ist es Zeit zu serviren, setz sie auf das Feuer, und laß sie auf beyden Seiten anziehen, aber sie müßen schön weiß bleiben, dann rangire sie in die Schüssel, und gieb ein wenig Consommé darunter mit ein klein wenig Lemonisaft, und servire sie zur Tafel.

Une Blanquette de poulets.

Ein Blanquet von Hühnern.

Nimm die Brust von Hühnern, und thu sie in kleine Filee schneiden, hernach mit dem Messer breit klopfen, bestreiche einen Kastrol mit frischen Butter und lege die Filee hinein, aber nicht aufeinander, mache nachdem eine weiße Sauce mit Schambinion, setze diese Filee auf das Feuer, und laß sie anziehen, sie müßen aber weiß bleiben, thu sie hernach in diese Sauce, und laß sie stehen bis es Zeit ist zu serviren, setze sie nach diesem auf das Feuer, und laß sie aufkochen, thu sie mit Eyerdotter legiren, sie därfen aber nicht stark kochen, drücke den Saft von einer halben Lemoni hinein, und servire sie warmer zur Tafel.

Une de poulets en robe de chambre.

Hühner im Schlafrock.

Thu aus einem Hühnlein vier Viertel machen, die Haut davon und die Beine schön geputzt, die Bügel müssen ausgelößt werden, bis das hintere Bein bleibt, thu es hernach schön breit klopfen, und in der Runde dressiren, thu feine Kräuter in einen Kastrol mit Provenceröl und Lemoni, thu die Viertel hinein, und laß sie ein klein wenig auf dem Feuer passiren, nachdem nimm einen halben Bogen weiß Papier, lege ihn doppelt zusammen, steche in der Mitte ein kleines Löchlein hinein, ein wenig Fasch in der Mitte, lege ein Viertel vom Hühnlein darauf, das Bein must du durchstechen, und oben auch ein wenig Fasch, alsdenn schneide das Papier in der Rundung, und wickele es in der Rundung zusammen, daß kein Saft heraus kann, lege sie auf eine Schüssel, und gieß Provenceröl darüber, ist es Zeit zu serviren, lege sie auf den Rost, gieb eine kleine Glut aber nicht stark, und laß sie auf beyden Seiten grilliren bis das Papier gelb wird, hernach sind sie fertig, rangire sie auf die Schüssel, und gieß ein wenig gute Jus darüber, alsdenn servire sie zur Tafel.

Une de poulets grillés.

Hühnlein grillirt.

Schneide die Hühnlein in vier Viertel, thu die Viertel auslösen und schön dressiren, thu nachdem einen frischen Butter mit feinen Kräutern in einen Kastrol, laß ein wenig auf dem Feuer passiren, thu die Hühnlein hernach hinein, schneide das Märk von einer Lemoni daran, ein wenig Pfeffer und Salz, wie auch ein Lorbeerblatt, setze sie auf das Feuer und laß sie anziehen, aber nicht zu stark, nach diesem laß sie stehen, ist es bald Zeit zu serviren, thu sie mit fein geriebenem Brod banniren, auf den Rost legen, auf eine gleiche Glut setzen und schön grilliren lassen, rangire sie sauber auf die Schüssel, und gieb ein wenig gute Jus mit Lemonisaft darunter, sodenn aber thu sie warmer zur Tafel serviren.

Une de poulets aux Ecrevisses.

Hühnlein mit Krebsen.

Die Hühnlein müssen halb gebraten werden, hernach mache eine Sauce von Krebsen, thu die Krebsschweife in die Filee schneiden, die Hühnlein, wenn sie kalt sind, thu die Haut davon, und löse alles weiße Fleisch herunter, thu dieses in feine Filee schneiden und zu der Krebssauce; ist es Zeit zu serviren, setze sie auf das Feuer, und laß sie aufkochen, koste sie im Salz, und thu sie warmer zur Tafel serviren.

Une de cretes de coq bistoriées.

Hühnerkämme melirt.

Man thut die Kämme mit heißem Wasser und Salz schön weiß putzen, hernach thu sie in eine weiße Bräs und laß sie lind sieden, schneide Triffel und Schambinion auf die nämliche Manier, diese thu in einen Kastrol mit frischen Butter und einen kleinen Zwiebel ganz, thu sie auf dem Feuer passiren, staube ein wenig weißes Mehl daran, und füll es mit guter Bouillon auf und laß einkochen, hernach thu die Hühnerkämme auch dazu, wenn es Zeit ist zu serviren, laß sie aufkochen, und thu sie mit Eyerdottern legiren, drücke den Saft von einer halben Lemoni daran, und servire sie warmer zur Tafel.

Filets de poulets a la Bechamelle.

Filee von Hühnlein mit süßen Rahm.

Thu die Hühnlein oder Polarten halb braten, hernach, wenn sie kalt sind, thu die Haut davon, nimm das weiße Fleisch davon, und schneide es in feine Filee, thu sie in einen Kastrol mit Beschamelle und etwas Glace dazu, wenn es zu dick ist, gieß ein wenig süßen Rahm dazu, wenn du es serviren willst, laß aufkochen, koste es im Salz ob es recht ist, und thn es warmer zur Tafel serviren, man kann anch mit schön ausgebachener Semmel garniren, das Brod aber auf eine Fason schneiden.

Une de poulets a l' espic.

Hühnlein mit klarer *Sauce* warmer.

Thu die Hühnlein halb abbraten, wenn sie kalt sind thu die Haut davon, und lös die Brust davon, schneide sie in feine Filee, und thu die Filee in die Schüssel richten, die du zu serviren hast, hernach mache eine klare Sauce von Kalbfleisch, thu das Uebergebliebene von den Hühnlein auch dazu, damit die Sauce kräftig wird und einen guten

ten Gusto bekommt, wenn dann die Sauce klarificirt ist, so thu ein wenig Bertram blanchiren und gieb ihn hernach in die Sauce, gieß die Sauce über die Hühnlein, und laß recht heiß werden aber nicht sieden, sonsten wird die Sauce trüb, und thu sie nachmals serviren. Man kann auch die Hühnlein ohne auslösen schön zertheilen, und auf solche Art serviren, wenn man aber kalter serviren will, so muß man die Sauce kalt werden lassen, und hernach ein wenig davon in die Schüssel gießen, wenn es gestanden ist, thut man die Filee von Hühnlein schön hineinrichten, wie auch mit etlichen Blättlein Bertram, wenn die Saison ist, wo aber nicht, so nimmt man Petersill, man kann auch etwas Beere von einem Granatapfel dazu nehmen, nicht weniger frische Triffel, gekochte Ochsenzungen, und kann eine schöne Façon machen, nach diesem thut man wiederum ein wenig von dieser Sauce darauf gießen, damit es nicht in die Höhe gehet, wenn es wiederum kalt ist, so gieß den Rest daran, und laß fest werden, thu es hernach zur Tafel serviren aber kalter. Von Kapaunen kann man auch das nämliche machen, als wie von Hühnlein.

Une de filets de Chapon en petits Grenades a la Danger.

Filee von Kapaunen *a la Danger.*

Man nimmt einen Kapaun, welcher stark von der Brust ist, und löst die Brust herunter, schneidet feine Filee daraus, hernach muß man sie einmarginiren mit feinen Kräutern, Lemoni und Provenvencerdl, nachdem schneidet man von einer Semmel schöne dünne runde Blättlein, oder den Form von einem Herzen, hernach nimmt man einen feinen passirten Fasch, drücket die Semmel auf einer Seiten in ein Eyerklar, nach diesem thut man von dem Fasch darauf nicht gar zu hoch, und thut ihn formiren, wie das Brod geschnitten ist, man thut den Fasch wiederum bestreichen mit Eyerklar, und nimmt nachmals die Filee, und thut den Fasch umwickeln, daß man nichts mehr von Fasch siehet, man kann auch in die Mitte von Fasch ein Salpicon geben, oder auch ein wenig Beschamelle, und hernach zumachen und umwickeln, nachdem bestreicht man eine Tortenpfanne mit frischen Butter und legt sie darauf, soviel man vonnöthen hat, bedecket sie nachher mit feinen Speckbarten und Papier darauf, setz es in den Ofen, welcher nicht zu heiß ist, und laß sie gar werden, wenn es Zeit ist zu serviren, thut man sie auf ein sauberes Tischtuch oder Serviette legen, damit die Fetten davon gehet, so fort giebt man eine klare Blöschsauce, oder auch eine feine Coulissauce von Triffeln oder frischen Maurachen auf die Schüssel, thut sie nach diesem sauber darauf anrichten, und zur Tafel serviren.

Une de rolets de Chapon a la Mosaique.

Roladen von Kapaunen eingelegt.

Es muß auch ein guter Kapaun seyn und stark von der Brust, welche man herunter läßt, schneide sie in gleiche Filee und thu sie breit klopfen, hernach einmarginiren, wie vorher gemeldet, nachdem nimmt

nimmt man einen feinen passirten Fasch, und thut sie damit bestreichen, nicht zuviel, wickelt sie zusammen, und machet schöne gleiche Rolée, nach diesem nimmt man schöne weiße Hühnerkämme, welche schon halb in einer Bräs gekocht seyn müßen, auch von frischen Triffeln schneidet man kleine Hühnerkämme, und auch kleine schöne rothe Krebsschweife, nachdem thut man mit dem Messer ein wenig in die Rolée schneiden und tunket die Kämme in das Eyerklar, und steckt sie in eine jede Rolée von einer jeden Sorte, eines oder mehr nach Proportion von Rolee, hernach nimmt man 2 Bogen Papier, bestreicht es mit Provenceröl, belegt nach der Größe, was man vonnöthen hat, die Rolee zu legen mit feinen Speckbarten, lege die Rolee darauf, thu dazu das Mark von einer Lemoni Blättleinweiß geschnitten, etliche Blättlein Zwiebel, ein kleines Lorbeerblatt, Basilicum und Thymian, etwas dünn geschnittene Wurzeln, was sich gehört, nachdem bedecke es mit Speck, und mach es mit dem Papier zu, binde es mit dem Bindfaden, thu es gut mit Provenceröl begießen, und leg es eine kleine Stunde vor dem Serviren auf den Rost, setz es auf einen heißen Aschen, und laß stät gehen, wende auch zum öftern um, ist es Zeit zu serviren, gieb eine klare Sauce nach deinem Belieben auf die Schüssel, nimm die Rolee von Papier daraus, und thu sie sauber darauf anrichten, und zur Tafel serviren.

Une de Rolets de Chapon en Cotelettes.

Rolee von Kapaunen auf Carmenadart.

Nimm einen Kapaun, nachdem er sauber flammirt und geputzt ist, löse die Haut davon, hernach die vier Viertel, thu von den vordern die Beinlein sauber abputzen und schlag sie mit dem Messer breit, die zwey hintern muß man auslösen, das halbe Bein vom Bügel und dem Fuß wegschneiden, selbes auch sauber klopfen, hernach mit ein wenig Fasch bestreichen und umwickeln, nachmals mit dem Bindfaden binden, damit sie schön gleich bleiben, nachdem thu sie in eine schöne weiße Bräs einrichten, und laß stät gehen, wenn es Zeit ist zu serviren, thu sie heraus auf eine Serviette, daß die Fetten davon gehet, schneide den Bindfaden weg, und thu sie mit einem Pinsel glasiren, gieb eine Coulissauce mit Triffel auf die Schüssel, und lege die Rolee darauf, servire sie sodenn zur Tafel.

Une de Cotelettes de Chapon sauté.

Kleine Carmenade von Kapaunen im Kastrol.

Man nimmt die Brust roher von einem Kapaunen, thut sie in gleiche kleine Stücklein schneiden, hernach ausklopfen gleichwie Carmenade, die Beinlein vom Ruckgrad löset man aus, thut sie sauber putzen, stecket sie in die Carmenade, und giebt den Form wie ein kleines Carmenad seyn muß, nachdem nimmt man einen Kastrol, thut hinein feine Kräuter mit Provenceröl, das Mark von einer

Lemoni

Lemoni Blättleinweiß geschnitten, und ein kleines Lorbeerblatt, nach diesem leget man das Carmenad hinein, thut sie ein wenig salzen, und wenn es Zeit ist zu serviren, setzt man sie auf eine städte Glut, und läßt sie gar werden, sie dürfen aber nicht lang auf dem Feuer seyn, man giebt eine klare Sauce mit ein wenig Lemonisaft auf die Schüssel, thut die Carmenade darauf anrichten, und zur Tafel serviren.

Une de filets de Chapon en fleurs.

Filee von Kapaunen auf Blumenart.

Man nimmt die Brust von einem Kapaunen ausgelöst, und schneidet sie in lange und gleiche Filee, hernach thut man sie umwickeln mit ein klein wenig Fasch und Eyerklar, macht den Form gleich einer Rose, man kann sie auch schattiren mit Zungen und Triffeln und Krebsschweifen, richte sie ein ins Papier und Speck, wie schon gemeldet ist, und auch auf diese Art auf dem Aschen gar werden lassen, hernach gieb eine klare Sauce auf die Schüssel mit ein wenig von den blauen Kornblumen, die Sauce muß aber nicht zu heiß seyn, damit die Blüth nicht die Farbe verliert, und der Gout nicht zu stark wird, thu die Filee aus dem Papier, gieb sie darauf, und thu sie zur Tafel serviren.

Une de filèts de Chapon dressé.

Filee auf die Schüssel dressirt.

Man macht von einem Kapaunen die Filee, wie vorher gemeldt, hernach nimm die Schüssel, welche zu serviren ist, thu ein wenig Fasch darauf, und

und streiche den Fasch ganz fein aus, fang außen an die Filee zu dressiren, nachdem Filee von Zungen, wiederum von Kapaunen, nach diesem von Triffel, wiederum von Kapaunen, das macht man so bis die Schüssel voll wird, alsdenn bedecke sie mit feinen Speckbarten, und Lemoni, und Papier, ein kleines Lorbeerblatt kann man auch dazu thun, in einen stäten Bachofen setzen und gar werden lassen, wenn man serviret, die Fetten wohl davon, gieb eine klare Spaniolsauce darüber, und thu sie serviren.

Une de filets a la Bechamelle.

Filee von Kapaunen mit Beschamell.

Man thut einen schönen Kapaunen halb im Saft braten, hernach wenn er kalt ist, thut man die Haut davon und nimmt das weiße Fleisch alles weg, schneidet in Filee, thut es in einen Kastrol, giebt eine Beschamelle dazu, wenn es Zeit ist zu serviren, läßt man sie aufkochen, nachdem koste, ob es im Salz recht ist, thu es alsdenn serviren, mit ausgebachener Semmel garniren, und zur Tafel geben, man kann auch frische Triffel darein passiren mit Butter, man kann es auch auf die Schüssel rangiren, wo eine Filee seyn muß, wie das andere, und mit frischen Triffel dazwischen garniren, das Beschamell darüber geben, und um das Beschamell mit ausgebachenem Brod garniren.

Une d' estomac de Chapon en cœur.

Kapaunenbrust wie ein Herz formirt.

Man nimmt von einem oder zwey Kapaunen die vier Brüste, die Haut davon, wie auch die Beine, und formirt gleich ein Herz, hernach thu es fein spicken, nachdem ein wenig blanchiren, sodenn müßen sie in eine weiße Bräs eingericht werden, man läßt es stät sieden, daß sie schön weiß bleiben, wenn es Zeit ist zu serviren, muß man sie auf eine saubere Serviette legen, daß die Fetten davon gehet, hernach sauber glasiren, alle vier Herz sauber auf die Schüssel rangiren, und eine Sauce daran geben mit weißen Zwiebeln, oder auch von Sauerampfer oder von Triffel, wie man will.

Une d' estomac a la Provençale aux fines herbes.

Kapaunenbrüste auf Brabander Art mit feinen Kräutern.

Man nimmt die Brüste, wie schon vorher gemeldet ist, auf den nämlichen Form, hernach schneide feine Kräuter, als Petersill, Scharlotten, Basilicum und ein wenig Thymian, auch ein wenig Bertram, wenn sie fein sind, thu die Kräuter in einen Kastrol mit ein wenig Provenceröl und etwas Butter, laß sie passiren, nachdem lege die Brüste hinein, und drücke den Saft von einer Lemoni daran, ein wenig Salz und Pfeffer, setz sie auf ein stätes Feuer, und laß sie gehen, thu sie zum öftern umwenden, wenn sie fast lind sind, thu die Fetten davon, und gieb eine Coulis daran, soviel als du Sauce vonnöthen hast, laß sie aufkochen, nachmals saume sie wohl ab, und wenn es etwa vonnöthen ist, so drücke noch ein wenig Lemonisaft daran, und servire sie zur Tafel.

Une d' estomac piqué de jambons & de truffes.

Kapaunenbrüste mit Schunken und frischen Triffeln gespickt.

Man richtet die Kapaunenbrüste, wie schon vorher gemeldt, hernach thu von einem guten Schunken kleine Filee schneiden, gleichwie einen feinen Speck zum Spicken, die Triffel auf die nämliche Manier, hernach thut man die Brust damit spicken, eine Reihe mit Schunken und die andere mit Triffel, nachdem werden sie in eine weiße Bräs eingericht, man läßt sie auf einem stäten Feuer gehen, bis sie lind werden, die Sauce dazu macht man von Schambinion, wenn mans hat, wo nicht, kann man auch eine klare Sauce mit Kräutern geben, oder auch eine hachée Sauce, man kann auch eine Krebssauce dazu geben, und mit vier schönen und großen Krebsen dazwischen garniren, auch mit vier großen weißen Zwiebeln, welche schön weiß in der Bräs gekocht haben, garniren, und eine piquante Sauce von Coulis dazu geben.

Une d' Escalotte de Chapon.

Kleine *Fricandeau* mit Kräutern.

Man nimmt die rohen Brüste von einem oder zwey Kapaunen, soviel man vonnöthen hat, schnei-

schneidet sie in kleine Fricandeau, hernach thut man sie mit dem Messer fein ausklopfen, und mit dem Rucken auch ein wenig klopfen, damit sie mürb werden, bestreiche einen Kastrol mit frischen Butter, und bestreue es mit feinen Kräutern, hernach lege die kleine Fricandeau hinein, aber keines auf den andern, setz es nachdem auf das Feuer, und laß sie nicht zu stark anziehen, damit sie weiß und im Saft bleiben, man thut sie umwenden, und auch wiederum ein wenig anziehen lassen, nachdem thu sie in einen kleinen Kastrol, gieb eine gute Coulis daran, und laß stehen, bis es Zeit ist zu serviren, hernach setz sie auf das Feuer, und laß nur aufkochen, drücke den Saft von einer Lemoni daran, und thu sie serviren, man kann auch mit Croton von ausgebachenem Brod garniren.

Une Blanquette de Chapon.

Kleine Fricando mit weißer Sauce.

Man macht es mit den Brüsten, wie vorher gemeldt, aber man nimmt keine Kräuter dazu. Die Sauce dazu: Man thut in einen Kastrol ein Stücklein frischen Butter, etwas Wurzeln und einen Zwiebel, wie auch ein halbes Lorbeerblatt, laß es auf dem Feuer passiren, thu hernach ein kleines Löffelein feines Mehl dazu, und laß wiederum ein wenig passiren, füll es hernach mit guter Bouillon auf, und laß die Sauce wohl verkochen, thu sie nach diesem in einen saubern Kastrol passiren, thu die kleine Fricandeau hinein, und laß sie stehen, schneide nachher von einer bittern Pomeranzen die Schalen klein dünn in ein frisches Wasser ab, thu nachdem dieselbe blanchiren, nur ein klein wenig, und ist es Zeit zu serviren, laß sie alsdenn aufkochen, und thu die Schalen dazu, wie auch den Saft von der Pomeranzen, und thu sie serviren.

Une de Catinet de Chapon.

Geschlungene Filee von Kapaunen.

Man nimmt die Brüste und schneidet sie in der Breite, von einer drey Theile, hernach schneide einen jeden Theil in 3 Part, daß sie an einem Ende beysammen bleiben, nachdem thu sie gleich einem Zopf flechten, bey dem Ende werden sie gebunden mit ein wenig weißen Faden, daß sie beysammen bleiben, richte sie in eine Schüssel mit feinen Kräutern, Provenceröl, und das Mark von einer Lemoni Blättleinweiß geschnitten, wie auch ein Lorbeerblatt, ist es Zeit zu serviren, lege sie auf den Rost, und thu sie schön im Saft grilliren, richte sie in die Schüssel mit ein wenig klarer Jus, und den Saft von einer Lemoni, man kann auch von einem guten Schunken etliche Schnitze dazu grilliren und damit garniren, es ist eine gute und schöne Speise.

Une mincée de Chapon sur le plat.

Kleine Fricando auf die Schüssel.

Man macht kleine Fricandeau, und thüt sie gut ausklopfen mit dem Messer, hernach nimmt man die Schüssel, bestreichet sie mit frischen Butter, und staubet ein wenig feine Kräuter darauf, nachdem legt man die Fricando schön in der Ordnung

nung drauf, wenn die Schüssel belegt ist, thu sie ein wenig salzen und pfeffern, und wiederum feine Kräuter darauf, alsdenn sofort belegt, bis es genug ist, nachdem gießt man ein wenig Champagner Wein daran, das Mark von einer Lemoni, ein Lorbeerblatt, etliche Schnitze rohen Schunken, und ein wenig Provenceröl, bedecke sie mit feinen Speckbarten, und mit einer Schüssel, ist es Zeit zu serviren, setze sie eine halbe Stunde vorher auf eine kleine Glut, und laß stät gehen, nachdem thu den Speck und Schunken davon, wie auch die Lemoni und Lorbeerblätter, thu die Fetten wohl davon, und gieb eine rechte gute Coulis-Sauce darüber, alsdenn thu sie zur Tafel serviren.

Une mincèe de Chapon au blanc.

Auf eine andere Manier weiß.

Man bratet einen Kapaunen nicht zu stark aus, wenn er kalt ist, thut man die Haut davon, und löst die Brüste aus, und schneidet sie in kleine Fricando, die Bügel ein jedes in zwey Theile geschnitten, und die Beinlein an einer Seite schön abgeputzt, die Flügel laß ganz mit ein wenig Brust, die weiße Sauce wird gemacht, wie schon vorher gemeldet worden ist, thu sie nachdem in einen Kastrol mit der Sauce, ist es Zeit zu serviren, laß sie aufkochen, thu ein wenig blanchirten Petersill dazu, thu sie mit Eyerdottern legiren, drücke den Saft von einer Lemoni daran, und servire sie zur Tafel.

Une de Canapeaux filet de Chapon.

Ein Canapee von Kapaunen.

Man nimmt das Fleisch von einem gebratenen Kapaunen, thu die Haut davon, und schneide es fein, die Beiner davon thut man im Mörser zusammen stoßen, und hernach in einen Kastrol mit etlichen Schnitten Semmel im Butter ausgebachen, etwas Wurzeln, feine Kräuter, ein Gläslein guten Wein, und etwas gute Bouillon, laß es nachdem wohl verkochen, bis es recht dick wird, thu das geschnittene Fleisch in ein Haartuch, und thu es mit dieser Coulis gut passiren, wenn es kalt ist, rühre 3 Eyerdotter daran, koste es im Salz, schneide dünne Schnitten Semmel rund oder vierecficht nach Gusto, nimm von dem Fasch darauf Finger hoch, streich es gleich auf, daß es einen schönen Form hat, bestreiche eine Tortenpfanne mit frischen Butter, und lege sie darauf, laß sie im Ofen bachen, daß sie in der Höhe eine Krusten bekommen, und in der Mitte saftig bleiben, hernach richte sie an auf eine Schüssel, und gieb ein wenig Coulis - Sauce mit Lemoni darunter, alsdenn thu sie zur Tafel serviren. Man kann es auch auf die Schüssel geben, und nachdem in der Mitte rund ausnehmen, und mit einem Beschamell von Filee ohne Sauce serviren, man kann es auch mit ausgebachener Semmel garniren, und auch eine klare piquante Sauce darüber geben.

Une de Knefs a la Sultane.

Weißen Kapaunen Fasch.

Man nimmt weißen Kapaunenfasch, und thut ihn in kleine Mödel einrichten, und setzet hernach die Mödel in einen Kastrol mit ein wenig Wasser, wenn es denn Zeit ist zu serviren, so setze sie auf einen Windofen, und laß sie sieden, nachdem thu sie auf eine Schüssel umstürzen, und mit einem Beschamell oder klarer Jus serviren.

Une Espic de Chapon.

Ein *Horsd'œuvre* kalt servirt.

Diese Espic wird auf die nämliche Manier gemacht, wie ich schon bey den Hühnlein gemeldet habe, nichts anders als daß man auf eine andere Art changiren kann, und zu Zeiten etwas höher in der Farbe, absonderlich wenn man es von Wildpretgeflügel macht, so muß die Farbe höher seyn, und mit etlichen Oliven garniren.

Une de cuisses de Chapon a la glace.

Kapaunenbügel glasirt.

Wenn man von einem oder zwey Kapaunen die Brust brauchet, so kann doch der ganze Kapaun gebraucht werden, und dieses menagirlich: Erstens wenn er sauber flammirt und gepußt ist, aber nicht zu stark flammirt, so thut man die Haut sauber abziehen, und diese kann faschirt werden mit einem feinen Fasch, und für ein Entrée gegeben werden, die Brust wird gebraucht, wie ich schon angegeben habe, von den Bügeln kann man die ersten Beinlein auslösen, hernach sauber und fein spicken, und in ein Bräs einrichten, nachdem schön glasiren und mit einer Sauce geben, welche man nach Gutdünken findet, man kann sie auch grilliren, und auch auf die nämliche Manier machen, wie die Brüste, wenn man aber die Haut dabey läßt, so können sie desaussirt werden, wo man mit ein wenig feinem Salpico faschiren, und hernach mit einer Triffel- oder Schambinionsauce serviren kann.

De Dindon a la même maniere.

Einen Indianisch auf die nämliche Manier.

Vom Stücklein oder Indianisch zu nehmen kann man das nämliche machen, gleichwie von Kapaunen, und einige noch schöner, weil die Brust grösser ist, es müssen aber Junge seyn, man kann auch die Polarden auf die nämliche Manier accommodiren.

Une de pigeons dressés aux petits poires.

Tauben dressirt wie Birne.

Wenn die Tauben sauber flammirt und geputzt sind, müssen sie ausgelößt werden, an einem Bügel muß ein Beinlein bleiben, welcher den Stiel von einer Birn formirt, die Taube wird mit ein wenig feinem Fasch faschirt, hernach zusammen gemacht wie der Form von einer Birn, mit weißen Faden zusammen dressirt, daß sie in ihrer Form bleibt, hernach thut man sie in eine weiße Bräs, und läßt sie auf einer kleinen Glut ganz stät gehen,

hen, bis sie gar sind; die Sauce dazu kann gemacht werden von frischen Maurachen mit Coulis, oder auch anderst, wenn es Zeit ist zu serviren, thu die Tauben auf eine saubere Serviette, daß die Fetten davon kommt, hernach schön glasiren, alsdenn gieb die Sauce erstens auf die Schüssel, und nachmals die Tauben drauf, und zur Tafel servirt, man kann auch die Tauben saussiren auf die nämliche Manier, und nur die 2 Füße lassen, hernach mit Fasch faschiren, bey dem Rucken zugenäht, und in einer Bräs stät gehen lassen, nachdem auch glasirt, und mit einer Sauce gegeben, welche man nur für gut findet, man kann sie auch mit einem Salpicon faschiren, und auf die Manier geben, auch können sie mit einem Beschamell faschirt werden, und hernach auf eine Tortenpfanne gethan, mit frischen Butter und geriebener Semmel bestreuet, und im Ofen gar werden lassen, hernach mit einer Krebssauce servirt, welche Sauce am besten ist, weil ein Beschamell dabey ist, man kann sie auch mit einer Consommé-Sauce serviren.

Une de pigeons a la Crapaudine.

Tauben grillirt.

Wenn die Tauben sauber flammirt und geputzt sind, thut man sie bey der Hälfte von der Brust, gleichwie ein Herz formirt, voneinander schneiden, aber den Rucken nicht, thu sie nachdem sauber ausnehmen, und die beyden Füße hinein dressiren, und ein wenig klopfen, nach diesem thu feine Kräuter in einen Kastrol mit einem Stücklein frischen Butter und ein Lorbeerblatt, wie auch das Marck

 von

von einer Lemoni Blättleinweiß geschnitten, und auf dem Feuer passirt, die Tauben thu darein mit Pfeffer und Salz, und auch ein wenig passiren lassen, wenn sie kalt sind, so thu sie mit fein geriebener Semmel banniren, auf den Rost legen und schön grilliren lassen, man kann eine Ramolatsauce dazu geben, oder auch eine Rabicotsauce, auch eine Scharlottensauce, die aber klar seyn muß, oder eine gute glatte Jus mit Lemonisaft.

Une de Cotelettes de pigeons sautés.

Carmenad von Tauben.

Man löst die zwey vordern Flügel aus mit sammt der Brust, die Haut muß davon, hernach muß das Beinlein sauber abgepuzt, mit dem Messer gleichwie ein Carmenad geschlagen, und rund gemacht werden, nachdem thu einen frischen Butter in einen Kastrol mit ein wenig Provenceröl und feinen Kräutern, laß es ein wenig passiren, thu die Carmenade hinein mit ein wenig Pfeffer und Salz, und das Mark von einer Lemoni, wenn es Zeit ist zu serviren, müßen sie auf das Feuer gesezt werden, und auf beyden Seiten anziehen lassen, zu diesen Carmenad giebt man eine klare Sauce mit Pimpernell oder auch mit Bertram.

Une de cuisses de pigeons aux Grenouilles.

Taubenbügel gebachen, und mit einer *Sauce.*

Man nimmt die Taubenbügel und löst das erste Beinlein daraus, und den Fuß abgeschnitten, hernach einmarginirt, wie vorher gemeldt, nachdem

dem thu sie im Mehl umkehren, nach diesem in Eyern, und mit fein geriebenen Brod bestreuen, wenn es Zeit ist zu serviren, ausgebachen, und mit einer hachée-Sauce von Kapern servirt.

Une d'estomac de pigeons piqué aux Truffes.

Die Brüste von der Taube mit Triffel gespickt.

Sie werden auf die nämliche Manier gemacht, gleichwie die von Kapaun, nur ist zu beobachten, daß man fast eine Taube vor fettes Wildpret servirt, die Sauce muß allezeit in hohem Gout und auch etwas höher in der Farbe seyn.

Une d'estomac de pigeons piqué au lard & glacé.

Taubenbrust mit Speck gespickt und glasirt.

Diese werden auf die nämliche Manier gemacht, gleichwie die Kapaunen, da man eine legirte Sauce dazu geben kann, als nämlich Sauerampfer, oder auch eine feine Chicorée.

De pigeons en Compôtes.

Tauben im Ragout.

Wenn die Tauben sauber flammirt und geputzt sind, so thu sie ausnehmen und zergliedern, gleichwie ein Hühnlein, hernach blanchiren, nachdem in einen Kastrol mit frischen Butter und einen ganzen Zwiebel, auf das Feuer gesetzt und passirt, nachdem ein wenig feines Mehl daran gestaubt, mit Jus aufgefüllt, und mit einem halben Gläslein weißen Wein, und gäh kochen lassen, auch zu Zeiten absaumen, thu nach diesem dazu ein wenig Triffel, Maurachen, Schambinion, und zuletzt ein wenig Spargel, ist es Zeit zu serviren, thu den Zwiebel davon, drücke den Saft von einer Lemoni dazu, dressire sie sauber auf eine Schüssel, und servire sie zur Tafel.

Une de filets de Perdraux mincés.

Kleine Filce von Rebhühnern.

Die Rebhühner werden halb gebraten, und wenn sie hernach kalt sind, thu die Haut davon, löse das Fleisch herunter, schneide es in feine lange Filee, und rangire sie in die Schüssel, wo du sie zu serviren hast, thu nach diesem dazu ein wenig frischen Butter mit feinen Kräutern gemischt, ein wenig Consommé, und ein halb Trinkglas Champagner Wein, und oben drauf ein wenig fein geriebene braune Semmel, ist es Zeit zu serviren, deck sie zu, und laß sie aufkochen auf der Glut, aber nur einmal, sonsten wird sie nicht gut, drücke den Saft von einer halben Lemoni darein, und servire sie zur Tafel.

Une de filets de Perdraux sautés.

Filee von Rebhühnern im Kastrol.

Thu die Brust von Rebhühnern roh auslösen, die Haut davon, hernach schneide sie in kleine runde Filee, schlage sie mit dem Messer breit, klopfe sie ein wenig, bestreiche einen Kastrol mit frischen Butter, und thu sie hinein, ein wenig Salz und Pfeffer,

Pfeffer, ein Lorbeerblatt und feine Kräuter mit Scharlotten, wenn es Zeit ist zu serviren, setz sie auf das Feuer, und laß sie passiren, thu einen Löffelvoll gute Coulis daran, und ein wenig Burgunder Wein, laß nur einen Wahl aufkochen, hernach drücke den Saft von zwey bittern Pomeranzen daran, thu sie auf die Schüssel serviren, mit ausgebachenem Brod garniren, und zur Tafel geben.

Une de filets encaissés.

Filee von Rebhühnern in Kapsel von Brod.

Thu die Rebhühner halb braten, nachdem sie kalt sind, thu die Haut davon, und löse das Fleisch herunter, die Beiner müßen gestoßen und in einen Kastrol gethan werden mit ein paar Löffel voll Coulis, und ein halbes Glas Burgunder Wein, ein halbes Lorbeerblatt, ein wenig Bertram, und einen kleinen Zwiebel, alsdenn kochen lassen, hernach muß es durchpassirt werden, nach diesem schneide das Fleisch in kleine und feine Filee, und thu es in die Sauce, wenn du frischen Triffel hast, so thu etliche in feine Filee dazu, hernach schneide von einer großen Mundsemmel, welche einen Tag alt seyn muß, viereckicht, rund, oder auch wie ein Herz schön geformt, und gleich oben wo der Deckel seyn soll, thu mit der Messerspitz gleich herum schneiden, nach diesem im Schmalz ausbachen, sobald sie schön gelb sind, must du sie heraus nehmen, den Deckel gleich davon thun und sauber aushöhlern, so gehet die

Schmol=

Schmollen gern, und die Kapsel behalten ihren Form, nachmals thu sie warm und croquant halten, ist es Zeit zu serviren, laß die Filee aufkochen, drücke den Saft von einer bittern Pomeranzen daran, füll es in die Kapsel, decke sie mit ihren Deckeln zu, und thu sie sauber zur Tafel serviren.

Une de filets en Croute de pain.

Filee von Rebhühnern mit Brod im Ofen.

Die Rebhühner mache, wie vorher gemeldt, auch die nämliche Sauce, hernach bache im Butter fein in Viereck geschnittene Semmel Schnitten, thu diese nachdem in die Schüssel, wo du sie zu serviren hast, und gieß die Sauce darüber, setz sie hernach auf eine Glut, und laß solang kochen, biß sie endlich anfangen unten eine Krusten zu bekommen, nach diesem thu die Filee oben drauf, und laß sie recht anziehen, wenn du es servirest, so gieß in die Höhe ein wenig Coulis mit Lemonisaft, und servire sie zur Tafel.

Une de Gratin de Perdraux.

Filee von Rebhühnern im Ofen.

Nachdem die Rebhühner halb gebraten und kalt geworden sind, thu die Haut davon, lös das Fleisch davon ab, und schneide es in kleine feine Filee, nachdem stoß die Beiner zusammen, und mache ein Beschamell, wie schon gemeldet ist zu machen, nur daß zu diesem diese Beiner kommen, um den

Gusto

Gusto stärker zu geben, thu auch ein wenig Consommé dazu, oder eine Glace, es muß dick seyn, nachdem thu die Filee dazu, und rühre es zusammen, thu es auf eine silberne Schüssel, wo du es zu serviren hast, streue ein wenig geriebene Semmel auf die Höhe, setz es im Ofen, laß es eine schöne Farbe bekommen, und unten muß es eine Gratin haben, man kann es auch in die silberne Kästlein geben, wie jetzt die Mode ist zu bedienen für die feinen Ragout.

Un Salmi de Perdraux a la Françoise.

Einen Salmi von Rebhühnern auf Französisch.

Wenn man übergeblieben gebratene Rebhühner hat, so thut man sie zergliedern, und die Brüste in Filee schneiden, nicht zu fein, richte sie in einen Kastrol, nimm die Rücken davon und thu sie fein stoßen, hernach in einen Kastrol gethan mit etlichen Schnitten ausgebachener Semmel, einen Zwiebel, ein halbes Lorbeerblatt, ein wenig Basilicum und Thymian, ein Trinkglas Burgunder Wein, und einen Löffelvoll gute Bouillon, laß kochen, bis es einkocht als wie eine Coulis, hernach muß es durch ein Haarsieb passirt und an die Rebhühner gethan werden, ist es Zeit zu serviren, laß sie aufkochen, drücke den Saft von einer halben Lemoni daran, thu es schön serviren, und mit gebachener Semmel garniren. Man kann sie auch mit bittern Pomeranzen serviren, schneide ganz dünn und fein von zwey Pomeranzen die Schalen ab in ein frisches Wasser, hernach thu sie im Wasser blanchiren,

nach

nach diesem, wenn du das Salmi servirest, drücke anstatt der Lemoni den Saft von der Pomeranze hinein, und wenn es angericht ist, streue die Schalen oben herum, und garnire sie mit Semmel.

Un Salmi de Perdraux a l' Angloise.

Ein Salmi von Rebhühnern auf englisch.

Die Rebhühner werden zerschnitten, wie schon vorher gemeldt, und die Beiner zerstoßen, thu sie in einen Kastrol, gieß eine gute Bouillon daran, und laß sie kochen, hernach thu an die Rebhühner einen frischen Butter, diesen gemischt mit feinen Kräutern, Pfeffer und Salz, ein Gläslein Champagner Wein, und nachdem die wenige Bouillon von den Beinern daran passirt, ist es Zeit zu serviren, laß sie aufkochen, drücke den Saft von einer halben Lemoni daran, und thu es zur Tafel serviren, wenn du willst auch mit gebachener Semmel garniren, das steht in deinem Belieben. Das Beschamell von den Rebhühnern wird gemacht, gleichwie dieses von Kapaunen, und die Spick auch das nämliche, nur daß man die Beiner dazu nimmt, damit es den Geschmack besser davon bekommt.

Un Salmi de Becasse.

Ein Salmi von Schnepfen.

Dieses Salmi wird gemacht, wie das französische vorher lautende, nur daß der Kopf muß getheilet, und mit Pfeffer und Salz grillirt werden,

wenn

wenn das Salmi nun angericht ist, so lege den Kopf in die Mitte, und kleine Saucezwiebel in der Bräs gekocht oben herum garnirt, und man kann auch, so klein die Zwiebel sind, ausgebachen Brod dazwischen garniren, das Salmi auf englisch von Schnepfen wird auch auf die nämliche Manier gemacht, gleichwie das von den Rebhühnern, auch die kleine Moosschnepfen können auf die nämliche Manier tractirt werden.

Une de Grives a la Conti.

Drosseln ausgelößt.

Nachdem die Drosseln sauber, doch nicht zu stark flammirt und geputzt sind, so müßen sie hernach ausgelößt werden, nur der Kopf wird an der Haut gelassen, nachdem nimm die Leberlein davon auf ein Brett, thu dazu einen guten Speck, Scharlotten, Petersill, Basilicum und ein wenig Thymian, frische Triffel, Schambinion, Pfeffer und Salz, schneide es fein, thu dazu ein wenig geriebene Semmel und etliche Eyerdotter, auch den Saft von einer Lemoni, mische es zusammen, und thu in einen jeden Vogel ein wenig von diesem Fasch, thu sie nachmals einmarginiren mit ein wenig Pfeffer und Salz, ein Lorbeerblatt und feine Kräuter, nachdem sie eine Stunde oder mehr marginirt haben, thu den übrigen Fasch auf die Schüssel, wo du zu serviren hast, und lege die Vögel in der Ordnung darauf, steck ihnen den halben Speck in die Brust und in die Augen, mache von gelben Ruben, Petersillwurzel und Cronawethbeer Augen hinein, so hat ein jeder andere

Augen, und es sieht gut aus, zwischen die Vögel schneide von Semmeln Hühnerkämme, und thu sie ausbachen, und steck sie zwischen einen jeden Vogel, oder auch von einem guten Schunken, gieß den übrigen Margenad über die Vögel, und bedecke sie mit feinen Speckbarten und Papier, eine Stunde vor dem Serviren setz sie in einen Bachofen, welcher nicht zu heiß ist, und laß sie stät gehen. Die Sauce dazu: Nimm die Beiner von den Vögeln, und mache eine gute Coulis davon mit ein wenig Burgunder Wein, ist es Zeit zu serviren, nimm die Vögel aus dem Ofen, thu die Fetten wohl davon, und gieß deine Coulis Sauce mit einem Lemonisaft darüber, thu sie alsdenn zur Tafel serviren.

De Grives derossées au Gratin.

Drosseln im Ofen mit Brod.

Thu die Vögel auslösen, wie schon gemeldt, aber keine Köpfe dabey lassen, die Leber davon mache zurecht, als wie einen Schnepfenkoth, thu ihn nach diesem roher auf die Schüssel, nachdem lege ausgebachene Semmel darauf, und oben auf die Vögel, thu sie pfeffern und salzen, thu einen Butter in einen Kastrol mit ein paar Eyerdottern, laß ihn auf dem Feuer zergehen, gieß ihn über die Vögel, und bestreue sie mit fein geriebener Semmel, thu sie in den Bachofen, und laß sie gar werden, daß sie schöne Farbe bekommen; die Sauce dazu wird gemacht, gleichwie die schon vorherbemeldte.

Une

Une de Grives a la Perrigot.

Drosseln mit Fasch.

Nimm die Vögel aus, nachdem thu sie in einen Kastrol mit geriebenen Speck und feinen Kräutern, Lemoni, Pfeffer und Salz, setz sie auf das Feuer und laß sie passiren, mache einen Fasch von einem Hasenfleisch mit Speck, und die Leber von den Vögeln dazu, etwas Triffel, eingeweicht Brod und Eyerdotter, Lemonisaft und ein wenig Burgunder Wein, mache hernach von dem Fasch auf die Schüssel einen Raif, rangire die Vögel in die Mitte, und wenn du etliche Triffel hast, thu sie auch dazu, wie auch ein Lorbeerblatt, bedecke sie mit Speck, setz sie in den Ofen, und laß sie stät gar werden. Die Sauce dazu: Nimm eine gute Schunkencoulis mit Lemonisaft, die Fetten muß wohl davon kommen, wie auch das Lorbeerblatt, und thu sie mit der Sauce serviren.

Une de Grives aux Genevres.

Drosseln mit Cronawethbeer.

Die Vögel müßen ausgenommen und schön dressirt werden, hernach thu in einen Kastrol ein Stücklein mageres Rindfleisch in kleine Stücklein geschnitten, wie auch ein wenig Schunken, Wurzelwerk und feine Kräuter, Pfeffer und Salz, die Vögel müßen dazu, gieß 2 Eßlöffelvoll Provencerôl daran, setz sie auf ein Feuer und laß stät gehen, hernach gieß ein wenig weißen Wein daran, mache ein wenig Mehl gelb, thu es dazu mit einem Löffel Jus, und laß sie kochen, bis sie gar sind, nachher thu die Vögel in einen saubern Kastrol, schöpfe die Fetten von der Sauce wohl ab, und thu sie hernach an die Vögel passiren, die Leber von den Vögeln thu fein hacken, und durch ein Haarsieb passiren, thu sie auch zu der Sauce, und fein geschnittene Cronawethbeer dazu, ist es Zeit zu serviren, setz sie auf das Feuer und laß sie aufkochen, du must aber allezeit den Kastrol schütteln, daß die Sauce nicht zusammen lauft, drücke den Saft von einer Lemoni hinein, und thu sie zur Tafel serviren.

Une de Grives a la Piemontoise.

Drosseln auf Turriner Manier.

Die Vögel werden ausgenommen, hernach thu in einen Kastrol einen frischen Butter, die Vögel darein mit einem Lorbeerblatt, Pfeffer und Salz, und laß sie auf einer kleinen Glut dünsten, nachdem thu ein wenig Wein dazu, und laß noch dünsten, wenn sie lind sind, schneide ein wenig Basilicum fein, thu dazu den Saft von einer halben Lemoni, und servire sie zur Tafel.

Une de Grives aux Triffes.

Drosseln mit frischen Triffeln.

Die Vögel müßen ausgenommen und sauber dressirt werden, hernach thu in einen Kastrol Provenceröl, die Vögel dazu, ein wenig Rockenbol ganz fein zerdrückt, Pfeffer und Salz, die Triffel dazu thu auch gleich Blättleinweiß schneiden, setz sie auf eine kleine Glut, und laß sie dünsten, hernach gieß ein wenig rothen Wein daran, und laß sie

sie mehr dünsten, auf die Letzte einen Löffelvoll Coulis, ein wenig fein geschnittenen Petersill, den Saft von einer Lemoni, und nachdem servirt.

Une de Grives grillés.

Drosseln grillirt.

Die Vögel, nachdem sie flammirt und geputzt sind, thu auf dem Rucken voneinander schneiden, stecke die Füße ein, gleichwie einer Taube, löse das Brustbein heraus, thu sie hernach in einen Kastrol mit Butter rangiren, mit feinen Kräutern, Pfeffer und Salz, thu dazu frische Triffel in Stücken geschnitten, und guten Schunken, thu sie nachdem passiren, nach diesem stecke sie an einen kleinen Spieß, alle Triffel und Schunken dazwischen, thu sie mit geriebenen Brod bestreuen, auf den Rost legen und grilliren lassen, wenn du servirest, so gieb eine gute Jus darunter mit Lemonisaft.

Une de Grives a la Flamande.

Drosseln auf Flamändisch.

Nachdem die Drosseln sauber geputzt sind, nimmt man nichts davon, als die Brust ohne Bein in 2 Theile geschnitten, und ein wenig geklopft, thu hernach einen frischen Butter in einen Kastrol mit feinen Kräutern, die Brüste dazu, Pfeffer und Salz, und laß sie passiren, staube ein wenig Mehl daran, füll es mit guter Bouillon und ein wenig weißen Wein auf, setz sie auf einen Windofen, und laß sie schnell einkochen, wenn du serviren willst, so thu es mit Eyerdottern legiren, drücke den Saft von einer Lemoni hinein, wie auch ein

ein wenig recht fein geschnittene Lemonischalen, die Schüssel bestreiche ein wenig mit einem Rockenbol, und richte sie darauf an, thu sie mit ausgebachener Semmel garniren, und zur Tafel serviren.

D'Alouettes a la meme maniere.

Lerchen auf die nämliche Manier.

Die Lerchen müßen fett seyn und ausgenommen werden, die Füße abgeschnitten und eingesteckt, hernach thu sie in einen Kastrol mit frischen Butter, feinen Kräutern und ein Lorbeerblatt, thu sie nachdem ein wenig passiren, nimm die Lebern davon, und mache einen Fasch mit ein wenig geriebenen Speck, ein wenig Petersill, Basilicum und Thymian, ein wenig Scharlotten, Schambinion und Triffel, ein wenig geriebenes Brod, aber keine Eyer, nach diesem nimm schöne große rohe Eyer, schneide das Käpplein davon so groß, daß die Lerche hineingeht, thu die Schalen sauber auswaschen und thu nachdem ein wenig Fasch hinein in die Lerchen, und mit ein wenig Fasch bedecken, setz sie nach diesem in einen warmen Aschen, und laß sie stät dünsten, willst du sie serviren, so drücke ein wenig Lemonisaft hinein, mache kleine Kränzlein von mürben Teig, soviel du Eyer hast, thu sie im Ofen bachen oder auch im Schmalz ausbachen, nachdem setz die Eyer darauf in die Schüssel, damit sie stehen bleiben, thu sie mit Petersill garniren und zur Tafel serviren. Die Lerchen und andere Sorten Vögel können auf die nämliche Manier tractirt werden, gleichwie die Drosseln, die

Bekosiki kann man auch in die Eyerschalen auf die nämliche Manier machen, als wie die Lerchen.

TOUTES SORTES D'ENTRE'ES.

Das will auf deutsch sagen: Von allen Eingemachten, welche ganzer verarbeitet werden, und den Unterschied ausmachen zwischen einem *Horsd'œuvre* und *Entrée*, wie denn folgen wird.

Une de filet de Bœuf a l'Allemande.

Einen Lungen- oder Lendenbraten (wie man es in der Küche nennet) in Filee auf deutsch.

Der Lungenbraten muß fett seyn, hernach wird er schön abgehäutelt, und mit groben Speck und Schunken durchspicket, hernach thu in einem Kastrol ein paar Speckbarten, und lege den Lungenbraten darein, thu Pfeffer und Salz dazu, ein paar Gewürznägelein, einen ganzen Zwiebel, etwas Wurzel, ein Lorbeerblatt, ein wenig Basilicum und Thymian, und ein Glas rothen Wein, deck ihn zu und setz ihn auf eine kleine Glut, laß ihn dünsten, wende ihn zum öftern um, wenn er halb gar ist, mache ein Löffeleinvoll Mehl gelb in Butter, thu es daran, füll es mit Jus auf, und laß ihn stät und lind kochen, nachdem thu ihn heraus in einen saubern Kastrol, und nimm die Fetten wohl davon hinweg von der Sauce, thu hernach die Sauce an den Lungenbraten passiren, nach diesem mit sauren Rahm legiren und kochen lassen, man kann auch etwas kleine Kapern dazu thun, das ist nach Belieben, schneide ein wenig Lemonischalen fein, und wenn du servirest, so thu sie hinein, drücke auch den Saft dazu, und thu ihn zur Tafel serviren.

Une de filet de Bœuf glacé.

Einen Lungenbraten glasirt.

Dieser wird abgehäutelt, und hernach sauber gespickt, auch in eine Bräs eingerichtet mit einem Glas weißen Wein, wenn er recht lind ist, und du thust ihn serviren, thu ihn auf eine Serviette, daß die Fetten wohl davon kommt, hernach schön glasiren, und mit einer Sauce von Sardellen geben, er kann auch in seiner eigenen Jus glasirt werden, man darf nur etwas Kalbfleisch dazu nehmen, so hat er keine extra Glace vonnöthen.

Une filet de Bœuf a la broche a la Sauce de Capres.

Einen Lungenbraten mit einer Kapernsauce.

Der Lungenbraten wird gespickt und rangirt, wie vorhergemeldt, hernach mache einen Margenad mit Zwiebeln, Scharlotten, Lorbeerblatt, Basilicum und Thymian, etwas Provenceröl, Essig, Salz und Pfeffer, laß alles zusammen aufsieden, und gieß es heißer über den Lungenbraten,

und

und dieses zwey oder dreymal, allemal wenn es wiederum kalt worden ist, eine Stunde vor dem Serviren stecke ihn an den Spieß und laß ihn schön braten, thu ihn mit Butter und Essig begießen, daß er eine schöne Farbe bekommt, nach diesem servire ihn mit einer Kapernsauce.

Une filet de Bœuf au Sang.

Einen Lungenbraten mit Blut.

Thu ihn schön abhäuteln, hernach mit groben Speck durchspicken, thu ein Stücklein guten Speck in den Mörser, dazu etliche Scharlotten und ein wenig Rockenbol, Basilicum und Thymian, stoße dieses zusammen, hernach thu es in einen Kastrol, den Lungenbraten dazu, Pfeffer und Salz und ein Lorbeerblatt, einen ganzen Zwiebel und ein Glas Wein, setz ihn auf das Feuer, und laß stät dünsten, wenn er halb gar ist, mache mit Butter einen Löffel Mehl gelb, thu ihn daran, und füll mit Jus auf, laß ihn gar lind werden, nachdem thu das Filee in einen saubern Kastrol, und passire die Sauce darüber, legire sie mit Blut von Geflügel oder Schweinernes, wenn dieses nicht zu bekommen ist, nimm ein Kälbernes, wenn du es aufkochen lässest, must du dich in Obacht nehmen, daß es nicht zusammen gehet, drücke den Saft von einer halben Lemoni daran, und wenn du hast, ein wenig Bertramessig, thu es zur Tafel serviren.

Un Fricandeau de Veau glacé.

Ein Fricando von Kalbfleisch glasirt.

Man nimmt von einem großen schönen Schlägel das Fricando heraus, und dieses sauber abgehäutelt und wohl geklopft, damit es etwas breit und mürb wird, nachdem thu es schön fein spicken, lege es in ein frisches Wasser, und wenn dieses einen Tag voraus geschehen kann, ist es um soviel besser, weil es mürber wird, setz ein Wasser auf das Feuer und laß sieden, thu das Fricando hinein und laß etliche Sud aufthun, hernach thu es wiederum in ein frisches Wasser, nachdem setze es in eine weiße Bräs, setz auf ein wenig Glut, und laß stät kochen, ist es Zeit zu serviren, thu es auf eine Serviette, daß die Fetten davon geht, leg es in die Glas, und setz es auf einen warmen Aschen, und laß es schön glasiren, nachdem leg es auf die Schüssel, thu in die Glas ein wenig Coulis mit ein klein wenig Bouillon, und den Saft von einer Lemoni, setz es auf das Feuer und laß es aufkochen, nach diesem passire diese Sauce durch ein Haarsieb an das Fricando, und servire es zur Tafel.

Un Fricandeau a l'oseille.

Ein Fricando mit Sauerampfer.

Dieses Fricando wird gemacht, wie vorher schon gemeldt. Die Sauce: Nimm eine starke Handvoll Sauerampfer, nachdem er sauber geputzt und gewaschen, thu ihn in einen Kastrol mit frischen Butter und einen ganzen Zwiebel, passire ihn auf dem Feuer, und staube ein wenig feines Mehl daran, mit einem Löffel Bouillon aufgefüllt und kochen lassen, bis es zu einer Sauce wird, wenn es Zeit ist zu serviren, muß die Sauce legirt werden, auf die Schüssel gegeben, das glasirte Fricando darauf gelegt, und zur Tafel servirt werden.

Une aux Epinards.

Eines von Spinad.

Dieses wird auch gemacht auf die nämliche Manier, nur anstatt einer Sauce giebt man einen Spinad darunter, welcher gemacht wird, gleich als wollte man ihn auf Italiänisch oder Deutsch machen.

Une aux petits Oignons.

Eines mit kleinen Zwiebeln.

Diese Zwiebel müßen schön weiß in einer Bräs gekocht werden, hernach wenn das Fricando glasirt ist, lege es auf die Schüssel, und gieß einen Löffelvoll Coulis an die übrige Glas, laß es aufkochen, und passire es durch, thu nachdem die kleinen Zwiebeln auf eine Serviette oder Sieb, daß keine Fetten dabey bleibt, lege sie in die Sauce, drücke den Saft von einer Lemoni daran, und thu sie zu dem Fricando serviren.

Une aux grosses Oignons.

Eines mit großen Zwiebeln.

Diese Zwiebel nennet man die weißen spanischen Zwiebeln, diese werden blanchirt, und hernach

nach in eine weiße Bräs eingericht, und recht lind kochen lassen, wenn es Zeit zu serviren ist, so thu sie aus der Bräs auf eine Serviette, lege das Fricando in die Mitte von der Schüssel, und die Zwiebel halb herum gelegt, zu der übrigen Glace nimm ein wenig Coulis und Lemonisaft, laß aufkochen, und gieß die Sauce an das Fricando.

Une a la Chicorée.

Eines mit Antivi Salat.

Dieser Salat wird blanchirt, hernach mit dem Messer nur grob durchgeschnitten, nachdem thu in einen Kastrol fein geschnittene Zwiebel im Butter passiren, thu einen Schnitz Schunken dazu, hernach den Antivi, und dünsten lassen, gieß nach diesem ein paar Löffel Coulis daran, und laß kochen, bis er recht lind wird, ist es Zeit zu serviren, thu es mit 3 Eyerdottern legiren, den Schunken davon, gieß es auf die Schüssel, und lege das glasirte Fricando darauf, und zur Tafel servirt.

Un Fricandeau a la Bechamelle.

Eines mit Beschamell.

Dieses wird nicht gespickt, sondern nur in einer guten Bräs gekocht, hernach schneide es voneinander, die untere Seite laß dicker, thu sie ausschneiden als wie ein Loch, und gieb ein Beschamell von Kalbfleisch oder Geflügel darein, decke es mit der andern Hälfte wiederum zu, und thu es schön glasiren, die Sauce mache von der nämlichen Glace dazu, du kannst das Fricando auch spicken, und auf die nämliche Manier zurichten.

Un Fricandeau a la bourgeoise.

Eines auf bürgerlich.

Dieses Fricando wird mit groben Speck und Schunken durchzogen, hernach thu eine Speckbarten in einen Kästrol und das Fricando dazu, einen ganzen Zwiebel, ein Lorbeerblatt, ein wenig weißen Wein, ein wenig Pfeffer und Salz, deck es zu, und setz es auf eine starke Glut, laß langsam dünsten, wend es zum öftern um, und laß es solang gehen, bis es eine recht schöne gelbe Farbe bekommt, aber es muß allezeit im Saft gehalten werden, denn es kommt keine andere Sauce dazu, als was es selbst giebt, nur zu Zeiten gieß ein wenig Bouillon oder Jus daran, wenn es servirt wird, thu die Fetten davon, und die wenige Sauce daran passirt.

Un Fricandeau aux fines herbes.

Eines mit feinen Kräutern.

Dieses Fricando wird auch durchspicket mit großen Speck und Schunken, hernach leg es in eine Schüssel, thu es ein wenig salzen und pfeffern, thu feine Kräuter dazu, ein Lorbeerblatt, und das Mark von einer Lemoni, gieß ein Provenceröl daran, hernach nimm ein paar Bogen Papier, lege eine Speckbarten darauf, gieb das Fricando darauf, bedeck es mit Speck, gieb alles dazu, thu es gut mit Bindfaden einbinden, bestreiche hernach das Papier mit Oel, und leg es auf den Rost, setz es auf den heißen Aschen, und laß stät gehen, bis es recht mürb wird, es kann auch mit samme dem

dem Papier in den Ofen gethan werden, in einen Kastrol drücken, der Ofen muß aber nicht heiß seyn, es ist eine hachée-Sauce von Schambinion gut dazu.

Une a la Mosaïque.

Eines eingelegt mit Triffel.

Dieses Fricando wird nicht gespickt, sondern es müßen etliche Triffel geschnitten werden auf eine Façon, wie auch etwas rohen Schunken und Kapannenbrust, hernach schneide mit dem Messer ein kleines Glied dick eine Reihe, und stecke die Triffel hinein, daß die Hälfte herausschauet, nachdem wieder eine andere Lege, bis das Fricando voll ist, nachdem richte es auf die nämliche Manier, wie es schon vorher gemeldt und angegeben ist, die Sauce kann nach Belieben gemacht werden, die beste aber ist von kleinen Schambinion, die Quarrés, oder Carmenadstücke auf deutsch genennet, werden auch auf die nämliche Manier gemacht, gleichwie die Fricando, die Kalbsbrüste können auch auf diese Façon gemacht werden, gleichwie die Fricando, es ist nur daß man changiren kann.

Une poitrine de Veau au blanc.

Eine Kalbsbrust weiß.

Es muß eine weiße schöne Brust seyn, diese wird blanchirt, hernach schön bannirt und in eine weiße Bràs eingerichtet, und auf einem stäten Feuer lind werden laßen, die Sauce dazu mache weiß, wie schon gemeldet ist, wenn du servirest, laß die Sauce aufkochen, thu einen blanchirten

Ber-

Bertram hinein, und thu die Sauce legiren, drücke den Saft von einer Lemoni dazu, gieß sie über die Brust, und servire sie zur Tafel.

Une aux Ecrevisses.

Eine Kalbsbrust mit Krebsen.

Die Brust wird gemacht, wie vorher gemeldet ist, nur anstatt daß die Sauce weiß gemacht wird, so muß diese mit Krebsbutter roth gemacht, mit etlichen Schweifen oben garnirt, und mit 6 ausgelößten Krebsen herum garnirt werden.

Un Rolad de Veau.

Eine Rolade von Kalbfleisch.

Man nimmt das Fricando vom Schlegel, thut es nach und nach recht ausklopfen, bis es lang genug wird, hernach thu es mit ordinari Fasch bestreichen und zusammenrollen, gieb einen gleichen Form, richte es ein in einen Kastrol mit Speck, und laß auf einem kleinen Feuer stät gehen, zu diesen mache eine englische hachée-Sauce, wie wir schon gemeldet haben, willst du sie glasiren, so steht es in deinem Belieben.

Une Grenade de Veau a la Danger.

Einen Granat von Kalbfleisch.

Schneide aus dem Fricando kleine Rolade schön gleich, die Hälfte aber nur aus dem andern halben Theil, schneide Filee auch schön gleich in der Dicke, thu hernach alles einmarginiren mit feinen Kräutern, Lemoni und Provenceröl, wenn es ein paar Stun-

Stunden marginirt hat, bestreiche die Rolade mit Fasch, und mache sie schön gleich, thu auch in die Schüssel, wo du zu serviren hast, eine Portion Fasch, mache in der Mitte den Fasch eine Faust dick, hoch und schön gleich, nachdem bestreiche den Fasch mit Eyerklar, und lege die Rolade ringsherum, die mittlere Höhe von dem Fasch, thu mit der Filee beziehen, und so genau zusammen, daß man vom Fasch nichts sieht, hernach, wenn du willst, so kann es garnirt werden mit Triffel und Krebsschweif, auch Ochsenzungen zwischen die Filee und Rolad, hernach bedeck es mit Speckbarten und Papier, setz es in den Ofen, der nicht gar heiß ist, und laß stät fertig werden, ist es Zeit zu serviren, thu den Speck und Fetten wohl davon, und gieb eine schöne und gute Coulis darüber, alsdenn thu es zur Tafel serviren. Es kann auch in die Mitte von Fasch ein Beschamell gegeben, und hernach mit der Filee bedeckt werden.

Une Grenade au filet de Veau.

Einen Grenad von Filee.

Nimm einen Kastrol, welches die Größe von der Schüssel hat, wo es servirt wird, dieses bestreiche mit Butter, und belege es hernach mit Speck, nachdem nimm die Filee und belege das Kastrol ringsherum, daß man nichts von Speck sieht, füll es hernach mit Fasch auf, in die Mitte kannst du ein Beschamelle geben, mit dem Fasch muß es aber zugemacht werden, und hernach mit Speck bedeckt, und im Ofen gar werden lassen, wenn es Zeit ist zu serviren, stürze es auf einem

De-

Deckel um, daß die Fetten davon kommt, thu es auf die Schüssel, und glasire sie mit einem Pinsel, gieb auch eine piquante Coulis-Sauce darunter, und servire sie.

Une Grenade de Veau a l' Allemande.

Einen Grenad auf deutsch.

Mache etliche kleine Fricando, thu sie spicken und eine Façon geben nach deinem Belieben, und den Form wie er gemacht wird, diese müßen in der Bräs schon gekocht seyn, wie auch etwas grünes Gemüs und Wurzeln, hernach thu in das Geschirr, wo du ihn dressiren willst, eine Glace, richte die Fricando hinein in der Ordnung und das Gemüs auch, füll es hernach auf mit Fasch, bedecke es mit Papier, und stell es in den Ofen, der nicht zu heiß ist, wenn du ihn servirest, so stürz ihn auf die Schüssel, und gieb ein wenig Coulis-Sauce darüber.

Une de Tête de Veau a l' Angloise.

Einen Kalbskopf auf Englisch.

Es muß ein schöner und weißer Kopf seyn ohne Haut, die Zunge wird erstens ausgelößt, und der Kopf in der Mitte voneinander getheilt, das Hirn wird herausgenommen und in ein frisches Wasser gethan, der Kopf und die Zunge, wenn sie sauber gewaschen sind, werden blanchirt, und hernach im Fleischkessel, oder auch allein, mit Wurzeln gesotten bis er lind ist, aber nicht zu stark, die Hälfte von der Zunge und die Hälfte vom Kopf wird ausgelößt und in kleine Filee geschnitten, thu ein wenig Scharlotten fein schneiden, wie auch Thymian, thu in einen Kastrol ein wenig frischen Butter mit der Scharlotten, thu sie passiren, und thu einen Löffel feines Mehl dazu, füll es nachdem mit Bouillon auf und einem halben Gläslein weißen Wein, laß die Sauce einkochen, nachmals thu den Thymian dazu, und die Filee von Kalbskopf, auch ein wenig fein geschnittenen Petersill, laß stehen bis es Zeit ist zu serviren, die andere Hälfte vom Kopf und die Zunge muß mit geriebener Semmel, Pfeffer und Salz bannirt und auf den Rost gelegt werden, das Hirn, wenn es abgehäutelt ist, muß gesotten, und die Hälfte in die Schalen vom Kopf gethan werden, mit feinen Kräutern, Pfeffer und Salz, die andere Hälfte wird in kleine Stücklein geschnitten und ausgebachen in einen Wein- oder weißen Bierteig, wenn es servirt wird, muß das Ragout mit Eyerdottern legirt werden, und den Saft von einer halben Lemoni daran drücken und anrichten, auf dieses Ragout wird gelegt der halbe Kopf grillirt und das Hirn in der Schalen, das gebachene Hirn herum, und auf den grillirten Kopf und Hirn Lemonisaft gedrückt und zur Tafel servirt.

Une de Tête de Veau a l' Allemande.

Einen Kalbskopf auf deutsche Manier.

Der Kopf muß ohne Haut seyn und zertheilt gesotten, wie vorher schon gemeldt, hernach mit Pfeffer und Salz und mit geriebenen Brod garnirt, und das Hirn davon, wenn es gesotten hat, einge-

eingericht in die Hirnschalen von Kopf mit feinen Kräutern und auch bannirt, wenn es Zeit ist zu serviren, muß er schön grillirt werden, schneide eine halbe Semmel klein viereckicht, und bach es im Butter schön gelb aus, thu ein wenig Jus in einen Kastrol mit ein wenig Essig und feinen Kräutern, laß aufkochen, hernach gieß es auf die Schüssel, und richte den grillirten Kopf sauber darauf, mache extra in einen Kastrol ein wenig Essig heiß, thu das gebachene Brod hinein, und gieß es über den Kopf, alsdenn servire ihn zur Tafel.

Une de Tête de Veau a la Holandoise.

Einen Kalbskopf auf Holländisch.

Dieser Kopf muß mit der Haut und schön weiß seyn, die Zunge wird herausgenommen, die zwey Kinnbacken herausgebrochen, hernach in ein Blanquet eingerichtet, daß er schön weiß bleibt, wenn er lind gesotten ist und du serviren willst, nimm den Kopf heraus auf eine saubere Serviette, daß die Fetten und Suppe wohl davon kommt, zu der Sauce nimm ein gutes frisches Stück Butter in einen Kastrol mit 3 Eyerdottern, ein wenig feines Mehl, auch ein wenig Bertramessig und einen Löffelvoll gute Bouillon, rühre die Sauce auf dem Feuer wohl ab, drücke den Saft von einer Lemoni hinein, thu etwas blanchirten Petersill dazu, richte den Kopf auf die Schüssel und gieb die Sauce darüber, servire ihn sodenn zur Tafel, du kannst auch etwas wenig fein gewürfelte ausgebachene Semmel darauf streuen.

Une de Tête de Veau au Vin de Champagne.

Einen Kalbskopf mit Champagner Wein.

Dieser Kopf muß mit sammt der Haut seyn, die Zunge wird ausgelößt, und die Kienbeiner herausgenommen, hernach blanchirt und in ein Geschirr gethan, welches nicht zu groß und auch nicht zu klein ist, hernach thu daran etwas Wurzeln und ein paar ganze Zwiebeln, ein Lorbeerblatt, ein wenig ganzen Pfeffer, Muscatblüth und etliche Nägelein, gieß eine Bouteille Champagner Wein daran, und den Rest gute Bouillon auch, thu dazu etliche Schnitze Schunken, und bedecke den Kopf mit ein paar Speckbarten, setz ihn auf ein kleines Feuer, und laß ihn stät sieden, bis er lind wird, wenn es Zeit ist zu serviren, nimm den Kopf heraus auf die Schüssel, gieb von der nämlichen Sauce in einen Kastrol, daß sie aber nicht fett ist, mische ein Stücklein Butter ein wenig feines Mehl, und thu es in die Sauce, laß sie aufkochen, drücke den Saft von einer Lemoni daran, und gieß es über den Kopf, servire sodenn zur Tafel.

Un Fricandeau de Mouton piqué & glacé.

Ein Fricando von Schaffleisch.

Dieses Fricando wird auf die nämliche Manier, gleichwie die von Kalbfleisch gemacht, auf alle Manieren, wie auch die Quarré oder Carmenadstücke, wie auch ein Rolad von einer Schulter, die Lamms- und Kützschlegel ist wiederum das nämli-

nämliche, nur ist im Kochen zu beobachten, daß das leztere ein Fleisch, welches jung und delicater ist.

Un Quarré de Cochon a la broche a la Sauce Robert.

Ein Schweinernes *Quarré* mit einer Senftsauce.

Dieses Quarré kann mit der Haut servirt werden und auch ohne Haut. mit der Haut wird es Messerspiz tief eingeschnitten, viereckicht einen Würfel groß, thu dazwischen Pfeffer und Salz und ein Lorbeerblatt, ist es aber ohne Haut, so thu etwas Essig in einen Kastrol mit Zwiebel und Kräuter, Pfeffer und Salz und ein Lorbeerblatt, laß aufsieden, und gieß es über das Quarré, und laß etliche Stunden marginiren, wenn es Zeit ist, an Spieß gesteckt und schön braten lassen, mit dem Essig und Butter begossen, das andere aber muß nur mit Butter begossen werden, damit die Haut hart und croquant wird, zu der Sauce werden 4 große Zwiebel in Filee geschnitten, hernach im siedenden Wasser blanchirt, und trockner in einen Kastrol gethan mit Butter, und gelb werden lassen, thu nach diesem ein Löffelein Mehl dazu, und füll es mit Bouillon auf und ein wenig Essig, laß wohl verkochen, ist es nun Zeit zu serviren, so thu ein paar Eßlöffelvoll Senf daran, richte die Sauce auf die Schüssel, und lege das Quarré darauf, eines oder das andere, die Sauce ist gleich, man kann auch zu der Sauce einen Lemonisaft, oder auch ein wenig Bertramessig geben.

De Cotelettes de Cochon a la même sauce.

Schweinscarmenade in der nämlichen Sauce.

Die Carmenade werden schön rund ausgemacht, wie sichs gehört, sie müßen aber von einem fetten Schwein seyn, sonsten sind sie hart, diese thu auf eine Schüssel mit Pfeffer und Salz, etliche Lorbeerblätter, feine Kräuter und das Mark von einer Lemoni, gieß Provenceröl daran, und laß sie etliche Stunden marginiren, ist es Zeit zu serviren, lege sie auf den Rost und laß sie schön grilliren, gieb die nämliche Sauce Robert dazu, man kann sie auch nur mit Lemonisaft und der Jus, was sie selbst geben, serviren.

Une de gros filets de Cerf aux fines herbes.

Filee von Hirsch mit feinen Kräutern.

Diese Filee müßen aus dem Schlegel von der innern Seite genommen werden, man kann auch die innern Lungenfilee dazu nehmen, und machen als wie das Fricando von Kalbfleisch mit feinen Kräutern.

Filets de Cerf aux Genevres.

Filee mit Cronawethbeer.

Dieses Filee kann genommen werden von der äußern oder innern Seite, dieses wird durchspickt mit groben Speck und hernach in einen Kastrol eingericht mit Speck, Kräuter und Wurzeln, einem Glas Wein, ein wenig Gewürz und Salz, laß es hernach stät dünsten, mache einen Löffel Mehl

gelb

gelb in Butter, thu es daran und füll es mit Jus auf, laß es wohl lind werden, hernach thu es in einen andern Kastrol, thu die Sauce abschöpfen, daß die Fetten davon kommt, passire sie durch ein Sieb, und thu ganze Cronawethbeer dazu, wie auch den Saft von einer Lemoni, laß aufkochen, und servire sie.

Eine Brust von Hirschen wird auf die nämliche Manier zugerichtet, aber nicht ganz sondern in Stücken, man kann auch ein Filee von Hirsch spicken wie ein Fricando, und in eine Bräs einrichten, hernach glasiren, und mit einer Zwiebelsauce geben, auch kann es eingericht werden mit Kalbfleisch ganz kurz, daß es eine Glace giebt, und hernach einen Löffelvoll Coulis dazu nehmen mit einem Lemonisaft, und die nämliche Sauce serviren. Von Reh wird es auf die nämliche Manier gemacht. Die Gems wird auch auf diese Art tractirt.

Une de cuisses de Lièvre a la Perrigord.

Schlegel von Hasen mit Triffel.

Diese Schlegel werden mit groben Speck durchzogen, der Speck aber muß mit Gewürz und feinen Kräutern gemischet seyn, hernach in einen Kastrol eingericht mit Speck und Schunken, etwas Kalbfleisch, etliche ganze Triffel, ein halbes Lorbeerblatt, Pfeffer und Salz, ein Glas Burgunder Wein, und also dünsten lassen, es muß aber zum öftern umgewendet werden, auf die letzte thu soviel Coulis dazu, als es Sauce vonnöthen hat, nachdem die Fetten davon, und die Sauce in einen andern Kastrol passirt, die Schlegelein dazu gethan, wie auch den Saft von einer Lemoni, und die Triffel dabey müssen ganz bleiben, hernach sauber angericht, und mit ausgebachener Semmel garnirt, alsdenn zur Tafel servirt; man kann auch die Schlegelein sauber spicken, und in eine kleine Bräs richten, nachdem glasiren, und mit einer kleinen Zwiebelsauce geben.

Une de cuisses de Lièvre a l' Italienne.

Schlegelein von Hasen auf Italiänisch.

Die Schlegelein müßen mit groben Speck durchspicket werden, hernach nimmt man ein Stücklein guten Speck in einen Mörser, thut dazu ein wenig Basilicum und Thymian, ein paar Scharlotten, ein wenig Rockenbol, und einen frischen Triffel, wenn man einen hat, stoß dieses alles zusammen, nachdem thu es in einen Kastrol, die Schlegelein dazu, ein wenig Pfeffer und Salz, ein Glas rothen Wein, setz es auf eine Glut und laß stät dünsten, wenn sie lind sind thu die Schlegelein in einen andern Kastrol, thu die Fetten von der Sauce, und passire die Sauce an die Schlegelein, ist die Sauce zu wenig, thu ein klein wenig Jus oder Bouillon dazu, den Saft von einer bittern Pomeranze, und servire zur Tafel mit ganz wenig Sauce.

D'une autre maniere.

Auf eine andere Manier.

Die Schlegel werden mit groben Speck durchspickt, hernach thu sie in einen Kastrol mit feinen Kräutern, Provenceröl, einem Glas rothen Wein, ein Lorbeerblatt, Pfeffer und Salz, ein paar Schnitze Schunken oder Cervelatwürste, decke sie zu, und laß sie auf einer kleinen Glut stät gehen, und zum öftern umwenden, bis sie recht lind werden, sollten sie zu trocken einkochen, so must du ein wenig Jus daran thun, und allezeit im Saft behalten, ist es Zeit zu serviren, must du die Fetten davon nehmen, und an die Sauce einen bittern Pomeranzensaft drücken, alsdenn aber zur Tafel serviren.

Wieder auf eine andere Manier auf Italiänisch.

Thu die Schlegelein in einen Kastrol mit ein wenig Speck und Kräutern, aber ganz, ein wenig Rockenbol, ein Lorbeerblatt, ein wenig ganz Gewürz, ein Glas rothen Wein, setz auf eine Glut, und laß stät gehen, hernach mache einen Löffel Mehl gelb in Butter, thu es dazu, füll es mit Jus auf, und laß kochen bis sie lind sind, thu nach diesem die Schlegelein in einen saubern Kastrol, schöpfe die Fetten von der Sauce wohl ab, und passire sie an die Schlegelein, blanchire nachdem Cibeben und Pistazi, löse die Körner von den Cibeben heraus, die Pistazi thu abschälen und in Filee schneiden, und thu sie in die Sauce, auch ein wenig Citronat in Filee geschnitten, und ein wenig weißen Zucker auch dazu, hernach laß es aufkochen, thu ein wenig Essig und Lemonisaft dazu, und servire sie zur Tafel.

Une de cuisses de Liévre a la bonne femme.

Hasenschlegelein mit eigener *Sauce* von *Coulis.*

Thu in einen Kastrol Kalbfleisch fein geschnitten, wie auch etwas Schunken, etwas Wurzeln und Kräuter, ein Lorbeerblatt, ein wenig ganz Gewürz, und ein wenig Speck, lege die Schlegelein darein mit einem ganzen Zwiebel, setze sie auf eine Glut, und laß sie dünsten, hernach gieß ein Glas rothen Wein dazu, bache etliche Schnitten Semmel in Butter gelb, und thu sie auch dazu, füll es auf mit Jus, und laß sie kochen, bis sie lind sind, thu sie nachdem in einen andern Kastrol, schöpfe die Fetten wohl davon ab, und passire die Sauce nach diesem durch ein Haartuch, gieb die Sauce zu den Schlegelein, laß sie hernach aufkochen, drücke den Saft von einer Lemoni und eine Messerspitzen Zucker dazu, und thu es serviren.

Une de Lapins aux fines berbes.

Wilde Künighasen mit feinen Kräutern.

Diese werden zugerichtet auf die nämliche Manier, gleichwie die Wildhasen, welche ich zu machen schon erkläret habe.

Une de Canards sauvages a la Bruſſelles.

Eine Wildenten auf Brüßler Manier.

Nachdem die Ente ſauber flammirt und gepußt iſt, thu die Leber davon nehmen auf ein Schneidbrett mit einem Stücklein guten Speck, feinen Kräutern und Scharlotten, einem friſchen Triffel und etliche Schambinion, dieſes alles fein geſchnitten, hernach Pfeffer und Salz, 3 Eyerdotter und ein wenig geriebener Semmel, von einer halben Lemoni den Saft, wohl gemiſcht und in die Enten faſchirt, hernach dreſſirt, und in einen Kaſtrol eine Speckbarten mit ein paar Schniß Rindfleiſch, einen ganzen Zwiebel und ein Lorbeerblatt hineingethan, auf eine Glut geſeßt, und anziehen laſſen, gleichwie eine Jus, die Ente muß aber zum öftern umgewendet werden, auf die leßte aber thu eine Coulis dazu, ſoviel du zu einer Sauce nöthig haſt, und ein wenig weißen Wein, laß kochen bis die Ente recht lind iſt, nachdem thu die Ente in einen ſaubern Kaſtrol, thu die Fetten von der Sauce abſchöpfen, und paſſire ſie an die Ente, iſt es Zeit zu ſerviren, thu ein wenig blanchirten Pimpernell an die Sauce, den Saft von einer Lemoni, und ſervire zur Tafel.

Un Canard a la broche ſauce aux Oranges.

Eine Wildente mit Pomeranzenſauce.

Nachdem die Ente flammirt und gepußt iſt, muß ſie ſauber dreſſirt und die Füße eingeſteckt wer-

werden, hernach gepfeffert und gesalzen, schneide nach diesem von zwey bittern Pomeranzen fein die Schalen ab in ein frisches Wasser, thu sie nachmals blanchiren, und in einen Kastrol mit Coulis und gut piquant gemacht mit dem Saft von der Pomeranzen, die Ente, nachdem sie gut ausgebraten ist, auf die Schüssel gericht, und die Sauce darüber gegeben, auch kannst du die Enten in einer Bräs von Fleisch einrichten, und darinnen dünsten lassen, auf die letzte eine Coulis daran giessen mit ein wenig weißen Wein, und hernach die nämliche Sauce bedienen, die Pomeranzen auch dazu thun, gleichwie bey den Enten.

Un Canard a la broche piqué.

Eine gespickte Wildente am Spieß.

Nachdem die Ente sauber flammirt und geputzt ist, so thu sie schön dressiren mit den 2 Füßen eingesteckt, hernach thu auf der Brust die Haut fein abhäuteln, formirt wie ein Herz, thu sie nachdem spicken, mache ein Margenad in einen Kastrol, thu etwas guten Essig mit Kräutern, ein Lorbeerblatt und Zwiebel, Scharlotten, etwas Provenceröl, Pfeffer und Salz dazu, laß es aufsieden und gieß es über die Enten, eine Stunde vor dem Anrichten thu sie zum Feuer legen, mache noch etwas frischen Butter zu diesem Margenad, begieße die Enten damit, und laß sie schön braten, daß sie eine schöne Farbe bekommen. Die Sauce dazu: Nimm die Leber von der Ente mit 2 Sardellen, thu es fein hacken, passire es durch ein Haarsieb, in einen Kastrol, thu ein wenig frischen Butter dazu,

dazu, rühre es mit guter Coulis ab, thu ein wenig Bertramessig dazu, den Saft von einer halben Lemoni, rühre die Sauce auf dem Feuer wohl ab, gieb sie auf die Schüssel, die Enten darauf, und servire sie zur Tafel. Die zahmen Enten können auch auf diese Art gemacht werden, so haben sie den Gusto von einer Wildente.

Un Canard a l' Espagnole.

Eine Wildente auf Spanisch.

Die Ente, nachdem sie sauber gepußt und ausgenommen, wird sauber dressirt, und mit groben Speck durchzogen, thu hernach in einen Kastrol mit sammt der Ente eine Speckbarten, ein Stücklein Kalbfleisch fein geschnitten, und etwas Schunken, Wurzeln, Kräuter und Zwiebeln, setz sie auf eine Glut und laß sie dünsten, hernach mache einen Löffel Mehl gelb mit ein wenig Zucker, groß wie eine Nuß, thu es nachdem zu der Ente mit einem Glas rothen Wein und etwas Jus, laß sie kochen, bis die Ente lind wird, thu nachmal die Ente hinein in einen saubern Kastrol, schöpfe die Fetten von der Sauce ab, passire sie durch ein Haarsieb an die Ente, drücke den Saft von einer Lemoni daran, laß sie aufkochen, und servire zur Tafel.

Un Canard desaussé.

Eine Ente ausgelößt.

Nachdem die Ente sauber gepußt, aber nicht ausgenommen ist, thu sie auslösen, daß sie kein Loch bekommt, mache hernach einen Fasch, nimm die

die Leber dazu, thu sie nachdem faschiren und sauber mit dem Faden zunähen, und in eine kurze Brás einrichten, nimm die Beiner davon in einen Kastrol mit einem Stücklein Rindfleisch, einem Schnitz Schunken, Wurzeln und Kräuter, Zwiebel und ein Lorbeerblatt, setz sie auf das Feuer und laß ein wenig dünsten, gieß nach diesem ein halb Glas Burgunder Wein daran, auch ein wenig Jus oder Bouillon, und laß stät sieden, solang, daß zu einer Sauce bleibet, passire sie hernach durch ein Sieb, daß die Fetten wohl davon kommt, drücke den Saft von einer Lemoni dazu, thu nachmals mit Eyerklar die Sauce klar machen, thu sodann ein wenig blanchirten Bertram, oder auch etliche schöne grüne Oliven in die Sauce, servire sie auf die Schüssel, die Enten thu glasiren und darauf legen, sie kann auch ohne Glasiren servirt werden, und man kann auch eine andere Sauce dazu machen, du kannst auch die Enten desaussiren ohne zu faschiren, mit feinen Kräutern einrichten, gleichwie schon gemeldet ist, andere Speisen auf diese Manier zu machen, was die kleinen Enten sind, werden auch auf diese nämliche Art zubereitet, es mag von einer jeden Sorte oder Gattung seyn.

Une de Perdraux a la broche a la sauce d' Oranges.

Rebhühner am Spieß mit Pomeranzensauce.

Die Rebhühner können gerichtet werden auf die nämliche Manier, wie schon gemeldet ist, eine Wildente zu machen.

Une

Une de Perdraux a la broche aux fines herbes a l' Angloise.

Rebhühner am Spieß auf Englisch.

Wenn die Rebhühner im Saft gebraten sind, thu sie gleich auf die Schüssel, wo du zu serviren hast, schneide mit dem Messer in die Brust, als wenn du wolltest Filee herausschneiden, sie müßen aber ganz beysammen bleiben, mahle einen recht guten frischen Butter mit feinen Kräutern, und thu ihn in die Brust also warmer hinein, drücke den Saft von einer Lemoni darüber, gieb ein klein wenig Jus auf die Schüssel, und servire sie recht heiß zu Tafel.

Une de Perdraux a la broche aux sauces gratins.

Rebhühner mit einer Lebersauce.

Die Rebhühner werden mit feinen Kräutern, Pfeffer und Salz bestreuet, hernach schön im Saft gebraten, nimm die Leber davon mit ein wenig geriebenen guten Speck, feinen Kräutern, ein wenig geriebener Semmel, ein Eyerdotter, ein wenig Pfeffer und Salz, thu alles recht fein schneiden, drücke den Saft von einer halben Lemoni dazu, thu es nach diesem auf die Schüssel, wo du es zu serviren hast, streiche es aus, setz es auf eine Glut und laß anziehen, leg die Rebhühner darauf, und gieb ein wenig piquante Coulis-Sauce dazu, alsdenn servire zur Tafel.

De Perdraux a la broche sauce verd.

Rebhühner am Spieß mit grüner Sauce.

Die Rebhühner müßen im Saft gebraten werden, zu der Sauce nimm Petersill, Schnittling, Bertram, ein wenig Körbelkraut, Scharlotten, ein klein wenig von Rockenbol, ein wenig Lemonischalen, dieses alles schneide recht fein, thu es hernach in einen Kastrol mit ein wenig Bouillon und ein wenig Bertrameßig, laß es warm werden, gieß die Sauce auf die Schüssel, lege die Rebhühner darauf, drücke den Saft von einer halben Lemoni darüber, servire sie zur Tafel. Man kann auch noch viele Saucen zu den Rebhühnern am Spieß gebraten, geben, gleichwie die mit Oliven, Sardellen, und Triffel, wie auch Schambinion, und mehrere, das kommt nur auf die Jahrszeit an, was man haben kann und bekommt.

Un de Perdraux au gril.

Rebhühner auf dem Rost.

Diese werden gericht, gleichwie die Tauben, auf die nämliche Manier, nur daß sie anders müßen geschnitten werden, allein der Rucken wird voneinander geschnitten, die Brust bleibt ganzer, nur das Brustbein muß ausgelößt und breit geklopft werden.

De Perdraux a l' Espagnole.

Rebhühner auf Spanisch.

Diese Hühner werden auf die nämliche Manier

nier gemacht, gleichwie die Wildenten auf spanisch.

Un de Perdraux glacés.

Rebhühner glasirt.

Die Rebhühner kannst du nach Belieben dressiren, hernach in eine Bräs einrichten, und auf einer kleinen Glut stät gehen lassen, bis sie mürb sind, nachdem thu sie in die Glace legen und schön glasiren, du kannst eine Triffelsauce dazu geben, oder auch eine Olivensauce, wie auch Bertramsauce.

Un de Perdraux au Vin de Bourgogne.

Rebhühner mit Triffel.

Nachdem die Rebhühner sauber gepußt und dressirt sind, thu in einen Kastrol mit ein paar Speckbarten und etlichen Schnitz Schunken ein Dutzend Triffel sauber geschält, auch ein Lorbeerblatt dazu, ein Glas Burgunderwein, setz sie auf eine Glut und laß sie stät gehen, thu zu Zeiten ein wenig Bouillon daran gießen, wenn sie lind sind thu sie in einen andern Kastrol, schöpfe die Fetten von der Sauce ab, und thu sie durch ein Haartuch passiren, nimm ein kleines Stücklein frischen Butter, mische ein wenig feines Mehl darein, drücke den Saft von einer Lemoni dazu, setz sie auf das Feuer, thu den Kastrol schütteln bis es aufkochet, hernach thu sie auf eine Schüssel rangiren, mit ausgebachener Semmel garniren, und zur Tafel serviren.

Un de Perdraux en surprise.

Rebhühner in einer papiernen Kapsel.

Thu die Hühner dressiren und zurichten, gleichwie für eine warme Pastete, mache hernach einen Fasch von Kalbfleisch, thu die Leber roher auch dazu, etwas Triffel und Schambinion, wenn der Fasch fertig ist, mache von Papier einen Kasten, gleichwie eine aufgesetzte Pastete, den Form kannst du nach der Schüssel richten, mit einem Wasserteig must du es machen, nachdem richte die Rebhühner ein, als wie eine Pastete, mache einen Deckel von Papier darauf, bestreiche den ganzen Kasten mit Eyern, und bestreue ihn mit geriebenen Parmesankäß und geriebener Semmel, bestreiche eine Tortenpfanne mit Butter, setze den Kasten drauf, und laß es hernach im Ofen bachen, gleichwie eine Pastete, ist es Zeit zu serviren, schneide den Deckel nur auf einer Seite auf, thu den Speck davon wie auch die Fetten, gieb eine piquante Sauce darüber, und servire sie zur Tafel, du kannst sie auch mit Triffel auf die nämliche Manier machen, auch die Perlhühner und Haselhühner, Fasanen können auf diese Art gemacht werden, als wie die Rebhühner, du kannst sie auch auslösen, und auf vielerley Façon richten, glasiren, spicken, dieses kommt auf den Gedanken an, du kannst auch die Rebhühner ganz lassen, und mit einer Samoesauce geben, oder auch die Brust auslösen und mit einem Beschamell geben, da müßen sie gebraten werden, und die Sauce von einem andern gemacht, zum Beschamell muß es gerichtet seyn,

seyn, sobald es an den Spieß kommt, die Brust gleich davon genommen, und zu kleine Filee geschnitten in das Beschamell, und wiederum hineingericht, auch die großen und kleinen Schnepfen kannst du auf die nämliche Manier richten, gleichwie die Rebhühner.

Un Chapon a la Marechalle.

Einen Kapaunen *a la Marechalle.*

Dieser muß ein schöner und großer Kapaun seyn, auch fett, nachdem er flammirt und sauber geputzt ist, must du ihn schön dressiren und im Speck einbinden, hernach in einer Servlette, und in einen Kessel thun, mit guter Bouillon anfüllen, zum Feuer thun und stät sieden lassen, bis er lind ist, wenn du ihn servirest, richte ihn nett auf eine Schüssel, und gieb eine Consommé darunter mit ein wenig blanchirten Petersill darinn.

Un Chapon a la Princesse.

Einen Kapaunen *a la Princesse.*

Nachdem er schön geputzt und dressirt ist, richte ihn ein in eine weiße Bräs und laß ihn stät auf einer kleinen Glut gehen, bis er mürb ist, hernach mache eine weiße Sauce mit Krebsschweifen, Spargel und Maurachen, zu der Sauce gehört sich ein Consommé zu nehmen, richte den Kapaunen auf die Schüssel ohne Fetten, drücke den Saft von einer Lemoni in die Sauce, und servire ihn zur Tafel.

Un Chapon a la Sultanne.

Einen Kapaunen *a la Sultanne.*

Der Kapaun muß leicht flammirt, nachdem geputzt und in Obacht genommen werden, daß kein Loch hineingerissen wird, hernach must du die Haut abziehen bey der Brust herunter, hinten aber darffst du ihn nicht aufschneiden, denn sie muß ganz herunter, nachdem nimm die Brust davon, und mache einen Knöpffasch, thu die Haut mit faschiren, nehe ihn oben zu und thu ihn in eine weiße Bräs, eine halbe Stunde vor dem Anrichten setz ihn auf eine Glut, und laß ihn gar werden, ist es Zeit zu serviren, thu auf einer Serviette den Faden davon, leg ihn auf die Schüssel und gieb ein Beschamell darüber, oder auch ein Consommé.

Un Chapon a la Tortue.

Einen Kapaunen auf Schildkroten Art.

Nachdem der Kapaun flammirt und geputzt ist, thu ihn schön auslösen und ein wenig faschiren, der Kopf muß an der Haut bleiben, womit du den Schildkrotenkopf formiren must, von Triffeln machst du die vier Patten, vom Steiß machst du den Schweif, oben auf dem Rucken must du auch mit Triffeln die Façon von Schildkroten formiren, nimm hernach ein Papier, bestreiche es mit Provencerōl, nimm eine Speckbarte, lege den Kopf darauf, bedecke ihn auch mit Lemoni und Speck, etwas Wurzeln und Kräuter, ein halbes Lor-

Lorbeerblatt, etliche Schnitzen Schunken, und etliche Blättlein Zwiebel, hernach thu ihn in Papier einwickeln, mit Bindfaden binden, und auf den Rost legen, auf einen warmen Aschen stät gehen lassen, zum öftern umwenden, bis er fertig wird, und nach diesem eine klare Sauce dazu geben, welche piquant seyn muß.

Un Chapon aux Huitres.

Einen Kapaunen mit Austern.

Thu den Kapaunen sauber putzen und dressiren, richte ihn hinein in eine Bräs und laß ihn auf einer kleinen Glut langsam gehen, bis er mürb wird. Die Sauce: Thu die Austern aus der Schale nehmen in einen Kastrol, gieß hernach ein wenig weißen Wein daran, setz sie auf das Feuer und laß sie ein klein wenig anziehen, nachdem thu die Austern putzen, den Bart davon, thu sie auf einen Teller, nimm nach diesem in einen Kastrol frischen Butter, ein wenig fein geriebene Semmel und ein Staubmehl, rühre es zusammen, gieß daran den wenigen Wein von den Austern, einen Löffelvoll Bouillon, einen ganzen Zwiebel thu auch dazu, und rühre die Sauce nachmals auf dem Feuer ab, laß sie wohl verkochen, thu sie sodann durch ein Haarsieb passiren, thu die Austern dazu und den Saft von einer Lemoni, ist es Zeit zu serviren, thu den Kapaunen auf eine Serviette herausnehmen, daß die Fetten wohl davon gehet, richte ihn auf die Schüssel, mache die Sauce warm, aber nicht mehr kochen lassen, und richte sie über den Kapaunen, diesen kannst du auch anstatt der Bräs am Spieß braten, nur schön einbinden, daß er weiß bleibet, du kannst ihn auch mit einem Fasch faschiren von Austern, die Sauce kann man auch von Coulis, anstatt weiß, machen, nur die Sauce niemals kochen lassen, daß die Austern nicht hart werden.

Un Chapon aux Moules.

Ein Kapaun mit Muscheln.

Dieser Kapaun wird auf die nämliche Manier gemacht, gleichwie der mit Austern, nur ist wohl zu beobachten, daß die Muscheln in einen Kastrol gethan werden, mit ein wenig weißen Wein zugedeckt, und recht gut geschüttelt, damit der Sand davon geht, hernach richte die Sauce, wie diese von Austern.

Un Chapon a la Lutherienne.

Einen Kapaunen auf Lutherisch.

Der Kapaun wird gericht vor am Spieß zu braten, er wird faschirt mit einem Stücklein frischen Butter, Petersill, Scharlotten und vier Sardellen, ein wenig Pfeffer und Salz, dieses alles muß fein geschnitten werden, bind ihn mit Speck ein und laß ihn schön braten, hernach mache Schnecken ganzer in einer Sardellensauce mit Petersill und gut piquant, du kannst auch etliche Kalbsbrüs in kleinen Stücklein geschnitten, so groß die Krebse sind, dazu nehmen, und die Sauce nach diesem über den Kapaun anrichten.

Un

Un Chapon a la broche a la Sauce de Nid des Indes.

Einen Kapaun mit einer *Sauce* von Indianischem Vogelnest.

Den Kapaun kannst du zurichten am Spieß oder in einer guten Bräs, das Indianische Nest muß Tags vorher in weißen Wein eingeweicht und auf einen warmen Aschen gesetzt werden, da giebt es sich voneinander und der Unflath kommt davon, auf den Boden wirst du etwas weißes finden, es gleichet einer Gorebel von Fleisch, diese thu sauber heraus, und mache eine weiße Sauce, thu es hinein, du kannst auch diese Sauce von Coulis machen, es gilt gleich, die Sauce damit aufkochen lassen, den Saft von einer Lemoni dazu gedrückt, und die Sauce mit dem Kapaun servirt, die Sauce hat einen so starken Geruch, als wie Triffel.

Un Chapon dressé en cuisses a la braise.

Einen Kapaun ausgelöst.

Nachdem der Kapaun sauber flammirt und geputzt ist, thu ihn sauber auslösen, einen Fuß davon laß dabey, faschire ihn mit ein wenig Salpicum, und formire hernach einen Schlegel daraus, nähe ihn schön zu, richte ihn in eine Bräs und laß ihn auf einer kleinen Glut stät gehen, bis er lind ist, mache nachdem eine Triffelsauce darüber und servire, du kannst ihn auch glasiren und spicken mit feinen Speck, du kannst auch eine andere Sauce dazu geben, gleichwie eine klare Sauce, oder

oder auch eine Sauce von Maurachen und Spargel, auch von Krebsen, nachdem die Jahrszeit ist, da mans haben kann.

Un Chapon a l'Italienne.

Einen Kapaun auf Italiänisch.

Thu den Kapaun sauber dressiren, thu in einen Kastrol eine Speckbarten mit einem ganzen Zwiebel und ein Lorbeerblatt, auch etwas Kräuter, lege den Kapaunen dazu mit etlichen Schnitz Schunken oder Cervelatwürste, setz ihn auf eine Glut und laß ihn stät dünsten bis er gelb wird, du must ihn allezeit im Saft erhalten, auf die letzte thu eine Sardellen fein gehackt dazu, die Fetten wohl davon, drücke den Saft von einer Lemoni hinein, servire den Kapaun auf die Schüssel, und passire die Sauce daran, alsdenn servire sie zur Tafel.

Un Chapon aux fines herbes.

Einen Kapaun mit feinen Kräutern.

Dieser wird auf die nämliche Manier gemacht, gleichwie schon bey den Rebhühnern gemeldet ist.

Un Chapon a la Provençale.

Einen Kapaun auf Brabander Manier.

Dieser wird gemacht, wie bey dem andern Geflügel schon gemeldet ist.

Un Chapon en surprise.

Einen Kapaun im Papier.

Dieser wird gemacht, wie schon gemeldet ist zu machen.

Un Chapon a la Bechamelle.

Einen Kapaun mit Beschamell.

Thu den Kapaun zum Einmachen dressiren, wie sichs gehört, stecke ihn am Spieß, und laß ihn schön braten, richte ein Beschamell, nimm den Kapaun von Spieß, die ganze Brust heraus, die zwey Vögel must du aber lassen, schneide die Brust in kleine Filee, und thu sie in das Beschamell hinein, und richte es nach diesem wiederum in den Kapaun hinein, gieb unter den Kapaun ein wenig Consommé, mit ein wenig guter Schunken-Jus, und servire zur Tafel.

Un Chapon au gros sel.

Einen Kapaun mit groben Salz.

Den Kapaun dressire, stecke die Füße hinein, und thu ihn bardiren, hernach siede ihn in der Bouillon nicht gar zu lind, nach diesem nimm ihn heraus, und laß ihn sauber ablaufen, gieb ihn auf die Schüssel unten mit ein wenig Jus, und oben auf den Kapaun mit groben Salz bestreut und zur Tafel servirt. Die Polarden und Hühner kannst du alle auf diese nämliche Manier machen, wie beschrieben ist von den Kapaunen, wie auch die Indianische Stücklein.

De poulets a la Neubauer.

Junge Hühnlein mit einer grünen *Sauce.*

Die Hühner müßen sauber flammirt und geputzt werden, man muß aber wohl obacht haben, daß es keines ist, welches schwarze Stiften hätte, weil alle schön weiß seyn müßen, thu die Hühner dressiren mit den Füßen eingesteckt, thu sie nachdem auf ein Geschirr, schneide das Mark von einer Lemoni Blättleinweiß daraus, etwas Wurzeln und Kräuter, ein Lorbeerblatt und etliche Schnitz Schunken, gieß ein Provenceröl darüber, nimm nach diesem ein paar Bogen Papier, lege Speckbarten darauf soviel als die Hühner ausmachen, auf die Brüste von den Hühnern lege die Lemoni, hernach Speckbarten darauf, und gieß das Oel mit sammt allen daran, wickle das Papier zusammen, bind es mit dem Bindfaden, und nach diesem bind es an den Spieß, eine halbe Stunde vor dem Serviren must du sie zum Braten thun und gleich drehen lassen, damit sie keinen Flecken bekommen, sie müßen weiß wie eine Jus seyn. Die Sauce dazu: blanchire eine Handvoll Petersill, drücke ihn fein gut aus, thu ihn im Mörser, thu dazu ein paar Scharlotten, ein wenig Basilicum und Thymian, ein klein wenig Rockenbol, ein wenig Lemonischalen, 2 Sardellen, 2 hart gesottene Eyerdotter, und ein klein wenig Semmel eingeweicht, ein wenig Pfeffer und Salz, ein Bröcklein Zucker, wie eine welsche Nuß groß, dieses alles laß fein stoßen, hernach thu ein wenig Provenceröl dazu, und einen Essig mit ein wenig Wein, soviel

viel die Sauce ausmacht, wie auch ein wenig Pfeffer und Salz, thu es nachmals durch ein Haarsieb passiren, gieb die Sauce auf die Schüssel, und lege die Hühner schön darauf, alsdann thu sie zur Tafel serviren.

Des Poulets servis dans une Abbesse.

Junge Hühner im Teig.

Es müßen kleine Hühner seyn, wie man pflegt zu nehmen, Nesthühnlein, diese thu dressiren mit den Füßen eingesteckt, hernach thu sie ein wenig blanchiren, thu nachdem einen frischen Butter in einen Kastrol mit einem ganzen Zwiebel und einen Schnitz Schunken, thu die Hühner auch dazu, und etliche Schambinion, ein Kalbsbrüs in Stücklein geschnitten, passire es zusammen, staube ein wenig feines Mehl daran, füll es mit Bouillon auf, und laß nachmals gäh einkochen, thu auch etliche Maurachen hinein, thu die Zwiebel und Schunken davon, salze es wie sichs gehört und laß stehen, mache einen Butterteig, von diesem Butterteig mache ein Blatt, so groß deine Schüssel ist und dieses gleich, um das Blatt mache einen Reif, so dick als ein Finger, in die Mitte thu ein Papier, damit es in seiner Gleiche bleibt, nach diesem auf die umgekehrte Schüssel, mache den Deckel so groß dein Abbes ist, schneide den Deckel aus und bestreiche es, thu es schön ausbachen gleiche Farbe, und thu die Abbes sauber auspuzen, ist es Zeit zu serviren, laß die Hühner aufkochen, legire sie mit Eyerdotter, drücke den Saft von einer Lemoni daran, thu sie nachdem in die

Abbes sauber anrichten, decke den Deckel darauf, und servire zur Tafel.

Des Poulets a l'Allemande.

Junge Hühnlein auf deutsch.

Die jungen Hühnlein thu richten, wie sichs gehört und vorher schon gemeldet worden, auf die nämliche Manier, hernach mache ein feines Butterlaiblein, und laß es stät bachen, damit es eine starke Rinde bekommt, thu es nach diesem umstürzen und den Deckel davon schön rund abschneiden, die Schmollen alles herausgenommen, und nach diesem die Hühnlein darein eingericht, zugedeckt, und zur Tafel servirt, du kannst auch die Hühnlein mit Krebs machen, und auch auf diese Façon serviren, oder auch in Fricassée, und auch mit einem Ragout zum Wechseln.

Des Poulets a l'Allemande.

Hühnlein auf deutsch.

Thu die Hühnlein dressiren und blanchiren, hernach mache eine weiße Sauce mit Lemonisaft dazu, damit die Hühnlein weiß bleiben, blanchire Petersillwurzeln in Filee geschnitten, thu die Hühnlein mit sammt den Wurzeln in die Sauce, und laß schnell einkochen, bis die Sauce kurz ist, willst du sie serviren, thu sie salzen und schön anrichten, du kannst auch ein wenig grün blanchirten Petersill dazu nehmen.

Des

Des Poulets aux Ecrevisses.
Hühnlein mit Krebsen.

Mache einen feinen Fasch mit Krebsschweifen und Kalbsbrüs, thu die Hühnlein unter der Haut faschiren, nicht zu stark, stecke sie an Spieß, und laß sie schön braten, damit sie roth bleiben, die Sauce davon mache mit Krebsbutter, gleichwie die Holländersauce weiß mit ein wenig Lemonisaft, und auf die letzte ein wenig fein geschnittenen Petersill und Krebseyer, wenn dus hast.

Des Poulets marinés.
Hühnlein im Margenad.

Thu die Hühnlein dressiren, hernach in einen Kastrol mit etlichen Speckbarten, etliche Schnitz Schunken und Kalbfleisch, Wurzeln und Kräuter, ein Lorbeerblatt, Zwiebel, ein paar Scharlotten, etwas ganzes Gewürz und Salz, etwas Provenceröl, ein Glas Wein und ein Glas guten Essig, decke sie hernach zu, und laß sie kochen, bis sie lind sind, thu sie auf eine Schüssel sauber rangiren, von der nämlichen Sauce etwas dazu, und mit frischen Petersill garnirt, alsdenn zur Tafel servirt.

Des Poulets a la Cartouche.
Hühnlein *a la Cartouche.*

Thu die Hühnlein sauber dressiren, thu sie nachdem in einen Kastrol mit Wurzeln und Kräutern, ein Lorbeerblatt und ein paar Speckbarten, etwas ganzes Gewürz, ein Glas Schampagner Wein, etwas gute Bouillon, das Mark von einer Lemoni, deck sie gut zu, und laß sie kochen, bis sie lind sind, ist es Zeit zu serviren, thu die Sauce passiren, die Fetten wohl davon, mische ein Stücklein frischen Butter mit ein wenig feinem Mehl, thu die Hühnlein, den Butter und die Sauce zusammen, setz es auf das Feuer, und thu das Kastrol allezeit schütteln, als wie bey einem Fricassée, und servire zur Tafel.

Des Poulets a la Tartare.

Hühnlein *a la Tartare.*

Dieses müßen große Hühnlein seyn, thu sie dressiren, stecke die Füße ein, schneide sie in der Mitte voneinander, thu sie in einen Kastrol mit feinen Kräutern und frischen Butter, ein Lorbeerblatt, Pfeffer und Salz, und das Mark von einer Lemoni Blättleinweiß geschnitten, thu sie nach diesem auf dem Feuer passiren, wenn sie nun etwas kalt worden sind, thu sie mit fein geriebener Semmel banniren, und auf den Rost legen, und schön grilliren lassen. Die Sauce dazu: Nimm junge Senftblätter, schneide sie recht fein, thu nachdem ein klein wenig Zucker dazu, Pfeffer, Salz und Essig, mache eine kleine Sauce daraus, auch ein wenig Provenceröl, gieß die Sauce auf die Schüssel, lege die grillirten Hühnlein darauf, und servire sie zur Tafel.

Des Poulets a la Peluche.

Hühnlein mit klarer Petersillsauce.

Diese Hühnlein werden auf die nämliche Manier

nier gericht, als wie die a la Neubauer, die Sauce muß gut eingericht werden mit Kalbfleisch, Geflügel und Schunken, damit sie stark wird, sie wird gemacht, gleichwie die klaren Saucen schon beschrieben sind, mit grün blanchirten Petersill, die Sauce auf die Schüssel und die Häutlein schön darauf gelegt, aber wohl obacht geben, daß keine Fetten dabey ist, indem alle Tropfen bey einer solchen Sauce gesehen werden.

Des Poulets a l' estragon.

Hühnlein mit Bertram.

Diese Hühnlein werden auf die nämliche Manier gericht, wie auch die Sauce, nur der Unterschied ist, daß Bertram bey der Sauce seyn muß, wenn sie eingericht wird, damit sie stark davon wird, und muß hernach blanchirter Bertram bey der Sauce seyn anstatt Petersill.

Des Poulets au blanc.

Hühnlein mit weißer *Sauce.*

Thu die Hühnlein sauber dressiren, und nach diesem in einen Kastrol mit Wurzeln, ein wenig Salz daran, und soviel Wasser als die Hühnlein bedecket, laß sie sieden bis sie lind sind, nachdem thu in einen Kastrol ein Stücklein frischen Butter, laß ihn auf dem Feuer zergehen, thu einen Löffelvoll feines Mehl dazu, thu das Mehl hernach mit dieser Bouillon von den Hühnlein abrühren und ein wenig Essig, laß die Sauce verkochen, thu hernach die Hühnlein hinein, drücke den Saft von einer Lemoni dazu, wie auch die Schalen von ei-

ner

ner Lemoni fein abgeschält, und auch ganzer an die Hühnlein gethan, alsdenn stehen lassen, bis es Zeit ist zu serviren, laß sie nachmals aufkochen, thu die Lemoni davon, und koste sie, ob sie im Salz recht sind, nach diesem servire sie zur Tafel.

Des Poulets au Printems.

Hühnlein mit grüner *Sauce.*

Die Hühnlein werden sauber dressirt, nachdem ein wenig blanchirt, thu sie hernach in einen Kastrol mit frischen Butter, und einen ganzen Zwiebel, thu sie passiren, staube ein wenig schönes Mehl daran, und füll sie mit Bouillon auf, laß sie gäh einkochen, stoße nachdem einen rohen Spinad im Mörser, drücke den Saft aus und setz ihn auf das Feuer, laß ihn zu einem Dopfen werden, gieß ihn auf ein Haarsieb, daß das Wasser davon lauft, nach diesem thu zu dem Dopfen 3 Eyerdottern, und passire es miteinander durch das Haarsieb, ist es Zeit zu serviren, laß die Hühnlein aufkochen, legire sie mit dem grünen Dopfen, drücke den Saft von einer Lemoni dazu, und servire sie zur Tafel.

Des Poulets a la Cuillere.

Kleine Hühnlein mit Spargel.

Die Hühnlein werden auf die nämliche Manier gemacht, wie schon erkläret worden, thu nur etwas Spargel Gliedlang schneiden und blanchiren, thu ihn hernach zu den Hühnlein mit ein wenig geschnittenen Petersill, laß sie aufkochen, und thu

sie

sie legiren mit Eyerdotter, drücke den Saft von einer Lemoni dazu, und servire sie zur Tafel.

Des Poulets a la Madelaine.

Hühnlein mit kleinen Zwiebeln.

Diese Hühnlein werden auch gericht, wie vorher gemeldt, thu hernach kleine Zwiebel blanchiren, schön weiß putzen, und in eine Bräs einrichten, und lind sieden lassen, thu sie hernach aus der Bräs auf ein Haarsieb, rangire sie sauber in die Sauce von den Hühnlein mit ein wenig blanchirten Petersill, thu sie legiren mit Eyerdotter, drücke den Saft von einer Lemoni daran, und servire zur Tafel.

Die kleinen Stücklein werden auch auf die nämliche Façon zugericht, als wie die Hühnlein; die Tauben können auch auf diese Manier gerichtet werden; was die zahmen Enten betrifft, darf man nur nachsuchen, wie bey den Wildenten explicirt ist, auf diese Façon können auch die zahmen Enten gerichtet werden, und wenn sie marginirt sind, so kann man sie vor Wildenten serviren.

D'Oisons a la broche sauce Capucine.

Junge Enten mit Capucinersauce.

Die Enten werden dressirt wie zum Braten, nur daß die Füße aufgesteckt werden, und der Kopf abgeschnitten wird, hernach bey einem gähen Feuer schön braten lassen, daß sie croquant werden. Die Sauce dazu: Thu einen Kreen reiben, und etliche süße Mandelkerne fein stoßen, thu es zusammen mit einem Stück frischen Butter, und ein wenig feines Mehl, gieß einen süßen Rahm daran, soviel eine Sauce ausmacht, rühre es auf dem Feuer ab, bis es aufkochet, hernach thu diese Sauce durch ein Haartuch passiren, salze und pfeffere sie, richte sie an auf die Schüssel, lege die Enten darauf, und servire sie.

D'Oison sauce aux Concombres.

Junge Gänslein mit Cucumernsauce.

Die Gänslein werden auch am Spieß gebraten. Die Sauce dazu: Nimm frische Cucumern, thu sie schälen und in 4 Viertel schneiden, das innere hinweg, hernach schneide sie Würfelweiß oder länglicht, thu sie in Essig, Salz, Pfeffer und Zwiebel einmarginiren, nachdem thu sie im Schmalz ausbachen ohne Mehl, thu sie in einen kleinen Kastrol, gieb eine Coulis dazu und ein wenig Bertramessig, laß sie kochen bis sie lind sind, drücke nach diesem den Saft von einer halben Lemoni darein, gieb die Sauce auf die Schüssel, die Gänslein darauf, und servire sie zur Tafel.

D'oisons sauce ramollade.

Gänslein mit einer Ramoladsauce.

Die Gänslein werden auch am Spieß gebraten. Die Sauce dazu: Thu in einen Mörser Petersillkraut, Körbelkraut, Sauerampfer, Bertram, Basilicum und Thymian, ein wenig Brunnkreß, ein paar Scharlotten, einen Zwiebel, ein Lorbeerblatt, vier harte Eyerdotter, stoße dieses fein zusammen, thu nachmals dazu 3 Sardellen, ein wenig

nig Provenceröl, ein wenig Senft, Salz und Pfeffer, thu es hernach durch ein Haartuch passiren, rühre es mit Essig ab, gieb die Sauce auf die Schüssel und leg das Gänslein darauf, servire sie alsdenn zur Tafel.

D' Oisons a l' Italienne.

Gänslein auf Italiänisch.

Thu ein halb Pfund Macronen im Wasser mit Salz kochen, wenn sie lind sind gieß sie ab, nimm ein Stücklein gut gekochten Schunken, thu ihn fein schneiden, hernach thu ihn in einen Kastrol mit einem Stücklein frischen Butter, und laß ihn auf dem Feuer ein wenig passiren, thu die Macronen dazu, und auch wiederum passiren lassen, nach diesem thu einen gut geriebenen Parmesankäß und ein wenig Pfeffer und Salz dazu, wenn sie kalt sind, fülle sie in die Gänslein hinein, thu sie dressiren, und schön am Spieß braten, richte sie auf die Schüssel, und gieb ein wenig gute Jus oder Consommé darunter.

D'Esturgeon a la Neubauer.

Hausen mit einer Nußsauce.

Der Hausen wird einmarginirt mit Salz und Pfeffer, feine Kräuter und Provenceröl, etliche Lorbeerblätter, Lemoni, und mit ein wenig Essig begossen, hernach auf dem Rost gebraten. Die Sauce dazu: Nimm 30 welsche Nüsse, thu sie auslösen und blanchiren, wie die Mandeln, schäle sie ab, thu sie in einen Mörser mit 4 harten Eyerdottern und Sardellen, nachdem passire sie durch ein Haartuch, thu sie in ein Geschirr, rühre sie ab mit ein wenig Provenceröl, Pfeffer und Salz, ein wenig Champagner Wein und Bertramessig, richte den Hausen auf die Schüssel, und gieb die Sauce darüber.

Une de Saumon a la Neubauer.

Rheinsalm *a la Neubauer.*

Nimm ein Stück Rheinsalm, schneide Filee daraus, und thu sie einmarginiren in feine Kräuter und Provenceröl, nachdem nimm eine Kapaunenbrust, und schneide auch Filee daraus, daß sie in einer Größe sind, nach diesem thu einen Fasch auf die Schüssel, wo du zu serviren hast, aufstreichen, wickle die Filee zusammen, und belege die Schüssel ringsherum damit, ein weißes, ein rothes, in der Mitte muß ein Loch bleiben, bedecke es hernach mit Speck, und laß sie im Ofen fertig werden, nach diesem nimm Kalbsbrüs in kleine Filee geschnitten, ein wenig Triffel und etliche Maurachen, thu alles zusammen in einen Kastrol, passire es mit ein wenig frischen Butter, thu eine Coulis dazu und laß kochen, thu die Schüssel aus dem Ofen und die Fetten davon, drücke den Saft von einer Lemoni in die Sauce, und richte die Sauce in das Loch von der Schüssel, es ist eine schöne und gute Speise.

Un de Saumon en surprise.

Rheinsalm in Kapseln.

Mache einen Kasten von Papier, den Form von deiner Schüssel, bache ihn hernach im Schmalz

ein

ein wenig, den Rheinsalm thu einmarginiren mit feinen Kräutern und Oel, wie wir schon gemeldet haben, nach diesem thu einen feinen Fasch von Fleisch in den Kasten, bestreiche den Boden, und lege den Rheinsalm hinein, bedecke ihn mit Speckbarten, setze ihn in Ofen, und laß ihn kochen bis er fertig ist. Die Sauce dazu: Nimm eine Sardellen, ein wenig Kapern und ein wenig Bertram, ein wenig Lemonischalen, thu alles fein schneiden, und in einen Kastrol mit ein wenig Coulis und ein wenig Champagnerwein, laß die Sauce aufkochen, drücke den Saft von einer Lemoni hinein, und thu nachdem die Fetten gut von dem Rheinsalm hinweg, gieb die Sauce darüber, und servire es mit der Kapsel. Willst du einen Deckel dazu machen, so muß er auch von Papier seyn mit einer Façon und Zierrathen, mit Eyern bestreichen und mit Parmesankäß bestreuet, und im Ofen eine Farbe nehmen lassen, diesen kannst du darauf decken, so sieht es schöner aus, und macht mehrere Figur.

D'Anguilles a la Crosolié.

Aalfische mit drey Saucen.

Thu den Aalfisch in schöne und gleiche Stücke schneiden, hernach thu ihn einmarginiren mit feinen Kräutern, fein geschnittenen Salbey und Provenceröl, auch Lemoni, stecke ihn an einen kleinen Spieß, allezeit ein Lorbeerblatt dazwischen, und laß ihn schön braten, auf die Schüssel, wo du serviren willst, mache von Eyerdottern einen harten Teig, mache 3eckicht oder 4eckicht einen Reif, aber einen jeden abgetheilt, damit eine jede Sauce besonders ist, diesen aber nur in die Mitte, damit du den Aalfisch ringsherum legen kannst, laß den Reif im Ofen ein wenig anziehen, nachdem mache in eine Kapsel eine Ramoladsauce, in das andere eine Beterradsauce, in das 3te eine grüne Sauce, in das 4te eine Nußsauce, welche wir schon erkläret haben zu machen, legire hernach den Aalfisch schön herum, und garnire ihn mit ausgebachenem Petersill.

Une d'Anguilles a la Bataille.

Aalfische mit einer Oelsauce.

Der Aalfisch wird gericht, wie vorher gemeldt, und auch am Spieß gebraten, zu der Sauce hernach schneide feine Kräuter, etwas viel Scharlotten, mache ein Provenceröl heiß, thu die Scharlotten und Kräuter hinein, wie auch ein wenig Essig, und den Saft von einer Lemoni, ein wenig Pfeffer und Salz, laß aufkochen, und richte den Aal in die Schüssel, gieß die Sauce darüber, und garnire mit grün ausgebachenem Petersill.

LES GROSSES PIECES, POUR LE SECOND SERVICE.

Die großen Stücke für den zweyten Gang.

Un Patés froids a la françoise.

Eine kalte Pastete auf französisch.

Wenn die Pasteten von fetten Wildpret gemacht werden. Nachdem es sauber geputzt und flammirt ist, muß es dressirt werden, die Leber davon aufbehalten, schneide einen groben Speck, nachdem es die Qualität vom Geflügel erfordert, thu ihn mit feinen Kräutern und Gewürz mischen, thu hernach das Geflügel sauber damit durchspicken, thu es in einen Kastrol mit ein paar Lorbeerblätter, und einem Stücklein frischen Butter, auch einen ganzen Zwiebel, laß es auf dem Feuer passiren, thu ein Glas rothen Wein dazu, und laß es noch etwas dünsten, aber nicht zu viel, laß es hernach kalt werden, thu die Leber davon auf ein Brett, mit viel guten Speck, feinen Kräutern, Gewürz und Salz, ein paar Triffel, und wenn du es hast, etliche Champignon, schneide dieses recht fein, dressire nachdem deine Pastete von hartem Teig, thu nach diesem den Fasch von der Pastete auf den Boden, lege das Geflügel darauf, thu ganze Triffel dazwischen, gieß die Sauce vom Geflügel darein, bedeck es mit Speckbarten, welche aber ein wenig dick seyn müßen, mache hernach den Deckel darauf, bestreiche die Pasteten mit Eyern, und laß sie ein paar Stunden im Ofen bachen, sobald du sie aber aus dem Ofen nimmst, so gieß oben in das Luftloch ein wenig französischen Brandtwein hinein, thu das Loch mit Teig gut vermachen, daß kein Dunst heraus kann, und laß sie hernach kalt werden, wenn die Pastete ein oder zwey Täge kann aufbehalten werden, ehe du sie servirest, so ist sie um so viel besser, sie bekommt mehrern Geschmack, und auf solche Art werden alle französischen kalten Pasteten gemacht, es kann auch das Geflügel roher in die Pasteten geschlagen werden.

Les Patês froids a l'Allemande.

Kalte Pasteten auf deutsche Manier.

Von Wildgeflügel wird es auch zugericht, wie vorher gemeldt, zu dem Fasch aber nimm ein Stücklein mageres Kalbfleisch, schneide es klein in einen Kastrol, wie auch Speck, feine Kräuter und Scharlotten, thu es hernach auf dem Feuer ein wenig passiren, nachdem auf ein Brett, thu dazu vier Sardellen und ein wenig Kapern, ein wenig Lemonischalen und die Leber vom Geflügel roher, schneide alles fein zusammen, gieß nach diesem die Sauce vom Geflügel dazu, und drücke den Saft von einer Lemoni darein, thu es gut mischen, und mache hernach die Pastete von groben Teig oder von mürben. Der grobe Teig wird also gemacht: Nimm ein Stück Nierenfetten, thu sie schön weiß auslassen, nachdem in ein Wasser passiren, dieses laß aufsieden, nimm die Quantität Mehl, salz es, und mache mit diesem siedenden Wasser und Fetten

den

den Teig an, aber recht fest, hernach dressire deine Pasteten, was für einen Form du willst, thu auf den Boden Fasch, lege das Geflügel hinein, von dem Fasch dazwischen, bedecke sie nach diesem mit Speck, und mache die Pasteten aus, thu sie mit Papier umbinden, und laß sie zwey Stunden im Ofen stehen, wenn sie aber eine Stunde gestanden ist, so thu sie herausnehmen, und thu das Papier davon, bestreiche sie mit Eyern, sie bekommt eine schönere Farbe auf diese Art, thu sie wiederum in den Ofen und laß sie gut ausbachen. Willst du sie aber mit mürben Teig machen, so nimm Mehl, Butter, Eyerdotter, und ein wenig Salz, mache nach diesem den Teig mit sauren Rahm an, aber fest, damit sie hält und nicht zusammen fällt, du kannst sie auch dressiren oder schlagen, aber wohl obacht geben, daß sie kein Loch bekommt, sonsten gehet die beste Kraft weg, und sie muß gleich einen warmen Ofen haben, damit die Hitze den Teig gleich zusammen hält, du kannst ihr aber mit Papier helfen, daß sie nicht zu starke Farbe bekommt, auf solche Manier werden von allen Sorten Geflügel und Fleisch die Pasteten auf deutsch gemacht; es giebt aber Liebhaber, die es gern mit Sulz essen, so must du auf solche Manier dieselbe machen, thu ein mageres Stück Kalbfleisch in einen Kastrol mit einem Stück Schunken, ein paar ganze Zwiebel, Wurzeln und Kräuter, ein Lorbeerblatt, etwas ganzes Gewürz, setz es auf das Feuer und laß anziehen, blanchire etliche Kälberfüße, thu sie auch dazu, gieß eine halbe Bouteille weißen Wein daran, einen Löffelvoll gute Bouillon und etwas Jus, damit sie eine schöne Farbe bekommt, laß es hernach einsieden, daß dir so viel bleibt, als du vonnöthen hast, thu sie sauber abschöpfen und durch ein Haartuch passiren, wenn sie kalt ist schlage vier Eyerklar in einen Kastrol, rühre es mit dieser Sulz ab, thu hinein ein wenig Bertramessig, eine Lemonischalen, und thu sie salzen, wie sichs gehört, setz sie auf das Feuer und laß sieden, aber nur von vornen, bis sich die Sulz bricht, schütte sie hernach auf die Serviette, und laß sie durchlaufen, wenn die Sulz stehet und die Pastete kalt ist, so mache sie auf, den Speck davon gethan, und die Sulz darüber gegeben, alsdenn die Pastete nach Belieben servirt. Wenn du aber eine Schunkenpastete machen willst, must du den Schunken einen Tag im Wasser weich werden lassen, nach diesem die Haut davon thun und die Beiner auslösen lassen, sodenn im Wein mit Kräutern und Wurzeln einweichen, und auch einen Tag stehen lassen, hernach thu ihn dünsten, wie schon bey den andern gemeldet worden ist, und mache ihn auf die nämliche Manier in die Pastete, gleichwie die andern mit oder ohne Sulz, er muß aber eine Stunde länger im Ofen stehen bleiben, gleichwie auch ein großes Indian.

Une Aspique.

Eine Rummelsulz.

Thu in einen Kastrol ein Stück Rindfleisch und ein Stück mageres Kalbfleisch, eine alte Henne, ein Stück Schunken, etliche ganze Zwiebel, Wurzel und Kräuter, ein Lorbeerblatt, ganz Gewürz, und auch ein Bertramkraut, setz es hernach auf eine Glut und laß dünsten, gieß eine Bouteille

Wein

Wein daran, ein oder zwey Löffelvoll Bouillon und etwas Jus, thu auch dazu 6 oder 8 Kälberfüße, daß die Sulz stark wird, laß etwas einkochen bis alles recht lind ist, thu sie nachdem abschöpfen und kalt werden lassen, rühre sie mit Eyerklar ab, thu einen Bertramessig dazu, eine Lemonischalen, und thu sie klar machen, wie schon gemeldet ist, nachmals gieß sie in ein Geschirr, welches die Größe von der Schüssel hat, und laß sie stehen, nach diesem thu in der Rundung ein Loch schneiden, und nimm die Sulz mit einem Löffel heraus schön gleich, nachdem kannst du sie mit Schweinsfüßen garniren, oder auch mit einem Spanferkel, welches in einem guten Margenad muß gesotten werden, der aber weiß ist, fast wie Bräs, nimm zum Garniren Lemoni und Pomeranzen, Oliven, geräucherte Ochsenzungen, welche gesotten seyn muß, du must es schön schattiren nach deinem Gedanken, hernach laß die ausgestochene Sulz ein wenig zerschleichen, und gieß sie wiederum in das Geschirr, laß in dem Keller oder auf dem Eis recht stark stehen, willst du sie serviren, breche eine Serviette auf die Schüssel, mache die Sulz in einem warmen Wasser ein klein wenig warm, und stürz sie geschwind auf die Schüssel um, sodenn servire sie zur Tafel. Auf solche Manier kannst du auch alle Sorten Fische machen, als wie ein Rheinsalm, eine Forelle, eine Hechtgrundel, Aalraupen, Schwarzreuter, was du hast und nach Gusto ist, die Sulz wird allezeit auf die nämliche Manier gemacht, nur daß die Fische in einem recht guten und starken Sud gesotten werden müßen, daß sie guten Gusto bekommen.

Une Bise d'Ecrevisses.

Große Krebse auf einer Schüssel.

Das müßen schöne und große Krebse seyn, diese werden auf eine große Schüssel servirt, diese Krebse thu in einen Kastrol, thu dazu Zwiebel und Kräuter, ein paar Lorbeerblätter, etwas braunes Bier und Essig, etwas Wasser, Salz und ganzen Pfeffer, laß sie sieden, nachdem schneide die Füße davon, lege sie umgekehrter auf eine andere Schüssel schön rangirt, breche eine Serviette auf die Schüssel, wo du zu serviren hast, lege sie hernach auf die Krebse, und stürze die Schüssel um, garnire sie mit Petersill, und servire sie zur Tafel.

Une Cuisse de Veau a la Daube.

Einen Kalbsschlegel mit Sulz.

Thu den Schlegel sauber putzen, und hernach mit dem Nudelwalger klopfen, schneide groben Speck und Schunken, mische den Speck und Schunken mit feinen Kräutern und Gewürz, und durchspicke nachdem den Schlegel damit, thu ihn in einen Kastrol einrichten, den Speck auf den Boden, nachdem den Schlegel darauf, auf den Schlegel schneide das Mark von einer Lemoni Blättleinweiß, bedecke den Schlegel mit Speck, thu dazu Wurzeln und Kräuter, ein paar Zwiebel, ein Lorbeerblatt, und, wenn du sie hast, Beiner von Geflügel, etwas ganzes Gewürz, etliche blanchirte Kälberfüße, eine Bouteille guten weißen Wein, hernach setz ihn auf eine Glut, und laß ihn stät sieden bis er lind ist, setz ihn mit sammt

dem

dem Sud zurück, und laß ihn etwas auskühlen, nimm den Schlegel heraus auf ein sauberes Geschirr, thu die Sulz abschöpfen, thu ein wenig Bertramessig dazu, und Salz, wenn es fehlen sollte, nach diesem thu die Sauce klar machen, wie schon gemeldet ist, den Schlegel thust du auf einer gebrochenen Serviette bedienen, lege den Schlegel darauf, und oben auf den Schlegel thu die Sulz, auf solche Manier werden alle Sorten Fleisch, was man will, a la Daube, wie auch Geflügel zurecht gemacht, nur wenn es klein ist, so kann es eingericht werden in ein Geschirr, und hernach mit sammt der Sulz umgestürzt, weil nicht viel Fetten bey kleinen Stücken bleiben.

Un Cochon de lait en Rolad.

Ein Rolad von Spanferkeln.

Das Spanferkel wird ausgelöst, nachdem auf eine saubere Serviette gelegt, die Haut auf das Serviette, hernach thu einen Kalbsfasch darauf so breit es ist, fange an zu garniren, eine Leg geselchte Zungen, eine Leg harte Eyerdotter, eine Leg Pistazi, eine Leg das Weiße von den Eyern, eine Leg Triffel, eine Leg Krebsschweif; dieses belege ganz aus, nachdem thu es zusammenwickeln, und in das Serviette recht fest einwickeln, bind es mit Bindfaden, und richte es ein auf die Façon, als wie den Kalbsschlegel a la Daube, die Sulz mache auch auf die nämliche Manier, wenn es hernach gekocht ist, thu es heraus und mit kleinen Brettern fest zusammen binden, laß es kalt werden, nachmals kannst du es ganzer serviren oder

auch

auch in Schnitz, und die Sulz darüber geben, wird es aber ganz servirt, so gieß die Sulz in kleine Form, und thu sie nach diesem umstürzen und herum garniren, auf solche Art kann man auch eine Rolad von Kalbfleisch machen, welches der Flanken seyn muß, wie auch Rindfleisch, welches Bauchfleisch seyn muß.

Un Jambon froid ordinaire.

Einen ordinari kalten Schunken.

Diesen Schunken thu 24 Stunden einwässern, haue das hintere Bein weg, und thu ihn in ein Geschirr mit Wein und Wasser, etliche Zwiebel, etliche Lorbeerblätter und etwas Kräuter, ganz Gewürz, setz ihn zum Feuer und laß ihn stät sieden, bis er lind wird, thu ihn heraus und leg ihn auf die Haut, laß ihn kalt werden, thu ihn hernach sauber putzen, die Haut abziehen, und mit ein wenig fein geriebener Semmelrinden und Petersill oben bestreuen, und auf einer Serviette zur Tafel serviren.

Un Jambon a la Champenoise.

Einen Schunken im Ofen.

Der Schunken muß 24 Stunden im Wasser liegen und auswässern, thu ihn hernach sauber putzen, die Haut unten und oben wegnehmen, thu ihn in ein Geschirr mit einem Deckel, wo der Schunken hineingeht, lege Speck auf den Boden und den Schunken darauf, thu Kalbfleisch herum legen um den Schunken, bedecke ihn nachdem mit Speck, thu Zwiebel und Wurzeln dazu, Kräuter

und

und ein paar Lorbeerblätter, etwas ganzes Gewürz, etliche Körner Coriander, eine Bouteille Schampagner Wein, deck ihn hernach zu, und mache von einem groben Teich herum einen Reif, damit der Dunst nicht heraus geht, und stell ihn in den Ofen, laß ihn 3 Stunden stät kochen, thu ihn nach diesem aus dem Ofen, und laß ihn kalt werden, ehe du ihn aufmachst, hernach, wenn du ihn serviren willst, so thu nur die Kräuter auf die Seite, den Speck laß drauf, und lege ihn auf das Serviette wie er ist, nur das Bein kann geputzt werden, und eine Manschette von Papier daran gemacht, und zur Tafel servirt.

Un Jambon a la Bourguignotte.
Einen Schunken in der Bräs.

Von dem Schunken wird gleich alle Haut geschnitten, oben und unten sauber geputzt, thu ihn hernach in ein Geschirr, schneide daran von allerhand Wurzeln, Scharlotten und Zwiebeln klein, dazu thu auch geschnittene Kräuter, etwas Knoblauch, gieß eine gute Milch darüber, und laß ihn 24 Stunden also zugedeckter stehen, nachdem thu die Milch davon, und gieß eine übrig gebliebene Bräs daran, absonderlich eine solche, wo ein Geflügel gewesen ist, gieß auch eine Bouteille Burgunder Wein daran, deck ihn zu, stell ihn auf eine Glut und laß ihn stät kochen, bis er lind wird, setz ihn nach diesem vom Feuer, und laß ihn stehen bis er kalt wird, nachdem thu ihn serviren, wie andere Schunken, zum Abwechseln kannst du ihn mit Fetten oder Butter überziehen und schön garniren.

Un Gateau de Lièvre.

Einen *Gateau* von Hasen.

Nimm 2 Hasen, thu sie schön abhäuteln, und das Fleisch alles herunter nehmen auf ein Schneidbrett, thu dazu feine Kräuter, einen fein geschnittenen Zwiebel und etliche Scharlotten, thu auch von einem Kalbsschlegel oder Schafschlegel noch etwas Fleisch dazu nehmen, thu alles zusammen recht fein schneiden, nimm hernach 2 Pfund Speck, diesen thu schön gewürfelt schneiden, thu ihn zu dem Fleisch mit ein wenig fein geschnittenen Lemonischalen, Gewürz und Salz, etwas Knoblauch, mische alles fein zusammen mit 2 Glas rothen Wein, nachdem nimm einen Kastrol, welches die Größe dazu hat, thu es mit frischen Butter bestreichen, und hernach mit Speck belegen, thu nach diesem den Fasch hinein, bedeck es mit Speck, setz es im Ofen, und laß 3 Stunden kochen, wenn du ihn aus dem Ofen nimmst, so thu die Fetten davon, und gieß ein kleines Gläslein französischen Brandtwein also warmer darüber, deck ihn gut zu und laß ihn kalt werden, willst du ihn serviren, stürz ihn auf eine Serviette um, und servire ihn zur Tafel. Du kannst ihn auch mit Schweinsfetten glasiren.

Un Gateau de Chapon.

Einen *Gateau* von Kapaunen.

Nimm 2 Kapaunen, nachdem sie recht sauber flammirt und geputzt sind, und löse ihm die Haut schön ab, ohne sie zu zerreißen, nimm hernach das

Fleisch

Fleisch alles ab auf ein Brett, nimm dazu ein schönes weisses Fricando von Kalbfleisch, schneide dieses Fleisch recht fein, nimm nachdem ein Pfund Speck, und thu ihn schön gewürfelt schneiden und thu ihn zu dem Fleisch, ein wenig feine Kräuter und Scharlotten, ein wenig Petersill, Gewürz und Salz, auch ein Glas Schampagner Wein, thu es wohl mischen, nimm hernach einen Kastrol, welches recht dazu ist, bestreiche es mit frischen Butter, beleg es mit Speck, nachdem auf den Boden das Mark von einer Lemoni Blättleinweiß geschnitten, thu die Haut von dem Kapaun hinein und nachdem den Fasch, biege die Haut um, daß sie beysammen bleibt, bedeck es mit Speck und setz im Ofen anderthalb Stunden, wenn es aus dem Ofen kommt, thu die Fetten davon giessen, aber im Kastrol lassen bis es kalt wird, willst du es serviren, stürz es um, thu den Speck davon, wie auch die Lemoni, und thu es serviren. Man kann auch zu dem Fasch Pistazi und frische Triffel nehmen, auch Schambinion gewürfelt geschnitten.

Une Hure de Sanglier boulie.

Einen Schweinskopf zu richten.

Von dem Kopf muß das Genick hinten ausgelöst werden, hernach thu mit einem Kuchenlöffel das Hirn heraus nehmen, wenn es nicht gern gehen will, schütte ein wenig Wasser hinein in das Hirn und rühre mit dem Stiel vom Löffel recht herum, so wird das Hirn lauter und gehet heraus, löse auch vornen die Rüssel Handbreit auf, unten aber nur 3 Finger lang, in der Mitte auf der Schalen thu einen Schnitt mit dem Messer hinein, hernach thu ihn in ein Geschirr mit Salz und Cronabethbeer, und laß den Kopf ein paar Täge im Salz stehen, nachdem thu ihn in ein langes Geschirr, thu dazu Wurzeln und Kräuter, Zwiebel, ein paar Lorbeerblätter, ganz Gewürz, 2 Bouteillen ordinairen Wein, eine Bouteille Essig und etwas Wasser, auch eine alte Brás, oder auch ein Pfund Nierenfetten klein geschnitten, laß ihn nach diesem stät sieden, bis er lind ist, setz ihn nachmals vom Feuer, und laß ihn kalt werden, wenn du ihn servirest mache eine Sauce extra mit feinen Kräutern und Scharlotten, ein klein wenig Cronawethbeer, eine Messerspitz Zucker, ein wenig Essig und Provenceröl, gieb sie in einer Saucière, wenn der Kopf von der Tafel zurück kommt, thu ihn wiederum in seinen Sud hinein, und stell ihn in ein frisches Ort, auf solche Art kann er lang aufbehalten werden, es muß aber das Geschirr wohl verzinnt seyn, kannst du ein irrdenes Geschirr haben, ist es um desto besser.

D'une autre Maniere.

Auf eine andere Manier.

Thu den Kopf auslösen, und richte ihn mit Salz und Cronawethbeer ein, laß ihn sodann stehen, wie schon vorher gemeldet worden, nimm nach diesem ein Stück von Wildschweinschlegel oder von Rindfleisch, dieses thu mit groben Speck und Schunken durchspicken, mische aber feine Kräuter und Gewürz darunter, und leg es auch zu dem Kopf,

Kopf, nachdem nimm das Stück Fleisch und thu es in den Kopf hinein anstatt den Bein, nähe es mit der Dressirnadel fest zusammen, und binde es wieder mit Bindfaden zusammen, und gieb den Form wie den Kopf vorher, nachmals richte den Kopf ein, und siede ihn wie vorher gemeldt; man kann ihn auch noch auf eine andere Manier machen, thu den Kopf auslösen, und mache hernach von Schweinwildpret, Rindfleisch oder Schaffleisch kann man auch nehmen nach Gedünken, daß du meynest den Kopf auszufüllen, thu es auf ein Brett mit feinen Kräutern, Scharlotten und einem Zwiebel, auch ein wenig Rockenbol, schneide es recht fein, nimm nachdem eine geräucherte Zunge, thu sie ein wenig sieden, daß du die Haut davon nehmen kannst, schneide die Zunge hernach in kleine viereckichte Stücklein, wie auch etwas rohen Schunken, ein Stück Speck, mische dieses alles in den Fasch hinein, thu Salz und Gewürz dazu, faschire ihn nachmals in den Kopf, nähe ihn mit der Dressirnadel zu, verbinde ihn wohl mit Bindfaden, thu ihn hernach einrichten und kochen, gleichwie schon bey den vorhergehenden gemeldet ist, die Sauce kannst du auch extra dazu geben.

Un Boudin a l'Angloise au four.

Einen englischen *Boudin* im Ofen.

Nimm 3 oder 4 Semmel, nachdem du ihn groß machen willst, schneide von diesen Semmeln die Rinden davon, die Schmollen thu klein schneiden in einen Kastrol, gieß Milch darüber und laß es etwas weich werden, hernach setz es auf das Feuer und laß es kochen, du must es aber mit dem Löffel recht rühren, setz es nachdem vom Feuer und laß kalt werden, thu ein Stück frischen Butter dazu, etwas klein geschnittenes Ochsenmark, und thu es untereinander rühren, nachdem fange an die Eyer abzurühren eines nach dem andern, nimm 8 ganze und 8 Dotter, wenn die Eyer eingerührt sind, thu dazu kleine und große Weinbeere, ein Stück klein geschnittenen Citronad, etwas Zimmet, ein paar Lemoni auf dem Zucker abgerieben und etwas Pistazi, etwar Zucker aber nicht gar zu süß, bestreiche hernach einen Kastrol mit frischen Butter, und bestreue es nachdem mit fein geriebener Semmel, gieß die Masse hinein, und laß es eine halbe Stunde stät im Ofen bachen, wenn du ihn servirest, stürze ihn auf die Schüssel, streue ein wenig Zucker darauf, und servire zur Tafel.

D'une autre Maniere.

Auf eine andere Manier.

Nimm die Semmel, nachdem die Rinde davon geschnitten ist, weiche sie in Milch, wenn sie eine Stunde geweicht hat, thu sie ausdrücken und thu sie in ein Geschirr, thu ein Stücklein frischen Butter dazu und etwas Ochsenmark klein geschnitten, ein Stück Citronad auch klein geschnitten, etwas Pistazi, klein und große Weinbeer, etwas gestoßenen Zimmet, ein paar Lemoni abgerieben auf dem Zucker, rühre alles wohl ab, schlage hernach 16 Eyer daran, eines nach dem andern, 8 ganze und 8 Dotter, es muß aber beständig gerührt werden, thu nach diesem etwas Zucker dazu und eine halbe

Maaß

Maaß recht guten süßen Rahm, rühre es, bestreiche hernach den Kastrol, die Größe, die du vonnöthen hast mit frischen Butter, und belege es hernach mit feinen Speckbarten, daß man nichts vom Kastrol sehen muß, gieß die Masse hinein, setz es in den Ofen und laß 2 Stunden bachen, ist es Zeit zu serviren, thu es heraus, stürz es um auf die Schüssel aber ganz stät, damit er nicht zerfällt, streue einen frischen Zucker darauf, und servire zur Tafel.

Un au Ris.

Einen von Reis.

Nimm Reis, soviel du glaubst vonnöthen zu haben, thu ihn sauber klauben, hernach laß in einen Kastrol Milch sieden, thu den Reis hinein, und setz ihn auf eine kleine Glut, laß ihn stät kochen bis er recht dick und lind ist, laß ihn hernach kalt werden, nachdem thu alles dazu, wie bey den vorhergehenden, und mache ihn auf die nämliche Manier, wie auch eben so serviren.

Un aux Ecrevisses.

Einen von Krebsen.

Man nimmt eine Quantität Krebse, diese abgesotten, die Schweife ausgelöst, und von den Schalen einen Krebsbutter gemacht, thu das Brod einweichen, du kannst es kochen, wie bey den ersten Boudin gemeldet worden, oder auch auf die zweyte Manier machen, nur ist zu beobachten, daß nichts anders hinein kommt, als die Krebsschweife klein geschnitten und nicht so gar süß gemacht,

macht, und anstatt den weißen Butter wird der Krebsbutter genommen, und auch auf die nämliche Manier gemacht und gekocht, wie die andern Boudins.

Un Boudin sauce de Vin de Champagne.

Einen gesottenen *Boudin* mit Schampagner Wein.

Bey dieser gesottenen Boudin wird die Sauce gemacht wie bey denen, die im Ofen gebachen werden, nur nimmst du eine saubere Serviette, dieses bestreiche mit Butter, thu es hernach in einen Kastrol, gieß die Sauce hinein, und bind es gut zu, thu es hernach in einen Kastrol, wo das Wasser schon sieden muß, thu etliche Lorbeerblätter in das Wasser und laß 2 Stunden sieden, er muß aber zu Zeiten umgewendet werden, ist es Zeit zu serviren, nimm ihn aus dem Wasser, und thu ihn in einen Seiger, mache das Serviette ringsherum auf, und stürz ihn um auf die Schüssel, und gieß die Sauce darüber, zu der Sauce nimm ein Stück frischen Butter in einen Kastrol, 4 Eyerdotter, ein klein wenig feines Mehl, rühre es ab, thu dazu ein Stücklein Zimmet, eine Lemonischalen und ein Stücklein Zucker, gieß daran 2 Glas Schampagner Wein, und rühre die Sauce auf dem Feuer ab, aber laß nicht kochen, wenn sie anfangen will zu kochen, thu sie vom Feuer weg und servire sie, es wird auch nur eine weiße Sauce gemacht, thu ein Stück frischen Butter in einen Kastrol mit ein klein wenig feinem Mehl, 4 Eyerdotter, die Schalen von einer Lemoni, ein wenig Salz, und

ein

und ein Glas frisches Wasser, rühre hernach die Sauce auf dem Feuer ab, und thu sie über den Boudin serviren, es kommt auf den Gusto an, man kann auch die Weinsauce von einem andern Wein machen, es muß just kein Schampagner seyn.

Un flan au four aux Citrons.

Ein Abgetriebenes von Lemoni.

Nimm 2 Semmel, schneide die Rinden davon, die Schmollen aber klein in einen Kastrol, gieße Milch darüber, bis es bedeckt ist, laß es zwey Stunden weichen, hernach setz es auf das Feuer, welches nicht zu stark ist, laß es warm werden, thu hernach einen starken Löffelvoll Mehl hinein, ein klein wenig frischen Butter, rühre es hernach auf dem Feuer recht stark ab, daß es wie ein Brandteig wird, schlägle hernach 4 ganze Eyer ab, und gieß sie darauf, du must es aber allezeit rühren, setz es wieder auf das Feuer, und laß wiederum dick werden, nach diesem setz es vom Feuer und laß kalt werden, reibe von 4 Lemoni die Schalen daran, ein wenig gestoßenen Zimmet, ein halb Pfund frischen Butter, rühre es wohl ab, und fange hernach an 8 Eyer eines nach dem andern ganzer daran zu schlagen, wie hernach 8 Dotter, und wohl abgerührt, thu dazu ein Achtels Pfund Zucker gestoßen, mache nach diesem von gebrühten harten Teig einen Reif auf ein blechernes oder silbernes Schüsselein, wo du es serviren willst, 3 Finger hoch, gieß hernach diese Sauce hinein, mache es mit dem Messer eben, bestreiche es oben

 mit

mit Zucker, mache einen Reif von Papier außen herum, oder auch von Blech, setz es in einen Bachofen, welcher nicht zu heiß ist, und laß es stät anderthalb Stunden sieden, hernach thu es heraus, thu das Papier oder den Blechreif davon, und servire es zur Tafel, ist es eine Blechschüssel, so muß es darauf bleiben, und mit sammt der Schüssel servirt werden, von Pomeranzen wird es auf die nämliche Manier gemacht, von der Pomeranzenblüth, welche vom Zuckerbacher eingemacht wird, oder trocken, wird auch auf diese nämliche Manier gemacht, gleichwie auch vom Citronat, dieser wird fein geschnitten und hineingethan, oben mit etwas Citronat garnirt, die du wie eine Rose machen kannst, oder auch nach dem Gusto von Caprico, oder Maulbeer läßt sich auch auf diese Manier machen.

Un d'Ecrevisses.

Eins von Krebsen.

Da wird nur ein Krebsbutter gemacht, und anstatt den weißen Butter, der Krebsbutter genommen, und die Krebsschweife klein geschnitten und hineingethan, und nicht gar zu süß machen, kannst auch zu diesen ein wenig Ochsenmark hineinschneiden, und wie die andern bachen.

Un d'Articbauts.

Eins von Artischocken.

Thu die Artischocken absieden im Wasser und Salz bis sie lind sind, nimm hernach die Blätter weg, die schönsten davon thu aufbehalten zum Gar-

Garniren, die Böden schneide klein viereckicht, nachdem du es abrühren willst, wie die andern gemacht werden, thu einen Spinaddopfen hinein, daß es schön grün wird, und mach es wie die andern, auf die letzte thu die Artischocken dazu, und sonst keinen andern Gusto als Zucker, aber nicht so gar süß, füll es in die Reif, mach es gleich, und um den Reif herum stecke die Artischockenblätter, nur die Hälfte vom Blatt eingesteckt, es ist zum Garniren und zu sehen, von was es ist, du kannst auch das nämliche von Spinaddopfen machen und Pistazi, die Pistazi fein hinein geschnitten oder gestoßen nach deinem Belieben, und thu sie nachdem auf die nämliche Manier bachen.

Un Gateau aux Cerisses griottes.

Einen Weichselkuchen.

Nimm schöne Weichsel, die Quantität, die du machen willst, thu die Stiel davon brocken, reibe Semmel fein, was die Hälfte von den Weichseln ausmacht, thu nachdem in einen Kastrol ein Stück frischen Butter, thu ihn abtreiben mit der Hälfte ganzen Eyern und der Hälfte Eyerdotter, thu dazu gestoßenen Zimmet, gebachene bittere Mandellaiblein, die fein gemacht, wie auch etliche süße Mandellaiblein, eine Handvoll Biscotten, ein Stücklein Citronat, und etwas eingemachten Weichselzucker, soviel es vonnöthen hat, auch von einer oder zwey Lemoni das Abgeriebene, hernach thu die abgeriebene Semmel hinein, nach diesem die Weichsel, rühre es untereinander, bestreiche einen Kastrol, welcher die Größe hat, mit frischen

Butter, bestreue es dick mit geriebener Semmel, thu die Sauce von den Weichseln hinein, und laß es zwey Stunden im Ofen bachen, thu es nachmals heraus, hat es ein wenig Fetten in der Höhe, so gieß sie ab, aber keine Weichsel-Jus, und laß sie hernach im Kastrol kalt werden, nachdem thu es umstürzen, du kannst es ganz serviren, oder auch in Stücken schneiden, dieses ist nur, wie du es zu serviren hast, gehet es gegen einen andern großen Stück, so laß du es im ganzen auf einer Serviette.

Un Gateau a la broche.

Einen Brügelkrapfen.

Erstens must du einen Brügel haben, welcher gemacht ist an einem hölzernen Spieß, der Brügel muß seyn wie eine Pyramide in der Rundung, aber vornen schmal und allezeit etwas dicker, daß man ihn stellen kann, die Länge von einem großen Bogen Papier in der Dicke, unten in der Weite gleich das innere von einem Teller, diesen Brügel thu mit Papier umwickeln und mit Bindfaden fest binden, wäge ein Pfund frischen Butter, ein Pfund feines Mehl, ein halb Pfund Zucker, dieser muß fein gestoßen seyn, thu ihn in eine Schüssel, reibe 2 Lemoni auf dem Zucker ab, thu auch dazu eine süße Pomeranze, rühre hernach den Zucker mit 16 Eyerdottern ab, eines nach dem andern, das Weiße vom Ey thu in ein sauberes Geschirr zum Schneeschlagen, den Butter stelle auf ein wenig Glut und laß ihn zergehen, wenn nun der Zucker mit den Eyern eine halbe Stunde wohl abgerührt ist, so thu das Mehl hinein, und gieß ein halb Maaß guten süßen Rahm dazu, und den zerlassenen Butter, rühre es ab, thu dazu ein wenig gestoßenen Zimmet, nachdem den Schnee von Eyerklar, rühre es untereinander, hernach aber muß es nicht mehr zu stark gerühret werden, lege den Spieß an ein kleines Feuer und laß ihn wohl warm werden, nachdem fange an mit einem Löffel von dieser Masse aufzugießen, bis der Brügel gleich begossen ist, laß ihn hernach schöne gleiche gelbe Farbe bekommen, nachdem must du wiederum begießen bis es wieder Farbe hat, und dieses so oft, bis die Masse gar ist, hernach wenn er schöne gleiche gelbe Farbe hat, thu ihn vom Feuer, richte ein Tischtuch auf den Tisch, gieb mit dem Spieß an die Mauer einen kleinen Stoß, so macht er sie los, ziehe ihn, wo die schmale Seite ist, vom Spieß auf das Tischtuch, stell ihn aber gleich in die Höhe, nimm ganz stät den Bindfaden und das Papier heraus, stell ihn in ein trockenes Ort und laß ihn kalt werden, so wird er croquant und trocken bleiben, wenn du ihn servirest, so thu ihn auf eine Serviette legen oder aufstellen, thust du ihn stellen, so must du ihn herum garniren, du kannst auch auf eine große Schüssel ein Stück daraus machen, weil er den Form hat von einem Stück, die Lafeten werden von Croquant gemacht, du kannst ihn abschneiden und ein Castell formiren, auch einen Thurm, ist er auf der Tafel gewesen und etwas übergeblieben, so kannst du noch etwas dazu machen von Mandeln, und einen Berg daraus machen, es ist eine gute und schöne Bacherey.

Un Gateau de Compiegne.

Einen Gateau von Brandteig.]

Thu die Milch in einen Kastrol, laß sie sieden, thu hernach eine Lemonischale hinein, und ein kleines Stücklein Butter, thu feines Mehl hinein, und thu es gut abdrücken, wie es einem Brandteig gehört, lege nach diesem Eyer in ein warmes Wasser, daß sie laulicht werden, rühre hernach eines nach dem andern hinein, die Hälfte ganzer und die Hälfte Dotter, thu hernach die Lemonischalen davon, thu ein wenig Zucker dazu, wie auch ein wenig Salz, bestreiche einen Kastrol mit frischen Butter die Größe, so du vonnöthen hast, thu den Teig hinein, und laß im Bachofen ganz stät bachen, daß es schön in die Höhe gehet, und eine schöne Krusten bekommt, hernach thu es heraus und schneide von oben, wie es gestanden, den Deckel ab, nimm die Schmollen heraus, so gut es seyn kann, wenn du es serviren willst, bestreiche ihn mit Eingemachten innen herum, und stürz ihn auf den Deckel und servire ihn, du kannst ihn auch glasiren zu einer Abwechslung.

Un Gateau a la Madelaine.

Einen Gateau von Carmehl.

Mache einen Boden von mürben oder Croquantteig, nach der Größe deiner Schüssel, nachdem er schön gebachen ist, bestreiche den Boden mit Eingemachten, nimm hernach einen Kastrol, welches die Größe von dem Boden hat, laß es außen sauber putzen, hernach bestreiche es mit süßen Man-

del-

delöl, koche ein Stück Zucker zu Carmehl, nimm hernach ein kleines Veßel, tunk es in den Carmehl ein, und thu hernach das Kastrol damit bespinnen, nicht zu dünn, damit er nicht bricht, wenn er kalt ist zieh ihn von dem Kastrol ab, und stell ihn auf den Boden von dem Croquant, und thu ihn zur Tafel serviren.

Un Gateau a l'Allemande.

Einen Gateau auf deutsch.

Thu ein halb Pfund Butter in eine irrdene Schüssel, thu ihn wohl abrühren mit 5 ganzen Eyern und 6 Dottern, thu hernach ein Pfund feines Mehl dazu, ein wenig Hopfen und ein wenig Salz, rühre es ab mit ein wenig laulicht süßen Rahm nicht gar zu dünn, bestreiche einen Kastrol mit Butter, und thu den Teig hinein, stell es an ein warmes Ort und laß gehen, nachdem thu es im Ofen und laß schön bachen, thu es hernach aus dem Ofen, schneide von oben den Deckel ab, nimm die Schmollen heraus, wenn du es serviren willst, bestreiche ihn innen mit Eingemachten und stell ihn auf den Deckel, servire ihn zur Tafel, oben mit ein wenig feinem Zucker bestreut.

Un Gateau de savoie.

Einen Gateau von Biscuit.

Wäge 15 Eyer schwer Zucker, 11 Eyer schwer feines Mehl, schlage die 15 Eyerklar in eine Schüssel, wo du den Schnee schlagen kannst, die Dottern thu in ein sauberes Geschirr, zu diesen Dottern thu noch 8 dazu und das Weiße davon weg, her-

hernach schlage die 15 Eyerklar zu Schnee recht stark, thu die 23 Dottern dazu, und thu es wiederum gut schlagen, nach diesem den Zucker, und wiederum recht schlagen, nachmals nur stät hinein gerührt, gieb dem Teig einen Gusto von Lemoni oder Pomeranzenblüth, bestreiche einen Kastrol mit Butter, bestreue es hernach mit fein geriebener Semmel, gieß den Teig hinein, und laß ihn im Ofen stät bachen, wenn du wissen willst, ob er gebachen ist, so steche mit dem Messer in die Mitte hinein, ziehe es aus, ist das Messer trocken, so ist es ein Zeichen, daß er gebachen ist, bleibet etwas an dem Messer, so ist es noch nicht gebachen.

Un Gateau d'Amandes.

Einen Gateau von Mandeln.

Nimm anderthalb Pfund Mandeln, thu sie blanchiren und sauber abziehen, hernach mit Eyerklar fein stoßen, thu sie in eine Schüssel, reibe 2 Lemoni auf dem Zucker ab, thu dazu ein wenig feinen Zimmet, ein Stücklein Citronat fein geschnitten, 1 Pfund feinen Zucker dazu, thu es hernach wohl untereinander rühren, rühre daran 18 Eyerdotter und dieses eine Stunde lang, schlage einen Schnee von 8 Eyerklar, rühre den Schnee hernach hinein, bestreiche einen Kastrol mit Butter, bestreue es mit ein wenig fein geriebener Semmel, gieß den Teig hinein und thu ihn stät bachen lassen, du kannst ihn glatt serviren, oder auch nach Belieben glasiren.

Un Gateau aux Pistaches.

Einen Gateau von Pistazi.

Nimm ein halb Pfund Pistazi und ein Pfund Mandeln, thu sie blanchiren, hernach recht fein stoßen mit Eyerklar, thu sie in eine Schüssel mit drey viertel Pfund Zucker, und ein Stück Citronat fein geschnitten, thu auch dazu etwas Spinaddopfen, daß es schön grün wird, mit diesen thut man sparen, und wird so gut, als wenn es von purem Pistazi wäre, thu ihn hernach abrühren, und auf die nämliche Manier bachen, als wie die Mandeltorten.

Un Gateau de pain bis.

Einen Gateau von schwarzem Brod.

Thu ein schwarzes Hausbrod im Ofen recht trocken werden lassen, hernach fein stoßen und durch ein Sieb passiren, wäge ein Pfund und ein viertel Pfund Zucker, ein halb Pfund fein gestoßene Mandeln, ein Stück Citronat fein gestoßen, ein wenig Zimmet und etliche Nägelein, ein wenig Muscatnuß, reibe auch 2 Lemoni auf dem Zucker ab, thu hernach dieses alles zusammen in eine Schüssel, wo du es abrühren kannst, schlage daran 18 Eyerdotter, thu es eine Stunde rühren, schlage einen Schnee von 8 Eyerklar, rühre diesen Schnee auf die letzte hinein, aber nicht mehr stark rühren, bestreiche einen Kastrol mit Butter, bestreue es mit fein geriebener Semmel, gieß die Masse hinein, und thu es im Ofen bachen, der Ofen muß aber nicht zu heiß seyn.

Un Gateau de milles feuilles.

Eine französische Torte.

Mache einen guten Butterteig, nachdem die Grösse von deiner Schüssel ist, mache ein Blatt von Butterteig, mache hernach 10 solche Blätter, allezeit eines um etwas kleiner, thu sie hernach im Ofen bachen, wenn sie kalt sind, fange auf das Größere an eingemachte Früchte zu streuen, setze nach der Ordnung ein anderes Blatt darauf, und wiederum von einer andern Sorte ein Eingemachtes darauf gestrichen, und dieses mache bis alle Blätter aufgesetzt sind, und in einem schönen gleichen Form, du kannst es auch hernach mit dem Messer gleich schneiden, mache eine schöne Glace von feinem Zucker mit Eyerklar und Lemonisaft, thu die Torten schön glasiren, und hernach mit eingemachten Nüssen und Pomeranzenschalen, Citronat, auch mit mehreren eingemachten Früchten garniren, stelle sie in den Ofen, welcher nicht heiß ist, und laß sie trücknen, bis die Glace trocken ist, thu sie nachdem in ein trockenes Ort setzen, bis du sie servirest, du kannst auch diese Torte auf eine andere Façon machen, als gleich rund, viereckicht, dreyeckicht, das steht in deinem Belieben, man kann auch diese Torte von mürben Teig machen, als anderthalb Pfund Mehl, ein halb Pfund Zucker, ein Pfund Butter, 5 Eyerdotter, ein paar Lemoni auf dem Zucker abgerieben, ein wenig Zimmet, und nachdem diesen Teig zusammen gemacht, die nämlichen Blätter daran gethan, und auch auf die nämliche Manier glasirt und garnirt.

Une Croquante à l' Allemande.

Einen Croquant auf deutsche Manier.

Nimm so schwer Mehl als Zucker, reibe eine Lemoni dazu auf dem Zucker, ein wenig fein gestoßenen Zimmet, ein klein wenig frischen Butter, den Saft von einer halben Lemoni, und hernach mache den Teig an mit Eyerklar aber fest, treibe den Teig hernach fein und gleich aus, thu ihn auf ein bestrichenes Blech, schneide ihn nachmals aus oder drücke ihn aus, oder auch auf einen Kastrol ausgeschnitten, und hernach schön ausbachen aber nicht zu starke Farbe nehmen lassen, auf französisch nimmt man nur Zucker und Mehl, ein wenig Lemonisaft und ein wenig Tragant, und machet hernach den Teig mit Eyerklar an; daß man diesen Teig viel feiner ausstreichen kann, das ist wahr, aber zum Essen ist er nicht so gut, und bricht auch nicht so geschwind.

Une Croquante d' Amandes.

Einen Mandel-Croquant.

Nimm Mandeln, soviel du glaubst vonnöthen zu haben, thu sie blanchiren und sauber schälen und ausklauben, hernach recht fein stoßen mit Eyerklar, nachdem durch ein Sieb passiren, daß sie recht fein werden, wäge nachdem soviel seine Mandeln als Zucker, reibe ganz fein eine Lemoni dazu, thu die Mandeln und Zucker in einen Kastrol, setz sie auf eine kleine Glut, thu sie allezeit rühren und gut abdrücken, wenn sie recht gut getrücknet ist, thu sie auf einen saubern Bachtisch mit Zucker bestreuen, und tractire die Mandeln wie einen Teig, aber ohne Mehl nur mit feinem Zucker, treibe sie fein aus, und mache einen Croquant auf einen Kastrol, du kannst auch kleine Abbés davon machen, im Bachen aber must du dich in Obacht nehmen, denn es braucht nur eine kleine Wärme im Ofen, und er darf keine Farbe haben, sondern wenn du siehest, daß er nur um das Kennen eine Farbe nehmen will, must du ihn gleich aus dem Ofen thun, da ist er am schönsten und besten. Die Croquant wie auch den andern kann man färben, als roth mit Cosmilien, grün mit Spinnaddopfen, braun mit Chocolade, man kann auch den Geschmack geben als Caffee mit Caffeeöl, so auch die andern Geschmacke.

Un Rocher d' Amendes.

Einen Berg von Mandeln.

Nimm ein Pfund Mandeln oder auch mehr, nachdem die Größe von deiner Schüssel ist, sobald sie geschält sind, thu sie fein stoßen, hernach in eine Schüssel mit ein halb Pfund Zucker und einer Lemoni abgerieben, auf dem Zucker, ein wenig feinen Zimmet, rühre es untereinander, und rühre es mit Eyerklar ab, nicht gar dünn, eher ein wenig dicklicht, bestreiche hernach ein Blech mit Butter und streiche die Mandeln darauf, setz sie in Ofen und laß sie bachen, wenn sie anfangen eine Farbe zu bekommen, so thu sie heraus, und schneide sie mit dem Messer unten los, lege sie Stückerweiß zusammen, und

laß

laß sie kalt werden, mache nachdem von Croquant-teig auf einen Kastrol eine Höhe, wie du gesinnt bist zu haben, laß ausbachen, und nachdem setz es auf deine Schüssel, und picke hernach die Mandeln mit Carmehlzucker zu, und formire es gleich einer Steinklippe, mache hernach 3 Sorten Glas, glasire es dort und da, und garnire es mit allerhand Confituren, daß es schön herauskommt, von Biscuitteig kannst du es ausmachen auf ein Blech gestrichen, und auf die nämliche Manier machen.

Une Broche a la Françoise.

Ein Gateau von Käß.

Treibe ein Pfund Butter ab mit 6 Eyern ganzer und 8 Dotter, thu hernach ein Pfund geriebenen Parmesankäß dazu, schneide ein Pfund gekochten Schunken fein, und auch dazu ein Pfund Mehl, ein wenig Pfeffer und etwas Hopfen, ein wenig süßen Rahm, schlag es wohl ab, bestreiche einen Kastrol mit Butter und thu diesen Teig hinein und laß ihn gehen in einem warmen Ort, wenn er schön gegangen ist, thu ihn ausbachen nicht gar heiß, und laß ihn schöne Farbe bekommen, alsdenn servire ihn kalter.

TOUTES SORTES DE ROTIS.

Allerhand Gattungen von Gebratenen.

Ich habe mit allem Fleiß die Braten beysetzen wollen, weil es erstens in der Ordnung ist und sich gehört, nach den großen Stücken auf einem Menû die Braten zu setzen, wenn einer einen Kuchenzettel macht, anbey ist es auch jungen Köchen und Köchinnen zu wissen nöthig, was zum Braten genommen wird, denn es gehört just nicht alles, was man glaubt, zum Braten. Auch habe ich weiters für gut befunden, die Braten hier anzusetzen, damit der- oder diejenige; welche nicht französisch verstehen, doch zum wenigsten wissen, wie alle Braten auf französisch genennet werden: Als nämlich:

Une Longe de Veau.	Ein Nierenbraten.
Un de Cochon.	Ein Schweinsbraten.
Un d'agneau.	Ein Lammsbraten.
Un de Chevreau.	Ein Kitzbraten.
Un Faon de Cerf.	Ein Hirschkalb.
Un Faon de Chevreau.	Ein Rehkütz.
Un Faon de Chamois.	Eine Gemskütz.
Un Selle de Chevreuil.	Ein Rehzemmer.
Une Cuisse de Chevreuil.	Ein Rehschlegel.
Une de Marcassins.	Ein junges Wildschwein.
Une de Levreaus.	Einen jungen Hasen.

Une Einen

Un de Liévre.	Einen alten Hasen.
Un de Lapin.	Einen wilden Künighasen.
Une de Faisand.	Einen Fasan.
Une de Faisandeau.	Einen von jungen Fasanen.
Une de Paon.	Ein von Pfauen.
Un de Perdrix.	Ein von jungen Rebhühnern.
Un de Perdreaux.	Ein von alten Rebhühnern.
Un de Perdrix grises.	Graue Feldhühner.
Un de Perdrix rouges.	Ein von rothen Feldhühnern.
Un de Francolins.	Ein von Haselhühnern.
Un de Gelinotes.	Ein von Waldhühnern.
Un de Becasses.	Ein von Waldschnepfen.
Un de Becassines.	Ein von Moosschnepfen.
Un de Becassines royales.	Ein von kleinen Moosschnepfen.
Un de Cailles.	Ein von Wachteln.
Un de Cailles royales.	Ein von Wachtelkönig.
Un de jeunes Grives.	Ein von jungen Drosseln.
Une de Grives.	Ein von großen Drosseln.
Un de petits Canards sauvages.	Ein von kleinen Wildenten.
Un d' Alouettes.	Ein von Lerchen.
Un d'Alouettes d'hiver.	Ein von fetten Emmerlingen.
Un d' Ortolans.	Ein von Weinvögeln.
Un de Dindonneau.	Ein von jungen Indianern.
Un Dindon.	Ein großer Indian.

Un de Chaponneaux.	Ein von jungen Kapaunen.
Un de Chapon.	Ein von großen Kapaunen.
Un de Poulardes.	Ein von Polarden.
Un d'Oiſons.	Ein von jungen Gänsen.
Un de Canard.	Ein von jungen zahmen Enten.
De Poulets innocents.	Ein von Nesthühnern.
De Poulets a l'Allemande.	Hühner mit geriebener Semmel bannirt.
Un de Poulets.	Ein von jungen Hühnern.
Des Poulets aux Ecreviſſes.	Junge Hühner mit Krebsfasch faschirt.
Un de Pigeons romaines.	Ein von Romanertauben.
Un de Pigeons.	Ein von ordinari Tauben.
Un de Pigeons panné.	Tauben mit Semmel bannirt.

ENTREMETS CHAUDS.

Warme Zwischentrachten.

D'Epinards a la Crême.

Spinad mit süßen Rahm.

Thu den Spinad in vielem Wasser blanchiren, hernach gut ausdrücken und fein schneiden, schneide auch einen halben Zwiebel fein, thu ihn in einen Kastrol mit einem Stücklein frischen Butter, und thu

thu ihn passiren, thu nachdem den Spinad dazu, und laß ihn auch ein wenig dünsten, streue ein wenig feines Mehl daran, und füll ihn mit süßen Rahm auf, laß ihn schnell einkochen, ist es Zeit zu serviren, thu Salz, ein wenig Pfeffer, und ein klein wenig Muscatnuß dazu, richte ihn auf die Schüssel an, und thu ihn mit Croton garniren.

Un a l'Italienne.

Auf welsche Manier.

Nachdem der Spinad blanchirt ist, thu ihn mit dem Messer grob durchschneiden, passire einen halben fein geschnittenen Zwiebel mit einem Stück Butter in einen Kastrol, thu den Spinad dazu, Pfeffer und Salz und laß ihn dünsten, gieß zu Zeiten ein wenig recht gute Bouillon daran, aber nicht zuviel, dann er muß kurz bleiben, richte ihn nach diesem an, und mit Croton garnirt. Mit Provenceröl kannst du ihn auf die nämliche Manier machen, da must du aber ein klein wenig Rockenbol dazu nehmen.

Un au four.

Spinad im Ofen.

Nachdem der Spinad blanchirt und fein geschnitten ist, passire ihn mit dem Zwiebel, wie schon gemeldet ist, laß eine Semmel im Milch weich werden, thu hernach ein Stück Butter in einen Kastrol, treibe ihn mit 5 Eyerdottern ab, nachdem thu die Semmel, Pfeffer und ein wenig Muscatnuß zu dem Spinad, und rühre es recht ab, schlage von den 5 Eyerklar einen Schnee, und thu ihn

ihn auch dazu, bestreiche einen Kastrol mit Butter, nimm 2 Bögen Papier, schneide es in der Grösse, daß es in den Kastrol gehet, bestreiche es auch mit Butter, thu es in den Kastrol rangiren, gieß den Spinad hinein, setz ihn in Ofen und laß ihn stät bachen, wenn er fertig ist, thu ihn mit sammt dem Papier auf die Schüssel, und servire ihn zur Tafel.

Un de Choux fleurs a la sauce blanche.

Blumenkohl mit weißer *Sauce*.

Wenn die Rose sauber geputzt ist, setze ein Wasser mit Salz auf das Feuer und laß sieden, thu hernach den Blumenkohl hinein, und laß ihn ein paar Sud aufthun, nachdem in das frische Wasser, sodenn thu ihn in eine weiße Brás, und laß ihn stát aber lind kochen, auf diese Art machen ihn die Franzosen, ordinari aber wenn du ihn in keine Brás thun willst, so laß ihn im Wasser sieden, und thu ein Stücklein frischen Butter dazu, damit er schön weiß bleibt, willst du ihn auf die Schüssel rangiren, thu ihn auf eine Serviette, daß das Wasser davon gehet, hernach rangire ihn schön, wie eine Rose seyn muß, auf die Schüssel. Die Sauce dazu: Thu ein Stück frischen Butter in einen Kastrol mit 3 Eyerdottern, ein klein wenig feines Mehl, ein wenig Muscatnuß, ein wenig Pfeffer, Salz und den Saft von einer halben Lemoni, ein Löffelein gute Bouillon, rühre die Sauce auf dem Feuer schön glatt ab, gieß sie über den Blumenkohl und servire zur Tafel.

Un au Parmesan au four.

Mit Parmesankäß.

Richte den Blumenkohl auf diese nämliche Manier, wie auch die Sauce, nur daß die Sauce kalt werden muß, und hernach über den Blumenkohl geschüttet, mit geriebenen Parmesankäß bestreut, und im Ofen Farb nehmen lassen.

Un aux Ecrevisses.

Mit Krebsen.

Richte den Blumenkohl, wie schon gemeldt, nur nimm einen Krebsbutter, anstatt den weißen Butter, mache die nämliche Sauce damit, und die Krebsschweife thu in Filee hineinschneiden in die Sauce, und hernach darüber servirt.

Un au Coulis.

Mit *Coulis.*

Er wird auch gesotten, wie schon gemeldt, nimm hernach eine gute Coulis mit Lemonisaft, und richte die Sauce darüber, du kannst auch etwas Mark, in kleine Filee geschnitten, hinein thun.

Un a l'Italienne.

Auf Italiänisch.

Er wird auch auf diese Art gesotten und angerichtet, hernach thu in einem Kastrol feine Kräuter mit Provenceröl, und ein klein wenig Rockenbol, passire sie auf dem Feuer, drücke hernach den Saft von einer Lemoni hinein, Pfeffer und Salz, und auch etliche Tropfen Essig, gieß diese Sauce über den Blumenkohl, und bestreue ihn hernach mit grün ausgebachenem Petersill.

Un en Friture.

Einen ausgebachen.

Auf Französisch: Nimm ein feines Mehl, thu es mit einem weißen Wein laulicht abrühren, nimm ein Provenceröl dazu, rühre den Teig wohl ab, thu ihn auch salzen, der Blumenkohl wird gesotten wie der andere, hernach auf eine Serviette gelegt, daß er trocken wird, nachdem eingetunkt und schön ausgebachen. Auf deutsch wird er mit Mehl eingestaubt, und hernach in die Eyer getunkt, man kann auch einen Brandteig machen, nicht zu dick, und auch ausbachen.

Des Artichauts a la Sauce blanche.

Artischocken mit weißer *Sauce.*

Die Artischocken müßen mit vielen Wasser und Salz gesotten werden, aber nicht lind, und nachdem in ein frisches Wasser, hernach sauber innen ausgeputzt, und in ein Blanquet gelegt und gar kochen lassen, nachdem auf die Schüssel rangirt, und die nämliche Sauce, wie bey dem Blumenkohl, darüber servirt, mit ein wenig fein geschnittenen Petersill.

A la Sauce d'Anchois.

Mit Sardellensauce.

Sie werden auch auf diese Manier gesotten,

und hernach eine Coulissauce von Sardellen gemacht und darüber gegeben.

Artichauts farci.

Artischocken faschirt.

Thu die Böden von den Artischocken schön abschneiden mit Lemoni gerieben, daß sie weiß bleiben, thu sie nachdem in ein frisches Wasser mit Salz und Essig, hernach blanchire sie in vielem Wasser ab, thu sie in eine Bräs und laß sie sieden, nimm nach diesem 2 oder 3 von den Artischockenböden mit etlichen Schambinion, feinen Kräutern auf ein Brett, schneide sie fein zusammen, thu ein wenig fein geriebene Semmel dazu, ein paar Eyerdottern, Pfeffer und Salz, ein wenig frischen Butter, thu sie wohl mischen, hernach faschire die andern Böden damit, du must aber die Böden vorher mit ein wenig Eyerklar bestreichen, lege sie auf eine Tortenpfanne, gieb ein wenig Coulis darunter und thu sie in den Ofen, wenn sie fertig sind richte sie schön an, und drücke den Saft von einer Lemoni dazu, du kannst noch ein wenig Coulis dazu nehmen, und servire sie über die Artischocken.

A l'Italienne.

Auf Italiänisch.

Es werden auch nur die Böden genommen und gerichtet, wie schon gemeldt, ohne zu faschiren, thu hernach feine Kräuter in einen Kastrol mit 2 fein gehackten Sardellen und Provenceröl, Pfeffer und Salz, thu es auf dem Feuer passiren, thu nach-

nachdem die Böden hinein, laß sie ein wenig dünsten, drücke den Saft von einer Lemoni dazu, und thu sie serviren, sie werden auch auf Italiänisch auf dem Rost gebraten, schneide die Artischocken die Hälfte von den Blättern ab, thu sie solang im Salzwasser blanchiren, bis du sie putzen kannst, thu sie aus dem Wasser, laß sie gut ablaufen, nachdem sie geputzt sind, thu feine Kräuter hinein mit ein wenig Rockenbol, Pfeffer und Salz, gieß auch Provenceröl darüber, setz sie auf den Rost, gieb eine Glut darunter und laß sie braten, richte sie in die Schüssel, und drücke den Saft von einer Lemoni darüber.

D'Artichauts d'une autre Maniere.

Artischockenböden auf eine andere Manier.

Nachdem die Böden schön weiß gesotten sind, wie schon gemeldet ist, mache eine weiße Sauce von guter Bouillon, thu die Böden darein, laß aufkochen, thu ein wenig fein geschnittenen Petersill dazu, legire sie mit Eyerdottern, und drücke den Saft von einer Lemoni dazu.

D'Artichauts aux fines herbes.

Artischocken mit feinen Kräutern.

Schneide Sauerampfer und Körbelkraut recht fein, passire sie hernach mit einem Stück frischen Butter, staube ein wenig Mehl daran, und fülle sie mit einem Löffel Bouillon an, laß die Kräuter verkochen, thu hernach die Böden hinein, legire sie, drücke ein wenig Lemonisaft dazu und servire sie.

D'Ar-

D' Artichauts a la Perigot.

Artischocken im Ofen.

Die Artischocken thu ein wenig abschneiden, und hernach im Wasser blanchiren, aber nicht zu viel, thu sie nachdem trocken legen, nach diesem thu sie in einen Kastrol, thu von allen Sorten Wurzeln von der Hand geschnitten daran, auch von allen Sorten Kräutern ganzer, etwas rohen Schunken Schnitzleinweiß geschnitten, ein paar Lorbeerblätter, brocke ein Stücklein frischen Butter darüber, Pfeffer und Salz, gieß Provencerol darüber, setz sie hernach in den Ofen und laß sie braten, wenn du sie servirest, thu sie anrichten mit sammt den Wurzeln und Kräutern.

D' Artichauts frites.

Gebachene Artischocken.

Thu die Artischocken im Wasser und Salz sieden, schneide sie hernach in vier Stücke, thu sie sauber putzen und einmarginiren in Essig, Salz und Pfeffer, mache einen Teig, wie schon gemeldet ist, von Wein, thu das Untere von den Artischocken eintunken und schön ausbachen, und wenn du sie servirest, mit grünen Petersill garniren.

Des Asperges a la Sauce blanche.

Spargel mit weißer *Sauce*.

Die Spargel müßen in vielem Wasser mit Salz gesotten werden; die Sauce dazu wird auf die nämliche Manier gemacht, wie bey dem Blumenkohl; auf deutsch aber thu ein Stück frischen Butter

ter in einen Kastrol mit einem Löffelein feines Mehl, und auch soviel fein geriebene Semmel, einen ganzen Zwiebel, ein wenig Pfeffer und Muscatblüth und Salz, einen Löffel gute Bouillon, und einen Löffelvoll von Spargelwasser, thu hernach die Sauce auf dem Feuer abrühren, und einkochen lassen, passire sie durch ein Haartuch, und richte sie über den Spargel recht heiß an, und servire sie zur Tafel.

Des Asperges au beurre clair.

Spargel mit klaren Butter.

Wenn der Spargel gesotten hat und nicht gar lind ist, thu ihn auf eine Serviette oder Tischtuch, richte ihn schön an, reibe ein wenig Muscatnuß darauf und ein wenig Pfeffer und Salz, auch ein wenig fein geschnittenen Petersill, laß ein Stück frischen Butter zergehen, thu den Faum davon, und gieß ihn hernach über den Spargel; auf deutsch aber richte den Spargel auf diese nämliche Manier, nur thu eine fein geriebene Semmel auch darauf streuen, und laß hernach den Butter schön gelb werden, heißer darüber gegossen und zur Tafel servirt. Die Italiäner nehmen auch Provenceröl anstatt den Butter, kein gerieben Brod, gießen das Oel heiß darüber, und drücken den Saft von ein paar sauren Pomeranzen daran.

Des Asperges aux petits pois.

Spargel auf Erbsen Art gemacht.

Dieser darf kein großer Spargel seyn, sondern nur ein kleiner, thu ihn mit dem Messer klein

schnei-

schneiden, die Grösse wie die Erbsen, thu ihn im Wasser mit Salz blanchiren, und in einen Kastrol mit einem Stück frischen Butter und einen ganzen Zwiebel, passire ihn, staube ein wenig feines Mehl daran, füll ihn auf mit Bouillon, und laß ihn gäh einkochen, thu ein wenig fein geschnittenen Petersill dazu, servire ihn mit Croton, du kannst ihn auch mit Eyerdottern legiren, einige drücken auch ein wenig Lemonisaft daran, auf diese Manier wird er auch gemacht mit süßen Rahm, aber es kommt kein Lemonisaft dazu, das ist auf deutsche Manier, der Spargel kann auch gebachen werden mit Teig, gleichwie die Artischecken. Auf Italiänisch wird er auch auf die Manier gemacht, aber etwas grösser geschnitten, und da wird der Schampignon dazu genommen, und diese auch von der Grösse geschnitten, und mit Croton gemacht.

Des petits pois a la Françoise.

Kleine Erbsen auf Französisch.

Thu die Erbsen schön ausklauben, die großen und gelben davon, thu sie hernach in einen Kastrol, nimm ein Stück frischen Butter dazu, einen Löffel feines Mehl, und gieß ein frisches Wasser daran, thu sie mit der Hand zusammen mischen, als wenn du sie waschen wolltest, die Erbsen, Butter und Mehl muß beysammen bleiben, gieß das Wasser davon, und thu nachdem mit andern Wassern das nämliche machen, ist es Zeit zu serviren, binde zusammen ein paar junge Zwiebel mit ein wenig Petersillkraut, ein Bröcklein Zucker so groß wie 2 welsche Nüsse, gieß Wasser daran, und setz sie

auf

auf einen gähen Windofen, laß sie schnell einkochen, thu die Kräuter daran., salze sie, und reibe ein klein wenig Muscatnuß daran, alsdenn servire sie, thu sie mit Croton garniren. Auf deutsch aber, wenn die Erbsen ein wenig groß sind: Setz ein Wasser auf das Feuer mit Salz, wenn es siedet, so thu die Erbsen hinein, und laß sie einen Sud aufthun, nach diesem thu sie in einen Kastrol mit einem Stückleir. Butter und thu sie passiren, staube ein wenig feines Mehl daran, fülle sie mit Bouillon auf, thu auch einen ganzen Zwiebel dazu und laß sie einkochen, auf die letzte salze sie, gieb ein wenig Zucker dazu, ein wenig fein geschnittenen Petersill und ein wenig Muscatnuß, servire sie auf die Schüssel mit Croton garnirt, du kannst sie auch mit Eyerdotter legiren, auf diese nämliche Manier kannst du sie mit süßen Rahm machen, welche a la Crême genennet werden; mit Speck können sie auch gemacht werden: anstatt den Butter must du mit dem Messer einen Speck reiben und einpassiren, wie schon gemeldet ist, auch auf diese nämliche Manier machen, thu imgleichen einen Schnitz Schunken dazu, aber keinen Zucker. Sie können auch mit Rahm gemacht werden.

Des haricots aux fines herbes.

Grüne Fisolen mit Kräutern.

Schneide die Fisolen in Filee, hernach blanchire sie in vielen Wasser mit Salz, gieb feine Kräuter mit Scharlotten in einen Kastrol mit einem Stück frischen Butter, einem ganzen Zwiebel und einem Schnitz Schunken, wenn du einen hast, thu sie passiren, staube ein feines Mehl daran, fülle sie mit Bouillon auf, und laß sie gäh einkochen, willst du aber keine Bouillon und Mehl dazu nehmen, so kannst du Coulis dazu thun, das kommt auf den Gusto an, du kannst sie auch richten wie die grüne Erbsen mit süßen Rahm, aber es darf kein Zucker dazu kommen, sondern ein Zweig Josephskraut ist gut dazu, es muß aber wiederum davon kommen, du kannst sie auch piquant machen mit ein wenig Essig, du kannst sie auch natürlich weiß machen und mit Eyerdottern legiren, und bachen kannst du sie auch auf die Art, als wie die Artischocken, und auch einmarginiren.

Des Bourraches frites.

Gebachene Bürrasch.

Diese Blätter müßen noch jung seyn, du kannst sie mit dem nämlichen Weinteig bachen, sie müßen bis auf den Stiel eingetunkt werden, dieser aber muß grün bleiben, auf diese Manier kannst du auch die jungen Weinblätter bachen.

Des Concombres en Sauce.

Frische Cucumern mit Sauce.

Thu die Cucumern sauber und gleich schälen, schneide sie rund oder in vier Viertel, blanchire sie ein klein wenig, richte sie hernach in eine Bräs ein, aber gieb wohl obacht, daß sie nicht zu lind werden, willst du sie serviren, rangire sie schön auf die Schüssel, und gieb eine starke weiße oder piquante Coulis-Sauce darüber, thu sie mit Cruton garniren, und sodenn serviren.

Concombres farci.

Faschirte Cucumern.

Schäle die Cucumern, du kannst sie hernach aushöhlern, oder auch rund schneiden und aushöhlern, thu sie ein klein wenig faschiren mit einem guten Kalbsfasch, und richte sie hernach in eine Bräs ein, wenn du sie serviren willst, so mache daß die Fetten gut davon kommt, rangire sie schön auf die Schüssel, und gieb eine gute Coulis Sauce darüber.

Concombres a la Crême.

Cucumern mit Rahm.

Wenn sie geschält sind, schneide sie in Viertel, thu sie schön putzen, hernach klein schneiden in Filee, thu sie in einen Kastrol mit einem Stück frischen Butter und ein wenig fein geschnittenen Zwiebel, passire sie, staube ein wenig feines Mehl daran, und laß sie einkochen, willst du sie serviren, thu sie salzen und ein wenig pfeffern, auch ein wenig fein geschnittenen Petersill dazu, servire sie auf die Schüssel, und garnire sie mit Cruton, sie können auch mit dem Weinteig gebachen werden, sie müßen aber vorher einmarginirt werden, gleichwie die Artischocken.

Des Champignons farcis.

Faschirte Schampignons.

Du must gleiche Schampignons nehmen, sauber putzen, nimm nach diesem andere Schampignons, thu sie in einen Kastrol mit feinen Kräu-

tern,

tern, ein klein wenig Rockenbol, Pfeffer und Salz, und ein Stücklein Butter, thu sie ein wenig passiren, hernach auf ein Schneidbrett und schneide sie fein, thu ein wenig fein geriebene Semmel dazu, etliche Eyerdotter, faschire nachmals die Schampignons damit, thu sie in einen Kastrol mit Butter, setz sie im Ofen, oder mit einem Deckel Feuer oben und unten, und gar werden lassen, wenn du sie serviren willst, thu die Fetten davon, gieb ein wenig gute Jus mit Lemonisaft dazu, und gieß die Jus unter die Schampignons.

Champignons a l'Italienne.

Schampignons auf Italiänisch.

Thu die Schampignons sauber putzen, und in einen Kastrol mit feinen Kräutern, ein wenig Rockenbol, Pfeffer und Salz, auch ein paar Schnitz Schunken, gieß Provenceröl dazu, setz sie auf eine kleine Glut und laß sie dünsten, auf die letzte gieß ein wenig Jus daran und den Saft von einer halben Lemoni, willst du sie serviren, richte sie schön in die Schüssel, nimm das Oel davon, gieß die Sauce darüber, garnire sie mit Cruton, und servire sie zur Tafel.

Champignons en Sauce.

Schampignons mit Sauce.

Sie sollen alle klein seyn, nachdem thu sie in ein Wasser mit Lemonisaft, damit sie weiß bleiben, setz Wasser auf das Feuer, laß es sieden, thu die Schampignons hinein, laß sie einen Sud aufthun, gieß sie ab, thu sie in einen Kastrol mit frischen Butter und ein klein wenig Rockenbol, passire sie auf dem Feuer, staube ein wenig feines Mehl daran, fülle sie auf mit Bouillon und laß sie einkochen, wenn es Zeit ist zu serviren, so legire sie mit Eyerdottern, und gieb ein wenig grün blanchirten Petersill dazu, drücke den Saft von einer Lemoni hinein und richte sie an auf die Schüssel, sodenn garnire sie mit Cruton, du kannst sie auch auf diese Manier mit süßen Rahm machen, aber es darf kein Lemonisaft dazu, und anstatt den ganzen Petersill thu ein wenig geschnittenen Petersill dazu.

Champignons a la Gril.

Schampignons auf dem Rost.

Die Schampignons müßen gleich seyn, und nachdem sie gepußt worden, thu sie in einen Kastrol mit feinen Kräutern und frischen Butter, Pfeffer und Salz, ein klein wenig Rockenbol, thu sie passiren, nimm hernach kleine silberne Spießel, stecke sie an, bannire sie mit fein geriebener Semmel, und laß sie auf der Glut grilliren, richte sie schön auf die Schüssel an, und gieb ein wenig Jus mit Lemonisaft darunter. Auf Italiänisch aber, wenn sie gepußt sind, so lege sie auf eine Schüssel, und gieb feine Kräuter darauf, ein wenig Rockenbol, Pfeffer und Salz, gieß Provenceröl darüber, ist es nun Zeit zu serviren, lege sie auf den Rost und laß sie grilliren, hernach richte sie auf die Schüssel schön an, drücke den Saft von einer Lemoni darüber und servire sie zur Tafel. Du kannst sie auch mit Weinteig bachen, sie müßen aber vorher passirt und Lemonisaft daran gedrücket, oder Essig daran gegossen werden. Die Italiäner machen auch andere Schwammen, die gut sind, auf die nämliche Manier, gleichwie die Buchschwammen und Belzling, wenn sie gebachen werden, so nehmen sie zu einem jeden Stück Schwammen ein Blatt Salvey und tunken es mit in Teig ein, es ist recht gut, es giebt auch eine Sorte, welche Brätling genennet werden, diese sind absonderlich gut auf dem Rost grillirt, oder im Ofen mit feinen Kräutern und Oel, wie auch gebachen.

Des Morilles en Sauce.

Maurachen mit Sauce.

Diese, nachdem sie sauber gepuzt und gewaschen sind, werfe in ein siedendes Wasser, sobald es wiederum sieden will thu sie abgießen, und in einen Kastrol mit frischen Butter, einen ganzen Zwiebel, ein wenig fein geschnittenen Petersill, passire sie auf dem Feuer, staube ein wenig feines Mehl daran und laß sie einkochen, hernach legire sie mit Eyerdottern, drücke den Saft von einer Lemoni dazu und servire sie, sodenn aber garnire sie mit Cruton, auf diese nämliche Manier kannst du sie mit süßen Rahm machen, aber keinen Lemonisaft dazu nehmen, du kannst sie auch auf diese Manier passiren und Coulis dazu nehmen, und grilliren, gleichwie die Schampignons, wenn sie frisch sind, können sie auch gebachen werden.

De Truffes a la Françoise.

Triffel auf Französisch.

Thu die Triffel ganzer mit der Schelfe mit einer kleinen Bürste sauber putzen, hernach in ein Geschirr, welches du wohl zudecken kannst, thu einen ganzen Zwiebel, ein Lorbeerblatt, und ein wenig ganz Gewürz daran, gieß Burgunder Wein darüber, deck sie zu, daß kein Dunst heraus kann, und laß sie einsieden, willst du sie serviren, richte so viel Blättlein weiß Papier, als du Triffel hast, wickle einen jeden ins Papier ein, richte sie auf die Schüssel, und servire sie warmer zur Tafel.

Des Truffes au four.

Triffel im Ofen.

Wasche die Triffel auf diese nämliche Manier, lege sie einen Tag vorher in Burgunder Wein, den andern Tag zeitlich, mache einen groben ordinari Teig, schlage die Triffel hinein mit ein wenig ganzen Gewürz, einen Zwiebel, etliche Schnitz Schunken, unten und oben Speck, mache sie gut zu, gleichwie eine Pastete, setz sie in den Ofen und laß sie eine Stunde bachen, nach diesem thu sie heraus, mache oben gleich also warmer ein Loch, und gieß den Wein darein, wo die Triffel gewesen sind, mache das Loch gut zu, setz sie wiederum in Ofen und laß sie warm stehen bis du sie servirest, mache hernach die Pastete auf, nimm die Triffel heraus, und servire sie im Papier, wie die vorhergemeldten.

Des Truffes a la Provençale.

Triffel auf Brabändisch.

Schäle die Triffeln ab, hernach schneide sie fein Blättleinweiß in einen Kastrol mit ein wenig fein geschnittenen Petersill, ein wenig Rockenbol, Pfeffer und Salz und ein wenig Provenceröl, stelle sie auf eine kleine Glut und laß sie dünsten, gieß ein kleines Glas Burgunder Wein dazu, und laß sie kochen bis die Sauce ganz kurz wird, drücke den Saft von einer halben Lemoni daran, richte sie an und garnire sie mit Cruton.

Un de Féves verds.

Grüne Bohnen.

Diese Bohnen werden auf gut deutsch Saubohnen genennet, wenn diese klein und noch jung sind, so thu sie in ein siedendes Wasser mit Salz werfen, laß sie etliche Sud aufthun, hernach thu feine Kräuter mit fein geschnittenen Zwiebeln in einen Kastrol mit einem Stück Butter, thu sie passiren, und nachdem die Bohnen hinein, laß sie auch auf einer kleinen Glut etwas dünsten, staube ein wenig Mehl daran, fülle sie mit Bouillon auf und laß sie gäh einkochen, hernach thu ein wenig Pfeffer und Salz daran, richte sie an und garnire sie mit Cruton, sie können auch auf die nämliche Manier mit süßen Rahm gemacht und mit Eyerdottern legirt werden, die weißen Bohnen, welche noch frisch sind, werden auch auf diese nämliche Manier gemacht, auf die erste Manier aber kannst du sie auch auf die letzte mit ein wenig Senft legiren auf Flamänder Manier.

Des Cardons a la Moëlle.

Cardi mit Mark.

Schneide den Cardi in gleiche Stücke in ein frisches Wasser, setze ein Wasser auf und laß es sieden, thu den Cardi hinein und laß ihn etliche Sud thun, thu ihn hernach in ein frisches Wasser, mache eine weiße Bräs, putze den Cardi schön, die erste Haut davon, damit er schön weiß wird, deck ihn mit Papier zu, setz ihn auf eine kleine Glut und laß ihn stät kochen bis er lind wird, thu ein paar Stücklein Mark sauber putzen und blanchiren, thu es zu dem Cardi und laß es etwas mitkochen, gieb in einen Kastrol einen Löffelvoll gute Schunkencoulis, thu dazu einen Löffel Consommé oder etwas Glace und den Saft von einer halben Lemoni, thu den Cardi aus der Bräs auf eine saubere Serviette, putze ihn von der Fetten und lege ihn in die Coulis, das Mark schneide Blättleinweiß und thu es auch dazu, laß ihn aber in der Coulis nicht mehr kochen, sondern halte ihn nur warm, damit er weiß bleibt, auf diese Manier kannst du auch den Cardi mit Coulis machen, aber nicht so stark, und hernach auf eine Schüssel rangiren, mit Parmesankäß bestreichen, und im Ofen Farbe nehmen lassen, du kannst ihn auch mit weißer Sauce im Ofen geben, und auch mit Weinteig bachen, gleichwie die Artischocken, und auch mit Eyern und geriebener Semmel.

Des Celeris a la Crême.

Zelleri mit Rahm.

Thu den Zelleri in kleine Viertel schneiden, hernach

nach schön gleich zuschneiden, eines wie das andere, thu ihn hernach im Wasser und Salz blanchiren, nachdem in einen Kastrol mit einem Stück frischen Butter und einem ganzen Zwiebel, passire ihn auf dem Feuer, staube ein wenig feines Mehl daran, füll sie mit süßen Rahm auf und laß einkochen, thu sie nachmals salzen und ein wenig pfeffern, legire sie mit Eyerdottern, garnire sie mit Cruton und servire sie, du kannst den Zelleri auch auf eine andere Façon schneiden, in eine weiße Brás thun und einkochen lassen, hernach mit einer weißen piquanten Sauce geben, wie die zu den Artischocken.

Du kannst ihn auch auf die nämliche Manier mit Coulis machen, wie die Carti, sie können auch in Weinteig gebachen werden.

Des Oignons a l'Italienne.

Große Zwiebeln im Ofen.

Es müßen große und weiße Zwiebeln seyn, diese thu nicht gar die Hälfte in der Runde voneinander schneiden und hernach im Wasser nicht gar lind sieden, lege sie nachdem trocken, daß das Wasser davon gehet, mache einen Fasch von Sardellen und feinen Kräutern, ein wenig frischen Butter, Pfeffer und Salz, thu zwischen die Blättlein Zwiebel von diesem Fasch zwischen einige rohe Schunken ganz fein geschnitten, in der Größe wie die Zwiebel sind, thu sie in einen Kastrol mit Butter, setz sie in den Ofen und laß recht lind werden, du kannst auch die Zwiebel in der Mitte aushöhlern, mit Kalbsfasch faschiren, und auf die nämliche Manier im Ofen lind werden lassen, wenn du sie

 servi-

servirest, so rangire sie auf die Schüssel, thu die Fetten von der Sauce, und gieb ein wenig gute Jus dazu, du kannst die Zwiebel auch in der Rundung Blättleinweiß schneiden und etwas sieden lassen, nicht zu lind, hernach einmarginiren und mit Weinteig bachen.

Des Pommes de Terre.

Erdäpfel mit Butter.

Thu die Erdäpfel absieden bis sie lind sind, hernach sauber schälen, thu feine Kräuter in einen Kastrol mit einem Stück frischen Butter, laß sie passiren, gieb die Erdäpfel mit Salz und Pfeffer dazu, setz sie auf eine kleine Glut und laß sie dünsten, gieß eine gute Jus daran und laß sie aufkochen, legire sie nachdem mit Eyerdottern, gieß ein wenig Essig daran und servire sie, du kannst sie auch auf diese Art einpassiren, mit ein wenig Coulis anfüllen, und auf die Schüssel mit Parmesankäß richten, hernach im Ofen setzen und Farb nehmen lassen, du kannst auch 3 große Zwiebel Blättleinweiß schneiden, mit Butter passiren, nachdem die Erdäpfel mit Salz und Pfeffer dazu thun und dünsten lassen, nachmals einen Löffelvoll Coulis dazu geben und aufkochen lassen, auf die letzte mit ein wenig fein geschnittenen Petersill, Senft und Essig legiren, und serviren.

De Polenta.

Es muß ein Mehl von türkischem Korn seyn: Setze eine Milch in einen Kastrol auf und laß sie sieden, hernach rühre das Mehl hinein und laß kochen

chen bis es so dick wird, daß du es nicht mehr rühren kannst, thu es gut auf dem Feuer abdrücken, nimm nach diesem einen kleinen Kastrol, mache es naß mit ein wenig frischen Wasser und thu den Teig hinein, daß er den Form bekommt, stürz ihn nachmals um und laß ihn kalt werden, nimm hernach deine Schüssel, lege geriebenen Parmesankäß mit frischen Butter und ein wenig Pfeffer darauf, nimm einen Bindfaden, schneide damit Blättleinweiß diesen Teig durch, lege ein Blättlein auf die Schüssel, streue wiederum Käß darauf, frischen Butter und ein wenig Pfeffer, dieses mache so fort, bis du genug auf deiner Schüssel hast, hernach setz es in den Ofen auf einer Tortenpfanne, und laß Farb nehmen. Viele machen auch diese Polenta anstatt der Milch mit Wasser, es kommt auf den Gusto an.

Un au Ris.

Ein von Reis.

Laß den Reis in der Milch kochen, nachdem er gekocht ist, mache ihn auf diese námliche Manier, die Italiáner essen ihn so gern. Von Hirschbrey kannst du ihn auch auf die námliche Manier machen, auch im Kastrol, und hernach Blättleinweiß ausstechen.

D'Ecrevisses a l'Angloise.

Krebse auf Englisch.

Es müßen mittlere Krebse seyn, diese thu absieden wie sichs gehört, mache sie hernach zurecht, schneide die Füße davon, wie auch die Rasen,

löse

löse die Schalen von dem Schweif weg auf beyden Seiten, schneide ein wenig Schalen weg um die Haare wegzuputzen, nimm nachmals ein Stück frischen Butter in einen Kastrol mit einem ganzen Zwiebel, passire einen Löffel feines Mehl darein, füll es mit süßen Rahm an und rühre es auf dem Feuer ab, laß wohl verkochen, passire es durch ein Haarsieb, gieb nachmals die Krebse dazu mit fein geschnittenen Petersill, laß sie aufkochen, salze und pfeffere sie ein wenig, dressire sie schön auf die Schüssel, und servire sie zur Tafel.

D'Ecrevisses a la Crême.

Krebse mit Rahm.

Die Krebse werden gesotten und geputzt, wie vorher gemeldt, von den Schalen mache einen Krebsbutter, lege diesen Krebsbutter in einen Kastrol mit einem Löffelein feines Mehl und einen ganzen Zwiebel, füll ihn auf mit süßen Rahm und halb mit guter Bouillon, laß ihn recht gut verkochen, die Sauce passire durch ein Haarsieb in einen Kastrol, die Krebse dazu, gieb Salz, ein wenig Pfeffer und ein wenig Muscatnuß dazu, laß sie aufkochen, legire sie mit Eyerdottern, und servire sie hernach zur Tafel.

D'Ecrevisses frites.

Gebachene Krebse.

Es müßen große Krebse seyn, diese siede, wie schon gemeldt, schneide ihnen die Füße, wie auch die halbe Scheere ab, löse die Schalen vom Schweif weg, hebe den Rucken auf, und putze sie mit

mit einem kleinen Löffelein aus, mache ein gutes Salpico und fülle davon ein wenig hinein, bestreiche sie hernach am Ende ein wenig mit Fasch, thu die Krebse in Eyern umkehren, und mit fein geriebener Semmel, mit ein wenig feinem Mehl gemischet, panniren, wenn es Zeit ist zu serviren, so thu sie ausbachen und mit ausgebachenem Petersill garniren. Man kann sie auch auf eine andere Manier faschiren, die Krebse ausgelöst, und nur die Nase sauber ausputzen und aufbehalten, nimm die Schweife von den Krebsen mit ein wenig Schambinion, mache einen Fasch, fülle die Nasen damit an, pannire sie gleichwie die andern, bache sie aus und garnire sie mit Petersill, du kannst sie auch, wenn sie gebachen sind, ohne zu panniren, in einer Sauce geben, etwas piquant, und mit Maurachen garniren.

D'Ecrevisses au Gratin.

Krebse mit geriebenem Brod.

Siede die Krebse ab, wie sichs gehört, löse hernach die Schweife aus und rangire sie schön auf die Schüssel, gieb nachdem feine Kräuter in einen Kastrol mit frischen Butter, laß sie passiren, gieb Pfeffer und ein wenig Salz dazu, wie auch den Saft von einer Lemoni, gieß sie über die Krebsschweife, bestreue sie mit fein geriebener Semmel, und begieß sie nachmals oben mit einem guten sauren Rahm, setz sie auf eine Glut, und laß sie oben mit einer glüenden Schaufel Farbe nehmen, oder auch im Ofen, er muß aber heiß seyn, damit sie gähe Farbe bekommen, um nicht trocken zu werden.

D'Ecrevisses a l'Italienne.

Krebse auf Italiänisch.

Löse die Krebse aus, gleichwie die Krebse auf Englisch, gieb in einen Kastrol feine Kräuter mit fein geschnittenem Petersill, Scharlotten und ein klein wenig Rockenbol, gieß Provenceröl dazu und laß ein wenig passiren, lege die ausgelösten Krebse hinein mit Pfeffer und Salz, drücke den Saft von einer Lemoni hinein, passire sie noch hinein und thu sie hernach schön anrichten, auf Italiänisch nimm nur die Krebsschweife alleine, richte sie auf diese Art, und servire sie kalter.

Un Flan d' Ecrevisses.

Einen Krebsflan im Ofen.

Siede kleine Krebse ab und löse sie aus, von den Schalen wird ein Krebsbutter gemacht, wenn dieser kalt ist, so thu ihn mit Eyerdottern abtreiben, thu hernach eine in Milch eingeweichte Semmel hinein, die Krebsschweife fein geschnitten dazu, ein wenig Pfeffer und Salz, und ein wenig Muscatnuß, wie auch ein klein wenig Zucker, von 3 Eyerdottern den Schnee geschlagen und auf die letzte hinein gerührt, nimm nach diesem 2 Bögen Papier, bestreiche sie mit Krebsbutter, thu sie nachdem in einen Kastrol, welches die Größe von der Schüssel hat, lege das Papier hinein, schneide es rund, thu nachmals die Dosis hinein, und laß im Ofen langsam gehen, servire es hernach mit sammt dem Papier zur Tafel; du kannst auch diese Dosis, anstatt zu bachen, in eine Serviette thun

und

und sieden lassen, nachdem ganzer mit einer Krebs-sauce serviren, oder auch zerschneiden, es kann auch diese nämliche Dosis in kleine Form im Ofen gebachen werden, du kannst auch in einen Form machen, und in die Mitte ein feines Ragout von den Schweifen mit ein wenig Schambinion und Maurachen hinein thun.

De Saumon a la Gril.

Rheinsalm auf dem Rost.

Mache von Papier kleine Kapseln, diese thu in ein heißes Schmalz und wiederum heraus, nimm ein Stücklein Rheinsalm, schneide ihn nach der Größe von den Kapseln, thu den geschnittenen Filee von Salm in einen Kastrol mit feinen Kräutern, Lorbeerblättern und Scharlotten, Pfeffer und Salz, Provenceröl, den Saft von einer halben Lemoni, mische hernach die Filee, und richte sie schön in die Kapseln hinein, gieß in ein jedes von diesem Margenad etwas, setz sie, wenn es Zeit ist, in Ofen oder auf den Rost, und mit einer glühenden Schaufel oben anziehen lassen, thu etliche Sardellen recht fein machen, mische sie mit Butter, thu sie in einen Kastrol, laß sie zergehen, drücke den Saft von einer Lemoni daran, wenn du sie servirest, thu in eine jede Kapsel von dieser Sauce gießen, und schön zur Tafel serviren, du kannst sie auch auf diese Manier mit Butter machen, und von mehreren Sorten Fisch, absonderlich wenn einer von einer Tafel überbleibt, und wiederum muß applicirt werden vor ein Entremets.

Une

Une de Langues Carpes.

Karpfenzungen für *Entremets.*

Blanchire die Karpfenzungen im Salzwasser, hernach thu sie in einen Kastrol mit frischen Butter und Lemonisaft, putze etliche kleine Schambinion schön weiß, ein klein wenig blanchiren und auch dazu, einen frischen Triffel, wenn du haben kannst, in Filee geschnitten, etliche Krebsschweife, thu dieses alles passiren, staube ein wenig Mehl daran, fülle sie auf mit guter Bouillon und laß einkochen, nimm hernach kleine Eyer, die aus der Henne genommen werden, blanchire sie, thu das Häutlein davon und thu sie auch dazu, wenn du sie servirest, so legire sie mit Eyerdottern und thu ein wenig grün blanchirten Petersill dazu, Lemonisaft und Salz, richte sie an und garnire sie mit Cruton. Austern können auf diese nämliche Manier gemacht werden, nur daß die Austern mit ein wenig weißen Wein müßen blanchirt werden, und auf die letzte mit den Eyern in die Sauce gethan, damit sie nicht zu hart werden.

Des Huitres frites.

Gebachene Austern.

Die Austern werden ein klein wenig in weißen Wein blanchirt und hernach im Weinteig ausgebachen, die Sardellen das nämliche, aber nur gewaschen und voneinander getheilt, die Greten davon.

D'Oeufs pochés.

Verlohrne Eyer mit *Jus.*

Diese Eyer müßen frisch seyn, welche im Wasser verlohren werden mit ein wenig Essig, hernach in ein frisches Wasser, nachdem auf ein sauberes Tuch gelegt und schön geputzt, daß sie gleich sind, auf die Schüssel rangirt, eine gute und klare Jus darüber geben, und ein jedes Ey mit einem blanchirten Petersill garniren, du kannst auch die nämlichen Eyer mit einer Krebssauce machen, mache von Krebsbutter eine Sauce auf die Manier, wie eine weiße, schneide die Krebsschweise in Filee, und thu sie dazu, gieb hernach diese Sauce über die Eyer, du kannst sie auch auf die nämliche Manier mit einer grünen Sauce von Spinaddopsen geben.

D' Oeufs Sauce au fer cheval.

Eyer mit brauner Buttersauce.

Die Eyer müßen gebachen werden, der Dotter muß aber lind bleiben, richte sie auf eine Schüssel, mache einen Butter gelb und gieß Eßig daran, ein wenig Pfeffer und Salz, laß diese Sauce aufkochen und gieß sie über die Eyer, bestreue sie mit grün ausgebachenem Petersill, und servire sie zur Tafel, du kannst auch ausgebachene Eyer mit frischer Cucumernsauce geben, du kannst auch die Eyer im Wasser verlieren, hernach schön trocken werden lassen, und nachdem ein wenig einmehlen, in Eyern umkehren, und nachmals im Schmalz gäh ausbachen, und mit einer Sauce serviren,

 wo

wo die beste, die man geben kann, eine von Cucumern, oder auch eine andere piquante Sauce ist.

Des Oeufs innocents.
Unzeitige Eyer.

Das sind Eyer, welche noch in der Henne sind, da kann man von mehrern haben, setze ein Wasser auf und laß sieden, thu die Eyer hinein, und laß einen Sud aufthun, thu sie wieder heraus in ein frisches Wasser, häutle sie ab, und mache eine Sauce von Coulis, oder auch eine weiße, nimm etwas Schambinion dazu, auch Triffel, mache die Sauce piquant, garnire sie hernach mit Cruton, servire sie alsdenn zur Tafel.

D' Omelettes aux Epinards.
Kleine Omelette mit Spinad.

Thu einen Spinad, ganz fein geschnitten, mit ein wenig fein geschnittenen Zwiebel einpassiren, mit frischen Butter und ein wenig guter Bouillon, salze und pfeffere ihn, und laß ihn hernach kalt werden, nach diesem mache kleine und feine Omelette von Eyern, bestreiche sie mit ein wenig Spinad, wickle sie zusammen und rangire sie schön in die Schüssel, gieß ein wenig süßen Rahm daran, und setze sie warm, wenn es Zeit ist zu serviren, so thu sie mit einer glüenden Schaufel oben ein wenig Farbe nehmen lassen.

D'Omelettes a la Romaine.
Omelette auf Romanisch.

Schlage Eyer aus, gieß ein wenig Milch dazu,

zu, wie auch etwas Zucker, mache hernach ganz kleine und feine Omelette, eines auf das andere, wenn aber zwey aufeinander sind, so reibe einen Lemoni auf dem Zucker ab, und thu ihn nachdem auf dieses Omelett reiben, bache nachmals 2 andere, reibe hernach eine Pomeranze auf den Zucker, mache soviel du willst, auf die letzte schneide es mit dem Messer schön gleich, bestreue es mit Zucker, gieb mit der glüenden Schaufel Farbe, und servire hernach.

Un Omelette a l' Angloise.

Ein Omelett auf Englisch.

Schlage Eyer aus, soviel du glaubst vonnöthen zu haben, salze und pfeffere sie, gieß ein wenig süßen Rahm dazu, und ein wenig fein geschnittenen Petersill, schlage die Eyer gut ab, thu ein Stück frischen Butter in die Omelettenpfanne mit ein wenig fein geschnittenen Zwiebeln, laß sie ein wenig passiren, und gieß die Eyer hinein, laß sie nur auf einer Seite schön gelb anziehen, thu es hernach überschlagen, daß es in der Mitte lind bleibt, richte es auf die Schüssel und gieß eine gute Jus darüber, alsdenn servire es warmer zur Tafel.

Un Omelette a l' Allemande.

Ein Omelett auf deutsch.

Man nimmt eine gebratene Nieren von Kalbfleisch, schneidet sie fein, thut sie hernach in einen Kastrol mit ein wenig fein geschnittenen Zwiebel und einem Stücklein frischen Butter, thu ihn ein wenig passiren, hernach die Nieren dazu mit ein

 wenig

wenig fein geschnittenen Petersill, Pfeffer und Salz, schlage die Eyer daran nach Belieben, schlage sie gut ab, und mache nachmals das Omelett davon, aber auf beyden Seiten anziehen lassen und zur Tafel serviren, es kann auch mit ein wenig Jus gegeben werden, oder auch trockner.

Un Omelette a la Genoise.

Ein Omelett auf Genuesisch.

Schlage Eyer aus nach Belieben, thu einen fein geschnittenen Petersill, ein wenig Pfeffer und ein klein wenig Salz dazu, thu sie gut abschlagen mit ein wenig süßen Rahm, wasche nach diesem 6 oder 12 Sardellen, nachdem du Eyer hast, spalte sie von einander, die Gräten davon, wenn das Omelet halb gebachen ist, so thu die Sardellen sauber hineinlegen und das Omelet, hernach umwenden und gar bachen lassen, alsdenn zur Tafel serviren, auf solche Art kannst du es auch mit einem guten und fetten Käß machen, auch mit geriebenen Parmesankäß, welchen die Italiäner sehr lieben.

Des Oeufs pochés piqué & glacé.

Verlohrne Eyer gespickt und glasirt.

Es müßen Eyer seyn, welche nur eine Haut haben, und noch nicht hart sind, diese Eyer werden von den Hühnern genommen, wenn man sie aufmacht, wohl aber in Obacht genommen, daß die Haut nicht zerrissen wird, schneide hernach einen feinen Speck so fein als es seyn kann, gleichwie zu einem Lerchen zu spicken, spicke nach diesem diese Eyer auf 3 Reihen durch die Haut, mit einer feinen

nen Spicknadel, aber gieb wohl acht, daß du die Haut nicht zerreissest, setze ein Wasser auf das Feuer mit Essig und laß sieden, wenn es siedet, so setz es vom Feuer und laß stät von vornen sieden, lege die Eyer hinein und laß sie stät sieden, gleichwie die verlohrnen Eyer, gieß hernach ein frisches Wasser daran, und ziehe die Haut davon, so wird der Speck in dem Ey bleiben, nachdem rangire sie in die Schüssel, und thu sie nachmals mit einer feinen Glas mit dem Pinsel glasiren, gieb eine piquante Jus oder auch eine andere gute Sauce darunter, es ist ein rares und künstliches Entremets.

Des Oeufs a l'Espic.

Eyer mit Sulz.

Es wird eine piquante Sulz von Fleisch gemacht, wie ich schon gemeldet habe bey dem Geflügel, welche eine Espic genennet wird, die Eyer soviel du haben willst, must du im Wasser verlieren und obacht geben, daß es frische Eyer sind, daß sie auch schön rund bleiben, nimm nachmals den Model von Ey, thu in den halben Model ein wenig Sulz, lege das Ey hinein und laß es stehen, thu nach diesem in die andere Hälfte ein wenig Sulz, schlage die andere Hälfte hinüber, mach es mit Papier gut zu, und thu sie auf das Eis bis du sie servirest, du kannst auch diese Eyer auf die Schüssel richten ohne Model, nur ein wenig mit blanchirten Bertram oder Petersill garniren, auch mit Oliven gekochte Schunken mit Kapaunenbrüsten, das kommt auf dein Belieben und den Gedanken an, welchen ich hier nicht beysetzen kann, denn die Speisen schön zu dressiren oder einzurichten, das kommt blos auf den Gedanken und den guten Gusto an.

Un flan de Ris.

Ein Aufgeloffenes von Reis.

Siede den Reis in der Milch mit einem Stück Zimmet lind, laß ihn hernach kalt werden, treibe nach diesem ein Stück frischen Butter ab mit 6 Eyerdottern, thu den Reis dazu, und auch wiederum gut abtreiben, gieb auch etliche bittere Mandellaiblein, und etliche Biscotten fein zerrieben, dazu, wie auch ein Stücklein fein geschnittenen Citronat, ein wenig Pomeranzenblüth wie auch Zucker, schlage 4 Eyerklar zu Schnee und gieb ihn auch dazu, bestreiche nachmals 2 Bögen Papier mit Butter, thu sie in einen kleinen Kastrol, schneide sie rund, gieß diesen Reis hinein, setz ihn in Ofen und laß ihn stät bachen, gieb ihn nach diesem mit sammt dem Papier zur Tafel.

De Ris frit a l'Allemande.

Gebachenen Reis auf deutsch.

Dieser Reis muß auch in der Milch gekocht werden und recht lind, laß ihn hernach kalt werden, rühre ihn mit etlichen Eyerdottern ab, gieb ihm einen Gusto von Zimmet und Pomeranzenblüth, auch ein wenig Zucker, thu ihn nachmals auf ein Bachbrett mit ein wenig feinem Mehl, rollire ihn rund und mache kleine Stücklein daraus oder auch sonst eine Façon, tunke ihn in Eyern,

ein

ein, und kehre ihn nach diesem in fein geriebener Semmel um, und bache ihn schön aus, wenn du ihn servirest so bestreue ihn mit Zucker, oder lege ihn auf ein Blech, und bestreue ihn mit Zucker, bedecke ihn oben mit einer glüenden Schaufel, daß er schöne Glace bekommt und croquant bleibet. Du kannst ihn auch auf eine andere Manier machen, wenn der Reis in der Milch gesotten hat und hernach kalt worden ist, so thu ihn in eine Schüssel und zerrühre ihn gut, schlage ein ganzes Ey daran und etliche Eyerdotter, ein wenig Hefen, salze ihn, und alsdenn laß ihn gehen, in kleine Stücklein, oder wenn er in der Schüssel gegangen ist, so thu ihn mit einem kleinen Löffel herausnehmen und schön im Schmalz bachen lassen, nachmals aber mit Zucker bestreuen.

Un de Ris frit a l'Italienne.

Einen gebachenen Reis auf Italiänisch.

Siede den Reis im Wasser recht dick und lind, nachdem laß ihn kalt werden, rühre ihn mit einer Handvoll feinem Mehl fein ab, salze ihn, hernach lege ihn auf ein Bachbrett mit ein wenig feinem Mehl, rolle ihn mit der Hand, so dick wie eine Brattwurst aus, schneide kleine lange Stücklein, oder mache runde Kränze, diese heißen die Italiäner Zobbela, bache sie nach diesem in Oel aus, richte sie auf die Schüssel, laß ein Honig zerschleichen und begieße ihn ein wenig damit, bestreue ihn auch mit ein wenig Zucker, und gieb ihn also warmer zur Tafel. Dieser Reis wird gemacht an einem Fasttage, wo die Italiäner keine Eyer und Butter essen.

De Pommes frites.

Gebachene Aepfel.

Den Teig zu machen, ist schon explicirt worden, mit Wein, die Aepfel müßen Maschanzker, wie man sie in Wien nennet, oder Vorstorfer seyn, diese geschält, schneide sie nach deinem Beliebeu rund oder in Viertel, lege sie in ein Geschirr mit Zimmet und Lemonischalen, weißen Wein oder auch Brandtwein, laß sie ein paar Stunden stehen, tunke sie hernach in Teig ein und laß sie schön ausbachen, lege sie auf ein Blech, bestreue sie mit feinem Zucker, und brenne sie nachmals mit der glüenden Schaufel, wende sie um, bestreue sie auch wiederum mit Zucker, und brenne sie ebenfalls, so werden sie recht croquant und gut seyn, richte sie auf eine Serviette an, ohne mit Zucker zu bestreuen, auf diese Manier kannst du auch die Appricosen, Pfirsisch und Weichseln bachen, die Weichseln werden aber nicht gebrennt, die Melonen kannst du auch mit Teig bachen, gleichwie die Aepfel, und auf die nämliche Manier glasiren.

De Pommes a la Dauphine.

Faschirte Aepfel.

Nimm von den allerbesten Aepfeln, schäle sie und höhle sie in der Mitte aus, setze halb Wasser und halb Wein mit einem Stücklein Zucker und Zimmet und Lemonischalen auf das Feuer, laß sieden, gieb hernach die Aepfel hinein und laß sie kochen,

bis

bis sie lind sind, lege sie nach diesem auf ein Haarsieb und laß sie ablaufen, mache von süßen Rahm und Eyerdottern einen Kreen, laß ihn, wenn er verkocht hat, kalt werden, nimm die Schüssel, wo du zu serviren hast, gieß von dem Kreen hinein, setz die Aepfel darauf, fülle von den Maulbeeren, welche eingemächt sind, in die Aepfel, schneide Citronat in feine Filee, bestecke die Aepfel damit aber fein, daß man sie siehet, als wenn sie gespickt wären, gieß den andern Kreen darüber, daß die Aepfel bedeckt sind, nimm etliche bittere Mandellaiblein, stoß sie fein und bestreue die Aepfel damit, setz sie in Ofen und laß sie schöne Farbe nehmen.

D'une autre Maniere.

Auf eine andere Manier.

Mache die Aepfel zurecht und koche sie, wie schon vorher gemeldt, nicht anderst, als daß du, anstatt den Kreen, einen Reis in der Milch recht lind kochest, thu ihn hernach abtreiben mit etlichen Eyerdottern und frischen Butter, ein wenig Zimmet und Zucker, ein wenig Pomeranzenblüth, wenn er abgetrieben ist, so thu die Aepfel auf die nämliche Manier richten, wie schon gemeldet ist.

D'une autre Maniere.

Auf eine andere Manier.

Richte die Aepfel auch auf die nämliche Manier, mache einen Kreen von süßen Rahm und Eyerdottern, wie schon gemeldt, thu ein paar Loth fein gestoßene Pistazi dazu, wenn der Kreen gekocht

 hat,

hat, so laß ihn kalt werden, und bestecke die Aepfel, anstatt Citronat, mit fein geschnittenen Filee von Pistazi, in den Kreen gieb einen Spinaddopfen, damit er grün wird, du must aber etwas von dem Kreen weißer aufbehalten, und hernach die Aepfel damit füllen anstatt dem Eingemachten, in den weißen Kreen gieb ein wenig fein geschnittenen Citronat, mache hernach die Aepfel zurecht auf die nämliche Manier, wie schon vorher gemeldet worden.

Des Pommes a la Polonoise.

Aepfel auf Polnische Manier.

Nimm von den besten Aepfeln, schäle sie und schneide das Krebs davon, thu sie hernach auf ein sauberes Schneidbrett und schneide sie klein, aber nicht gar zu fein, thu sie nach diesem in ein Geschirr, thu daran ein Stücklein fein geschittenen Citronat, ein wenig fein gestoßenen Zimmet, eine Lemonischale auf dem Zucker abgerieben, ein wenig gestoßenen Zucker, eine Handvoll geriebene Semmel, 3 Eyerklar, rühre alles untereinander, setze ein Schmalz auf das Feuer, und mache auf diese Aepfel einen Form rund, so groß oder lang wie ein Ey, bache sie schön braun aus, nach diesem thu sie in einen Kastrol mit rothen Wein und Zucker, ein Stücklein Zimmet, laß sie kochen bis sie durchaus gekocht sind und die Sauce kurz wird, richte sie nachmals an, und servire sie mit Cruton garnirt.

D'une

D'une autre Maniere.

Auf eine andere Manier.

Es müßen auch von den allerbesten Aepfeln seyn, nachdem sie geschält sind, thu sie fein Blättleinweiß schneiden, thu sie in ein Geschirr mit Wein, Zimmet und Lemonischalen auf dem Zucker abgerieben, thu nach diesem ein schwarzes Brod reiben und im Butter rösten, nachmals nimm einen kleinen Kastrol die Größe von der Schüssel, bestreiche es mit Butter, hernach fange an zu legen, eine Leg von dem geröstenen Brod, nachdem eine Leg Aepfel, dieses thu solang, bis du die Größe hast wie du sie haben willst, nach diesem gieß den Wein daran wo die Aepfel gelegen sind, er muß aber süß von Zucker seyn, setz es in Ofen und laß es bachen, wenn es Zeit ist zu serviren, thu es aus dem Ofen, stürz es auf die Schüssel, reibe ein wenig Zucker darüber, und servire es zur Tafel.

Des Pommes au four.

Aepfel im Ofen.

Du kannst nach deinem Belieben Aepfel nehmen, wenn es nur saure sind, nachdem sie sauber geschält sind, thu sie in der Mitte voneinander schneiden und das Kröbs heraus, bestreiche eine Tortenpfanne mit frischen Butter, lege die Aepfel darauf, bestreue sie mit Zucker und Zimmet, auch mache fein etliche bittere Mandellaiblein und etliche Biscotten, bestreue sie auch damit, und setze sie hernach in Ofen, laß sie Farb nehmen, gieß nachdem ein wenig weißen Wein mit ein wenig Zucker

auf

auf dem Boden, setz sie wiederum in Ofen und laß aufkochen, richte sie nach diesem sauber an, und servire sie zur Tafel.

Des Pommes a la Saxe.

Aepfel auf Sächsisch.

Nimm Maschanzker oder Borstorfer, oder andere gute Aepfel, thu sie in der Mitte auchöhlern und hernach schälen, setze ein Wasser mit Wein, Zucker, Zimmet und Lemonischalen auf das Feuer und laß kochen, thu die Aepfel hinein, und laß sie halb kochen, thu sie nach diesem auf ein Sieb und laß sie ablaufen, nimm bittere Mandellaiblein, etliche Biscuit, Citronat, etliche harte Eyerdottern, ein wenig feinen Zimmet, stoße alles dieses fein, faschire die Aepfel damit, setze sie auf die Schüssel, schneide nachdem feine Filee von Pistazi, Mandel und Citronat, spicke die Aepfel damit, laß den Syrop, den die Aepfel gekocht haben, einkochen, wenn er kurz ist, so gieß ihn über die Aepfel, setz sie in Ofen und laß sie gar fertig werden, nachdem servire sie also warmer.

Des Pommes en Compôte.

Ein Compot von Aepfeln.

Diese müßen von den besten Aepfeln seyn, schäle sie schön gleich und zugleich in ein frisches Wasser mit weißen Wein, Zimmet, Zucker und eine Lemonischalen, setze sie hernach auf das Feuer, und laß sie sieden, bis sie lind sind, thu sie heraus auf ein Sieb, und laß sie sauber ablaufen, richte sie nachmals schön auf deine Schüssel an, laß den Syrop

Syrop ganz kurz einkochen, auf die letzte drücke den Saft von einer halben Lemoni hinein, und laß ihn kalt werden, so wird er wie eine Sulz werden, steche ihn nachgehends mit einem Löffel aus auf die Aepfel herum, und hernach zur Tafel servirt, du kannst auch auf diese Manier die Aepfel ganzer geben, nur in der Mitte ausgehöhlert, du kannst auch die Aepfel wiederum in Syrop legen, wenn er kurz ist, und nach diesem nochmal kochen lassen, nachdem schön anrichten und den Syrop darüber gießen, auch kannst du das Compot mit Turnesol roth machen, du darfst nur auf die letzte einen Fleck hinein thun, einmal mit aufsieden lassen, so wird es roth genug werden. Wenn man ein weißes Birncompot machen will, so muß es auch auf die nämliche Art gemacht werden, nur daß die Birne sich nicht sulzen, so thut man sie wiederum auf die letzte, wenn der Syrop kurz ist, hinein, und läßt sie einsieden, hernach den Lemonisaft daran drücken, willst du aber die Birn gesulzt haben, so must du Maschanzker oder Borstorferäpfel dazu nehmen, hernach kannst du sie sulzen. Die Birne schön roth zu machen, wie auch die Quitten: sie müßen in einem Häfelein oder Kesselein, welches wohl zugedeckt seyn muß, sieden, und dieses lang, so werden sie so roth werden, als wenn sie gefärbt wären; wenn du aber ein Compot von Apricot oder Pfirsisch machest, so müßen die Kerne auch dabey seyn, nachdem sie sauber geschält sind, denn die Kerne geben den guten Gusto.

Une Tourte a la Saxe.

Eine Torte auf Sächsisch.

Mache einen guten mürben Teig ohne Zucker, von dem Teig mache ein Blatt so groß du haben willst für deine Schüssel, mache von dem nämlichen Teig ein kleines Reiflein herum, nicht dick, hoch wie ein Finger, schäle die Aepfel, und lege sie in den Teig hinein, bestreue sie nach diesem dick mit gestoßenem Zucker, gieb ein Stücklein Zimmet dazu, eine Lemonischalen und ein wenig weißen Wein, setz sie in Ofen und laß sie bachen, thu hernach den Zimmet und die Schalen davon nehmen. Auf diese Manier kannst du es auch von allen Sorten Früchten machen, als nur bey den Apricots und Pfirsichen thust du die Kerne dazu, von Weichseln, Kirschen, Erdbeeren wird alles auf die nämliche Manier gemacht, die Weichseln und Kirschen mit sammt den Steinen; an die Apricots oder Pfirsiche aber ist es gut, wenn du ein kleines Gläslein voll Pomeranzenrosoli gießest.

Tourtelettes d' Amandes.

Kleine aufgesetzte Mandeltourtelette.

Mache von dem feinen Mandelteig, welcher auf dem Feuer abgetrücknet wird, wie schon gemeldet ist bey den Croquant zu machen, kleine Abbes, thu ein rundes oder ein Herz ausstechen, hernach mache feine Bändlein, wie ein starker Finger breit, setze das mit Eyerklar auf, aber schön gleich, setze sie nachmals in einen Ofen, welcher schier seine völlige Hitze verlohren hat, laß sie nur ums Kennen ein

wenig

wenig gelb werden, thu sie heraus, wenn sie kalt sind, so fülle sie mit Eingemachten an, oder auch mit Sulz oder Kreen.

De paté frole.

Einen mürben Teig.

Thu ein Pfund Butter in einen Kastrol mit einem halben Pfund fein gestoßenen Mandeln, treibe diesen Butter und Mandel mit 5 Eyerdottern gut ab, thu ein halb Pfund Mehl mit eiñ halb Pfund Zucker und ein wenig fein gestoßenen Zimmet auf ein Bachbrett, thu diesen Butter dazu und mache einen Teig daraus, auf den Teig kannst du allerhand machen, wie auch eine Torte mit eingemacht, oder auch kleine Bachereyen, du kannst auch unter den Teig mischen etliche hartgesottene Eyerdottern, etliche fein gestoßene bittere Mandellaiblein mit einem Stücklein fein geschnittenen Citronat, mache nachdem kleine Kränzlein daraus, bestreiche sie mit Wasser, überstreue sie mit Zucker, und laß sie im Ofen schön ausbachen.

De Paté Royale.

Einen Brandteig.

Setze ein Quart oder Seidlein weißen Wein mit einem Stücklein frischen Butter, so groß wie ein Ey, auf das Feuer und laß sieden, gieb auch die Schalen von einer Lemoni und ein Stück Zimmet hinein, thu dieses, nachdem es gesotten hat, wiederum heraus, und rühre hernach ein feines Mehl solang hinein, bis es einen starken Teig giebt, drücke ihn recht auf dem Feuer, nachdem rühre

4 gan=

4 ganze Eyer daran und 8 Dottern, wenn er recht abgerührt ist, thu Zucker dazu, mache aus diesem Teig was dir gefällt, er ist gut im Ofen und auch gut zum Bachen im Schmalz, im Ofen mache kleine Köcherlein, groß wie eine welsche Nuß, auf ein Blech mit Butter bestrichen, drücke sie ein wenig platt, und thu in die Mitte eingemachte Weichseln oder sonst etwas, aus diesem Teig kannst du auch kleine Kränzlein machen, mit Eyern bestreichen und hernach in einen Ofen thun, welcher nicht mehr heiß ist, sondern daß sie nur ganz stät bachen, bis sie schöne Farbe haben, auf solche Manier kannst du mehrere Façons daraus machen, und auf allerhand Manier.

Des Bouchées de Fames.

Kleine Kräpflein im Schmalz ausgebachen.

Thu in einen Mörser ein viertel Pfund Ochsenmark, 4 hart gesottene Eyerdotter, 6 bittere Mandellaiblein, 6 Biscuit, ein Stück Citronat, ein wenig fein gestoßenen Zimmet, einen Apfel, welcher im Compot gemacht ist, und ein wenig Zucker, stoße dieses alles fein, hernach mache mit Zucker einen mürben Teig, treibe ihn fein aus, theile diese gestoßene Massa in kleine Stücklein, so groß eine welsche oder Haselnuß ist, bestreiche es mit Eyern und mache ein Blatt darüber, nimm einen Ausstecher, welcher just die Größe von diesem Teig hat, der Ausstecher muß in der Mitte hohl seyn, weil das Faschirte hineingehen muß, mache soviel du vonnöthen hast, bache sie nach diesem im

Schmalz

Schmalz schön aus, richte sie an, und bestreue sie mit Zucker.

Des Risolles.

Kleine Schneekräpflein.

Mache einen mürben Teig ohne Zucker, treibe diesen recht fein aus, thu hernach, wie der Teig ist, in der Länge das Eingemachte austheilen, so groß wie eine Haselnuß, schlage den Teig über, thu sie nach diesem mit dem Bachratter ausschneiden und schön im Schmalz ausbachen, auch mit Zucker bestreuen und serviren.

Des Caisses a l' Angloise.

Kapseln auf Englisch.

Thu in einen Kastrol ein Pfund Butter, rühre ihn wohl ab mit 6 Eyerdottern ohne Weiß, thu auch ein halb Pfund Zucker dazu, ein wenig gestoßenen Zimmet, von einer Lemoni die Schalen abgerieben, drey viertel Pfund Mehl, ein viertel Pfund Weinbeer, ein Stück Citronat fein geschnitten, dieses alles wohl abgerührt, schlage von den 6 Eyerklar einen Schnee, rühre ihn auf die letzte hinein, mache kleine Kastrol von Papier, als wie für die Bisgoten, thu den Teig hinein und laß ihn stät ausbachen, wenn du sie servirest, so thu sie von dem Papier abschneiden und zur Tafel serviren.

Une Tourte a l' Italienne.

Eine Torte auf Italiänisch.

Mache einen süßen Dopfen von einer guten Milch, wo der Rahm noch dabey ist, laß ihn gut ablaufen, thu diesen Dopfen darnach in ein Geschirr, rühre ihn mit etlichen Eyerdottern ab, thu fein gestoßenen Zimmet dazu, ein Stück Citronat fein geschnitten, ein wenig Pomeranzenblüth, etliche bittere Mandellaiblein und etliche Biscuit, auch eine Handvoll gestoßenen Zucker, rühre dieses alles zusammen wohl ab, nachdem thu auf ein Schneidbrett Mehl, soviel du in 2 Händen halten kannst, ein ganzes Ey, und ein Bröcklein Butter, nimm ein laulichtes Wasser, ein wenig Salz, mache den Teig damit an, und arbeite ihn soviel dir es möglich ist, mache hernach 10 Stücklein daraus, treibe den Teig Blättleinweiß aus, laß einen frischen Butter zergehen, bestreiche eine Schüssel oder Tortenpfanne damit, treib das erste Blatt mit der Hand aus, auf die Schüssel thu den Butter mit einer Feder betropfen, mache es wiederum so fort bis 4 Blätter sind, thu nach diesem den abgerührten Dopfen hinein, und bedecke ihn mit den andern Blättern, wie du es Anfangs gemacht hast, mache nachmals ein Messer warm, schneide mit diesem Messer die Torten rund, schneide oben auch etwas darauf, und laß sie hernach im Ofen stät bachen, daß sie schöne Farbe bekommt, wenn du sie servirest, so bestreue sie mit ein wenig feinem Zucker und nicht gar kalt.

Une Tourte aux Marrons.

Eine Torte von Kastanien.

Thu die Kastanien im Wein lind sieden, thu sie nachdem aus der Schale in ein Geschirr, zerrühre sie wohl, thu ein wenig fein gestoßenen Zimmet dazu, Zucker, eine abgeriebene Lemoni, etliche bittere Mandellaiblein und Bisgoten, und ein Gläslein guten Wein, rühre alles wohl ab, und mache die Torte, wie die vorhergehende zu machen explicirt worden ist.

Un Crême Royale.

Einen Königscrem.

Thu in einen Kastrol 6 bittere Mandellaiblein mit 12 Bisgoten, ein wenig gestoßenen Zimmet, eine Pomeranze auf dem Zucker abgerieben, wie auch eine Lemoni, thu dazu 8 Eyerdotter, eine halbe Bouteille Wein, ein viertel Pfund Zucker, laß eine Stunde weichen, hernach passire es durch ein Haartuch, gieß es auf eine Schüssel, wo du zu serviren hast, setz ihn in Ofen, und laß ihn zusammen gehen, thu ihn nachmals heraus und servire ihn kalt.

Un a la Turque.

Einen auf Türkisch.

Thu in einen Kastrol 12 Biscuit, eine abgeriebene Lemoni, ein wenig Zimmet und ein achtels Pfund Zucker, 3 ganze Eyer und 8 Dotter, zerrühre dieses alles, gieß ein halb Maaß süßen Rahm dazu, passire ihn durch ein Haartuch, gieß in die

Schüssel, setz in Ofen und laß zusammen gehen, servire ihn kalter, auch von Reiß kann er auf die nämliche Manier gemacht werden, thu ein viertel Pfund Reis recht wohl in süßen Rahm verkochen, anstatt der Bisgoten nimmst du den Reis, und machst den Crem auf die nämliche Manier.

Un a l' Angloise.

Einen auf Englisch.

Nimm einen sauber glasirten Hafen, oder einen kleinen Kessel, reibe eine süße Pomeranze hinein, wie auch eine Lemoni, schlage 8 Eyerdotter dazu, ein viertel Pfund Zucker, und deck es zu, stelle ein Glas Schampagner Wein mit ein Loth Hausenblattern und ein Stück Zimmet auf eine kleine Glut und laß sieden, nachdem wenn die Hausenblatter wohl verkocht ist, gieß noch ein Glas Schampagner Wein dazu, passire ihn in den Hasen durch ein Haarsieb, setz den Hafen auf eine Glut, die nicht zu stark ist, thu ihn mit einem Chocoladestrudel recht strudeln, bis er wie eine Chocolade anfängt zu famen, da must du eine Form präparirt haben, mit ein wenig süßen Mandelöl bestreichen, gieß den Crem hinein und laß ihn kalt werden, hernach löse ihn ringsherum ab, stürz ihn auf die Schüssel und servire ihn zur Tafel, von andern guten Weinen kannst du ihn auch machen auf die nämliche Manier, viele thun auch das Eyerklar zu Schnee schlagen, und wenn der Crem anfängt dick zu werden, so rühren sie das Eyerklar auch hinein, und gießen ihn hernach in den Model.

Un

Un au four a l' Angloise.

Einen im Ofen auf Englisch.

Thu alles dieses zusammen, was vorher gemeldet ist, als nur keine Hausenblattern, und nimm nur die Hälfte vom Wein, rühre ihn ab auf dem Feuer und gieß ihn in die Schüssel, laß ihn hernach kalt werden, bestreue ihn mit Zucker und setz ihn in einen heißen Ofen, daß er bald eine Glace bekommt, nach diesem laß ihn wiederum kalt werden.

Une Crême veloutée.

Einen Crem von Champagner.

Gieb in einen Hafen ein viertel Pfund Zucker, 8 Eyerdotter, ein Glas Schampagner Wein, dieser muß aber gut seyn, setz ihn auf eine kleine Glut, wenn es nun Zeit ist zu serviren, so thu ihn mit dem Chocoladestrudel recht strudeln, bis er Faum giebt, hernach gieß ihn gleich ins Becherlein, setz ihn auf die Schüssel und servire ihn recht warm, wenn du keine Becher hast, so kannst du ihn auch in der Schüssel serviren.

Une Crême au Ris a l' Italienne.

Einen Crem auf Italiänisch.

Du must ein feines weißes Mehl haben, hernach setze einen süßen Rahm auf das Feuer und laß ihn kochen mit einem Stück Zimmet und Zucker, streue das Mehl hinein, rühre beständig, es muß nicht zu dick seyn, wenn es wohl verkocht hat, so thu es auf die Seite, stoß ein wenig Pomeranzenblüth hinein, bestreiche einen Form mit ein wenig süßem Mandelöl, gieß den Crem hinein und laß ihn kalt werden, hernach stürze ihn um, garnire ihn mit Citronat, und servire ihn zur Tafel.

Un au Ris d'une autre Maniere.

Auf eine andere Manier.

Thu anderthalb Loth Hausenblattern in einem süßen Rahm kochen, wenn sie wohl verkocht ist, so thu diesen Rahm passiren, gieb ein halb Pfund Reis in einen Kastrol mit süßen Rahm und ein Stück Zimmet und Zucker, laß den Reis kochen, gieß den andern Rahm von der Hausenblattern auch dazu, setz ihn auf eine stäte Glut, und laß ihn stät kochen, der Reis wird allezeit in der Höhe einen Faum geben, welchen du mit einem Löffel abschöpfest in die Schüssel hinein, wo du den Crem zu serviren hast, schöpfe so viel hinein als es seyn muß, hernach thu das andere Weiche vom Reis hinweg, und thu mit einem Nudelscharrer die Rammeln ablösen und auf den Crem decken, bis der ganze Crem bedeckt ist, nach diesem reibe eine Lemoni auf dem Zucker ab, und reibe es ganz fein auf den Crem, alsdenn servire ihn kalter.

Un Blanc-manger.

Ein Blanmasche.

Siede eine Maaß süßen Rahm mit einem Stück von Kalbsfüßen oder Hausenblattern und ein Stücklein Zucker, auch ein Stücklein Zimmet, wenn er den vierten Theil eingesotten hat, so stell ihn auf die Seite, laß hernach ein viertel Pfund süße Mandeln mit etlichen bittern recht fein stoßen,

thu

thu nachdem die Mandeln mit dem Rahm abrühren, gieb ein wenig Pomeranzenblüthwasser dazu, und passire es nach diesem durch ein sauberes Haartuch oder Serviette, thu es in die Becher füllen, oder auf die Schüssel gießen und stehen lassen, sodenn kalter serviren.

Un Crême patissier.

Einen Bachmeistercrem.

Nimm soviel feines Mehl als du mit 8 Eyerdottern abrühren kannst, thu hernach ein halb Maaß süßen Rahm dazu, wie auch Zucker, ein Stücklein Zimmet und ein Stücklein frischen Butter, rühre diesen Crem auf dem Feuer gut ab, auf die Letzte gieb eine Lemonischalen hinein, thu sie nachdem auch wiederum davon und richte ihn auf die Schüssel an. Aus diesem nämlichen Crem wird der Crem brulle gemacht, gieb einen fein gestoßenen Zucker in die Schüssel, setz sie auf das Feuer, laß den Zucker zu Carmehl werden, gieß den Crem hernach hinein, und rühre ihn nicht überall herum, sondern er muß marmorirt bleiben weiß und braun, und wenn dieser Crem etwas stark gemacht wird, so ist er gut zum Ausbachen, in Eyern umgekehrt und mit geriebener Semmel bannirt, er ist auch gut in die Torten zu machen, es ist allezeit ein guter Crem.

Un aux Pistaches.

Einen von Pistazi.

Der Crem wird auf die nämliche Manier gemacht, nur daß die Pistazi durch ein Sieb passirt wer-

werden, und nachdem der Crem abgerührt ist, so thu die Pistazi mit ein wenig Spinaddopfen hinein rühren, damit er schön grün bleibt, und den Geschmack muß er von veritabeln Pistazi haben. Er wird auch von Pistazi auf eine andere Manier gemacht, als nämlich:- Thu die Pistazi recht fein stoßen, siede ein Maaß Rahm mit einem Stück Zucker, laß den vierten Theil einsieden, thu ihn vom Feuer, gieb die gestoßene Pistazi hinein mit einer Lemonischalen, und deck den Rahm zu, laß ihn alsdenn stehen bis er kalt wird, nur daß er ein klein wenig laulicht bleibt, passire ihn nachmals durch ein Haartuch, nimm von 6 Hühner- oder Kapaunenmägen die Häutlein, welche gedörrt oder getrücknet seyn müßen, diese stoße, werfe sie zu dem Rahm, rühre beständig, passire ihn 3mal durch ein Haartuch oder Serviette, thu hernach ein siedendes Wasser in einen Kastrol, welches die Größe von deiner Schüssel hat, setze sie darauf, gieß den Crem darein, decke diese Schüssel mit einer andern Schüssel zu, thu ein wenig Glut darauf und laß etwann eine gute Viertelstunde stehen, mache auf und blase in die Mitte von Crem, um zu sehen, ob er gestanden genug ist, nachdem setz ihn sehr stät in einen kühlen Ort und laß ihn stehen, bis er ausgekühlt ist, hernach wird er fest seyn, wie sichs gehört, willst du Crem in die Cremhäfelein machen, setze die Häfelein in einen Kastrol mit ein wenig siedendem Wasser auf ein wenig Glut, decke den Kastrol zu, und gieb ein wenig Glut darauf, laß sie stehen bis du siehest, daß der Crem gestanden hat oder ferm ist.

Une Crême glacée.

Einen glasirten Crem.

Mache den Crem mit Eyerdottern, wie vorher gemeldt, ohne Pistazi oder auch mit Pistazi, nachdem der Crem auf dem Feuer abgerührt ist, so gieb ihn auf die Schüssel, und laß ihn kalt werden, nachdem schneide von Papier etwas aus, einen Stern oder Adler, was dir gefällt, lege dieses Papier auf den Crem, bestreue nachmals den Crem mit Zucker und brenne ihn mit einer glüenden Schaufel, nachdem der Zucker gelb ist, thu das Papier davon, so bleibt dieses weiß, hernach kannst du von Biscuit und Mandelbacherey etwas nehmen, dieses fein machen und den Form auf deinen Crem damit schattiren.

Une Crême aux Oranges.

Einen Crem von Pomeranzen.

Richte diesen Crem mit Eyerdottern ein, wie schon vorher explicirt ist, gieb ein wenig Zimmet dazu, rühre ihn hernach auf dem Feuer ab, nach diesem reibe 3 süße Pomeranzen auf dem Zucker ab, nachmals in den Crem hinein und wohl abgerührt, richte ihn nachgehends auf die Schüssel, und thu ihn mit einem Stücklein eingemachten Pomeranzenschalen garniren und kalter zur Tafel serviren. Du kannst ihn auch auf diese Manier mit weißen Wein machen, auch kannst du den Crem von Pomeranzen auf die Manier machen, gleichwie den von Pistazi mit Kapaunenmägen, nur wenn der Rahm mit dem Zucker eingesotten hat, werfe von

2 .oder 3 Pomeranzen die Schalen hinein, und mache nach diesem den Crem, wie schon explicirt worden ist.

Une Créme au four.

Einen Crem im Ofen.

Nimm ein viertel Pfund Marmolat in eine Schüssel, koche ein viertel Pfund Zucker solang, bis er zu Carmehl wird, gieb den Zucker auch dazu, rühre beständig, schlage ein Eyerklar auf einen Teller, schlag es mit dem Messer wohl ab, thu es zu dem Marmolat, und dieses so oft, bis 8 Eyerklar hineingerührt werden, gleichwie das erste, es muß eine Stunde lang gerühret werden, thu einen blechernen Reif auf die Schüssel, gieß diesen Crem hinein, und laß ihn stät im Bachofen anziehen, wenn du diesen Crem servirest, so thu den Reif davon und servire ihn warmer, auf solche Manier kannst du von allen Sorten Früchten einen Crem machen, gleichwie den Crem von Eyerdottern mit süßen Rahm, gieb ihn auf die Schüssel, schlage noch 6 Eyerklar zu einen Schnee, thu ein wenig fein gestoßenen Zucker dazu, und eine Lemoni oder Pomeranzen auf dem Zucker abgerieben, thu hernach das Eyerklar oder den Schnee über den Crem, mache es mit dem Messer schön rund, und laß ihn im Ofen ganz stät ausbachen, auf solche Manier kannst du mehrere Sorten Crem machen.

Une Créme de fraises.

Einen Crem von Erdbeeren.

Siede ein Maaß süßen Rahm mit Zucker und

Zimmet und anderthalb Loth Hausenblattern, laß die Hälfte einsieden, nimm hernach eine halbe Maaß Erdbeer, passire sie durch ein feines Sieb, und thu den Rahm auch an die passirten Erdbeeren passiren, nachmals koste ob der Crem süß genug ist, gieb ihn auf die Schüssel oder in die Cremhäfelein, und laß ihn kalt werden.

Une aux Vanilles.

Einen von Vanilien.

Nimm eine Maaß süßen Rahm, thu ein viertel Pfund Zucker hinein, und laß ihn sieden, gieb auch einen Stengel Vanilien dazu, laß ihn ebenfalls solang mitsieden, bis fast die Hälfte einsiedet, setze den Rahm auf die Seite, bis er kalt wird, thu hernach den Vanili davon, stoße 6 Häutlein von Kapaunenmägen fein, und thu sie alle darein, allezeit gerührt und 3mal durchpassirt, nach diesem auf dem heißen Wasser fast warm werden lassen, wie ich schon bey den andern Crem explicirt habe. Man läßt auch den Zucker nicht mitsieden.

Une au Caffé.

Einen von Caffee.

Siede den Rahm mit Zucker, wie schon gemeldet ist, brenne ein achtels Pfund Caffee, nicht schwarz sondern schön braun, werfe ihn in Rahm und deck ihn gleich zu, laß ihn kalt werden, nach diesem passire die Caffeekörner weg, thu die Kapaunen oder Hühnermägen hinein, und mache ihn zurecht wie die andern Crem, welche schon erklärt sind.

Une

Une des fleurs d' Oranges.

Einen von Pomeranzenblüthen.

Siede den Crem, wie schon gemeldet ist, setze ihn vom Feuer, und werfe etwas überzuckerte Pomeranzenblüth hinein, laß ihn kalt werden, und mache ihn hernach mit den Mägen zurecht wie die andern Crem, aber nur allezeit Obacht gegeben, daß der Crem kein Wasser zieht, nur nicht knapp zugedeckt, denn er muß ein wenig Luft haben.

Une aux Roses.

Einen von Rosen.

Siede den Rahm auch wie bey den andern Cremen, mit ein wenig Zimmet, wenn du ihn vom Feuer thust, so gieb ein Stücklein Turnesol hinein und laß ihn kalt werden, hernach drücke den Turnesol aus, thu ein wenig Rosenwasser dazu, und mach den Crem zurecht gleichwie die andern.

Une au Cerfeuil.

Einen von Körbelkraut.

Siede den Rahm, wie bey den andern, mit ein klein wenig Zimmet, stoße hernach eine Handvoll Körbelkraut roher, thu es in ein sauberes Tüchlein, henk es in den Rahm und laß kalt werden, nachmals thu es davon, mache den Crem wie die andern zurecht, du kannst auch ein wenig fein gestoßene Mandeln dazu nehmen, so wird der Crem fetter.

Une aux Citrons.

Einen von Lemoni.

Siede anderthalb Loth Hausenblattern im Wein, gieb auch ein wenig Zimmet dazu, schneide von 3 Lemoni schön dünn die Schalen ab, und wenn du Hausenblattern gesotten hast, so werfe die Schalen hinein und deck es zu, schlage in einen Hafen 8 Eyerdotter, drücke den Saft von den 4 Lemoni hinein, passire den Wein auch dazu, wie auch Zucker, setz ihn auf eine Glut und strudle diesen Crem recht ab, nachdem gieß ihn in die Schüssel oder Becherlein, laß ihn kalt werden und servire ihn kalter.

Une au Chocolade.

Einen von Chocolade.

Mache einen Crem von 8 Eyerdottern, ein wenig feines Mehl, Zucker, Zimmet und süßen Rahm, rühre ihn auf dem Feuer wohl ab, zerschmelze hernach eine Tafel Chocolade auf ein kleines Feuer, schütte den Crem dazu und richte ihn auf die Schüssel, servire ihn alsdenn kalter. Du kannst auch etliche Eyerdotter in einen Hafen schlagen mit ein wenig süßen Rahm, ein wenig Zucker, und ein wenig Vanilien, thu dieses mit einem Besen schlagen, bis es Faum giebt; setze in einen kleinen Kastrol einen Rahm auf das Feuer und laß ihn sieden, wenn er siedet, so thu diesen Faum hinein und laß ihn aufkochen, thu ihn heraus auf ein Fließpapier mit einem Faumlöffel, laß ihn recht ablaufen, hernach wenn er kalt ist, so setze die-

diesen Faum mit dem Messer auf deinen Crem, es ist recht gut und sieht auch gut aus.

Gelées.

Schelee oder Sulzen.

Um die Schelee, oder Sulzen auf deutsch zu nennen, zu machen, kann man 3 Sorten Stand nehmen, Hausenblattern, oder von den Kalbsfüßen, auch von Kalbfleisch, welches die jetzige Manier ist zu machen, von den Hausenblattern ist ohnehin schon bekannt zu sieden, mit den Kalbsfüßen aber hab ich es gesehen, daß sie sie noch nicht alle recht machen, sondern sie setzen die Füße zu, wie sie aus der Bank kommen, mit sammt den Beinern, und das ist nicht gut, die Sulz wird gewiß keinen feinen Geschmack haben, sondern die Füße müßen von den Beinern ausgelößt werden, und hernach in einem siedenden Wasser einen Sud aufthun lassen, nachdem wiederum in frischem Wasser recht sauber auswaschen und zugesetzt, wohl versaumen und stät sieden lassen: wie aber heutigs Tages bey den vornehmsten Köchen der Gebrauch ist, so nehmen sie Kalbsknochen mit einer alten Henne, und lassen es kochen, gleichwie die Kalbsfüße, davon werden nachgehends die Sulzen gemacht, als wie die von dem Stand von den Kalbsfüßen oder Hausenblattern, dieses Fleisch ist theuer aber gut und gesund, es darf einem Kranken gegeben werden.

Une Gelée au Gresson.

Eine Sulz von Brunnenkreß.

Nimm eine kleine Handvoll Brunnenkreß, stoß ihn

ihn im Mörser, und preß ihn hernach durch ein Tuch, gieb in einen Kastrol eine halbe Bouteille weißen Wein mit ein wenig Zimmet, 3 Nägelein und ein wenig Muscatblüth, ein Stück Zucker und den Stand dazu, was du für einen willst, wie schon gemeldet ist, auch von dem Saft von Brunnenkreß, wie auch den Saft von 6 Lemoni, wenn dieses alles beysammen ist, schlage 5 Eyerklar in einen Kastrol, wenn die Eyerschalen sauber sind, wirf sie auch dazu, und rühre die Eyerklar hernach mit dieser Sulz ab, setz auf das Feuer, und laß sie ganz stät sieden, bis sich die Sulz gebrochen hat, spanne eine Serviette auf, und laß sie nachmals durchlaufen, die Farbe wird hell seyn aber nicht grün, der Gusto wird von Brunnenkreß auch gut seyn. Jetzt aber grün zu machen, wenn die Sulz durchgeloffen ist, so nimm die Schüssel, wo du serviren willst, bestreiche sie mit Berlinerblau, aber nicht zu viel, gieß deine Sulz hinein, nach diesem thu in ein feines Flecklein ein wenig Wienersaffran, tunke dieses in die Sulz und drücke ein wenig daran, so wirst du sehen, daß die Sulz grün wird als wie ein Smaragd, dann ist sie gut und schön, und die Farbe ist nicht zu befürchten.

Une de Groseilles vertes.

Eine von grünen Stachelbeeren.

Die Beere werden ausgedrückt, gleichwie der Brunnenkreß, und die Sulz wird gemacht alles auf die nämliche Manier, gleichwie die Brunnenkreßsulz, auch grün auf die nämliche Manier.

Une de Cerisses griottes.

Eine von Weichseln.

Nimm anderthalb Pfund Weichseln, thu sie im Mörser stoßen, um aber noch besser zu machen, so must du sie einen Tag vorher, nachdem sie gestoßen sind, in ein irrdenes Geschirr thun, eine halbe Bouteille rothen Wein daran gießen, und ein Stücklein Zimmet dazu thun, decke sie knapp zu bis den andern Tag, passire sie durch ein Haartuch, drücke die Lemoni dazu, gieb auch 3 Nägelein, ein Stück Zucker und den Stand, was es vonnöthen hat, dazu, rühre hernach die Sulz mit den Eyerklar ab, wie schon bey den andern explicirt ist, und servire sie nach Belieben.

Une de Fraises.

Eine von Erdbeeren.

Nimm auch soviel Erdbeere als Weichsel, zerdrücke sie, nimm auch das nämliche Quantum Wein dazu, und mache sie auf die nämliche Manier, gleichwie die Weichselsulz.

Une de Groseilles.

Eine von Johannisbeeren.

Diese Beere werden gesotten und hernach passirt, da darf kein Lemonisaft dazu genommen werden, weil sie ohnedem sauer genug sind, sondern nur der Wein, und wird auf die nämliche Manier gemacht, gleichwie die andern Sulzen.

Une

Une de Bergamotte.

Eine von Bergamott.

Thu ein Bergamott mit dem Messer in den Wein hinein abreiben, und laß eine Stunde stehen, thu nachdem die Schalen abseigen, drücke den Saft von der Bergamotte dazu, wie auch die 6 Lemoni, und mache die Sulz zurecht, gleichwie die andern.

Une de Citrons.

Eine von Lemoni.

Thu von ein paar Lemoni die Schalen abreiben, thu gleich den Saft, den Wein, den Stand und Zucker alles zusammen, wie bey den andern Sulzen, diese Lemonischalen dürfen mitkochen, thu die Sulz mit Eyerklar abklären, wie schon explicirt ist.

Une d' Oranges clairs.

Eine von Pomeranzenklar.

Diese Sulz wird gemacht gleich auf die nämliche Manier, wie die von Lemoni, nur daß die 3 Pomeranzen mit dem Messer abgekiebelt werden, und der Saft wird nachgenommen wie zu den 6 Lemoni und auch etwas Blättlein Saffran.

Une d' Oranges a la françoise.

Eine auf Französische Manier.

Reibe 4 süße Pomeranzen auf dem Zucker ab in einen Kastrol, drücke den Saft hernach auch dazu, wie auch den Saft von 6 Lemoni, gieß den Wein dazu, den Stand rühre mit einem Eyerklar ab, gieb den Zucker hinein und laß ihn kochen, damit der Faum davon geht, passire ihn nach diesem schön klar an die Pomeranzen, die du schon mit dem Wein präparirt hast, rühre sie nachdem mit einem Anrichtlöffel auf, bis sie recht kalt wird, hernach gieß die Sulz in eine Schüssel oder Schale, oder auch in die Häfelein, wo du sie serviren willst.

Une d'Apricots.

Eine von Apricosen.

Setze die Apricosen in die halbe Bouteille Wein auf das Feuer, und laß sie einen Sud aufthun, nimm sie wieder aus dem Wein und häutle sie ab, die Haut thu wiederum in den Wein hinein, schneide die Apricosen in der Mitte voneinander, thu sie auf einen Teller, schlage die Kern voneinander, gieb die Schalen auch in den Wein hinein, schäle die Kern schön weiß, nimm hernach ein Stück Zucker, was zu der Sulz gehört, passire von dem Wein daran, und laß ihn kochen, bis der Zucker verfaumt ist, nachdem gieb die Apricosen hinein mit sammt den Kernen, wie auch ein Stücklein Zimmet und die Schalen von einer Lemoni, laß sie kochen, bis sie lind sind, nachdem thu sie heraus auf ein Sieb und laß sie ablaufen, thu nachdem den gekochten Zucker an den übrigen Wein gießen, drücke den Saft von den Lemoni dazu, und clarificire nachmals deine Sulz auf die nämliche Manier, gleichwie die andern Sulzen, nimm nach diesem die Schüssel oder Schalen, wo wo du die Sulz serviren willst, richte die gekochten Apricosen hinein, und stecke in eine jede halbe Apricose einen halben Kern hinein, gieß nachmals ein wenig von der klaren Sulz daran, und laß sie auf einem Eis stehen, bis sie angezogen haben, hernach gieß die andere Sulz, wenn sie recht kalt ist, darüber, und laß stehen, sie wird klar und gut seyn.

Une de Pêches.

Eine von Pfirsich.

Diese Sulz wird auf die nämliche Manier gemacht, nicht mehr und auch nicht weniger, und auch von mehrern Früchten können sie gemacht werden auf diese Manier, sie werden allezeit schön und gut seyn, man muß sich nur nach der Zeit richten, wie die Früchte zeitig werden.

Une de Melon.

Eine von Wassermelonen.

Schneide die Wassermelone voneinander, und thu etwas von dem Mark auf ein sauberes Sieb, damit das Wasser etwas ablauft, das übrige mit sammt den Kernen thu in einen Kastrol mit sammt dem Wein, dem Stand, Lemoni, Zimmet und alles, wie bey den andern Sulzen, thu sie nachmals clarificiren, wie die andern Sulzen, gieß sie in die Schüssel oder Schalen, und thu das Mark von der Wassermelone, was du aufbehalten hast, dazu und laß sie stehen, hast du aber den Form von einer Wassermelone, so mache etwas von der Sulz grün, wie schon bey den andern grünen Sulzen expli-

explicirt worden ist, thu nachdem die 2 halbe Form auf ein Eis legen, die Form must du vorher mit süßen Mandelöl bestreichen, und die Sulz muß von Stand stärker seyn, als bey den andern Sulzen, gieß hernach den Form an mit der grünen Sulz, wenn nun die grüne Sulz in der Form gut gestanden ist, so thu die übrige Sulz mit dem Mark von der Wassermelone einfüllen, aber diese muß auch schön halb gestanden seyn, und gleichwie die Melone schwarze Körner hat, so thu von Chocoladelaiblein etwas klein zerschneiden, von der Größe wie die Kerne, und gieb einige in die Mitte hinein, und mache die beyden Formen gut zu, verwahre sie wohl mit Papier, und thu sie in das Eis, daß sie recht fest stehen, wenn du sie servirest, so darfst du sie in kein warmes Wasser thun, sondern du kannst sie so aus dem Form nehmen, nur aber ein wenig behutsam mit umgehen, auf solche Manier, wenn du die Form hast, kannst du auch andere Früchte machen von Sulz, gleichwie eine andere Melone auch und Weintrauben, nur ist wohl zu beobachten, den Form und Gusto von den Früchten zu geben, wie ich schon explicirt habe.

Une de Melone a l'Espagnole.

Eines von den spanischen Melonen.

Schneide von den Melonen das Gute heraus, reibe es auf einem Riebeisen, gieß den Wein daran, und laß ihn eine Stunde stehen, hernach presse es durch eine Serviette, und mache deine Sulz, gleichwie die andern, bey dieser Sulz müßen auch etliche

etliche Blättlein Saffran seyn wegen der Farbe, du kannst sie nachdem auf eine Schüssel oder Schale geben, oder auch in Form machen, die Schale ist grünlicht, und gelb gegattert, diese Faden werden von ein paar Eyergelb gemacht, welches du in ein siedendes Wasser laufen lässest, so giebt es recht feine Fäden, nimm sie heraus auf eine Serviette, thu deinen Form mit süßen Mandelöl bestreichen, überziehe ihn mit diesen Fäden, lege ihn auf das Eis, und gieb ihm die Farbe mit grüner und gelber Sulz, füll ihn nach diesem an, wie schon bey den andern hinlänglich erkläret worden ist.

Une de Raisins.

Eine von Weintrauben.

Diese Weintrauben müßen Muscateller seyn, und die Quantität was eine halbe Bouteille Wein ausmacht, diese kannst du durch ein feines Haarsieb oder Serviette pressen, und hernach deine Sulz auf die nämliche Manier, wie die andern machen, willst du sie aber roth machen, so kannst du sie mit Turnesol färben, oder auch mit schwarzen Hollersaft, auch mit Holler selbst, denn der Holler macht hochroth.

Ich hätte noch mehrere Crem und Sulzen hier angemerket, aber so will ich noch einige aufbehalten, wie auch mehrere Entremets für das zweyte Buch, so ich von Fastenspeisen machen werde, gleichwie dieses von Fleisch handelt. Und wenn ich vernehme, daß meine kleine Arbeit angenehm ist; so so will ich mich um desto mehr befleißen, auch eine Ehre mit dem zweyten Theile einzulegen.

Hier folgen meine Menûs oder Küchenzettel, wie man heutigs Tages auf mehrere Manier, und nach der Sai on oder Jahrszeit servirt, sie sind, wie sichs gehört, die Herren zu bedienen, nach der Ordnung, auch so eingerichtet, daß sich die jungen Herren Köche und Köchinnen wohl darnach richten können, besonders die Herren Controlleurs, daß sie in einer Geschwindigkeit, ohne viel nachzudenken, nach ihrem Belieben einen Speiszettel aufsetzen können, gleichwie hier folget von 8 bis mehreren Couverts, oder zu deutsch, auf so viele Personen. Es sind keine andere, als solche Speisen hier angesetzt, wie sie in gegenwärtigen Buch gefunden, die Namen, wie sie gemacht und auch servirt werden. Die Speisen müßen sich alle in ihrer Ordnung zusammen accordiren, nicht daß ein Stück hoch ist und das andere klein, sondern was zusammen gehöret muß accurat auf einander gehen, wie folgen wird.

Un Menü pour 8 Couverts a la Françoise au Printems.

Für 8 Personen auf französisch auf das Frühjahr.

Un Potage de santé. Eine Kräutersuppe.
Des petites bouches a la Reine. Kleine Pastetlein.

Des Och-

De palais de Bœuf a la Neubauer.	Ochsengaum in Bechern.
Piece de Bœuf pour relever la soupe.	Das Rindfleisch für die Suppen auszuwechseln.
Seconde Service.	**Zweyter Service.**
Un Fricandeau glacé.	Ein Fricando glasirt.
Des poulets a la peluche.	Hühnlein mit klarer Sauce.
Une Bechamelle au ris.	Ein Beschamell mit Reis.
Troisieme Service.	**Dritter Service.**
Un levreau pour roti.	Einen jungen Hasen für einen Braten.
D' Epinards a l' Italienne.	Spinad auf Italiänisch.
Une Crême au Cerfeuil.	Einen Crem von Körbelkraut.
Un Service a l'Angloise.	**Einen Service auf Englisch.**
Un Potage de pois a l'angloise.	Eine Erbsensuppe auf Englisch.
De petits patés a la Bechamelle.	Kleine Pasterlein mit Beschamell.
Grenatins a la Chicorée.	Granatin mit Cichori.
Un Rosbif pour relever la soupe.	Einen englischen Braten für die Suppe auszuwechseln.
Seconde Service.	**Zweyter Service.**
Une Selle de Chevreuil pour roti.	Einen Rehzehmer zum Braten.

Un Salad verd.	Einen grünen Salat.
Un Salad a l' Italienne.	Einen italiänischen Salat.
Troisieme Service.	**Dritter Service.**
Un Jambon au milieu.	Einen Schunken in der Mitte.
Un Boudin au four.	Einen Boudin im Ofen.
Une Crême a l' angloise.	Einen Crem auf englisch.
Un Service a l' Allemande.	Einen Service auf deutsch.
Un Potage clair aux houblons.	Eine klare Suppe von Hopfen.
Un piece de Bœuf.	Ein Stück Rindfleisch.
De choux crouttes garni de cervelats.	Sauerkraut mit Bratwürsten.
Seconde Service.	**Zweyte Tracht.**
Une Timbale de Macaroni.	Einen Timbal von Macaroni.
Un quarré de Veau a l' oseille.	Ein Quarre von Kalbfleisch mit sauern Rahm.
Un de Poulets a l' Allemande.	Eines von Hühnern auf deutsch.
Troisieme Service.	**Dritte Tracht.**
Des Becasses pour roti.	Schnepfen für Braten.
Des Asperges a la Sauce blanche.	Spargel mit weißer Sauce.
Une Gelée d' Oranges.	Eine Pomeranzensulz.

Un

Un Menû pour 12 Couverts a la Françoise.

Einen Kuchenzettel für 12 Personen auf französisch.

Un Potage au Pourpier.	Eine Suppe von Portulak.
Un Potage au ris a la Reine pour relever les Soupes.	Eine weiße Coulissuppe mit Reis die Suppen auszuwechseln.
Une Piece de Bœuf.	Das Rindfleisch.
Une Longe de Veau a la Crême.	Einen Nierenbraten mit Rahm.
Pour 2 Flancs.	Auf die 2 Seiten.
Une Tourte de pigeons	Eine Butterpastete von Tauben.
Une de Knefs a la Bechamelle.	Weißer Fasch mit Beschamell.
Quatre Entrées.	Vier Eingemachte.
Une de ris de Veau glacé.	Gespickte Brüs glasirt.
Une de palais de Bœuf a la poulette.	Ochsengaum weiß mit Petersill.
Une de Poulets a l' espic.	Hühnlein mit klarer Bertramsauce.
Un Fricandeau d' epinards.	Ein Fricando mit Spinad.
4 Assiettes.	4 Teller.
Un de beurre.	Ein mit Butter.
Un de raifort.	Ein mit Rettich.
Un de Cornichons.	Ein mit Cucumern.
Un de Betterave.	Ein mit rothen Ruben.

Seconde Service.	Zweyte Tracht.
2 *Rôtis.*	2 Braten.
Un de Becasses.	Ein von Schnepfen.
Un de Cabri.	Ein von Küßlein.
2 *Flanc.*	2 auf die Seiten.
Un Croquante.	Einen Croquant.
Un paté froids.	Eine kalte Pastete.
4 *Entremets.*	4 Entremets.
Un d'epinard au four.	Einen Spinad im Ofen.
Un de choux fleurs Sauce blanche.	Carviol mit weißer Sauce.
Une Crême aux pistaches.	Einen Crem von Pistazi.
Une Gelée de Citrons.	Eine Sulz von Lemoni.
4 *Assiettes.*	4 Teller.
2 *de Salade.*	2 von Salat.
Un de Canapée.	Ein mit Canapee.
Un des Olives.	Ein von Oliven.

Un Menû pour 12 Couverts a l' Angloise.

Eine Tafel für 12 Personen auf Englisch.

Un Potage de pois.	Eine Erbsensuppe.
Un potage de Santé.	Eine Kräutersuppe.
Un rumpf de Bœuf au milieu.	Ein Rumpfböf in Mitte.
Un tête de Veau a l' Angloise.	Einen Kalbskopf Englisch.
Un de Becasses au Salmi entier.	Schnepfen ganzer Salmi.
4 *Assiettes.*	4 Teller.
Un au raifort sauvage.	Ein von rohen Kreen.

Un Ein

Un de Cornichons.	Ein mit Cucumern.
Un de Raiforts.	Ein mit Rettich.
Un au beurre.	Ein mit Butter.
Pour relever le potage.	Für die Suppen auszuwechseln.
Un Rosbif a l'angloise.	Einen englischen Braten.
Un quissons de Cochon salé garni aux choux.	Einen gesalzenen Schweinschlegel mit Würsing oder Kölch garnirt.
Seconde Service.	Zweyte Tracht.
2 *Rôti.*	2 Braten.
Un de Levreau.	Ein von jungen Hasen.
Un de Poulets.	Ein von jungen Hühnern.
Un Jambon au milieu.	Einen Schunken in der Mitte.
Un Boudin bouilli.	Einen gesottenen Boudin.
Un des Ecrevisses a l' Angloise.	Krebse auf Englisch.
4 *Assiettes.*	4 Teller.
2 de Salade verd.	2 von grünen Salat.
2 de Salad'a l'Italienne.	2 von welschen Salat.
Troisieme Service.	Dritter Gang.
Un Croquant au milieu.	Einen Croquant in der Mitte.
Un des houblons.	Ein von Hopfen.
Un de Morils.	Ein von Maurachen.
Une Gelée des Oranges.	Eine Sulz von Pomeranzen.
Une Crême de Vin de Champagne.	Einen Champagnercrem.

4 *As-* 4 Tel-

4 *Assiettes.*	4 Teller.
Un de Triffes.	Ein von Triffeln.
Un de Champignons.	Ein von Schambinion.
Un d' Abbesses d' Amandes.	Aufgesetzte Abbes von Mandeln.
Un de Feuiltage.	Ein von Butterteig.

Un Menû pour 12 Couverts a l' Allemande.

Eine Tafel für 12 Personen auf deutsch.

Un Potage de santé.	Eine Kräutersuppe.
Un Potage a la Reine.	Eine weiße Coulissuppe.
Une piece de Bœuf au milieu.	Das Rindfleisch in der Mitte.
2 *Flant.*	2 auf der Seite.
Un Surtout de ris.	Einen Sürtut von Reis.
Un de Choux crouttes garni.	Ein von Sauerkraut garnirt.
4 *Entrées.*	4 Eingemachte.
Un de poulets a l' Estragon.	Hühner mit Bertram.
Un de pigeons aux fines herbes.	Tauben mit feinen Kräutern.
Un de petits patés a l' espagnol.	Kleine spanische Pastetlein.
Un de Craquet.	ein Beschamell gebachen.
4 *Assiettes.*	4 Teller.
Un de raifort sauvage.	Ein von Kreen.
Un de raves.	Ein von Rettich.
Un de beurre.	Ein von Butter.
Un de pain bis.	Ein von schwarzen Brod
Seconde Service.	Zweyter Gang.
Un Gateau a la broche au milieu.	Einen Spießkuchen in die Mitte.

2 Rô-　　2 Bra-

2 *Rôtis.*	2 Braten.
Un de Longe de Veau.	Einen Nierenbraten.
Un de Becassins.	Ein von Schnepfen.
2 *Flanc.*	2 Seiten.
Une Crême au Vanilli.	Einen Crem von Vanilien.
Une Gelée de Citrons.	Eine Sulz von Lemoni.
4 *Entremets.*	4 Entremets.
4 *Assiettes.*	4 Teller.
Un des Asperges.	Eines von Spargel.
Un des Epinards.	Eines von Spinad.
Un des Morils.	Eines von Maurachen.
Un des houblons.	Eines von Hopfen.

Un Menû pour 18 Couverts.

Eine Tafel für 18 Personen.

Un Potage au pointe d' Asperges.	Eine Suppe von Spargel.
Un Potage au ris a l' Italienne.	Eine Reissuppe auf Italiänisch.
2 *pour relever.*	Für die Suppe auszuwechseln.
Un piece de Bœuf.	Das Rindfleisch.
Un quartier de Veau a la Kœnigseck.	Ein Kalbsviertel mit Rahm.
2 *Terrines.*	2 Töpfe.
Un de piés d' agneau au verd.	Lammsfüße mit grüner Sauce.
Un de Chou frisé avec de petits salés.	Köhl mit Kaiserfleisch.
4 *Horsd'œvres.*	4 Voressen.
Un de petits patés a la Bechamelle.	Kleine Pastetlein mit Beschamell.

Un Würste

Un de Boudins aux Ecrevisses.	Würste von Krebsen.
Un de Craquettes melées.	Craquett von allerhand.
Un de Cotelettes.	Kleine silberne Spiesel auf dem Rost.
4 *Entrées.*	4 Eingemachte.
Un de poulets au printems.	Junge Hühner mit klarer Sauce.
Un de pigeons au moril.	Tauben mit Maurachen.
Un Fricandeau a l'Oseille.	Ein Fricando mit Sauerampfer.
Un des Epaules d'Agneau au Rolade.	Lammsbügel rollirt.
4 *Assiettes.*	4 Teller.
Un au beure.	Ein mit Butter.
Un de Cornichons.	Ein mit Cucumern.
Un au Cervelade.	Ein mit Cervelatwürsten.
Un au radics.	Ein mit kleinen Rettich.
Seconde Service.	Zweyter Gang.
4 *Rôtis.*	4 Braten.
Un de Chevreuil.	Ein von Rehzemmer.
Un de Levreau.	Ein von jungen Hasen.
Un d' Oisons.	Ein von jungen Gänsen.
Un de Poulardes.	Ein von Polarden.
4 *gros Pieces.*	4 große Stücke.
Un Jambon.	Einen Schunken.
Un Bouillon d' Ecrevisses.	Gesottene große Krebse.
Un Roché.	Ein Berg von Mandeln.
Un Croquant.	Ein Croquant.

4 *En-* 4 En-

4 *Entremets.*	4 Entremets.
Un d' Asperges.	Ein von Spargel.
Un des Haricots verds.	Ein von grünen Fisolen.
Un des Truffes.	Ein von Triffel.
Un des Houblons.	Ein von Hopfen.
4 *Assiettes.*	4 Teller.
Un des Pommes a la Dauphine.	Aepfel mit Crem.
Un de bouchées de femmes.	Kleine Tortlet gebachen.
Une Gelée au Gresson.	Eine Brunnenkreßsulz.
Une Crême au Cafée.	Einen Caffeecrem.

Dieser Service ist gemacht, den Spiegel gleich zu Anfang auf die Tafel zu setzen; und dieser Service, der jetzt folgt, ist auf englische Manier, da kommt kein Spiegel auf die Tafel, als bis auf die Letzte, wo die Küche kein Service mehr hat.

Un Menû pour 18 Couverts a l' Angloise.

Eine Tafel für 18 Personen auf Englische Manier.

Un Potage au pois a la purée verd.	Eine Suppe von grünen Erbsen.
Un Potage aux fines herbes.	Eine Suppe mit feinen Kräutern.
Un quartier de Veau a l' angloise au milieu.	Ein Kalbsviertel auf englisch in die Mitte.
Pour relever le Potage.	Für die Suppe auszuwechseln.
Un piece de Bœuf a l'escarlate.	Ein Stück Pöckelfleisch.

Un Ei-

Un Jambon aux Choux frisés.	Einen schweinernen Schunken mit Köhl.
6 Entrées.	6 Eingemachte.
Un Fricandeau aux Epinards.	Ein Fricando mit Spinad.
Une Tête de Veau a la Hollandoise.	Einen Kalbskopf auf Holländisch.
Un quarré de mouton aux fines herbes.	Schaafscarmenade mit feinen Kräutern.
Une de Cotelettes de Cochon Sauce Robert.	Schweinscarmenade mit Senfsauce.
Un de Poulets a la peluche.	Junge Hühner mit klarer Sauce.
Un de pigeons au sang.	Tauben mit Blut.
8 Assiettes.	8 Teller.
Un de beurre.	Ein mit Butter.
Un de Cornichons.	Ein mit Cucumern.
Un de Rasefor.	Ein mit Kreen.
Un de Radics.	Ein mit kleinen Rettich.
Un de Croquiettes.	Ein Beschamell frit.
Une Friture des Oreilles.	Gebachene Ohren.
Petits Patés au Salpicon.	Kleine Pastetlein mit Salpicon.
Petits Patés de Mouton.	Kleine Pastetlein von Schaffleisch.

Seconde Service.	**Zweyte Tracht.**
4 Rôtis.	4 Braten.
Une Selle de Chevreuil.	Einen Rehzemmer.
Un de Levreau.	Einen von jungen Hasen.

Un Ei-

Un de Poulets.	Einen mit jungen Hühnern.
Un d' oisons.	Einen von jungen Gänsen.
au milieu un aspic de Cochon de lait.	in der Mitte eine Rummelsulz von Spanferkeln.
8 Assiettes.	8 Teller.
Un des Olives.	Ein mit Oliven.
Un Lamproye.	Ein mit Bricken.
Un de Croustades.	Ein mit Crustad von Sardellen.
Un de Douris marines.	Ein mit marginirten Donenfisch.
Un de Salade verte.	Ein mit grünen Salat.
Un de Salade blanche.	Ein mit weißen Salat.
Un de Saleam.	Ein mit Salamiwürsten.
Un de Mortadels.	Ein mit Mortadeln.
Troisieme Service.	**Dritte Tracht.**
Une Croquante au milieu.	Einen Croquant in der Mitte.
4 Entremets.	4 Entremets.
Un d'Epinards a l'italienne.	Einen Spinad auf welsche Manier.
Un de choux fleurs Sauce blanche.	Carviol mit weißer Sauce.
Un de Salade farci.	Einen faschirten Salat.
Un des Houblons.	Einen mit Hopfen.
8 Assiettes.	8 Teller.
Un d'Ecrevisses a l'angloise.	Krebse auf Englisch.
Un d' Ecrevisses farci & frit.	Faschirte Krebse gebachen.

Un Ii Ein

un Omelette a l' Angloise.	Ein Omolett auf Englisch.
un Boudin au four.	Einen Boudin im Ofen.
un Boudin bouilli.	Einen Boudin gesotten.
petits Gateau d'Amandes.	Kleine Tortlet von Mandeln.
une Crême au Pistaches.	Einen Crem von Pistazi.
une Crême a l' Angloise.	Einen Crem auf Englisch.

Die Engelländer thun auf diese Façon serviren, wenn nicht mehrere Personen sind, wenn aber die Tafel stärker ist, so wird sie auf französisch servirt, doch muß man sich allezeit befleißen, solche Speisen zu serviren, welche sie lieben, sowohl in die Entrées, als auch in die Entremets.

Un Menû pour 18 Couverts a l' Allemande.

Eine Tafel für 18 Personen auf deutsch.

un Potage de santé.	Eine Kräutersuppe.
un Potage de ris.	Eine Suppe von Reis.
Pour relever de Potage.	Für die Suppe auszuwechseln.
un Piece de Bœuf naturel.	Das Tafelstück Rindfleisch.
2 Flanc.	2 Seitenstücke.
un Timballe de Macaroni.	Einen Timball von Macaroni.
un Bechamelle au ris.	Ein Beschamel von Reis
4 Horsd'oeuvres.	4 Voressen.
un de Boudin de fraise de Veau.	Würste von Kalbskröß.

un Klei=

un de petits Patés au Salpicon.	Kleine Pastetlein mit Salpicon.
un de ris de Veau sauté.	Kalbsbrüs auf dem Rost.
un de Palais de Bœuf a la Poulette.	Ochsengaum mit weißer Sauce.
4 Entrées.	4 Eingemachte.
un d'agneau en ballon.	Rolad von Lamm.
un filet de Bœuf a l'allemande.	Ein Ochsenfilee auf deutsch.
un de Poulets a la Cartouche.	Hühnlein mit Schampagnerwein.
d' Oisons a la broche Sauce Capucine.	Junge Gänse mit einer Kreensauce.
4 Assiettes froids.	4 Teller kalter.

Seconde Service. — Zweyte Tracht.

2 grosses Pieces.	Zwey große Stücke.
un Gateau de mille feuilles.	Eine französische Torte.
un Flanc au Citronat.	Ein abgetriebenes von Citronat.
2 Flanc.	2 Seitenstücke.
un Jambon.	Einen Schunken.
un cuisse de Veau a la Daube.	Einen Kalbsschlegel a la Daube.
4 Rôtis.	4 Braten.
un de Chevreuil.	Einen Rehzemmer.
un de Levreau.	Junge Hasen.
un d' Agneau.	Ein von Lamm.
un de Cochon.	Einen Schweinernen.
4 Entremets.	4 Entremets.
un d' Epinards a la Crême.	Spinad mit Rahm.

Un de Houblons.	Eines von Hopfen.
Un de Morilles.	Eines. mit Maurachen.
Un de Champignons.	Eines mit Schampignons.
4 Assiettes.	4 Teller.
Un de Ris frit a l'Allemande.	Einen gebachenen Reis.
Un de Risolles.	Kleine Schneekräpflein gebachen.
Une Crême au Café.	Einen Kaffeecrem.
Une Gelée d'Oranges.	Eine Sulz von Pomeranzen.

Un Menû pour 24. Couverts.

Eine Tafel für 24. Personen.

Un Potage de Santé.	Eine Kräutersuppe.
Un Potage de ris.	Eine Reissuppe.
Pour relever le Potage.	Für die Suppe auszuwechseln.
Un Piece de Bœuf au naturel.	Das Tafelstück Rindfleisch.
Une Selle d' agneau a la broche.	Einen lämmernen Hasen.
4 Terrines.	4 Töpfe.
Un de Choux croutter avec des Saucisses.	Sauerkraut mit Bratwürsten.
Un des Houblons avec des Cotelettes.	Hopfen mit Carmenad.
Un de Knefs a la Bechamelle.	Weißer Farsch mit Beschamell.
Un de Fraise de Veau au blanc.	Ein Kalbskröß in weißer Sauce.

2 Flanc. 2 Sei-

2 Flanc.	2 Seitenstücke.
Un de petits patés hachés.	Kleine Hascheepastetlein.
Un de petits patés a l'espagnole.	Kleine spanische Pastetlein.
4 Horsd'œuvres.	4 Voressen.
Un de Ris de Veau a la glace.	Kalbsbrüs glasirt.
Un de Palais de Bœuf au Gratin.	Ochsengaum im Ofen.
Un de Croquettes melées.	Gemischte Croquet.
Un de Profitroles.	Kleine faschirte Semmel.
4 Entrées.	4 Eingemachte.
Une poitrine de Veau glacé.	Eine Kalbsbrust glasirt.
Un de Poulets au printems.	Junge Hühner mit grüner Sauce.
Un d'Esturgeon Sauce ramolade.	Hausen mit Ramolade Sauce.
des Pigeons en blanc.	Tauben in weißer Sauce.
4 Assiettes.	4 Teller.
Un de Raves.	Ein mit Rettich.
Un de Beurre.	Ein mit Butter.
Un de Cornichons.	Ein mit Cucumern.
Un de Raiforts.	Ein mit Kreen.
Seconde Service.	**Zweyte Tracht.**
4 grosses Pieces.	4 große Stücke.
Un Roche d'Amandes.	Ein Berg von Mandeln.
Un Pouplin.	Einen Gato von Hopfen.
Un Jambon.	Einen Schunken.
Un buissons d'Ecrevisses.	Große Krebse gesotten.

4 Plats de Rôtis.	4 Braten.
un de Chevreuil.	Einen Rehzemmer.
un de Levreau.	Ein von jungen Hasen.
un d' Oisons.	Ein von jungen Gänsen.
un de Poulardes.	Ein von Polarden.
8 Entremets.	8 Entremets.
Deux d'Asperges.	Zwey von Spargel.
un d' Haricots verds.	Ein mit grünen Fisolen.
un d' Epinards.	Ein mit Spinad.
un de Gelée de Citron.	Ein mit Sulz von Lemoni.
un de Crême au l'Orange.	Ein Crem mit Pomeranzen.
un d' Oeufs a l' Aspique.	Gesulzte Eyer.
un de Truite a l' Aspique.	Forellen in Sulz.
4 Assiettes.	4 Teller.
2 de Salades verds.	2 mit grünen Salat.
2 d' Olives.	2 mit Oliven.

Un Menû pour 30 Couverts.

Eine Tafel für 30 Personen.

4 Potages.	4 Suppen.
un Potage de santé.	Eine Kräutersuppe.
un Potage aux houblons.	Eine Suppe mit Hopfen.
un Potage de Ris.	Eine Suppe mit Reis.
un Potage de Macaroni.	Eine Suppe mit Macaroni.
4 Relever les Potages.	4 Suppenauswechselungen.
un Piece de Bœuf.	Das Rindfleisch.

un piece a l' Escarlate.	Ein Pöckelfleisch.
un Quartier de Veau a la Bechamelle.	Ein Kalbsviertel mit Beschamell.
un Jambon a la broche.	Einen gebratenen Schunken.
4 Terrines.	4 Töpfe.
un de Choux frisés garnie d' Oreilles de Cochon.	Würsich oder Kölch mit schweinernen Ohren.
un d' Asperges avec de ris de Veau.	Spargel mit Kalbsbrüs.
un de Pois a la Bohemoise.	Erbsen auf Böhmisch.
un de Knefs melés.	Ein von weißen Fasch melirt.
4 Horsd'œuvres secs.	4 Trockne Voressen.
un de Bondins aux Ecrevisses.	Ein mit Krebswürsten.
un de Boudins blancs.	Ein mit weißen Würsten.
un de petits Patés a la Bechamelle.	Kleine Pastetlein mit Beschamell.
un de petits Bouchées a la Reine.	Kleine Haschepastetlein.
4 Horsd'œuvres aux Sauces.	4 Voressen mit *Sauce.*
un de Filets de Veau a la Danger.	Filee von Kalbfleisch dressirt.
un de Cotelettes d' Agneau a l' angloise.	Lammscarmenad auf Englisch.
un de Palais de Bœuf en roulades.	Ochsengaum in Rolee a la braise.

un de Filets de poulets en Cœur.	Filee von Hühnern dressirt.
4. *Entrées.*	4 Eingemachte.
un Fricandeau a la Chicorée.	Ein Fricando mit Cichorien.
un d'Agneau aux fines herbes.	Ein von Lamm mit feinen Kräutern.
un de Poulets a la sauce clair.	Hühnlein mit weisser Sauce.
un de Pigeons en Compôte.	Tauben in Compot.
8 *Assiettes froids.*	8 Teller kalter.
2 d' Haranges.	2 mit Häringen.
2 de Beurre.	2 mit Butter.
2 de Raves.	2 mit Rettich.
2 de Cornichons.	2 mit Cucumern.
Seconde Service.	Zweyte Tracht.
4 *grosses Pieces.*	4 große Stücke.
un Jambon froid.	Einen kalten Schunken.
un Cochon de lait en Rolade.	Ein Rolad von Spanferkeln.
un Croquante.	Einen Croquant.
un Croquante d'Amandes.	Einen Croquant von Mandeln.
4 *Rôtis.*	4 Braten.
un de Chevreuil.	Einen Rehzemmer.
un de Levreau.	Einen von jungen Hasen.
un de Poulets.	Einen von Hühnern.
un d'Oisons.	Einen von jungen Gänsen.
8 *Entremets chauds.*	8 warme Entremets.
un d' Epinards a la Crême.	Spinad mit Rahm.

un Car:

Un des choux fleurs a l'Italienne.	Carviol auf Italiänisch.
Un de Salade.	Langen Salat mit Coulis
Un de Champignons.	Ein mit Schampignon.
Un de morilles au verd.	Ein von grün Maurachen.
Un d'oeufs pochés.	Verlohrne Eyer.
Un d'omelette aux Epinards.	Kleine Omolet mit Spinad.
Un d'ecrevisses a l'angloise.	Krebse auf Englisch.
4. *Entremets froids.*	4. kalte *Entremets.*
Une Crême au Café.	Einen Crem von Kaffee.
Une Crême aux roses.	Einen Crem von Rosen.
Une gelée au Citrons.	Eine Sulz von Lemoni.
Une gelée d'orange.	Eine Sulz von Pomeranzen.
8. *Assiettes.*	8. Teller.
2. de Salade verd.	2. von grünen Salat.
2. de Salade a l'Italienne.	2. mit welschen Salat.
2. de Canapée.	2. mit Canabee.
2. des Olives.	2. mit Oliven.

Un Menû pour 30. Couverts d'une autre Maniere.

Eine Tafel vor 30. Personen auf eine andere Manier.

4. *Potages.*	4. Suppen.
Un au ris.	Eine von Reis.
Un de santé.	Eine von Kräutern.
Un aux houblons.	Eine mit Hopfen.
Un au Macaroni.	Eine mit Macaroni.

4. *Pieces pour relever.*	4. Große Stück für auszuwechseln.
un piece de boeuf Naturel.	Ein Stück Rindfleisch.
un Rosbif a l'Angloise	Einen englischen Braten.
un quartier de Veau a la Crême.	Ein Kalbsviertel mit Rahm.
un Cochon de lait a la broche.	Ein Spanferkel am Spies.
4 *Terrines.*	4. Töpf.
un de choux frises & de petits salés.	Weiser Köhl mit Kaiserfleisch.
un d'asperges & d'agneau.	Spargel mit Lammsfleisch.
un de Knefs.	Ein mit weisen Farsch.
un de Cervelle de Veau a la hollandoise.	Kalbshirn auf holländisch.
8. *Horsd'oeuvres.*	8. Voressen.
un de boudins de Veau.	Ein mit Kalbswürst.
un des boudins aux Ecravisses.	Ein mit Krebswürst.
un de Cotelettes d'agneau a la gril.	Ein mit Lammscarmenad grillirt.
un des Cotelettes de poulets en robe de Chambre.	Hünercarmenad in Papier.
4. *en Sauces.*	4. mit *Sauce.*
un de ris de Veau glacé.	Kalbsbrüs glasirt.
un de fraise de Veau a l'Allemande.	Kalbskröß auf deutsch.
un de palais de boeuf a la poulette.	Ochsengaum mit Petersill.

un Hüner

un de poulets a l'espic.	Hüner mit einer Spicksulz.
8. Entrées.	8. Eingemachte.
un de filet de bœuf a l' Allemande.	Ein Ochsenfilee auf deutsch.
un poulet a la Marechale.	Hüner faschirt mit weissen Fasch.
un des poitrines d' Agneau aux persil.	Lammsbrüst mit Petersill.
un de pigeons au printems.	Tauben mit grünner Sauce.
un Bechamelle au ris.	Ein Reis mit Beschamell.
un tête de Veau a l' Angloise.	Einen Kalbskopf auf Englisch.
un d'esturgeon aux anchois.	Hausen mit Sardellen.
un d'anguilles a la Crosolie.	Aalfisch mit kalter Sauce.
12. *Assiettes.*	12. Teller.
un de Bechamelle frit.	Ein Beschamell gebachen.
un de craquettes aux pains enchantés.	Craquirt in Oblatten.
un de profitroles.	Kleine Semmel mit Salpicon.
un d'omelettes farcies.	Kleine Omolets faschirt von gebachnen.
un des petites Bouchées a la Reine.	Kleine Faschpastetlein.
un des petits patés aux Ecrevisses.	Kleine Krebspastetlein.
un des petits patés a la Francfort.	Kleine Frankfurter Pastetlein.

un Kleine

Un de Concombre.	Kleine Pastetlein von Spargel.
Un de beurre.	Ein mit Butter.
Un de raves.	Ein mit Rettich.
2. des haranges.	Zwey mit Häring.

Seconde Service.	**Zweyte Tracht.**
2. grosses pieces.	2. große Stück.
Un croquant.	Einen Croquant.
Un d' un autre Manier.	Einen auf eine andere Manier.
6. Plats de Rôtis.	6. Schüssel gebraten.
Un longe de Veau.	Einen Nierenbraten.
Un d' agneau.	Einen von Lamm.
Un de levreau.	Einen von jungen Hasen.
Un de poulets.	Eine von jungen Hünern
Un de Chevreuil.	Einen von Rehzähmer.
Un d' oisons.	Eine von jungen Gänsen.
16. Entremets.	*16. Entremets.*
Un d' epinard a l' Italienne.	Einen Spinad auf Italiänisch.
Un d' houblon.	Ein von Hopfen.
2. des Truffes.	2. mit Triffel.
2. des asperges.	2. mit Spargel.
2. des morilles.	2. mit Maurachen.
Un d' oeufs pochée.	Ein mit verlohrne Eyer.
Un d' omelette a l' angloise.	Ein Omolett auf Englisch.
Un d' ecrevisses a la Crême.	Krebse mit Rahm.
Un d' ecrevisses frit.	Gebachne Krebse.
2. de Langue fourée.	Ein mit gesalznen Zungen.

un Eine

un aspique de saumonée.	Eine Sulz von Forellen.
un aspique de Cochons.	Eine Sulz von Spanferkel.
12. Assiettes.	12. Teller.
une Crêmeau Vanille.	Ein mit Vanilli Crem.
un de Crême l' angloise.	Ein mit englischen Crem.
un de gelée au cresson.	Ein mit Brunnenkreßsulz.
un de gelée au ris a l' Italienne.	Ein mit Sulz auf Italiänisch.
un des pommes a la Dauphine.	Ein mit Aepfel in Ofen faschirt.
un de petits Tourtelettes.	Ein mit kleinen Backereyen.
un de ris frit.	Ein mit gebachnen Reis.
4. Assiettes froid.	4 Teller kalter.

Un Menû pour 36. Couverts.

Eine Tafel vor 36. Personen.

4. Potages.	4. Suppen.
un d' asperges.	Eine mit Spargel.
un au ris.	Eine mit Reis.
un de santé.	Eine mit Kräutern.
un a la Reine.	Eine weiseCoulissuppen.
4. Pieces pour relever.	4. große Stück für auszuwechseln.
un piece de boeuf.	Das Rindfleisch.
un a l' escalate.	Ein Stück Pöckelfleisch.
un selle d' agneau a la broche.	Ein Lämmerhasen.

un Einen

un Carpe a la Neubauer. — Einen großen Karpfen mit schwarzer Sauce.

4 Terrines. — 4 Töpf.

un de choux croutter avec des petits salés. — Sauerkraut mit Kayserfleisch.

un de Nudel a l' Allemande. — Eine mit Nudeln auf deutsch.

un Mu de Veau a l' Allemande. — Eine Kalbslunge auf deutsch.

un de piés d' agneau a la Sauce verd. — Lammsfüße in grüner Sauce.

un de Cotelettes de Veau a la Grillade. — Kalbscarmenad auf den Rost.

un de pigeons a la Crapaudins. — Tauben a la Crapaudins.

un de Cotelettes de Cochon. — Schweinscarmenad auf den Rost.

un d' hatelettes de ris de Veau. — Kleine Spießlein mit Brüs und melirt.

4 Pot. — 4 von Würsten.

un des boudins de poulards. — Weise Würst von Polarten.

un des boudins aux Ecrevisses. — Würst von Krebsen.

un des boudins noir. — Schwarze Würst.

un des boudins verd. — Grüne Würst.

8. Horsd' oeuvres aux Sauces. — 8 Voressen.

un des grenatins de Veau a l' oseille. — Grenatins mit Sauerampfer.

un de Cotelettes d' agneau masqué. — Lämmercarmenad masquirt.

un — Ochsen-

un de palais de bœuf a l' Italienne.	Ochsengaum auf Italienisch.
un d'oreilles d' agneau a l' espic.	Lammsohren in Spicksulz.
un des filets de poulets a la Bechamelle.	Filee von Hünern mit Beschamell.
un des Cotelettes de pigeons sautés.	Carmenad von Tauben auf dem Rost.
un de pigeons dressés aux petites poires.	Tauben ausgelößt den Form von Birn.
un de poulets a l' espic.	Hüner in Spicksulz.
8. *Entrées.*	8. Eingemachte.
un fricandeau a la Bechamelle.	Ein Frikando mit Beschamell.
un langue de bœuf a la polonoise.	Eine Ochsenzung auf Polnisch.
un grenade de Veau.	Ein Grenad von Kalbfleisch.
un quarré de mouton au persil.	Ein Quarré von Schafsleisch mit Petersill.
un abbaisse de poulets.	Eine Buttertorte mit Hünern.
un de pigeons au sang.	Eine von Taube mit Blut.
un d' oisons sauce ramolade.	Junge Gänse mit Ramolatsauce.
un fricandeau de saumon.	Ein Frikando von Rheinsalm.
un de petites bouche a la Reine.	Kleine Hascheepastetlein.
un de petites patés a la Francfort.	Kleine Frankfurter Pastetlein.

un Kleine

un de petites patés de fraise de Veau.	Kleine Pastetlein mit Kalbskröß.
un de petites patés au salpicon.	Kleine Pastetlein mit Salpicon.
un de croquettes meslées.	Ein von Croquett melee.
un de foye de Veau.	Ein von Kalbsleber.
une bechamelle.	Ein Beschamell.
un d' amourettes.	Filee von Ruckmark.
2. de beurre.	2. mit Butter.
2. de raves.	2. mit Rettich.
2. d' haranges.	2. mit Häring.
2. des Cornichons.	2. mit Cucumern.
Seconde Service.	**Zweyte Tracht.**
8 grosses Pieces.	8 große Stück.
un aspique de Cochon de lait.	Eine Rummelsulz von Spanferkel.
un de Truite en aspique.	Forellen mit Sulz garnirt.
un Jambon.	Einen Schunken.
un bise d' Ecrevisses.	Große Krebs gesotten.
un croquante des amandes.	Einen Croquant von Mandeln.
un croquante d' autre Maniere.	Einen Croquant auf eine andere Manier.
un gateau a la broche.	Einen Spieskuchen.
un Roche.	Ein Bergwerk.
8 Rôtis.	8 Braten.
un de pigeons.	Ein von Tauben.
un de poulets.	Ein von Hühnern.
un de poulardes.	Ein von poulardes.
un de pigeons romains.	Ein von Romanertauben.

un Ein

Une Longe de Veau.	Ein Nierenbraten.
un d' Agneau.	Ein von Lammsfleisch.
un de Selle de Chevreuil.	Einen Rehzähmer.
un de Levreau.	Ein von jungen Hasen.
8 Entremets chauds.	8 warme Entremets.
Un d' Epinards.	Einen Spinad.
un de Choux fleurs.	Einen Carviol.
un de Morilles.	Eins mit Maurachen.
un de Truffes.	Ein mit Triffel.
4 d' Asperges.	4 mit Spargel.
8 Entremets froids.	8 kalte Entremets.
Une Crême a l' Angloise.	Crem auf Englisch.
une Crême au Cerfeuille.	Ein von Körbelkraut.
une Crême au Café.	Ein von Kaffe.
une Crême aux Roses.	Ein von Rosen.
un blanc-manger.	Ein Blanmansche.
une Gelée au Cresson.	Eine Sulz von Brunnenkreß.
une Gelée de Citrons.	Eine Sulz von Citronen.
une Gelée d' Oranges.	Eine Sulz von Pomeranzen.
16 Assiettes.	16 Teller.
8 de Patisserie.	8 von Bachmeister.
8 de Salade.	8 von Salat.

Diese Tafel kann auch für 40 und 42 Personen servirt werden, aus der Ursache, weil jetzt nicht mehr der Gebrauch ist, so stark zu serviren, als wie man vor Zeiten servirt hat, nur muß wohl beobachtet werden, daß eine Tafel keinen Fehler hat, die Speisen zu mischen, und daß von einem jeden, wie es die Jahrszeit giebt, servirt wird; damit die Herren nach der Ordnung bedienet werden. Man kann auch in meinen Kuchenzetteln einige Speisen changiren, aber nur nicht aus der Regel; man kann auch die Tafel grüner machen in Schüsseln oder Tellern, das steht nach Belieben.

Un Menû pour 48. Couverts.

Eine Tafel für 48. Personen.

4 *Potages.*	4 Suppen.
un a la Reine au Ris.	Eine weiße Coulissuppe mit Reis.
un de Santé.	Eine feine Kräutersuppe.
une purée verte.	Eine grüne Coulissuppe von Erbsen.
un d'Asperges.	Eine klareSpargelsuppe.
4 *Pieces pour relever.*	4 große Stücke für die Suppe auszuwechseln.
un Piece de Bœuf.	Das Tafelstück.
un Quarrier de Veau a la Kœnigseck.	Ein Kalbsviertel.
un Jambon au Chou-frisé.	Einen Schunken.
un de Bœuf a l'Escarlate.	Ein Pöckelfleisch.
4 *Terrines.*	4 Töpfe.
un de Chou croutte garni.	Ein Sauerkraut mit Kaiserfleisch.
un de Knefs.	Ein von weißen Fasch.
un d'Epinards a l'Italienne garni de Cotelettes.	Einen Spinad mit Carmenad.

un Ei-

un de Foye de Veau au Sang.	Eine Kalbsleber mit Blut.
16 Horsd'oeuvres.	16. Voressen.
un de Boudins aux Ecrevisses.	Krebswürste.
un de Boudins verds.	GrüneWürste mit Brüs
un de Boudins a la Bechamelle.	Würste mit Beschamell.
un de Boudins noirs.	Blutwürste.
un de Queues de Veau grillées.	Kalbsschweife auf dem Rost grillirt.
un de Pigeons a la Crapaudine.	Tauben a la Crapaudine.
un d' Hatelettes de ris de Veau.	Kleine silberne Spiesel melirt.
un de poulets a la Tartare.	Hühner a la Tartare.
un de Ris d' Agneau au melange.	Lammsbrüse melirt.
un de Cotelettes de Poulardes.	Carmenade von Hühnern.
un d' yeux de Veau aux Truffes.	Kalbsaugen mit Triffel.
un de Filets de Veau a la Catinette.	Filee von Kalbfleisch geschlungen.
un de Becasse au Salmi.	Ein Schnepf mit Salmi.
un de palais de Bœuf a la poulette.	Ochsengaum mit Petersill.
2. de Poulardes a l' Espic.	2 Spicksulzen von Polarden.
24. Entrées.	24 Eingemachte.
un Filet de Bœuf glacé.	Einen Lendenbraten glasirt.

un de poulets a la Neubauer.	Junge Hühner mit grüner Sauce kalt.
un Fricandeau aux Oignons.	Ein Fricando mit kleinen Zwiebeln.
un de pigeons innocents.	Nesttauben mit Schampignon.
un de mouton en Rolade.	Ein Rolad von Schaffleisch.
un d'Oisons sauce Capucine.	Eine junge Gans mit Mandelkreen.
un d'Agneau au persil.	Lamsschlegel mit Petersil.
un Fricandeau de Saumon.	Ein Fricando von Rheinsalm.
un Foye de Veau a la broche.	Eine Kalbsleber am Spieß.
un de petits Canards sauce d' Oranges.	Junge Enten mit Pomeranzensauce.
un de moutons aux fines herbes.	Einen Schlegel ausgelößt mit feinen Kräutern.
un d'Esturgeon a l'Italienne.	Ein Stück Hausen auf Italiänisch.
un Quarré de Cochon Sauce Robert.	Ein schweinernes Carmenadstück mit Senft-Sauce.
un de Levreau en Civé.	Einen jungen Hasen in Civé.
un de Pigeons en Compôte.	Tauben in Compot.
un d'Anguille a la Crosolie.	Einen Aalfisch mit der Sauce in der Mitte.
une Tête de Veau a l' Angloise.	Einen Kalbskopf auf Englisch.

un de poulets au printems.	Nesthühner mit warmer grüner Sauce.
un de Truite a la Matelotte.	Eine Forelle a la Matelotte.
un de Filets de Chevreuil Sauce genevre.	Filet von Rehzemmer mit Cronawethbeer.
un Timballe de Macaroni.	Ein Timball von Macaroni.
une Tourte de Godiveau.	Eine Torte von Kalbsfasch.
un Surtout de ris au Bechamelle.	Einen Surtut von Reis mit Beschamell.
un de Poulardes en ſurpriſe.	Polarden in einer Kapſel von Papier.
16. Aſſiettes.	16. Teller.
De petits patés a l'Eſpagnole.	Kleine Paſtetlein auf Spaniſch.
de petites bouchées a la Reine.	Kleine Haſcheepaſtetlein.
de petits patés a l' Allemande.	Kleine Paſtetlein auf deutſch.
de petits patés aux Ecreviſſes.	Kleine Krebspaſtetlein.
un Bechamelle frit.	Ein gebachenes Beſchamell.
des Oreilles de Veau frit.	Kalbsohren gebachen.
des Croquettes melés frites.	Craquet melee gebachen.
des Profitroles.	Kleine Semmeln.
8 Aſſiettes froids.	8 Teller kalter.

Seconde Service.	**Zweyte Tracht.**
8 grosses Pieces.	8 große Stücke.
4 Croquantes de diverse Maniere.	4 Croquant auf mehrere Manier.
un Aspique de Cochon de lait.	Eine Rummelsulz von Spanferkel.
un bise d' Ecrevisses.	große Krebse gesotten.
un Jambon.	Einen Schunken.
un de Poulardes a la Daube.	Polarden a la Daube.
6 Rôtis.	6 Braten.
un selle de Chevreuil.	Einen Rehzemmer.
un de Poulets.	Junge Hühner.
un de Becasses.	Schnepfen.
un de Poulardes.	Polarden.
un de Levreau.	Junge Hasen.
un de jeunes Canards.	Junge Enten.
16 Entremets chauds.	16 Warme Entremets.
4 d' Asperges.	4 von Spargel.
un de Concombres farcis.	Ein mit Concomber faschirt.
un de Choux fleurs.	Carviol mit weißer Sauce.
un de morilles.	Hopfen weiß legirt.
un d' Houblons.	Maurachen mit Petersill.
un de Champignons.	Schampignon auf welsche Manier.
un d' Haricots verds.	Grüne Bohnen mit Coulis
un de Salade farci.	Langen Salat faschirt.
un d' Epinards a la Crême.	Spinad mit Rahm.

un Ver:

Un d' Oeufs pochés.	Verlohrne Eyer mit klarer Jus.
Un d' Ecrevisses a l'angloise.	Krebse auf Englisch.
Un d' Oeufs piqué & glacé.	Verlohrne Eyer gespickt und glasirt.
Un d' Anchois frit.	Sardellen mit Teig gebachen.
16 Entremets froids.	16 Entremets kalter.
Une Crême a l' Angloise.	Einen englischen Crem.
Une Crême au four.	Einen Crem im Ofen.
Une Crême au Vanille.	Einen Crem mit Vanilli.
Une Crême au Cerfeuil.	Einen Crem von Körbelkraut.
Une Gelée au cresson.	Eine Sulz von Brunnenkreß.
Une Gelée aux Citrons.	Eine Sulz von Citronen.
Une Gelée d' Oranges.	Eine Sulz von Pomeranzen.
Une Gelée de fleurs d' Oranges.	Eine Sulz von Pomeranzenblüth.
Un Flan d' Ecrevisses.	Einen Auflauf von Krebsen.
Un Flan de ris.	Einen von Reis.
Un de petites caisses a l' Angloise.	Kleine Kapsel von Papier auf Englisch.
Un de petites caisses au Parmesan.	Kapseln mit Parmesankäß.
Un de bignets de pommes.	Aepfel gebachene glasirt.
Un de pommes a la Polonoise.	Aepfel gebachen mit Burgunder.

un de Rissoles.	Risolen mit Eingemachten.
un de Bouchées de Dames.	Andere Risolen de Dames.
16. Assiettes.	16. Teller.
8 de Patisserie & 8 froid.	8 von Bachmeister und 8 kalter.

Dieses ist eine Tafel für 48 Personen, sie ist aber auch stark genug auf 50. Ist sie zu stark, so kann etwas davon genommen werden in Schüsseln, wie auch von den Tellern; anstatt 40 können 32 Schüsseln gegeben werden. Man kann also 8 davon nehmen, es können auch von den Tellern 8 davon kommen. Diese Tafel wird oben am Tisch mit der Suppe angefangen, und gleich 2 Teller darneben, hernach ein Entrée oder Eingemachtes, nachdem ein Horsd'œuvre, oder Voressen, bis 5, nach diesem die Terrines, oder Töpfe, und 2 Teller mit dem kalten darneben gesetzt, nachmals wiederum 5 Schüsseln, alsdenn die andere Suppe und 2 Teller aus der Küche, hernach sofort, bis die ganze Tafel besetzt ist, so werden die Speisen schön und ordentlich stehen. Der zweyte Gang, wo die Suppen gestanden, da müßen die Croquant gesetzt werden; wo die Terrinen gestanden, da werden die andern 4 Stücke gesetzt, und weil allezeit 5 Schüsseln zwischen den großen Stücken stehen, so kommt in die Mitte ein Braten, 4 Entremets darneben, 2 kalte und 2 warme, und die Teller neben die großen Stücke oder auch neben die Braten, das kann nach Belieben gesetzt werden, es stehet auch recht.

Un

Un Menû pour 60. Couverts.

Eine Tafel vor 60. Perſonen.

4. Potages.	4. Suppen.
un au pourpié.	Eine von Portulak.
un a la Reine.	Eine weiſe Coulisſuppe.
un ſanté.	Eine Kräuterſuppe.
un au Coulis d' ecreviſſes.	Eine Coulisſuppe von Krebſen.
un aux fines herbes.	Eine von feinen Kräutern
un au ris a l' Italienne.	Einen Reis auf Italiäniſch.
6 groſſes pieces pour relever.	6 große Stück für auszuwechſeln.
un piece de Bœuf.	Das Tafelſtück.
un piece de Bœuf a la Moſcovite.	Ein Stuck Rindfleiſch auf Rußiſch.
un quartier de Veau a l' Angloiſe.	Ein Kalbsviertel auf Engliſch.
un quartier de mouton a la braiſe.	Ein Schafviertel a la Bräs.
un Trubon piqué & glacé.	Einen Granat von Kalbfleiſch.
un Timbale a l' Allemande.	Eine Kaſtrolpaſteten auf deutſch.
6 Terrines.	6 Töpfe.
un de choux friſés de petits ſalés.	Weiſen Kohl mit Kayſerfleiſch.
un de choux crouttes avec de Sauciſſes.	Sauerkraut mit Bratwürſten.
un des Endiver avec d' agneau glacé.	Salat mit Lammsfleiſch.

Un des Knefs a l'Allemand.	Knötlein mit Schunken.
Un de fraiſe de Veau a la poulette.	Ein Kalbsbrüs weiß mit Petersill.
Un de langue de Veau ſauce hachée.	Kalbszungen mit Hascheesauce.
16 Horsd'œuvres.	16 Voreſſen.
Un des boudins de fraiſe de Veau.	Würſt von Krös.
Un des boudins d'oreilles de Cochon.	Würſt von Schweinsohren.
Un des andouilles a la bourgeoiſe.	Anduille auf bürgerlich.
Un des boudins a la Bechamelle.	Würſt mit Beſchamell.
Un de Cotelettes de Veau Grillée.	Kälberne Carmenad grillirt.
Un de Cotelettes d'agneau grillée.	Lämmerne Carmenad grillirt.
Un de palais de bœuf grillée.	Ochſengaum grillirt.
Un de ris de Veau grillée.	Kalbsbrüs grillirt.
Un de filet de bœuf a l'angloiſe mencée.	Einen Lungenbraten auf Engliſch.
Une langue de bœuf a l'Allemande.	Eine Ochſenzung auf deutſch in Schnitz.
Une langue de mouton Sauce hachée.	Schafzungen mit Hascheeſauce
Un de Cervelle de Veau aux fines herbes.	Kalbshirn mit feinen Kräutern.
Un abbatis d'oiſon au ſang.	Das Jung von der Gans mit Blut.

Un Die

Un d' estomac de pigeons glacé.	Die Brüst von den Tauben glasirt.
2. des poulards a l'espic.	2. Spicksulz von Polarden.
24 Entrées.	24 Eingemachte.
Un fricandeau a l'oseille.	Ein Frikando mit Sauerampfer.
Un quarré de mouton au Concombres.	Ein Quarre von Schaffleisch.
Un d' agneau en ballon.	Ein Ballon von Lammsfleisch.
Un de filets de Chevreuil au Capre.	Filee von Rehzemmer.
Un de queues de bœuf a l' estufade.	Ochsenschweif in Stufat.
Une Tete de Veau a la hollandoise.	Einen Kalbskopf ausgelößt weiß.
Un poitrine de Veau au blanc.	Eine Kalbsbrust mit Schampignon.
Un de curpiés de Capri verd.	Einen Kizrucken mit grüner Sauce.
Un de fillet de Veau a la Danche.	Filee von Kalbfleisch mit Fasch dreßirt.
Un quarré de Cochon au moutard.	Ein schweinernes Quarre mit Senft.
Un Tourte de gras-double.	Eine Pasteten mit Kuttelfleck.
Un boubets de ris de Veau.	Einen Gateau mit einen Ragout.
Un de jeun Canarde sauce estragon.	Junge Enten mit Bertram.
Un de becasses au Salmi entier.	Schnepfen ganzer in Salmi.

Un Hüh-

un de poulets sauce clair.	Hühner mit einer klaren Sauce.
un de pigeons au printems.	Tauben mit grüner Sauce.
un des poulardes a la Sultanne.	Polarten weiß faschirt.
une de pigeons innocents au sang.	Nesttauben mit Blut.
un de poulets innocents au Champignon.	Nesthüner mit Schampignon.
un d'oisons sauce ramolade.	Junge Gänse mit Ramoladsauce.
un de Saumon aux Capres.	Rheinsalm mit Capern.
un d'esturgeon a la Neubauer.	Hausen mit kalter grüner Sauce.
une de ris avec des poulets a la Sultanne	Eine aufgesetzte Torte von Reis.
un abbaisse avec d'abbatis de volaille.	Von Butterteig ein Abbes.
16 Assiettes.	16. Teller.
Des petits patés a la bechamelle.	Kleine Pastetlein mit Beschamell.
Des petits bouchés a la Reine.	Kleine Hascheepastetlein.
Des petits patés de ris de Veau.	Kleine Pastetlein mit Kalbsbrüs.
Des petits patés d'asperges.	Kleine Pastetlein mit Spargel.
un Bechamelle frit.	Ein Beschamell gebachen
un aux pains enchantés.	Ein gebachnes in Oblaten.

un Ein

De Knefs en friture.	Ein weißer Fasch gebachen.
Un d'Omelette.	Omolett gebachen.
8 Assiettes froids.	8. Teller kalter.
Seconde Service.	**Zweyte Tracht.**
12 grosses Pieces.	12. große Stück.
Un aspique de truite.	Eine Rummelsulz von Forellen.
Un aspique de piés de cochon.	Eine von Schweinsfüssen.
2. bises d'ecrevisses.	2 Schüsseln grosse Krebs.
Un rolad de Cochon du lait.	Ein Rolad von Spanferkel.
Un rolad de Veau.	Ein Rolad von Kalbsfleisch.
Un Jambon ordinaire froid.	Ein ordinari Schunken kalter.
Un Jambon a la Champenoise.	Einen Schunken a la Champenois.
Un gateau de savoie.	Ein gateau de savoie.
Un gateau d'amandes.	Einen gateau von Mandeln.
2. Croquant.	2. Croquant.
12 Rôtis.	**12 Braten.**
Un de longe de Veau.	Ein Nierenbraten.
un de Cabri.	Ein von Kitzlein.
un des poulets.	Ein von Hühnern.
un des poulardes.	Ein von Polarden.
un d'oisons.	Ein von jungen Gänsen.
un de jeunes Canards.	Ein von jungen Enten.
un de Chevreuil.	Ein von Rehzähmer.
un de levreau.	Ein von jungen Hasen.
un des beccasses.	Ein von Schnepfen.

un de jeunes Grives.	Ein von jungen Kramets-vögeln.
un de pigeons romain.	Ein von Romanertauben.
un de pigeons innocents.	Ein von Nesttauben.
28 Entremets.	*28 Entremets.*
4 des asperges.	4. von Spargel.
un d'epinards, un a la Crême & un a l'Italienne.	2. von Spinad.
2 de truffes.	2. von Triffel.
2 de morilles.	2. von Maurachen.
2 de Champignons.	2. von Schampignon.
2 d' houblons.	2. von Hopfen.
2 de Salade.	2. von Salat.
un d' œufs innocents.	Ein von Eyern in der Hennen.
un d' œufs pochées.	Ein von verlohrnen Eyern.
2 d' œufs a l' aspique.	2. von Eyern mit Spick-sulz.
4 de Crême.	4. mit Crem.
4 de Gelée.	4. mit Sulz.
10 Assiettes.	16. Teller.
8 de patisserie, & 8 de froid.	8. mit Backereyen, und 8. kalter.

Diese Tafel kann auf eine andere Manier gemacht werden, oftmals sind im serviren nicht so viel Terrins; so kann man anstatt den Terrins etwas anders geben. Jetzt folgen etliche Tafeln in den Sommer zu geben, aus dieser Ursach sind von allen

allen 4. Jahrszeiten einige Tafeln aufgesetzt, damit sich ein junger Koch oder Köchin darnach zu richten weiß was zu seiner Zeit kann gegeben werden, und wie sichs gehört.

Un Menû pour 8 Couvert a l' Eté.

Eine Tafel vor 8 Personen im Sommer.

un potage de Santé.	Eine Supp von mehrern Kräutern.
un fraise de Veau a la Vinaigrette.	Ein Kalbskröß mit Kräutern.
un des petits patés.	Kleine Hascheepastetlein.
Pour relever le potage.	**Für die Suppe auszuwechseln.**
un piece de bœuf.	Das Rindfleisch.
2. Assiettes froid.	2. Teller kalter.
Seconde Service.	**Zweyte Tracht.**
un de poulets a l'estragon.	Hüner mit klarer Bertramsauce.
un hochepot.	Einen Hoschpott mit Wurzeln.
un fricandeau au Concombres.	Ein Fricandeau mit Cucumern.
Troisieme Service.	**Dritte Tracht.**
un de faon de Cerf pour Rôtis.	Von Hirschkalb zum braten.
un de petits pois.	Kleine grüne Erbsen.
une Crême de fraise.	Ein Crem von Erdbeer.
2. Assiettes Salade.	2. Teller mit Salat.

Un Menû pour 8. Couvert a l' angloise.

Eine Tafel vor 8 Personen auf Englisch.

Un potage de pois verds.	Eine Suppe von grünen Erbsen.
une de Cotelettes de Veau aux herbes.	Kälberne Carmenad mit grüner Sauce.
un de poulets a l' angloise.	Hühner auf Englisch.
2 Assiettes.	2 Teller.
un de petits patés.	ein mit kleinen Pastetlein.
un de saucisses.	Ein mit Bratwürsten.
un Rosbif pour relever le potage.	Ein englischen Braten für auszuwechseln die Suppe.
Seconde Service.	**Zweyte Tracht.**
un Jambon.	Einen Schunken.
un Rôtis de faisanneau.	Junge Fasanen zum braten.
un des poulardes.	Polarten zum braten.
2. Assiettes de Salade.	2. Teller Salat.
Troisieme Service.	**Dritte Tracht.**
un boudins a l'angloise.	Einen englischen Boudin.
un des petits pois.	Grüne Erbsen.
un d' asperges Sauce blanche.	Spargel mit weiser Sauce.
2 Assiettes.	2 Teller.
une Crême a l'angloise.	Ein mit Crem auf Englisch.
une gelée de cerises.	Ein mit Weichselsulz.

Un Eine

Un Menû a l' Allemande pour 8. Couverts.

Eine Tafel auf deutsch vor 8. Personen.

Un Potage au ris.	Eine Reissuppe.
un piece de bœuf.	Ein Stück Rindfleisch.
un de choux garni de saucisses.	Würsching oder Köhlmit Bratwürsten.
un des poulets a l' Allemande.	Hühner auf deutsch.
un de Cerf sauce genevre.	Hirschwildprett mit Cronabethbeersauce.
Pour relever le Potage.	Für die Suppe auszuwechseln.
un Tourte de ris de Veau.	Eine Butterpasteten mit Brüs.
Seconde Service.	**Zweyte Tracht.**
un Rôtis de Canard.	Junge Enten für Braten.
un d' asperges.	Ein mit Spargel.
un de petits pois.	Ein mit Erbsen.
une Crême au Café.	Einen Crem von Caffee.
une gelée de farcis.	Eine Sulz von Erdbeern, oder eine Bacheren.

Un Menû pour 12. Couverts.

Eine Tafel vor 12. Personen.

un potage a l' essence de Navets.	Eine Rubensuppe.
un de grenatins de Veau aux Epinards.	Grenatins von Kalbfleisch.

un Ll Car-

Un de Cotelettes d'Agneau a la Sauce Capre.	Carmenad von Lammsauce mit Capern.
Un de petits patés aux Asperges.	Kleine Pastetlein von Spargel.
Un de Bechamelle frit.	Ein Beschamelle gebachen.
Un piece de Bœuf pour relever le potage.	Das Rindfleisch für auszuwechseln die Suppe.
4 Assiettes froids.	4 Teller kalter.

Seconde Service.	Zweyte Tracht.
Un Hochepot avec de Tendrons de Veau.	Einen Hoschpot mit Tendrons von Kalb.
Un de poulets aux Ecrevisses.	Hühnlein mit Krebsen.
Un de pigeons Sauce verd.	Tauben mit grüner Sauce.
Un de Levreau au sang.	Hasen mit Blut.
Un de Mouton a la bourgeoise.	Schaffleisch auf bürgerlich.

Troisieme Service.	Dritte Tracht.
Un de Faisanneau pour rôtis.	Junge Fasanen für Braten.
Un de Champignons.	Schampignon weiß.
Un de Morilles.	Maurachen.
Une Gelée de Groseilles vertes.	Eine Sulz von Stachelbeeren.
Une Tourte de Fraise.	Eine Torte von Erdbeeren.

Un Menû pour 16 Couverts a l' Angloiſe.

Eine Tafel für 16 Perſonen auf Engliſch.

Un potage de ſanté	Eine Kräuterſuppe.
un potage au purée verte de pois.	Eine Coulisſuppe von grünen Erbſen.
un de Tendrons de veau ſauce d' oranges.	Tendrons von Kalb mit Pomeranzen.
une d' Agneau ſauce hachée.	Eine von Lamm mit Haſcheeſauce.
un de Cochon avec de chou.	Ein ſchweinernes Quarré mit Würſing oder Kölch.
un d' Eſturgeon aux Anchois.	Hauſen mit Sardellen.
un bouble.	Eine Kaſtrolpaſtete.
4 Aſſiettes.	4 Teller.
un de petits patés.	Kleine Paſtetlein.
un de Bechamelle frit.	Ein Beſchamell gebachen.
un de Boudins blanc.	Weiße Würſte.
un d' Hatelettes de ris de Veau.	KleineSpieſel mitBrüs.
Pour relever le Potage.	Für die Suppe auszuwechſeln.
un Rosbif a l' Angloiſe.	Einen Engliſchen Braten.
un Hochepot avec de petits ſalés.	Ein Hoſchpot mit Kaiſerfleiſch.

Seconde Service.	Zweyte Tracht.
Un de Faiſanneau pour rôtis.	Junge Faſanen für Braten.
Un de poulardes pour rôtis.	Polarden für Braten.
Un Jambon froid.	Einen Schunken kalter.
Un d'Ecreviſſes.	Große Krebſe geſotten.
Un cuiſſe de Veau a la Daube.	Einen Kalbsſchlegel a la Daube.
4 Aſſiettes froid.	4 Teller kalter.
Troiſieme Service.	Dritte Tracht.
Une Croquante.	Einen Croquant.
Un d'Artichauts a la Sauce de beurre.	Artiſchocken mit Butterſauce.
Un d'Aſperges ſauce blanche.	Spargel mit weißer Sauce.
Une de petits pois.	Ein mit kleinen Erbſen.
Un de Morilles.	Maurachen.
Une Crême a l'angloiſe.	Einen Crem auf Engliſch
Une Gelée de Griottes.	Eine Sulz von Weichſeln.
4 Aſſiettes de patiſſerie.	4 Teller mit Bachereyen.

Un Menû pour 18. Couverts.

Eine Tafel für 18. Perſonen.

2 Potages.	2 Suppen.
Un de ſanté.	Eine Kräuterſuppe.
Un de ris.	Eine Reisſuppe.
Pour relever le Potage.	Für die Suppen auszuwechſeln.
Un Piece de Bœuf.	Das Tafelſtück.

Une Croupiere de Cerf a la Saxe.	Einen Hirschzemmer im Ofen.
2 Terrines.	2 Töpfe.
Un de Carottes avec de Mouton.	Ein mit gelben Ruben und Schaffleisch.
Un de Choux garni de petits salés.	Ein mit Würsing oder Kölch von Kaiserfleisch.
8. Horsd'œuvres.	8 Voressen.
Un de petits patés dressés.	Kleine Pastetlein dressirt.
Un de petits patés hachés.	Kleine Hascheepastetlein.
Une Bechamelle frite.	Ein Beschamell gebachen
Un de Croquettes aux pains enchantés.	Croquets mit Oblaten.
Un de Boudin aux Ecrevisses.	Würste von Krebsen.
Un de Boudins de Veau.	Würste von Kalbfleisch.
Un de farci de Knefs grillés.	Einen weißen Geflügelfasch grillirt.
Un de petits Cheris.	Kleine Kapsel mit Lammscarmenad.
12 Entrées.	12 Eingemachte.
Un de Filet de Bœuf glacé.	Einen Lungenbraten glasirt.
Un de mouton aux fines herbes.	Ein von Schaffleisch mit Kräutern.
Un de Levreau a l'Italienne.	Ein von Hasen auf Italiänisch.
Un de Chevreuil a la provençale.	Ein von Reh auf Brabandisch.

Un de poulets au printems.	Ein von Hühnlein mit grüner Sauce.
Un de petits Canards sauce ramolade.	Junge Enten mit Ramoladsauce.
Un de perdraux aux Truffes.	Junge Feldhühner mit Triffel.
Un de pigeons a l' Estragon.	Tauben mit Bertram.
Une Abbaisse de Godiveau.	Eine Abbes mit Kalbsfasch.
Une Timballe a la Genoise.	Ein Timball auf Genuesisch.
Un Grenade.	Ein Granad von Wurzeln.
Un de Poulardes en surprise.	Polarden in Papier.
8 Assiettes froids.	8 Teller kalter.
Seconde Services.	**Zweyte Tracht.**
4 grosses Pieces.	4 große Stücke.
Un Piece de Bœuf a l'escarlate.	Ein Stück Pöckelfleisch.
Une cuisse de Veau a la Daube.	Ein Kalbsschlegel a la Daube.
Un Gateau a la broche.	Einen Brügelkrapfen.
Un Gateau de mille feuilles.	Eine französische Torte.
4 Rôtis.	4 Braten.
Un de Faisanneau.	Junge Fasanen.
Un de Perdrix.	Junge Rebhühner.
Un de Poulets.	Junge Hühner.
Un de Canardoneaux.	Junge Enten.
16. Entremets.	16 Entremets.
Un de petits pois.	Kleine Erbsen.

un Car=

un de Choux ſleurs ſauce blanche.	Carviol.
un d' Artichauts a la pericord.	Artiſchocken.
un de Champignons.	Schampignon.
un d' Ecreviſſes a l' Angloiſe.	Krebſe auf Engliſch.
un d' œufs frits aux Concombres.	Gebachene Eyer mit Cucumernſauce.
un Flan de ris.	Ein Flan von Reis im Ofen.
un d' Omelettes aux Epinards.	Kleine Omolette mit Spinad.
un de Bignets d' Apricots.	Apricoſen mit Teig gebachen.
un de Ceriſes frits.	Weichſeln gebachen mit Teig.
un d' Anguilles Sauce ramolade.	Einen Aalfiſch mit Ramoladſauce.
un de Perches grillés.	Börſing grillirt mit Sardellen.
une Crême de fraiſe.	Ein Crem von Erdbeeren.
une Crême au Vanille.	Ein Crem von Vanilien.
une Gelée de Groſeilles.	Eine Sulz von Johannesbeeren.
une Gelée d' Oranges.	Eine Sulz von Pomeranzen.
8 Aſſiettes.	8 Teller kalter.
4 avec de patiſſerie.	4 mit Bacherey.
4 avec de Salade.	4 mit Salat.

Dieſe Tafel kann auch für 20 Perſonen gemacht werden, und wenn man ſparen will, ſo so können die Teller ausbleiben, oder auch nur 4. gegeben werden kalter, als nämlich: auf die erste Tracht Butter, Rettich, Kreen und Ranen, und auf die zweyte 4. Salat.

Un Menû pour 40. Couverts.

Eine Tafel für 40. Personen.

4 *Potages.*	4 Suppen.
Un Santé.	Eine Kräutersuppe.
Un a la Reine.	Eine weiße Coulissuppe.
Un aux Choux.	Eine Suppe mit Würsing oder Kölch.
Un a la Purée verte.	Eine grüne Erbsensuppe.
Pour relever le Potage.	Für die Suppe auszuwechseln.
Un piece de Bœuf.	Das Tafelstück.
Un de Bœuf a la mode.	Buflamode.
Un Cochon de lait a la broche.	Ein Spanferkel am Spieß.
Un quartier de Veau a la Crême.	Ein Kalbsviertel mit Rahm.
4. *Terrines.*	4 Töpfe.
Un d' Endive a la Chicorée.	Ein Antifi mit Lammsfleisch.
Un de Chou rave.	Kohlrabi mit Kaiserfleisch.
Un de piés d' Agneau verd.	Lammsfüße mit grüner Fricasseesauce.
Un de Knefs a la Bechamelle.	Weißen Fasch mit Beschamell.
16 *Horsd'œuvres.*	16. Voressen.
Un de Boudins aux Ecrevisses.	Krebswürste.

un Kröß-

un de Boudins fraise.	Krößwürste.
un de Boudins de Veau.	Kalbswürste.
un d' Andouilles a la bourgeoise.	Anduilli auf bürgerlich.
un de Cervelle frite.	Kalbshirn zum Bachen.
un de Croquettes mêlées.	Croquets melirt gebachen.
une Bechamelle frite.	Beschamell gebachen.
un d' Animelles frites.	KleineLammsbrüs gebachen.
un de Cotelettes d' Agneau grillées.	Lammscarmenad grillirt
un de Cotelettes de Veau grillées.	Kalbscarmenad grillirt.
un de Poulets grillés.	Hühner grillirt.
un au Knefs grillé.	Knefsfasch grillirt.
un de petits patés a la Francfort.	Kleine Frankfurter Pastetlein.
un de petits patés a l' Allemande.	Kleine Pastetlein auf deutsch.
un de petits patés de fraise de Veau.	Kleine Kröspastetlein.
un de petits patés a la Bechamelle.	Kleine Pastetlein a la Bechamelle.
24 Entrées.	24 Eingemachte.
un Filet de Bœuf sauce aux Capres.	Einen Lungenbraten mit Kapern.
un de Cerf a l' Allemande.	Filee von Hirsch auf deutsch.
un Fricandeau a l' Oseille.	EinFricando mitSauerampfer.

un de levreau a l'espagnole.	Junge Hasen mit Burgunderwein.
un d' agneau au persil.	Ein von Lamm mit Petersill.
un de filet de chevreuïl au genevre.	Filee von Reh mit Cronabethbeer.
un hochepot de tendrons de Veau.	Einen Hochepot mit Tendrons.
un de faon de Chevreau aux fines herbes.	Ein von Rehkützlein mit feinen Kräutern.
un de palais de bœuf en roulades.	Ochsengaum rolirt.
un de lapin de bonne femme.	Künighasen mit Coulis.
un abbaisse de ris de Veau.	Ein Abbes mit Kalbsbrüs.
un surtout de ris.	Ein Sürdu von Reis.
un Tourte de grasdouble.	Eine Torte mit Kuttelfleck.
un abbesse de poulets.	Ein Abbes mit Hünern.
un de Canard saüce d' oranges.	Enten mit Pomeranzensauce.
un de perdrix sauce aux Champignons.	Junge Rebhüner mit Schampignon.
un de poulardes a la Princesse.	Polarten ausgelößt.
un de faisanneau a l'estragon.	Junge Fasanen mit Bertram.
un de Dindonneau sauce a l' angloise.	Junge Indian mit Hascheesauce.
un des pigeons au sang.	Nesttauben mit Blut.
un des poulets a la peluche.	Hühner mit klarer Sauce.

un Junge

Un d'oisons sauce Capucine.	Junge Gänse mit Kreensauce.
Un d'esturgeon a l'Italienne.	Hausen mit Provanseröl.
Un d'esturgeon en surprise.	Hausen in einer Papiernen Kapsel.
8. Assiettes froid.	8. Teller kalter.
8. grosses pieces pour le second service.	8. große Stück für die zweyte Tracht.
Un aspique de piés de cochon.	Eine Rummelsulz von Schweinsfüßen.
Un aspique de truite.	Eine von Forellen.
Un Jambon.	Einen Schunken.
Un Rolade de Veau.	Ein Rolad von Kalbfleisch.
2. Croquante.	2. Croquante.
Un gateau de savoie.	Einen Gato von Biskquit.
Un gateau de mille feuilles.	Eine französische Torte.
8 Rôtis.	8 Braten.
Un de faisanneaux.	Einen von Fasanen.
Un de Chaponneaux.	Einen von jungen Capaunen.
Un de perdraux.	Einen von jungen Rebhünern.
Un de Dindonneaux.	Einen von jungen Indianern.
Un de faon de Cerf.	Einen von Hirschkalb.
Un de Cabri.	Einen von Küzlein.
Un de Chevreuil.	Einen von Reh.
Une longe de Veau.	Einen Nierenbraten.

32. *Entremets.*	32. Entremets.
Un d' epinards a l'Italienne.	Spinad auf Italiänisch.
Un de Choux fleurs Sauce blanche.	Carviol mit weiser Sauce.
Un d' artichauts a la pericord.	Artischocken im Ofen.
Un d' asperges au petits pois.	Kleinen Spargel geschnitten mit Ram.
Un des Concombres a la Sauce.	Cucumern mit Coulissauce.
Un d' haricots aux fines herbes.	Fisolen mit feinen Kräutern.
Un de feves licées.	Grüne Bohnen legirt.
2. des Champignons.	2. von Schampignon.
2. des petits pois.	2. mit kleinen Erbsen.
Un de mousserons a l' Italienne.	Muserani auf Italiänisch.
2. d' Ecrevisses a l' Angloise.	2. mit Krebsen auf Englisch.
Un d' œufs pochés.	Verlohrne Eyer mit Schü.
Un d' œufs innocents.	Kleine Eyer von der Hennen.
Un de bignets d' apricots.	Gebachne Apricosen.
Un de Cerisses frites.	Gebachne Weichsel.
Un de Melon frite.	Melonen gebachen.
Un de Crême frite.	Einen Crem gebachen.
Un de petites caisses a l' angloise.	Kleine Schnitten in Papier auf Englisch.
Un de petites au fromage parmesan.	Parmesankäß in kleine Kapsel.

Un Einen

un flan.	Einen Flan in Ofen.
un de ris au four.	Einen Reis in Ofen.
une Crême a l'angloise.	Einen Crem auf Englisch
une Crême au four.	Einen Crem in Ofen.
une Crême au Vanille.	Einen Crem von Vanille.
une Crême de fraise.	Einen Crem von Erdbeer.
une gelée de Grosseilles verds.	Eine Sulz von Stachelbeer.
une gelée de grosseilles rouges.	Eine Sulz von Johannesbeer.
une gelée de peches.	Eine Sulz von Pfirsching.
une gelée de fleurs d' oranges.	Eine Sulz von Pomeranzenblüth.
8. Assiettes froids.	8. Teller kalter.

Diese Tafel kann auch vor 50. Personen servirt werden, es dörfen nur noch so viel Teller mit warmen Speißen serviret werden, und auf den ersten Gang auf die Schüssel wo die Pastetlein sollen gegeben werden, und die boudins werden hernach auf die Teller gegeben, und auf die Schüsseln andere Voressen, auf den zweyten Gang 8. Teller von Backereyen serviren, so ist der Service complet vor 50. Personen.

Un Menû pour 60. Couverts.

Eine Tafel vor 60. Personen.

8. Potages.	8. Suppen.
un a la santé.	Eine Kräutersuppe.
un a la purée de pois verds.	Eine Coulissuppe von grünen Erbsen.

un Eine

un chiffonade.	Eine klare Suppe von Wurzeln.
un jonquilles.	Eine Coulissuppe von gelben Ruben.
une purée aux Navets.	Eine Coulissuppe von weisen Ruben.
un au ris clair.	Eine klare Suppe von Reis.
un de ris a l'Italienne.	Eine Reissuppe auf Italiänisch.
un a la peluche.	Eine Suppe mit Petersill.
8 Pieces pour relever les Potages.	**8 Stück für die Suppen auszuwechseln.**
un piece de bœuf.	Das Tafelstück.
un a l' escarlate.	Ein Stück Pöckelfleisch.
un quartier de Veau a la Crême.	Ein Kalbsviertel mit Rahm.
un Selle d' agneau.	Einen Lammshasen mit Schü.
un Jambon a la broche.	Einen Schunken mit Schampagner Wein gebraten.
un quartier de mouton Sauce Concombres.	Ein Schafviertel in der Brás mit Cucumern.
un Timbale de Macaroni.	Ein Timbal von Macaroni.
un Timbale a l' Allemande.	Eine Kastrolpasteten auf deutsch.
8 Terrines.	**8 Töpf.**
De Choux & petits salés.	Wirsching oder Köhl mit Kaiserfleisch.

De — Kal-

De choux raves & petits salés.	Kalrabi mit Kaiserfleisch.
De Carottes & agneau.	Gelbe Ruben mit Lammsfleisch.
De Navets & mouton.	Weiße Ruben mit Hammelfleisch.
Un de Knefs.	Weißen Geflügelfasch mit Rahm.
Un de piés d'agneau au verd.	Lammsfüß grün fricasirt
Un de fraise de Veau a la poulette.	Ein Kalbskrös weiß mit Petersill.
Un abbatis d'oison au sang.	Eine junge Gans mit Blut.
16 Horsd'oeuvres.	16. Voressen.
Un de boudins aux liévres.	Würst von Hasen.
Un de boudins de Veau.	Würst von Kalbfleisch.
Un de boudins aux Chapons.	Weiße Würste.
Un de boudins des oreilles au sang.	Würst von Ohren mit Blut.
Un de Cotelettes de Veau a la gril.	Kalbscarmenad auf den Rost.
Un de poulets a la Tartare.	Hühner auf den Rost mit Peberratsauce.
Un de foie de porc a la Wahl.	Schweinsleber in Nest auf den Rost.
Un de pigeons a la crapaudines.	Tauben a la Crapaudine.
Un de grenatins de Veau.	Grenatin von Kalbfleisch.

un de ris de Veau glacé.	Kalbsbrüs gespickt und glasirt.
un de palais de bœuf au gratin.	Ochsengaum in Ofen.
un d'oreilles d'agneau Sauce blanche.	Lammsohren mit weißer Sauce.
un des Cotelettes de poulets sautés.	Carmenad von Hühnern weiß.
un de filet de Chapon dressé.	Filee von Krebsen dreßirt.
un Salmi de perdraux.	Ein Salmi von Rebhünern.
un d'estomac de pigeons piqués.	Taubenbrüste gespickt mit Wurzeln.
32 Entrées.	32 Eingemachte.
un filet de bœuf aux Oignons.	Einen Lungenbraten mit Zwiebel.
un filet de Cerf a l'allemande.	Ein von Filee von Hirsch auf deutsch.
une langue de bœuf a la Polonoise.	Eine Ochsenzung mit Weinbeer.
une de filet de Cerf glacé.	Ein von Reh glasirt.
un quarré de Veau a la jachu.	Ein Quarre von Kalbfleisch a la Jacks.
un d'agneau en blanc.	Ein von Lamm weiß.
un de levreau en civé.	Ein von Hasen in Civée.
un de lapins aux fines herbes.	Ein von Künighasen mit Kräutern.
un de tête de Veau a la hollandoise.	Ein Kalbskopf auf Holländisch.

un Ein

un de mouton au gros lard.	Ein von Schaffleisch mit groben Speck.
un de tendreus de bœuf en hochepot.	Ein Hoschpot mit Tendrons.
un Grenade.	Einen Grenad.
un quarré de Cochon sauces mutras.	Ein schweinernes Quarree.
un d' esturgeon a la Neubauer.	Hausen mit kalter sauce.
une Tourte a l' Allemande.	Eine kleine deutsche Pastete.
un surtout au ris.	Einen Sürtut von Reis.
un des poulets a la peluche.	Hühner mit Petersill.
un des petits poulets aux Ecrevisses.	Nesthühner mit Krebs.
un de Poulardes a la Provençale.	Polarden auf Brabandisch.
un de Dindonneau aux fines herbes.	Indian mit feinen Kräutern.
un de Dindonneau sauce Champignon.	Indian mit Schampignon.
un de Caponneau a la Tortue.	Junge Kapaunen dressirt wie Schildkröten.
un de pigeons en Compôte.	Tauben im Compot.
un de Canards sauce ramolade.	Enten mit Ramoladsauce.
un de perdraux aux Truffes.	Rebhühner mit Triffel.
un de perdraux sauce claire.	Rebhühner mit klarer Sauce.

un de Faisans a l'Espagnole.	Fasanen auf spanisch.
un de Faisans au Champignon.	Fasanen mit Schampignon.
un de paon sauce hachée.	Pfauen mit Haschee-sauce.
un de paon a la Marechale.	Pfauen a la Marechale.
un de Canards sauvages aux Anchois.	Wildenten mit Sardellen.
un de Canards a la Brussel.	Wildenten auf Brüßler Manier.
un de Cailles au laurier.	Wachteln mit Lorbeer-blättern.
un de Cailles a la Provençale.	Wachteln a la Provençale.
un de poulets a la Bechamelle.	Ein Beschamell dressirt.
un de Farcis a la Bechamelle.	Eines mit Fasch.
un de Turbonne.	Einen Turbant.
2 Aspiques de Volaille.	2 Aspique von Geflügel.
une Abbaisse.	Ein Abbes.
16 Assiettes.	16 Teller.
8 froids.	8 kalter.
un de petits patés a la Bechamelle.	Kleine Pastetlein a la Bechamelle.
un de petits patés a la Reine.	Kleine Hascheepastetlein.
un de patés aux Ecrevisses.	Kleine Krebspastetlein.
un de patés dressés.	Kleine dressirte Pastetlein.

un Ein

une Bechamelle frite.	Ein Beschamell gebachen
un de Croquettes.	Croquett von allerhand.
un d' Amourettes.	Amurette gebachen.
un de Profitroles.	Kleine Semmel gebachen.

Seconde Service.	Zweyte Tracht.
16 grosses pieces.	16 große Stück.
un Aspique de Truite.	Eine Kummelsulz von Forellen.
un Cuisse de Veau a la Daube.	Kalbsschlegel a la Daube.
un bise d' Ecrevisses.	Große Krebse gesotten.
un Gateau de Liévre.	Ein Gato von Hasen.
un Jambon.	Einen Schunken.
un Rolade de Cochon de lait.	Ein Rolad von Spanferkeln.
un de Mouton a l' Ecarlate.	Einen gepöckelten Kalbsschlegel.
un de Langue de Bœuf furré.	Ochsenzung.
un Boudin a l' angloise.	Ein Budin auf Englisch.
un Gateau a la broche.	Ein Gato am Spieß.
un Gateau a la Madelaine.	Ein Gato a la Madelaine.
un Rocher d' Amandes.	Einen Berg von Mandeln.
4 Croquants differents.	4 Croquante.
10 Rôtis.	16 Braten.
un Faon de Chevreuil.	Ein Rehkütz.
un Marcassin.	Ein junges Wildschwein.
un Faon de Cerf.	Ein Hirschkütz.
un de Levreau.	Junge Hasen.
un de Faisanneau.	Junge Fasanen.

un Mm 2 Jun=

un de Perdrix.	Junge Rebhühner.
un de jeunes Grives.	Junge Dreſſeln.
un de Cailles.	Wachteln.
un de Cabri.	Ein Kützbraten.
un d' Agneau.	Ein von Lamm.
un de Chaponneaux.	Junge Capaunen.
un de Dindonneaux.	Junge Indianiſch.
un de poulets.	Hühner.
un de pigeons.	Tauben.
un de Canards.	Junge Enten.
un d' Oiſons.	Junge Gänſe.
32 Entremets.	*32 Entremets.*
un d' Epinards au four.	Spinad im Ofen.
un de Choux fleurs au parmeſan.	Carviol mit Käß.
un d' Artichauts ſauce blanche.	Artiſchocken mit weißer Sauce.
un de cus d' Artichauts aux fines herbes.	Artiſchockenböden mit Kräutern.
un d' Aſperges a la Crême.	Spargel geſchnitten mit Rahm.
un de Concombres farcis.	Cucumern faſchirt.
un de Salade au Coulis.	Salat mit Coulis.
un de Feves licées.	Grüne Bohnen legirt.
un de morilles ſauce verd.	Maurachen mit grüner Sauce.
un de Muſſerons.	Muſſeroni auf Italiäniſch.
un d' Haricots a l' Italienne.	Fiſolen mit Oel.

un de Navets a la Flamande.	Weiße Ruben auf Flamändisch.
2 de Champignons.	2 mit Schampignon.
2 de petits pois.	2 von kleinen Erbsen.
un d'Oeufs pochés.	Verlohrne Eyer mit Jus.
un d'Oeufs poché & glacé.	Verlohrne Eyer gespickt und glasirt.
un d'Oeufs innocents.	Kleine Eyer aus der Henne.
un d'Omelettes a l'angloise.	Ein Omolett auf Englisch.
un d'Ecrevisses a la Crême.	Krebse mit Rahm.
un d'Ecrevisses a l'angloise.	Krebse auf Englisch.
un d'Anchois frites.	Sardellen gebachen.
un de petits caisses de saumons salés.	Gesalzene Rheinsalm in Kästlein.
une Crême au Vin de Champagne.	Ein Crem von Schampagnerwein.
une d'Oranges chaud.	Einen warmen mit Pomeranzen.
une Crême aux Citrons.	Ein von Citronen.
une Crême au Café.	Ein von Kaffee.
une Gelée de Cresson.	Eine Sulz von Brunnenkreß.
une Gelée de Cerisses.	Eine von Kirschen.
une Gelée de griottes.	Eine von Weichseln.
une Gelée de Bergamotte.	Eine von Pergamott.

16 Assiettes.	16 Teller.
8 froid & 8 de patisse- rie.	8 kalt und 8 mit Ba- cherey.

Le Menû pour Automne.

Tafelzettel in dem Herbst.

Un Menû pour 8 Couverts.

Eine Tafel für 8 Personen.

un potage de Santé.	Eine Kräutersuppe.
un de Cotelettes de pigeons santés.	Carmenade von Tauben.
un de queues de Veau sauce blanche.	Kalbsschweife mit wei- ßer Sauce.
un piece de Bœuf pour relever.	Das Tafelstück für aus- zuwechseln.
Seconde Service.	**Zweyte Tracht.**
3 Assiettes.	3 Teller.
un Bouble de poulets.	Einen Gateau von Ho- pfen mit Hühnern.
un Chartereuse.	Einen Grenad von Ge- müß.
un Tendrons de Veau d'Oranges.	Kalbstendrons mit Po- meranzen.
Troisieme Service.	**Dritte Tracht.**
Des Faisanneaux pour Rôti.	Junge Fasanen für Bra- ten.
un de petits pois.	Kleine Erbsen.
une Gelée de Citrons.	Eine Sulz von Lemoni.
2 Assiettes.	2 Teller.

Un Menû pour 12. *Couverts.*

Eine Tafel vor 12. Personen.

2 Potages.	2 Suppen.
un Potage de Jonquilles.	Eine Coulissuppe von gelben Ruben.
un au ris.	Eine von Reis.
2 pour relever.	Für die Suppe auszuwechseln.
un piece de Bœuf.	Das Tafelstück.
un paté de Cerf.	Eine aufgesetzte Pastete vom Hirsch.
4. Terrines.	2 Töpfe.
un de Choux avec de petits salés.	Ein mit Würsich oder Kölch und Kaiserfleisch.
Un de piés d' Agneau sauce verd.	Eine mit Lammsfüßen in grün Fricassee.
4 Entrées.	4 Eingemachte.
un de Grenadins aux petits oignons.	Grenatin mit kleinen Zwiebeln.
un de poulets a la peluche.	Hühnlein mit Bertram.
un de Cabri aux Champignons.	2 Bügel von Kützlein mit Schampignon.
un de perdrix aux fines herbes.	Feldhühner mit feinen Kräutern.
4 Assiettes.	4 Teller.
8 froid.	4 kalter.
un de Boudins de fraise de Veau.	Ein mit Kröswürsten.
un d' Hatelettes de ris de Veau.	Ein mit Spiesel von Brüs.

un Mm 4 Klei-

Un de petits bouchés a la Reine.	Kleine Hascheepastetlein.
Une Bechamelle frite.	Ein Beschamell gebachen.
Seconde Service.	**Zweyte Tracht.**
2. grosses Pieces.	2 große Stücke.
Un Jambon.	Einen Schunken.
Un bile d'Ecrevisses.	Große Krebse gesotten.
2 Rôti.	2 Braten.
Un de poulardes.	Ein von Polarden.
Un de Faisanneaux.	Ein von jungen Fasanen.
4 Entremets.	4 Entremets.
Un de petits pois.	Kleine Erbsen.
Un d'Artichauts sauce Anchois.	Artischocken mit Sardellensauce.
Une Crême a l'angloise.	Ein Crem auf Englisch.
Une Gelée de Groseilles.	Eine Sulz von Johannesbeeren.
8 Assiettes.	8. Teller.
4 de Patisserie & 4 froid.	4 mit Bacherey und 4 kalter.

Un Menû pour 18. Couverts.

Eine Tafel für 18. Personen.

2. Potages.	2. Suppen.
Un Chiffonade.	Eine von Wurzeln.
Une purée verte de petits pois.	Eine Coulissuppe von grünen Erbsen.
Pour relever les Potages.	Für die Suppe auszuwechseln.
Un piece de Bœuf.	Das Tafelstück.

Une [Ei-

Une Longe de Veau a la Bechamelle.	Einen Nierenbraten mit Beschamell.
2 Terrines.	2 Töpfe.
Un de Navets avec de petits salés.	Ein mit Ruben und Kaiserfleisch.
Un hochepot a l'Espagnole.	Ein Hochpot auf Spanisch.
8 Entrées.	8 Eingemachte.
Un langue de bœuf a l'Allemande.	Eine Ochsenzung auf deutsch.
Un de pigeons en Compôte.	Tauben im Compôt.
Un de queues de Veau a la hollandoise.	Kalbsschweif auf Holländisch.
Un de poulets a la Madelaine.	Hühner a la Madelaine.
Un d'agneau glacé.	Lamm glasirt.
Un de perdraux a l'angloise.	Rebhüner auf Englisch.
Un de levreau au sang.	Hasen mit Blut.
Un de Canards sauce verte.	Enten mit grüner Sauce.
8 Assiettes.	8 Teller.
4 froid, & 4 chaud.	4 Kalter, und 4 warmer.
Un de boudins verd.	Ein mit grünen Würsten
Un d'hatelettes de Veau.	Ein mit Spißel von Kalbfleisch.
Un de croquettes melés.	Ein mit Croquetten gebachen.
Un de petits patés au salpicon.	Ein mit kleinen Pastetlein mit Salpicon.

Seconde Service.	Zweyte Tracht.
8 grosses Pieces.	2 große Stück.
un Dindon a la Daube.	Ein welsches Stück a la Daube.
un rolat de cochon de lait.	Ein Rolat von Spanferkel.
8 Assiettes.	8 Teller.
4. froid, & 4. de patisserie.	4. kalte und 4. mit Backerey.
4 Rôtis.	4 Braten.
un de poulets.	Ein von Hühnern.
un de faisan.	Ein von Fasan.
un de Chapon.	Ein von Capaun.
un de gelinottes.	Ein von Haselhünern.
2 Flanc.	2 Seitenstücke.
un boudin a l'angloise au four.	Ein Budin auf Englisch.
un paté froid de beccasses.	Eine kalte Pastete von Schnepfen.
4 Entremets.	4 Entremets.
un de Choux fleur a l'Italienne.	Carviol auf Italienisch.
un d'epinards a la Crême.	Spinad mit Rahm.
un d'artichauts sauce blanche.	Artischocken mit weißer Sauce.
un de Cardons a la moëlle.	Carti mit Mark.

Un Menû pour 24. Couverts.

Eine Tafel vor 24. Personen.

2 Potages.	2 Suppen.
un a l'effence de Navets.	Eine klare Suppe von Ruben.
une purée de Nantilles.	Eine Couliesuppe von Linsen.
Pour relever le potage.	Für die Suppe auszuwechseln.
un piece de bœuf.	Das Tafelstück.
un quartier de mouton a la broche.	Ein Schafviertel a la Bräs.
4 Terrines.	4 Töpf.
un au choux bleus avec de petits salés.	Blaues Kraut mit Kaiserfleisch.
un de choux crouttes avec un faisan.	Sauerkraut mit Fasan.
un de Knefs.	Knefs von weißen Fasch.
un de piés de Veau en fricassée.	Kalbsfüße en fricassée verd.
2 Flanc.	2 Seitenstücke.
un Dindon a la braise Sauce melé.	Einen welschen Hahn mit Hascheesauce.
un timballe de Macaroni.	Einen Timball von Macaroni.
8 Horsd'œuvres.	8. Voressen.
un de grenatins de Veau.	Grenatins von Kalbfleisch.
un de filets de Chevreuil.	Filee von Rehzehmer.
un de ris de Veau glacé.	Kalbsbrüs glasirt.

un Ochsen=

Un de palais de bœuf aux fines herbes.	Ochsengaum mit feinen Kräutern.
Un de filets de Chapon en fleur.	Filee von Capaun dressirt.
Un Salmi de becaſſe.	Ein Salmi von Schnepfen.
Un de Cotelettes d'agneau.	Lammscarmenad.
Un de poulets au fricaſſée.	Ein weiß Fricaſſee von Hühnern.
12 Entrées.	12 Eingemachte.
Un de filet de bœuf glacé.	Ein Ochſenfilee glaſirt.
Un de poitrine de Veau au blanc.	Eine Kalbsbruſt weiß.
Un de mouton au perſil.	Ein Quarre von Kalbfleiſch mit Peterſill.
Un de liévre a l'Italienne.	Ein von Häſen auf Italiäniſch.
Un de Cerf a l'Allemande.	Ein von Hirſchen auf deutſch.
Un Grenade.	Einen Granat.
Un Canard Sauce d'oranges.	Eine wilde Ente mit Pomeranzenſauce.
Un de perdraux a l'angloiſe.	Rebhüner auf Engliſch.
Un ris au Bechamelle.	Ein Beſchamell in Reis.
Un de pigeons a la peluche.	Tauben mit klarer Sauce.
Un de Chapon a la Provençale.	Einen Capaunen auf Brabändiſch.
Un des poulardes a la Princeſſe.	Polarden a la Princeſſe.

12 Aſſiet- 12 Tel-

12 Assiettes.	**12 Teller.**
4 froid.	4 kalter.
un de boudins noirs.	Ein mit schwarzen Würsten.
un de boudins blanches.	Ein mit weißen Würsten.
un de profitroles.	Ein mit profitroles.
un de Beschamelle frite.	Ein mit Beschamell.
un de petits bouches a la Reine.	Ein mit kleinen Haschees pastetlein.
un de petits patés aux Ecrevisses.	Ein mit kleinen Krebs pastetlein.
un de petits patés a l' espagnole.	Ein mit spanischen Pastetlein.
un de petits patés de fraise de Veau.	Ein mit kleinen Pastetlein von Kröß.
Seconde Service.	**Zweyte Tracht.**
un hure de sanglier.	Einen wilden Schweinskopf.
un patés froid de perdrix.	Eine kalte Pastete von Rebhühnern.
6 Rôtis.	**6 Braten.**
un d' alouettes.	Ein von Lerchen.
un d' ortolans.	Ein von die Ordolani.
un de faisans.	Ein von Fasanen.
un de poulets.	Ein von Hühnern.
un de Chapon.	Ein von Capaunen.
un de poulardes.	Ein von Polarden.
18 Entremets.	**18 Entremets.**
un de Choux fleurs.	Carviol.
un d'epinards.	Spinad.
un d' artichauts.	Artischocken.

un de Cartons.	Ein von Carti.
un de Ciboules a l' Italienne.	Spanische Zwiebel Italiänisch.
un d' haricots.	Grüne Fisolen.
un de Celeri.	Ein von Zelleri.
un de feves blanches.	Weiße Bohnen.
un d' œufs pochés.	Verlohrne Eyer.
un d' œufs au fer a cheval.	Eyer gebachen mit brauner Buttersauce.
un de polenta.	Polenta.
un de ris frit a l' Allemande.	Ein Reis gebachen auf deutsch.
un de bignets de pommes.	Aepfel gebachen und glasirt.
un flan d' ecrevisses.	Einen Flan von Krebsen.
une Crême a la Turc.	Ein Crem auf türkisch.
une Crême a l'angloise.	Einen englischen Crem.
une gelée d'oranges.	Eine Sulz von Pomeranzen.
une gelée de Citrons.	Eine Sulz von Citronen.
8 Assiettes.	8 Teller.
4 froid.	4 kalte.
4 de patisserie.	4 mit Bachereyj.

Un Menû pour 36. Couverts.

Eine Tafel vor 36. Personen.

4 Potages.	4 Suppen.
un a la Reine.	Eine von weißer Coulis.
un au Celeri.	Eine von Zelleri.
un au Merrons.	Eine von Castanien.
un aux fines herbes.	Eine von Kräutern.

4 Re- 4 Aus-

4. Relever.	4 auswechsel Stück.
un piece de bœuf.	Das Tafelstück.
un Jambon a la broche.	Einen Schunken mit Schampignon.
un hochepot.	Einen Hoschpot von Wurzeln.
un quartier de Veau a la Crême.	Ein Kalbsviertel mit Rahm.
4 Terrines.	4 Töpf.
un de choux frisés garni d'oreilles.	Würsig oder Köhl mit Schweinsohren.
un de Navets de Baviere & petits salés.	Bayrische Ruben mit Kaiserfleisch.
un de fraise de Veau a l'Allemande.	Ein Kalbskröß auf deutsch.
un de ragout melé.	Ein Ragout melirt.
12 Horsd'œuvres.	12 Voressen.
un abbatis d'oison au sang.	Eine junge Gans mit Blut.
un d'amourettes au parmesan.	Ruckmark mit Parmesankäß.
un de langues de mouton aux anchois.	Schafzungen mit Sardellen.
un de cervelle aux fines herbes.	Kalbshirn mit feinen Kräutern.
un de boudins au chapon.	Weiße Würst von Capaunen.
un de boudins de foye.	Würst von der Schweinsleber.
un de boudins d'oreilles de Cochon.	Würst von Schweinsohren.
un des andouilles a la bourgeoise.	Anduille auf Burgerlich.

un Schweins=

un de Cotelettes de Cochon au gril.	Schweinscarmenad.
une de ris de Veau grillé.	Kalbsbrüs grillirt.
un de palais de bœuf grillé.	Ochsengaum grillirt.
un de filets de lievre sautés.	Filee von Hasen mit Prebanseröl.
20 Entrées.	20 Eingemachte.
un filets de bœufs sauce d'anchois.	Einen Lungenbraten mit Sardellen.
un langue de bœuf a la polonoise.	Eine Ochsenzung mit rothen Wein.
un fricandeau aux petits Oignons.	Ein Frikando mit kleinen Zwiebeln.
un grenade a la Danger.	Einen Grenad dreßirt.
un quarré de mouton aux fines herbes.	Ein Carmenadstück von Schaffleisch.
un Rolade de mouton.	Ein Rolat von Schaffleisch.
un de liévre a la bonne femme.	Einen Hasen a la Brás.
un de Cerf a l'Allemande.	Ein von Hirsch auf deutsch.
un de sanglier au Genevre.	Ein von Wildschwein mit Cronawethbeer.
un de lapin au Coulis.	Ein von Künighasen mit Coulis.
un Canard sauces d'oranges.	Eine Wildente mit Pomeranzen.
un de perdraux a l'Espagnole.	Rebhüner mit Burgunderwein.

un de Faisans sauces aux Truffes.	Fasanen mit Triffel.
un de Grives a la Conde.	Drosseln a la Conde.
un de Chapon au gros sel.	Ein Kapaun gesotten.
un de poulets a la sauce verte.	Hühner mit grüner sauce.
un de poulardes sauces Ecrevisses.	Polarden mit Krebs-sauce.
un de Dindon a l'estragon.	Ein Indianstücklein mit Bertram.
une Abboisse avec une Bechamelle.	Ein Abbes mit Beschamell.
un de Ris dressé.	Reis mit Ragout dressirt
8. froids.	8 kalter.
un de petits patés de Veau.	Ein mit kleinen Haschee-pastetlein.
un de Salpicon.	Ein mit Salpicon.
un de Mouton.	Ein von Schaffleisch.
un a l' Espagnole.	Eine auf spanisch.
une Bechamelle frite.	Ein Beschamell gebachen
un de Croquettes.	Croquette.
un d' Oreilles de Veau.	Ein von Kalbsohren.
un d' Animelles.	Ein von Lammsbrüs.
Seconde Service.	**Zweyte Tracht.**
8 grosses Pieces.	8 große Stücke.
un paté froid.	Eine kalte Pastete.
un Gateau de Liévre.	Einen Gato von Hasen.
un Jambon.	Einen Schunken.
un Hure de Sanglier.	Einen wilden Schweins-kopf.
2 Croquantes.	2 Croquante.

un Nn Ein

un Gateau de savoie.	Ein Gato von Biscuit.
un Gateau a la broche.	Ein Gato am Spieß.
8 Rôtis.	8 Braten.
un de Faisans.	Ein von Fasanen.
un de Gelinotes.	Ein von Haselhühnern.
un de Becasses.	Ein von Schnepfen.
un d' Alouettes.	Ein von Lerchen.
un Chapon.	Ein von Kapaun.
un de Poulets.	Ein von Hühnern.
un de Poulardes.	Ein von Polarden.
un de Pigeons romains.	Ein von Tauben.
24 Entremets.	24 Entremets.
un d' Epinards.	Spinad im Ofen.
un de Choux fleurs.	Carviol mit weißer Sauce.
un d' Artichauts.	Artischocken mit Oel.
un de Cardons.	Cardi mit Coulis.
un de Celeris.	Zelleri mit Rahm.
un d' Haricots.	Fisolen mit Kräutern.
un de petits pois.	Kleine grüne Erbsen naturel.
un de Féves.	weiße Fisolen weiß legirt.
un d' Oeufs pochés.	Verlohrne Eyer mit Jus.
2 de Truffes.	2 mit Triffel.
un d' Omelette a l' Angloise.	Omelett auf Englisch.
un d' Ecrevisses a la Crême.	Krebse mit Rahm.
un d' Ecrevisses frites.	Gebachene Krebse.
un de Saumon.	Rheinsalm auf dem Rost mit Sauce.
un de Truite.	Forellen mit Sulz.

2 Crêmes.	2 Crem.
2 Gelées.	2 süsse Sulzen.
16 Assiettes.	16 Teller.
8 froid.	8 kalter.
8 de patisserie.	8 mit Bacherey.

Un Menû pour 50. Couverts.

Eine Tafel für 50. Personen.

6 Potages.	6 Suppen.
Un a la Reine au ris.	Eine weiße Suppe.
Un a l' essence de Navets.	Eine klare Suppe von Ruben.
un clair au Celeri.	Eine klare Suppe von Zelleri.
une purée de Nantilles.	Eine Coulissuppe von Linsen.
une purée au marrons.	Eine von Macaroni.
6 Pieces pour relever.	6 Stücke für auszuwechseln.
un piece de Bœuf.	Ein Tafelstück.
un Rosbif a l' angloise.	Einen englischen Braten.
un quartier de Veau a la Königseck.	Ein Kalbsviertel a la Königseck.
un quartier de mouton a la braise.	Ein Schafviertel am Spieß mit Schû.
un Cochon de lait.	Ein Spanferkel.
un Carpe a la Neubauer.	Einen Karpfen a la Neubauer.
2 Terrines.	2 Töpfe.
un Oille a l' espagnole.	Eine spanische Ollie.
un de Choux bleus avec de petits salés.	Ein blaues Kraut mit Kaiserfleisch.

16 Hors d'oeuvres.	16 Voressen.
un de Boudins au sang.	Schwarze Würste.
un de Boudins aux perdraux.	Rebhühnerwürste.
un de Boudins aux Chapons.	Kapaunenwürste.
un de Boudins d'Ecrevisses.	Krebswürste.
2 de petits caisses a la Bechamelle.	2 kleine Kapseln mit Beschamell.
un de Cotelettes d'agneau a la caisse.	Kleine Carmenade in Kästlein mit Coulis.
un Cradins de ris de Veau.	KleineSpiesel mitBrüs.
un de caisse de cervelle.	Kästlein mit Hirn.
un d'Hatelettes de ris de Veau.	Kleine Spiesel von weissen Fasch.
un de Cotelettes de Veau sauté.	Kälberne Carmenade auf dem Rost.
un de poulets de fraise grillé.	KleineSpiesel mitKalbshirn.
un de Foye de Cochon a la Wahl.	Schweinsleber a la Wahl
un de palais de Bœuf a la poulette.	Ein von Ochsengaum mit Petersill.
un de petits animelles.	Kleine Brüs melirt.
un de filets a la Bechamelle.	Filee von Kapaunen mit Beschamell.
un de Cotelettes de pigeons sautés.	Carmenad von Tauben.
24 Entrées.	24 Eingemachte.
un filets de Bœuf Sauces Anchois.	Ein Lendenbraten mit Sardellen.

un Ein

Un Fricandeau a la glace.	Ein Fricando glasirt.
Un Quarré de mouton a la Chicorée.	Ein Quarre von Schaffleisch mit Salat.
Une Langue de Bœuf sauce Cornichons.	Eine Ochsenzunge mit Cucumern.
Un Grenade de Veau au filets.	Einen Granat von Filee.
Un d' Agneau au blanche.	Eines von Lamm weiß.
Un de Cuisse de Liévre a la Pericorde.	Schlegelein von Hasen mit Oliven.
Un de Cerf sauce piquante.	Ein von Hirsch mit piquanter Sauce.
Un de Chevreuil.	Ein von Rehzemmer.
Un de Lapins aux fines herbes.	Ein von Künighasen mit Kräutern.
Un de filets de Cochon aux Oignons.	Schweinerne Filee mit Zwiebel.
Un d' esturgeon sauce ramolade.	Hausen mit Ramoladsauce.
Un Chapon sauce blanche aux Truffes.	Einen Kapaunen mit Triffel.
Un de poulardes au groseilles.	Polarden mit Salz gesotten.
Un de poulets sauce verd.	Hühner mit grüner Sauce.
Un de pigeons a la Framason.	Tauben mit Schampagnerwein.
Un de Canards a la Brusselle.	Enten ausgelöst.
Un Dindon en ballon.	Indianer ausgelöst mit klarer Sauce.

un de Canards ſauvages aux Oranges.	Wildenten mit Pomeranzen.
De Jurſelles a l'Eſpagnole.	Kleine Wildenten mit Oliven.
un de perdraux aux fines herbes.	Rebhühner mit feinen Kräutern.
un de Becaſſe au Salmi entier.	Schnepfen ganzer in Salmi.
un de Grives au laurier.	Droſſeln mit Lorbeeren.
un Coq de Bruyere a la braiſe.	Ein Berghahn a la braiſe.
16 Aſſiettes.	16 Teller.
4 froids.	4 kalter.
un de petits patés a la Reine.	Kleine Haſcheepaſtetlein.
un de petits patés a la polonoiſe.	Poloneſer Paſtetlein.
un de petits patés aux Ecreviſſes.	Kleine Krebspaſtetlein.
un de petits patés a la Bechamelle.	Paſtetlein mit Beſchamell.
un de petits patés a la Francfort.	Frankfurter Paſtetlein.
un de petits patés a l'Allemande.	Deutſche Paſtetlein.
une Bechamelle frite.	Ein Beſchamell gebachen.
un d'oreilles de Veau.	Kalbsohren.
un de piés d'agneau.	Lammsfüße.
un de Cranelli.	Cranelli.
un de Profitroles.	Kleine Semmeln.
un de Croquettes.	Croquette.

Seconde Service.	Zweyte Tracht.
8 grosses Pieces.	8 große Stücke.
Un paté froid.	Eine kalte Pastete.
Un bise d' Ecrevisses.	Große Krebse gesotten.
Un de Bœuf a l'Ecarlate.	Ein Stück Pöckelfleisch.
Un Jambon.	Einen Schunken.
2 de Croquante.	2 Croquante.
Un Gateau de mille feuilles.	Einen Gato von Butterteig.
Un Gateau d' Amandes.	Einen Gato von Mandeln.
16 Rôtis.	16 Braten.
Un selle de Chevreuil.	Einen Rehzemmer.
Un de Faisan.	Einen Fasan.
Un de Liévre.	Einen Hasen.
Un de perdraux.	Feldhühner.
Un de Grives.	Drosseln.
Un de Gelinotes.	Haselhühner.
Un de becasses.	Schnepfen.
Un d' Alouettes.	Lerchen.
Un de Veau.	Einen Nierenbraten.
Un d' Agneau.	Ein von Lamm.
Un Dindon.	Einen Indianer.
Un Chapon.	Einen Kapaunen.
Un de poulardes.	Polarten.
Un de poulets.	Hühner.
Un de Canards.	Enten.
Un de pigeons.	Tauben.
24 Entremets.	24 Entremets.
Un d' Epinards.	Ein von Spinad.
Un de Choux fleurs.	Ein von Carviol.
Un d' Artichauts.	Ein von Artischocken.

un de cus d'Artichauts.	Ein von Artischockenböden.
un de Cardons a la moëlle.	Ein von Cardi.
un au Parmesan.	Ein von Parmesankäß.
un de Celeri.	Ein von Zelleri.
un de Ciboules a l'Italienne.	Ein von weißen Zwiebeln.
un d' Haricote.	Ein von Fisolen.
un de petits pois.	Ein von grünen Erbsen.
un de Champignons.	Ein von Schampignon.
un de Féves.	Ein von weißen Fisolen.
2. de Truffes.	2 von Triffel.
un d' Oeufs pochés.	Ein von verlohrnen Eyern.
un Omolette a la Genoise.	Ein Omolett auf Genuesisch.
un de Polenta.	Ein von Polenta.
un flan de ris.	Einen Reis im Ofen.
un d' Ecrevisses a l'angloise.	Krebse mit Rahm.
un d' Ecrivesses au Salpicon.	Krebse mit Salpicon.
2 Crême.	2 mit Crem.
2 Gelée.	2 mit Sulz.
16. Assiettes.	16 Teller.
8 froid.	8 kalter.
8 de patisserie.	8 von Bachereyen.

De

De Menû pour l'hiver.

Kuchenzettel für den Winter.

Un Menû pour 8 Couverts.

Eine Tafel für 8 Personen.

un potage de Navets.	Eine Rubensuppe.
un de grenatins de Veau.	Grenatins von Kalbfleisch.
un de petits patés.	Kleine Pastetlein.
Pour relever.	Für auszuwechseln.
un piece de bœuf.	Ein Stuck Rindfleisch.
2. Assiettes.	2. Teller.
Seconde Services.	**Zweyte Tracht.**
un de choux bleu avec de petits salés.	Ein blaues Kraut mit Kaiserfleisch.
un de poulets a l'Allemande.	Hühner auf deutsch.
un de Mouton a la bourgeoise.	Ein Schößel vom Schaffleisch auf burgerlich.
Troisieme Service.	**Dritte Tracht.**
un rotis de faisan.	Einen Fasan für Braten.
un de choux fleur.	Carviol.
un Tourte.	Eine Torten.
2. Assiettes.	2. Teller.

Un Menû a l'Angloise pour 8. Couverts.

Eine Englische Tafel vor 8. Personen.

une purée de pois.	Eine Coulissuppe von Erbsen.

Un de boudins noirs.	Schwarze Würste.
Un de poulets a l'espic.	Hühner a l'espic.
Pour relever.	Für auszuwechseln.
Un Rosbif a l'angloise.	Einen englischen Braten
2. Assiettes.	2 Teller.
Seconde Service.	**Zweyte Tracht.**
Un de faisan pour Rôtis.	Einen Fasan für Braten
Un de chapon pour Rôtis.	Einen Capaun für Braten.
Un Jambon.	Einen Schunken.
2. Assiettes.	2. Teller.
Troisieme Service.	**Dritte Tracht.**
Un boudin a l'angloise.	Einen englischen Budin.
Un de choux fleur.	Carviol.
Un d'œufs a l'espagnole.	Eyer auf Spanisch.
2. Assiettes.	2. Teller.

Un Menû pour 12. Couverts.

Eine Tafel vor 12. Personen.

Une purée aux Marrons.	Eine Coulissuppe von Castanien.
Un potage au ris Celeri.	Eine klare Suppe mit Reis.
Pour relever les potages.	Für die Suppe auszuwechseln.
Un piece de bœuf.	Ein Tafelstück.
Un paté de perdrix.	Eine aufgesetzte Pasteten
6 Entrées.	6 Eingemachte.
Un de choux croutes avec de petits salés.	Saue kraut mit Kaiserfleisch.

un Rolad

Un de palais de bœuf en roulade.	Rolad von Ochsengaum.
Un de poulets sauce clair.	Hüner mit klarer Sauce.
Un fricandeau aux Oignons.	Ein Frikando mit Zwiebeln.
Un de boudins.	Würst.
Un Bechamelle frite.	Ein Beschamelle gebachen.
4 Assiettes.	4 Teller.
2. froid.	2. kalter.
2. de petits patés.	2. mit kleinen Pastetlein.
Seconde Service.	**Zweyte Tracht.**
2 grosses Pieces.	2 große Stück.
Un Croquante.	Einen Croquant.
Un Gateau.	Einen Gato.
2 Rôtis.	2 Braten.
Un faisan pour rôtis.	Einen Fasan für Braten
Un Chapon pour Rôtis.	Einen Capaun für Braten.
6 Entremets.	6 Entremets.
Un de Cardones.	Ein von Carti.
Un d'epinards.	Ein von Spinad.
Un de féves vertes.	Ein von grünen Fisolen.
Un de féves blanches.	Ein von weißen Fisolen.
Une Crême.	Einen Crem.
Une Gelée.	Eine Sulz.
4 Assiettes.	4 Teller.
2 de Salade.	2. mit Salat.
2 de patisserie.	2. mit Bacherey.

Un

Un Menû a l' Angloiſe pour 12. Couverts.

Eine Tafel auf Engliſch vor 12. Perſonen.

un potage au pois.	Eine Coulisſuppe von Erbſen.
un potage aux choux.	Eine Suppe von Würſing oder Kölch.
un Rosbif.	Einen engliſchen Braten
un de poulets a l' Angloiſe.	Hühner auf Engliſch.
un Civé de lievre.	Ein Civé von Haſen.
un de Veau glacé.	Eines von Kalbfleiſch glaſirt.
un de perdraux aux ſauces Olives.	Ein von Rebhünern mit Olivenſauce.
un Tourte de ris de Veau.	Eine Torte mit Brüs.
un grenades.	Ein Grenad.
4. Aſſiettes froids.	4. Teller kalter.
Pour relever le Potage.	**Für die Suppe auszuwechſeln.**
un cus de cochon aux choux.	Einen Schweinsſchlegel mit Wirſing oder Kölch
un pieces de bœuf a l' ecarlate.	Ein Stück Pöckelfleiſch.
Seconde Service.	**Zweyte Tracht.**
un Croquante.	Einen Croquant.
un paté froid.	Eine kalte Paſteten.
un gateau de liévre.	Einen Gato von Haſen.
4 Rôtis.	**4 Braten.**
un faiſan.	Einen Faſanen.
un de perdraux.	Ein von Rebhünern.

un Ein

un de Chapon.	Ein von Capaun.
un de poulets.	Ein von Hühnern.
une Crême.	Einen Crem.
une gelée.	Eine Sulz.
4 Assiettes froid.	4. Teller kalter.
4 Entremets chauds pour relever le Rôtis.	4 Entremets für auszuwechseln die Braten.
un d' epinards.	Ein von Spinad.
un de Cardons.	Ein von Carti.
un d' œufs pochés.	Ein mit verlohrnen Eyer.
un d' ecrevisses a l' angloise.	Ein mit Krebsen auf Englisch.

Un Menû pour 18. Couverts.

Eine Tafel vor 18. Personen.

un potage a la Reine.	Eine weiße Coulisuppe.
un potage aux Navets.	Eine Suppe von weißen Ruben.
Pour relever.	Für auszuwechseln.
un pieces de bœuf.	Ein Stück Rindfleisch.
un Dindon a l' Italienne.	Ein Indian auf Italiänisch.
2 Flanc.	2 Seitenstücke.
un Jambon a la broche.	Einen Schunken gebraten.
un paté.	Eine Pastete.
4 Horsd'oeuvres.	4 Voressen.
un de petits patés a la Bechamelle.	Pastetlein von Beschamell.
un des Craquet.	Ein von Craquet.
un d' Andouille.	Ein von Anduille.

un Kleine

Un de bouches a la Reine.	Kleine Pastetlein mit Fasch.
4 *Entrées.*	4 Eingemachte
Un Chapon aux moulles.	Einen Capaun mit Muscheln.
Un Canard sauvage a l' orange.	Eine wilde Ente mit Pomeranzen.
Un Turbou de Veau.	Ein Grenad von Kalbfleisch.
Un d' agneau en ballon glacé.	Ein Ballon von Lamm.
4 Assiettes.	4 Teller.
Seconde Service.	**Zweyte Tracht.**
Un gateau a la broche.	Einen Brügelkrapfen.
Un gateau d' amandes.	Eine Mandeltorte.
2 *Flanc.*	2 Seitenstücke.
Un hure de sanglier.	Einen wilden Schweinskopf.
Un gateau de liévre.	Ein Gato von Hasen.
4 *Rôtis.*	4 Braten.
Un faisan.	Einen Fasan.
Un coq de bruyere.	Einen Auerhahn.
Un de poulets.	Ein von Hühnern.
Un des poulardes.	Ein von Polarten.
4 *Entremets.*	4 Entremets.
Un d' epinards a l' Italienne.	Ein Spinad auf Italiänisch.
Un des Cardons a la moëlle.	Carti mit Mark.
Un des Féves aux fines herbes.	Weiße Fisolen mit Kräutern.

Un　　Mau-

un de morilles.	Maurachen.
4 Assiettes.	4 Teller.
2 de patisserie.	2 mit Bacherey.
2 froid.	2 kalt.

Un Menû pour 24. Couverts.

Eine Tafel vor 24. Personen.

un potage de Nentilles.	Eine Linsensuppe.
un potage clair.	Eine klare Suppe.
Pour relever.	Für auszuwechseln.
un piece de Bœuf.	Das Tafelstück.
un quartier de Veau.	Ein Kalbsviertel.
2 Terrines.	2 Töpf.
un de choux bleus.	Blaues Kraut.
un de pois a la Bohemoise.	Böhmische Erbsen.
4 Horsd'oeuvres.	4 trockne Voressen.
un de boudins aux Ecrevisses.	Krebswürst.
un de boudins noirs.	Schwarze Würst.
un de bouche a la Reine frit.	Kleine Fisolen.
un de Crepinette.	Fasch mit Netz.
8 Horsd'oeuvres en Sauces.	4 Voressen mit *Sauce*.
un de poulets en blanc.	Hüner mit weißer Sauce.
un de cotelettes d' agneau.	Lammscarmenad.
un des filets de Veau.	Filet von Kalbfleisch.
un des queues de Veau.	Kalbsschweif.

4 Entrées.	Vier Eingemachte.
un Chapon ſauce pimpernel.	Einen Kapaun mit Pimpernell.
un Faiſan aux huitres.	Einen Faſan mit Auſtern.
un Grenad dreſſé.	Einen Grenad dreſſirt.
un d' agneau.	Ein von Lamm.
8 Aſſiettes.	8 Teller.

Seconde Service.	Zweyte Tracht.
2. groſſes Pieces.	2 groſze Stücke.
Un Gateau de Savoie.	Ein Gato von Biſcuit.
un Gatean d' Amour.	Einen Gato von Mandeln.
2. Flanc.	2 Seitenſtücke.
un Hure de Sanglier.	Ein Schweinskopf.
un Dindon en galantine.	Einen Indian in Galantin.
4 Rôtis.	4 Braten.
un de Perdraux.	Ein von Rebhühnern.
un de Faiſans.	Ein von Faſanen.
un de Poulets.	Ein von Hühnern.
un de Chapon.	Ein von Kapaunen.
8 Entremets.	8 Entremets.
un d' Epinards a la Crême.	Ein von Spinad mit Rahm.
un de Choux fleurs ſauce blanche.	Ein von Carviol mit weiſzer Sauce.
un de Cardons a la moëlle.	Ein von Cardi mit Mark.
un de Celeri au Coulis.	Ein von Zelleri mit Coulis.
une Crême au Café.	Ein Krem von Kaffee.
une Gelée de Citrons.	Eine Sulz von Citronen.

un Ae-

Un de Pommes a la Dauphine.	Aepfel a la Dauphine.
Un Flan de Ris.	Einen Auflauf von Reis.
8 Assiettes.	8 Teller.

Un Menû pour 30. Couverts.
Eine Tafel vor 30. Personen.

Un Potage a la Reine.	Eine weiße Coulissuppe.
Un Potage de Jonquilles.	Eine Coulissuppe von gelben Ruben.
Un Potage au ris.	Eine klare Suppe von Reis.
Un Potage a l'essence de Navets.	Eine klare Suppe von Ruben.
4 Pieces pour relever.	4 Stücke für auszuwechseln.
Un piece de Boeuf.	Ein Stück Rindfleisch.
Un Rosbif a l'angloise.	Einen englischen Braten
Un Quartier de Veau a la Crême.	Ein Kalbsviertel mit Rahm.
Un patés de Canards sauvages.	Eine aufgesetzte Pastete von Wildenten.
4 Terrines.	4 Töpfe.
Un de Chou frisé garni.	Würsich oder Kölch garnirt.
Un de chou croutte garni.	Sauerkraut garnit.
Un de Knefs a la Bechamelle.	Einen mit weißen Knefsfasch.
Un de Fraise de Veau au blanc.	Ein Kalbskröß mit weißer Sauce.
8 Hors d'œuvres.	8 Voressen.
Un de Boudins aux Faisans.	Fasanenwürste.

un de Boudins noirs.	Französische Würste.
un de Caisses de filets de Chapons.	Kleine Kästlein mit Filee von Kapaunen.
un de Caisses de Perdraux.	Kleine Kästlein von Rebhühnern.
un de ris de Veau a la glace.	Kalbsbrüs glasirt.
un de palais de Bœuf a la poulette.	Ochsengaum mit Petersill.
un de Cotelettes d'agneau masquée.	Lammscarmenade masquirt.
de filet de Liévre sauté.	Filee von Hasen mit Oel.
16 Entrées.	16 Eingemachte.
un filet de Bœuf sauce d'Anchois.	Ein Lungenbraten mit Sardellen.
un Fricandeau aux petits Oignons.	Ein Fricando mit kleinen Zwiebeln.
un Fricandeau de mouton aux fines herbes.	Eines von Schaffleisch mit Kräutern.
une langue de Bœuf aux Cornichons.	Eine Ochsenzunge mit Cucumern.
une Foye de Veau a la broche.	Eine Kalbsleber am Spieß.
un d'agneau au persil.	Eine von Lamm mit Petersill.
un de Liévre a l'Allemande.	Eines von Hasen auf deutsch.
un de Sanglier sauce moutarde.	Ein von schweinernen Wildbret mit Senft.
un de Canards sauce d'Oranges.	Eine Wildente mit Pomeranzen.
un de perdraux a l'angloise.	Ein von Rebhühnern auf Englisch.

un Ein

un de Faisans aux Truffes.	Ein von Fasanen mit Triffel.
un de Grives au Gratin.	Ein von Krammetsvögeln mit Fasch.
un Chapon aux huitres.	Einen Kapaunen mit Austern.
un de poulardes aux moules.	Ein von Polarden mit Muscheln.
un de poulets aux Ecrevisses.	Hühner mit Krebsen.
un Dindon a la peluche.	Ein Indian mit klarer Sauce.
16. Assiettes.	16. Teller.
un de petits patés a la Bechamelle.	Kleine Pastetlein mit Rahm.
un de Bouchés a la Reine.	Kleine Hascheepastetlein.
un aux Huitres.	Austernpastetlein.
un a la Francfort.	Frankfurter Pastetlein.
une Bechamelle frite.	Ein Beschamell gebachen
un de Croquettes melés.	Ein melirt gebachenes.
un de Risoles.	Kleine Schneckräpflein.
un de Profitroles.	Kleine Semmeln.
8 froids.	8 kalte Teller.
Seconde Service.	**Zweyte Tracht.**
8 grosses Pieces.	8. große Stück.
un Piece a l'Ecarlate.	Ein Stück Pöckelfleisch.
un Jambon.	Einen Schunken.
un Dindon a la Daube.	Einen Indian a la Daube.
un Hure de Sanglier.	Ein Schweinskopf.
2 Croquante.	2 Croquante.

un Gateau de mille feuilles.	Eine französische Torte.
un Gateau d'Amandes.	Ein Mandelgató.
8 Rôtis.	8 Braten.
un Longe de Veau.	Einen Nierenbraten.
un d'Agneau.	Einen Lammsbraten.
une Selle de Chevreuil.	Einen Rehzemmer.
un de Lapin.	Ein von wilden Künighasen.
un de perdraux.	Ein von Rebhühnern.
un de Faisan.	Ein von Fasanen.
un de Chapons.	Ein von Kapaunen.
un de poulets.	Ein von Hühnern.
16 Entremets.	16 Entremets.
un de Cardes.	Ein von Cardi.
un d'Epinards.	Ein von Spinad.
un de Celeri.	Ein von Zelleri.
un de Choux fleurs.	Ein von Blumenkohl.
un d'Ecrevisses.	Ein von Krebsen.
un de poisons fines.	Ein von feinen Fischen.
un d'Oeufs.	Ein von Eyern.
un d'Escargots.	Ein von Schnecken.
4 de Gelée.	4 von Sulzen.
4 de Crême.	4 von Crem.
16 Assiettes.	16 Teller.
8 de patisserie.	8 mit Bacherey.
8 froids	8 kalte.

Diese Tafel kann auch für mehrere Personen servirt werden, man darf deswegen nicht mehrere Speisen geben, ist aber die Herrschaft Liebhaber von starken Service, so muß man mehrere Eingemachte geben auf den ersten Gang, und auf den zweyten mehrere Braten und warme Entremets.

CATA-

CATALOGUE.

Register.

Les Potages.

Die Suppen.

Une Ei-

Pieces pour relever les Potages.

Große Stücke für die Suppe auszuwechseln.

un Ein

Un Einen

Un Dindon a la broche a l'Italienne farci de Macaroni.	Einen Indian faschirt auf Italiänische Manier. 88
Un Dindon a l'Italienne d'une autre Maniere.	Einen Indian auf Italiänisch auf eine andedere Manier. 89
Un Dindon a la broche a l'Angloise.	Einen Indian auf Englisch. ibid.
Un Dindon a la broche sauce Capucine.	Ein Indian mit einer Kreensauce. 90
Un Dindon a la braise Sauce melée.	Einen Indian in der Bräs mit einer gemischten Sauce. 91
Un hure de saumon sauces aux Capres hachées.	Einen Kopf von einer Rheinsalm mit Capernsauce. 92
Un brochet au four.	Einen Hecht im Ofen. 93
Un brochet a la broche.	Einen Hecht am Spieß gebraten. 94
Un brochet a la Polonoise.	Einen Hecht auf Polnisch. 95
Un brochet au Vin de Champagne.	Einen Hecht mit Schampagner Wein. 96
Une grosse Carpe a la Maitre d'hotel.	Einen Karpfen ganz gebachen. ibid.
Une Carpe a la Matelotte.	Einen Karpfen schwarz gesotten. 97
Une Carpe a la Neubauer.	Einen Karpfen auf Neubauerisch. 99
Une d'esturgeon aux anchois.	Ein Stück Hausen mit Sardellen. 100
Une truite saumonnée.	Eine Lachsforelle mit Sauce.

Un Eine

Une Eine

une Eine

Les Terrines.

In die Töpfe.

une Grüne

Une Kal:

une Weiß

une Fleck-

Pi- Schaf-

Toutes Sortes de petits patés pour Hors-d'œuvres.

Alle Sorten von kleinen Paſtetlein vor die *Horsd'œuvres.*

Pe- Kleine

Toutes Sortes de boudins pour Horsd'œuvres.

Truckenes Voressen von allerhand Sorten Würst.

Des Würst

Des Fritures pour Hors d'œuvres.

Ausgebachenes zum Voressen.

une Eine

Horsd'œuvres aux sauces.

Auf deutsch Voressen mit *Sauce.*

Des Gre-

une Kalbs=

un Ei-

Tourtes Sortes d'Entrées.

Von allen Sorten Eingemachten.

Une Ei-

D'une Auf

une Rhein:

Les grosses Pieces pour le second Service.

Die großen Stück für den zweyten Gang.

Un Einen

un Einen

Entremets chauds.

Warme Zwischentrachten.

Cham- Scham-

Des Aepfel